融力天闻律师实务丛书

# 知识产权
# 案例解读与实务指导

ZHISHI CHANQUAN
ANLI JIEDU YU SHIWU ZHIDAO

翁才林 孙黎卿 李淑娟 主编

上海社会科学院出版社

# 序
PREFACE

我国是知识产权大国,正在努力建设知识产权强国。随着我国经济科技发展和文化繁荣,知识产权保护日趋活跃。当前我国知识产权争议的数量之大、类型之多和研究之深,都是空前的。实践中不断出现知识产权保护的新情况和新问题。律师是知识产权保护的重要力量,一大批知识产权律师活跃在知识产权保护的前线,在积极参与各类知识产权法律实务的同时,还勤于思考和笔耕不辍,编写出诸多生动鲜活的知识产权作品,成为知识产权法律应用研究的生力军。面前的这本《知识产权案例解读与实务指导》,就是上海融力天闻律师事务所的知识产权律师团队,在繁忙的工作之余编写的一部具有社会实践气息的作品。

美国最高法院霍姆斯大法官曾说:"法律的生命不是逻辑,而是经验。"我本人长期从事司法实务工作,对此深表认同,也对各种具有浓厚实践气息的专业作品怀有偏好。我浏览了本书,感到它具有以下突出的特点:

第一,主题广泛,热点问题多。本书内容涉及著作权、商标、专利、反不正当竞争等知识产权各领域,且多属于近年来出现的热点、难点问题,具有前沿性,能够看出作者们的精心筛选和独到眼光。文章既有系统性整理,也有碎片性思考,但都言之有物,颇有见地,整体水平是高的。

第二,实践性强。本书的研究主题都直接来源于知识产权保护实践,具有鲜活的社会生活气息,其中不少文章是作者亲历案件的现身说法。就实践中的真问题进行探索思考并给出答案,对于实务人员和研究者具有真切的参考借鉴意义。

第三,探索性和资料性强。本书触及的多是前沿问题,许多问题本身就颇有争议,作者对于这些问题进行了深度的有益探索,无疑为有关问题的解决提供了新的思考,贡献了新的智慧。一些作品就一些法律发展和裁判沿革进行了很好的梳理和归纳,资料性很强。

第四,体裁多样,文风活泼。本书由多篇文章汇集而成,作品体裁广泛,不拘一格,且多单刀直入、直奔主题,文笔多生动活泼,现场感和画面感较强,少空话,更无晦涩难懂故作高深,读来引人入胜,读后对问题、观点和脉络了然于胸。这种接地气的作品令人欣喜和值得赞许。

一个训练有素、勤于思考和善于总结的律师团队,一定是值得信赖的高素质的生力军。本书作者就是这样的团队。我参加过编者团队组织的交流活动,感受过他们的激情四射和爱岗敬业。为此,乐于为本书作序。祝愿这支律师团队再接再厉,更上一层楼!

孔祥俊

上海交通大学讲席教授　博士生导师

知识产权与竞争法研究院院长

2022 年 4 月

# 目录 CONTENTS

## 踊跃用兵——确权维权谁与争锋

美术作品实质性相似的司法认定标准探究 …………… 卫驰翔 （003）
服装抄袭的著作权问题分析 ………………… 徐晓琳 张闻杰 （012）
"显著性较弱注册商标"的权利保护探讨 ……………… 王培慧 （017）
共治共享 打击网络黑灰产 ………………………………… 陈 曦 （023）
网络黑灰产的"猥琐发育"之路 …………………………… 陈 曦 （028）
网络黑灰产典型案例谈 ……………………………………… 陈 曦 （034）
如何对动漫形象的版权进行维权 …………………………… 谭耀文 （040）
欲引进日本动漫 IP，这些障碍与对策不得不知 ………… 谢佳佳 （051）
著作权侵权案件中普通被许可人的诉权研究 …………… 钟 磊 （058）
作品名称构成商标性使用的司法实践 ………… 李淑娟 马云涛 （074）
论专利侵权警告行为的正当性 ………………… 朱 宁 孙黎卿 （080）
多件商标组合使用的法律分析及风险防范 …… 李淑娟 马云涛 （087）
浅析点播影院传播电影作品的法律性质 …………………… 卫驰翔 （092）
从两起案件看商品通用名称的司法判定 ……… 李淑娟 马云涛 （098）
在先著作权在商标行政案件中的运用 ………… 李淑娟 马云涛 （108）
从陆风 X7 外观专利无效案说"惯常设计"的适用标准
……………………………………… 朱 宁 孙黎卿 马 敏 （113）

"以分工合作方式共同提供作品"司法认定标准的实务研究 …… 张程博 (119)
视听作品片段的著作权保护问题实务探究 …………… 邱政谈　廖荻 (127)

## 爰丧其马——侵权应诉行有不得

著作权侵权案件中销售者的合法来源抗辩的司法认定 ……… 朱琳 (137)
如何判断互联网行业中的不正当竞争行为是否成立
　……………………………………………………… 杨阳　潘南婷 (141)
从商标恶意抢注聊聊商标权利滥用的那些事 ……………… 李淑娟 (144)
解说电影类短视频的侵权情况分析 ………………………… 徐晓琳 (150)
影视剧、广告片呈现其他作品的侵权风险刍议 …… 许超　朱笑甜 (155)
探析电商平台在知识产权侵权案件中承担连带责任的条件 … 卫驰翔 (164)
"抖音"败局开示录 ………………………………… 孙黎卿　潘南婷 (175)
游戏服务提供者在商标案件中的侵权认定与责任承担
　……………………………………………………… 李淑娟　马云涛 (178)
IP不是你想蹭就能蹭的 ……………………………………… 谢佳佳 (183)
浅谈发明专利权中全面覆盖原则的适用 …………… 袁亚军　汪靖 (189)
外观设计专利侵权判定中的云山雾绕 ……………………… 朱宁 (197)
探析浏览器拦截视频前广告是否构成不正当竞争 ………… 杨阳 (207)
从一起眼罩案看等同侵权判定的路径 ……………………… 朱宁 (210)
金庸诉江南——同人作品侵权谈 ………… 邱政谈　孙黎卿　翁才林 (218)

## 与子成说——合约法令莫失莫忘

网络直播打赏的法律性质及撤销权行使 …………………… 程文理 (233)
新政策下企业科创上市过程中的专利逻辑 ………………… 项珍珍 (242)
涉电子商务平台"反向行为保全"的审查要件和司法认定 …… 丁雷 (247)

从作家、编剧角度看知识产权案例 ………………… 谭耀文　张梓恒　(253)
论网络直播合作协议中的"优先续约权" ……………… 邱政谈　王宇扬　(266)
在网络世界"乘风破浪"了解《民法典》"避风港"规则 ………… 谢佳佳　(280)
《中美贸易协议》地理标志相关条款的解读 …………………… 马云涛　(290)
《中美贸易协议》文娱行业相关条款解读 ……………………… 谢佳佳　(296)
"偷梗"算"偷"吗? ……………………………………………… 谢佳佳　(305)
以"江小白商标无效案"为例,浅谈《商标法》第 15 条的适用 …… 李淑娟　(316)
博物馆馆藏资源艺术 IP 授权面面观 ……………… 李亚熙　许　超　(320)
影视综艺宣发时的艺人肖像,你用对了吗 ………… 许　超　李亚熙　(330)
互联网广告规范与市场竞争 ……………………………… 杨　阳　(335)
从"南肖墙案"浅谈商标在第 30 类商品与 43 类服务的界线
　…………………………………………………… 李淑娟　马云涛　(338)
对假冒注册商标罪中"同一种商品"认定的认识 ……… 李淑娟　(341)
评新修《著作权法》广播电视行业相关条款 ………………… 陈翠萍　(346)

## 不我信兮——论学大观当仁不让

电竞内容传播端的知识产权保护 ………………… 邱政谈　王宇扬　(353)
论"服务器标准"裁判标准下的利益平衡与举证责任分配 …… 王宇扬　(371)
国内网盘服务商的法律责任争论 ………………………… 杨　阳　(380)
钓鱼世界知识产权小觑 ……………………………………… 邱政谈　(384)
从比较法角度研究广播组织权是否延及互联网 …… 翁才林　于松杰　(399)
说起"基础商标"延伸注册,你会想到什么? ………………… 王培慧　(406)
"虚拟偶像"初音未来版权问题初探 ……………………… 张一超　(412)
关于著作权法语境中"独家""独占""排他"用语的讨论 ……… 孙黎卿　(420)
体育赛事节目是否构成作品之实务研究 …………………… 邱政谈　(423)
商标描述性合理使用问题之法理探析 …………… 李淑娟　马云涛　(432)

# 踊跃用兵

## ——确权维权谁与争锋

# 美术作品实质性相似的司法认定标准探究

卫驰翔[①]

在著作权侵权纠纷案件的司法实践中,判定被诉侵权作品是否使用了权利作品,普遍适用"接触+实质性相似"规则。其中,"接触"的事实相对容易认定,一般采用推定方法,如果原告作品公开发表的时间早于被告,即推定存在较高的接触可能性;"实质性相似"的判定,则需要根据不同作品的类型,结合案件的事实具体判断。本文尝试通过对现有判例进行梳理总结,探究美术作品实质性相似的司法认定标准,以期为同类案件的代理思路提供参考。

## 一、划分美术作品的思想与表达

我国《著作权法》只保护思想的具体表达,而不保护思想本身。因而,判定两幅美术作品是否构成实质性相似,首先需要区分两者的相似之处属于思想还是表达。就视觉艺术作品而言,作品所呈现的画面形象属于视觉艺术作品的表达,创作艺术品时所采用的手法、构思、创意、风格等不属于表达的范畴。[②] 在司法实践中,并没有统一的标准对美术作品中蕴含的思想和表达进行明确划分,需要在个案中结合双方作品的内容和创作手法的异同情况来划定思想与表达的界限。

---

① 卫驰翔,上海融力天闻律师事务所合伙人律师,上海律协互联网与信息技术专委会委员。专注于知识产权与竞争法、文化传媒与娱乐法相关领域的诉讼和非诉讼业务,曾代理多起案件入选北京、上海、福建等各地法院知识产权司法保护典型案例。
② 苏志甫:《视觉艺术品著作权司法保护中的几个典型问题》,《中国版权》2014 年第 3 期。

以"高小华与重庆陈可之文化艺术传播有限公司等关于美术作品《重庆大轰炸》著作权纠纷案"为例,两幅作品均选取了相同的描绘对象和取景视角,立足重庆市渝中半岛的通远门,以纵向及从背后看重庆的角度,采用两江环抱、大江东去、金字塔形的构图。对此,二审判决认为:"上诉人在选择作品的取景角度时付出了劳动和判断是应当得到肯定的,但著作权法保护的是作品中具有原创性的表达形式,而对于客观历史事实或自然地理地貌则不予保护。通过一些反映重庆渝中区面貌的资料照片可以看出,从七星岗、通远门观察渝中区,能够清楚地看到两江环抱渝中半岛的景象,其周边的地理外观与两幅油画中的形状均大致吻合。上诉人可从这个角度进行绘画创作,被上诉人也有权利从这个角度进行绘画创作。因此,本案中取景角度不宜认定为著作权法保护的具有独创性的表达形式。"①

原告高小华的作品《重庆大轰炸》

被告陈可之公司的作品《重庆大轰炸》

图1 原、被告作品

在"叶洪桐诉傅子义侵害作品复制权、展览权纠纷案"中,双方的美术作品

---

① 重庆市高级人民法院(2006)渝高法民终字第129号民事判决书。

画面均为：一男一女扇谷，其中女人披头巾、系围裙，男人颈背草帽；风车木漏斗上写有"激浊扬清"4个字，风车下端稻谷出口处为金色的稻谷及装稻谷的篮筐。对此，二审判决认为："从构图结构上来看，两幅画都是风车前有一妇女在摇风车，右手展臂摇动风车手柄，左手前伸，风车漏斗上有'激浊扬清'字样，有一定相似性；但这种相似原因在于'农村风车扇谷'现实是这种情形，任何人不可能凭空杜撰，因此不能作为构成著作权侵权的依据。"①

　　　原告作品　　　　　　　　　　　被告作品
**图 2　原、被告作品**

又如"泉州富丽公司与家和美公司、俊祺达菲公司著作权侵权纠纷案"中，原告作品与被诉侵权作品均为爱情题材，都采用了 LOVE 字样、心形椅背以及一对男女的元素进行创作。对此，一审判决认为："著作权保护的是作品的表达，而非思想，因此判定被控侵权产品与原告作品是否构成实质性相似，首先应当剔除原告作品中的思想部分，仅比较其作品的具体表达是否相似。……就本案而言，两者作品均属爱情题材，但是爱情题材属于思想的范畴，并不能为原告所垄断。本案中，被控侵权产品和原告作品的差异体现了不同作者对于相同素材的不同表现手法。著作权法并不禁止他人合理适度地借鉴或模仿前人作品的元素，再进行新的创作，禁止的是剽窃他人享有版权作品的行为。如果过大扩张原告作品的保护范围，将妨碍他人的创作自由。"②

---

① 浙江省金华市中级人民法院(2012)浙金知民终字第 5 号民事判决书。
② 福建省泉州市中级人民法院(2016)闽 05 民初 689 号民事判决书。

原告作品　　　　　　　　　被告作品

**图 3　原、被告作品**

最高法院《关于审理著作权民事纠纷案件适用法律若干问题的解释》第 15 条规定："由不同作者就同一题材创作的作品，作品的表达系独立完成并且有创作性的，应当认定作者各自享有独立著作权。"在上述案件中，虽然题材、取景视角或设计图形元素的选择都体现了作者的眼光和智慧，但无论是创作前作者对物质材料与形式构成的选择，还是创作中作品产生的思想含义，以及创作后产生的文化意义，都属于美术作品的思想层次，[①]而不属于著作权法所保护的"表达"。

## 二、过滤已进入公有领域的创作元素

并非所有的表达都能构成作品，只有具备独创性的表达才能被认定为作品进而获得《著作权法》的保护。属于公有领域的表达不能被个人所独占，不属于《著作权法》的保护范畴。因而在进行作品比对时，需排除属于公有领域的创作元素。

以"朱志强与(美国)耐克公司等著作权侵权纠纷案"为例，原告作品"火柴棍小人"与被告的"黑棍小人"形象均为：头部为黑色圆球体，没有面孔；身体的

---

① 杨雄文、王沁荷：《美术作品的表达及其实质相似的认定》，载《知识产权》2016 年第 1 期。

躯干、四肢和足部均由黑色线条构成。二审法院进一步查明：以圆形表示人或动物的头部，并以直线表示其他部位的图画表达方式，在柯南道尔于19世纪末创作的《福尔摩斯探案集》中已有体现。在此基础上，二审判决认为："由于用圆形表示人的头部，以直线表示其他部位方法创作的小人形象已经进入公有领域，任何人均可以此为基础创作小人形象。因此，应将公有领域的部分排除出保护范围之外。将'火柴棍小人'形象和'黑棍小人'形象进行对比，二者有相同之处，但相同部分主要存在于已进入公有领域、不应得到著作权法保护的部分，其差异部分恰恰体现了各自创作者的独立创作，因此，不能认定'黑棍小人'形象使用了'火柴棍小人'形象的独创性劳动。"①

原告作品包含的"火柴棍小人"形象

被告作品包含的"黑棍小人"形象

**图4　原、被告作品**

① 北京市高级人民法院(2005)高民终字第538号民事判决书。

在"陈行彪与深圳飞马公司著作权侵权纠纷案"中,原、被告的作品均使用"负空间"设计,在图形内侧勾勒出马头、马颈和马背的轮廓。在马剪影的形象上,原、被告作品在马的耳朵、面部上侧以及鼻部的线条基本相同,且均与自然界马的侧影基本一致。[①] 对此,一审法院认为:"'负空间'就是平面构成里的正负形同构,这种创造方法的经典作品是 1915 年创造出的'鲁宾杯'。发展至今,这种空间处理方式已经是平面设计中一种非常常见的表现手法,它属于公有领域的范畴,不能被原告所垄断。囿于'负空间'表达方式的局限,原、被告的作品均只能用线条表现出马的轮廓,而无法表现马的更多细节。而原、被告的马的形象,均来自自然界中马的侧影,然后各自进行艺术化处理,因此,其中相同的部分源于自然界的原型一致,不能因此而认定被告作品构成抄袭。"[②]

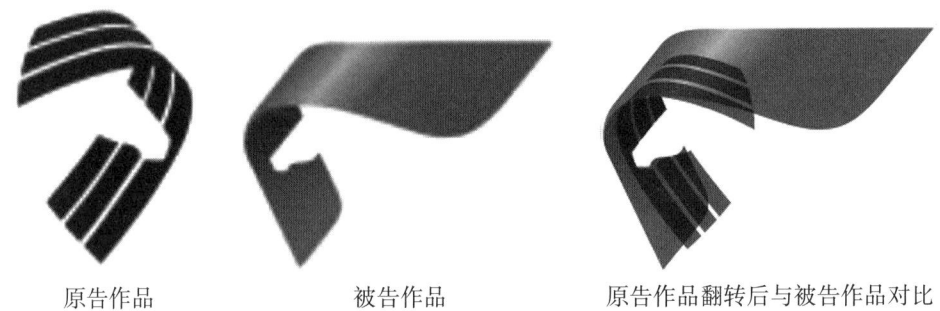

原告作品　　　　被告作品　　　　原告作品翻转后与被告作品对比

**图 5　原、被告作品及其对比**

在"唐立燮与腾讯公司著作权侵权纠纷案"中,原、被告的作品均表现为漫画熊的形象,两者都为圆头、圆形耳朵、半圆形的眼睛,以及没有嘴巴和鼻子的创作组合。对此,二审判决认为:"判断被控侵权作品与权利作品是否构成实质性相似,首先应排除公有领域的漫画熊形象特点,重点考察被控侵权作品是否使用了权利作品独创性的构图设计。漫画有很强的工业性,需要进行标准化处理,会采取很多基础图形元素。原、被告的作品均以圆形脑袋、圆形眼睛和圆形耳朵为基础图形元素进行构图设计,这类基础图形元素属于公有领域,不能作为比对特征。"[③]

---

① 广东省深圳市中级人民法院(2017)粤 0305 民初 6528—6538 号民事判决书。
② 南山区人民法院:知·案|美术作品实质性近似的判定标准及方法,载微信公众号"南山区人民法院",2019 年 4 月 23 日。
③ 广东省深圳市中级人民法院(2018)粤 03 民终 23159 号民事判决书。

原告作品　　　　　　　　　被告作品

**图 6　原、被告作品**

在判定原、被告作品是否构成实质性相似之前,首先需合理界定原、被告作品的权利范围,防止原告对其非独创性表达的垄断,保障其他作者在公有领域的正当权利,再对原告作品中的独创性表达给予必要的保护。

## 三、要素对比与整体视觉效果相结合

在著作权侵权纠纷案中,对原告作品与被告使用的作品进行比对时,关键是:看被告使用的作品是否利用了原告作品中的独创性表达;不是看两个作品的不同之处或有什么不同,而是要看两个作品之间到底存在怎样的相同之处或实质相似之处。① 对于"实质性相似"的认定,可从质与量两方面进行考量,同时还需以一般公众的视角,从整体视觉效果上进行判断。

如"迪士尼公司、皮克斯与厦门蓝火焰公司等著作权侵权纠纷案"二审判决所述:"对于'实质性'的认定,既要考虑相同点的数量,也要考虑相同点的质量。数量主要考虑相同点是否达到一定数量;质量主要考虑相同点是否是著作权法所保护的具有独创性的表达。……被告的动画形象在具体表达方式的选择上均与原告的动画形象基本相同,其表达相似程度已经达到了以普通观察者的标准来看两组形象,无论如何,不会认为前者是在脱离后者的基础上独立创作完成的。"②

---

① 张伟君:版权实务|擅自复制具有独创性的作品局部也侵犯复制权——以缺失头部的人物形象美术作品为例,载微信公众号"知识产权与竞争法",2019 年 11 月 29 日。
② 上海知识产权法院(2017)沪 73 民终 54 号民事判决书。

在"北京小明公司与统一公司等著作权侵权纠纷案"中,原、被告的作品共同的要素包括:圆脑袋、西瓜头、头顶两根支出造型、造型性分叉、圆耳朵和小鼻子。对此,二审判决认为:"在比较两卡通形象由线条、色彩等要素组成的造型表达上是否存在实质性相似时,由于两者体现的画面主要是卡通形象的头部,故应以普通观察者的角度对其头部造型表达进行整体认定和综合判断,而不能将各个组成要素简单割裂开来、分别独立进行比对。通过比对可以发现,虽然两形象均为含有圆脑袋、发型、头皮有青皮、眼睛、耳朵、鼻子、嘴部表情等要素组成的头部造型架构,但在不同形象中,这些组成要素有不同的表达方式和组合形式,加之'小明'卡通形象有'眼镜'这一要素的显著特征,两形象在具体细节上的不同使得两者在独创性表达上体现了整体性的差异。"①

原告作品"小明"　　　　　　被告作品"小茗"

图 7　原、被告作品

在"艾影公司与丫丫公司、壹佰米公司侵害作品复制权、改编权纠纷案"中,法院同样采用了要素对比与整体视觉效果相结合的比对方法,论述被告的图形与原告的作品是否构成实质性相似。判决认为:"两者的整体视觉效果存在着较大的差异。'哆啦A梦'卡通形象的躯干部分多了白色圆形腹部部分,而该部分在整个画面中占了较大的比例,再加上圆且偏胖的身体,形成了一个微胖可爱的猫型机器人身体的整体视觉效果,而'叮咚小区'应用软件图形则是一个普通的带圆角正方形,两者明显不同。两者居中的黄色圆形部分,一个是有立

---

① 北京知识产权法院(2016)京 73 民终 1078 号民事判决书。

体效果的铃铛,另一个则是平面效果的门铃,在视觉效果上显著不同,而该部分是两者各自最为体现作品独创性的部分。这些不同要素最终造成的整体视觉效果差异是'哆啦A梦'卡通形象的躯干部分给观者的感受是在表达一个带着项圈、挂有铃铛并有口袋的憨态可掬的猫型机器人身体;'叮咚小区'应用软件的图标则给观者带来有着笑脸、门铃,寓意着在小区有愉悦、方便生活的感受,但不会令人产生这是一个猫型机器人身体的视觉效果。"①

原告作品"哆啦A梦"　　　　　　被告的软件图标

**图8　原、被告作品**

如果两件美术作品多个要素达到实质性相似,但整体给一般理性大众的感觉完全不同,这一定是个在表达创新上有突破的作品;反之,如果两件美术作品让一般大众感觉很相似,但是仔细分析其细节要素又不构成相似,那么,我们不能仅凭大众的感觉就认定其实质性相似,而忽略其在美术要素中的创新。② 综上,对于美术作品实质性相似的判定,要素对比与整体感觉相结合应当是司法实践所普遍适用的标准。

---

① 上海市浦东新区人民法院(2014)浦民三(知)初字第1097号民事判决书。
② 杨雄文、王沁荷:《美术作品的表达及其实质相似的认定》,《知识产权》2016年第1期。

# 服装抄袭的著作权问题分析

徐晓琳[①] 张闻杰[②]

2020年10月,北京知识产权法院二审审结了北京金羽杰服装有限公司(简称金羽杰公司)与波司登羽绒服装有限公司、北京市波司登贸易有限公司(简称波斯登公司)关于著作权侵权及不正当竞争纠纷案件,认定涉案羽绒服未侵犯金羽杰公司的著作权,不构成不正当竞争,驳回了金羽杰公司的全部诉讼请求。[③]

随着经济的发展和精神需求的提高,服装不再满足于遮身蔽体的原始功能,逐渐成为人们表达个性、追求审美的产物。由于服装产业的多元化发展,为了满足不同年龄层次消费者的喜好,赢得更大的市场,人们在服装设计中投入的成本越来越高,服装设计款式的艺术价值甚至已经高于服装本身的价值,而抄袭服装设计的难度和成本却非常低。在此种情况下,若法律不对其进行规制,势必会导致抄袭成风,进而影响设计者对于创作的积极性;然而服装本身又有最基本的功能性,若法律对其规制过于严苛会限制服装的流通,也会影响社会的公共利益。本文主要针对服装抄袭问题,在兼顾社会公共利益的情况下,梳理、归纳此类案件判决的思路及要点,为权利人保护自身合法权益提供思路和启发。

---

① 徐晓琳,上海融力天闻律师事务所合伙人。深耕互联网领域的版权诉讼和不正当竞争诉讼,为众多知名互联网公司的影视作品、体育赛事等作品进行维权,就新型不正当竞争行为进行维权。
② 张闻杰,上海融力天闻律师事务所合伙人。擅长领域为知识产权合规及诉讼、体育赛事版权保护、互联网侵权诉讼、民商事合同纠纷等。服务于央视国际、优酷、爱奇艺等国内知名互联网企业,代理的多起案件入选各地法院十大典型以及全国典型案例。
③ 北京知识产权法院(2020)京73民终87号民事判决书。

## 一、服装本身是否构成美术作品

美术作品是指绘画、书法、雕塑等以线条、色彩或者其他方式构成的有审美意义的平面或者立体的造型艺术作品。

服装是否构成美术作品需要具体问题具体分析。服装主要有两大风格：一种是主要活跃于时装周和 T 台的秀款服装，这类服装更多表现的是设计师天马行空的理念，造型比较夸张，制作非常精良；另一种是大众普遍能接触到的常规服装，这类服装大多是基本的造型，只是在面料、图形花纹、配件等处略有不同。

对于前者，由于大部分秀款服装超出了服装的常规限制，设计师是遵循自己的审美理念，用服装来表达观点，其出现的场合也多为 T 台观赏，所以大部分秀款服装能够符合美术作品的标准，即具有审美意义的造型艺术作品。对于后者，现有的判例普遍认为，大部分常规服装其美感无法与服装的实用功能从物理上分离，而且其独创性的美感也达不到作品的最低要求，虽然《著作权法》保护的作品并未对独创性的高低进行限定，即有独创性就要保护而非高独创性才能保护。鉴于服装作为一项功能性的事物若艺术价值远远低于功能性，并无较为突出且完整的艺术表现，一般不能作为美术作品而受到《著作权法》的保护。

## 二、服装设计图和样板图构成何种作品

北京知识产权法院判决认为："金羽杰公司主张权利的两款服装设计图、样板图均是为了进行服装生产而绘制，主要功能不在于通过图形本身带给人美的享受，故均属于图形作品而不属于美术作品。"笔者认为服装设计图和样板图是完全不同的两种作品，不可等同视之。服装设计图是设计师出于对美的追求而设计，服装样板图是打板人员为了把平面设计图落实到成品服装而绘制的。

服装设计图是设计师出于对审美和潮流的把握，勾勒出来的服装造型，由线条和色彩构成，设计师绘制设计图固然会遵循服装的基本形状，但是第一要义一定是审美需求，服装生产者挑选生产哪款服装时首先考虑的也是当季的审

美需求。可见，服装设计图体现了设计师独创性的美感，构成美术作品。

图形作品是指为施工、生产绘制的工程设计图、产品设计图，以及反映地理现象、说明事物原理或者结构的地图、示意图等作品。服装样板图是服装从立体到平面的结构解析图，打板人员根据服装设计图确定服装基本形状，再按照人的体型划分成不同的板块，拆解而成的样板图由线条和结构标注构成，注明了每个部位的规格尺寸，现在样板图基本都用电脑软件制作，打板结束后按照样板图裁剪布料，缝制成品服装。服装样板图就是应对批量生产服装的需求，由最基本的线条勾勒构成的图形作品。[①]

## 三、如何理解服装设计图和样板图的复制

《著作权法》中的"复制权"，是指以印刷、复印、拓印、录音、录像、翻录、翻拍等方式将作品制作一份或者多份的权利。

服装设计图与一般的绘画作品无二，复制方式主要体现为印刷、复印、拓印等方式。如果抄袭者把服装设计图进行平面复制，那必然构成对美术作品复制权的侵害。但如果把服装设计图进行立体复制，是否构成侵权值得商榷。在"金羽杰公司诉波司登公司案"中，法院认定服装设计图属于图形作品，所以没有涉及美术作品立体复制是否构成侵权的问题。笔者认为，排除明显没有设计元素且落入公有领域的服装设计图，其他富含设计师独创性巧思的设计图，可以认定抄袭者构成对美术作品复制权的侵害。建议裁判者可以根据案件的实际情况有条件地认可设计图构成美术作品，对设计图的立体复制构成侵权。[②]

服装样板图所属的图形作品是为了施工、生产等实用功能而产生的，体现的是物理构造的严谨和精确，有一定的科学意义，根据其制作的产品并不是单纯的完全复制，而是根据图形作品内含的物理结构或科学标准生产出来的具有实用功能的产品，此种复制属于工业生产领域，不是著作权法意义上的复制。北京知识产权法院审理"金羽杰公司诉波司登公司案"的判决和上海知识产权

---

① 徐俊：《服装样板可以作为图形作品受到著作权法保护》，《人民法院报》2007年6月11日，第5版。
② 袁博：《山寨他人服装设计侵犯著作权吗?》，《中国知识产权报》2014年11月26日，第9版。

法院审结的"陆坤公司诉戎美公司案"的判决[①]均不认定服装样板图(图形作品)复制成服装构成著作权侵权。

## 四、《专利法》和《反不正当竞争法》的维权路径

对产品的形状、图案或者其结合,以及色彩、形状、图案的结合所做出的富有美感并适用于工业应用的新设计可以认定外观设计专利。权利人可以对符合上述要求的服装申请外观设计专利。但是由于专利申请的高要求和过长的审查期限,再加上服装很强的季节性和潮流性,种种因素导致对服装适用《专利法》保护效果明显受限,此种方式可能仅适用于部分经典款且长期售卖的服装产品,不具有普适性。

我国《反不正当竞争法》主要对适用第 6 条的混淆行为予以保护,即"经营者不得实施下列混淆行为,引人误认为是他人商品或者与他人存在特定联系"。据此,被混淆的服装须具有一定影响才能认定混淆行为。对于一些大品牌的知名服装设计,可以根据该条规定对模仿抄袭者进行维权;而对于一些较为小众的常规服装,由于其主要满足日常生活使用,具有短暂的季节性和潮流性,要证明其具有一定影响力对权利人来说比较困难,故无法通过适用该条款进行权益的保护。但在实际生活中,常规服装设计的侵权情况更为普遍和严重,例如,一家淘宝服装店铺售卖了一款自己设计的样式好看的衣服,很快就会有其他店家购买相同款式后模仿生产并出售,在此种情况下,模仿者的的确确是对设计者的店铺构成了不正当竞争,严重影响其销量和店铺的知名度,但《反不正当竞争法》并无单独的条款对这种情况进行规制,建议可以通过《反不正当竞争法》第 2 条原则性条款进行主张,并通过店铺的购买记录,以及实际服装的比对来证明抄袭行为的存在,以维护自身的权益。

## 五、权利人维权的困境及出路

从服装的实用功能性和平衡社会利益的方面考虑《著作权法》《专利法》《反

---

① 北京知识产权法院(2017)沪 73 民终 280 号民事判决书。

不正当竞争法》第 6 条均不能给予权利人良好的维权手段,鉴于此种情况,《反不正当竞争法》第 2 条应该起到最后一道防线的作用。目前我国服装抄袭乱象丛生,权利人花费大量人力物力财力设计出的具有较高价值的款式被他人抄袭,却维权艰难。希望法院能够根据案件的具体情况有条件的认定不正当竞争行为,维护权利人的合法权益。就权利人自身来说,对于花费大量人力物力财力设计出的具有较高价值的款式,一方面可以在自己的网站、微信公众号等销售渠道进行公告,告知不得抄袭以及相应的法律后果,使抄袭者望而却步,另一方面也可以申请外观设计专利,使自己的创作艺术成果能够切实得到保护。

# "显著性较弱注册商标"的权利保护探讨

王培慧[1]

## 一、"显著性较弱注册商标"的定义

"您这个商标显著性太弱了,驳回风险很大的。"

"我就想要注册这个词,这个词通俗易懂,容易宣传。"

以上对话场景,在笔者的工作中几乎每隔一两天就会出现,其本质上反映了客户希望能够"申请到好听、易传播、能突出商品/服务优点的注册商标"这一美好愿望与我国《商标法》绝对禁止条款之间存在的矛盾。于是,向客户解释为何"缺乏显著性的标志不得作为商标注册"成为笔者工作中必不可少的环节。

商标的显著性是指"商标标示商品或者服务的出处,并使之与其他企业的商品或服务相区分的属性"。[2]《商标法》第9条规定:申请注册的商标,应当具有显著特征,便于识别;第11条则通过列举的方式明确缺乏显著特征的标志包括:① 仅有本商品的通用名称、图形、型号的;② 仅直接表示商品的质量、主要原料、功能、用途、重量、数量及其他特点的;③ 其他缺乏显著特征的。

根据《商标审查审理指南2021》的释义,商标的显著特征是指商标应当具备的足以使相关公众区分商品或者服务来源的特征。判断商标是否具有显著特征,除了要考虑商标标志本身的含义、呼叫和外观构成,还要结合商标指定的商品或者服务、商标指定商品或者服务的相关公众的认知习惯、商标指定商品或者服务所属行业的实际使用情况等,进行具体的、综合的、整体的判断。

本文把"显著性较弱注册商标"定义为:在《商标法》第11条边缘反复试探

---

[1] 王培慧,律师、专利代理师,同济大学工学学士、法学硕士。擅长领域:知识产权布局、诉讼及风险规避。
[2] 彭学龙:《商标显著性传统理论评析》,《电子知识产权》2006年第2期。

并最终获得核准注册的商标,即有一定显著性,符合商标获得注册的要件,但是使用在指定商品/服务上其显著性存在天然缺陷的注册商标。比如:注册在"交友服务、婚姻介绍所"服务上的"非诚勿扰"商标,注册在"糕点"商品上的"半熟芝士"商标等。

## 二、"显著性较弱注册商标"如何发挥识别商品/服务来源的作用

"显著性较弱注册商标"意味着相关公众难以通过该商标识别商品/服务的来源,那么如何建立"显著性较弱注册商标"与商品/服务提供者的联系呢?笔者发现市场上常见的突围方式有以下两种。

其一,在本身能打的产品上大力宣传积极使用"显著性较弱注册商标",从而使得该注册商标与商品提供者的密切联系根植于消费者内心。比如,网红蛋糕"半熟芝士",相关公众大都知道它是好利来家的爆款产品。尽管如此"半熟芝士"注册商标的获得依然非常曲折,好在商标驳回复审行政诉讼中,好利来提供了大量的销售及使用证据,证明"半熟芝士"的知名度,并最终获得了法院的支持。

其二,在使用"显著性较弱注册商标"时借助特有的包装、装潢,从而弥补其在发挥区别作用上的天然缺陷。比如,我们从百度百科上找到的"东北人餐厅",从文字描述上消费者根本无法识别服务的提供者,直观印象仅停留在这是一家东北菜系餐厅。

但是,东北人餐厅如果换一种呈现方式,加上具有经营者自身特色的门头装潢,消费者便可以区别出该东北人餐厅是不同于其他含有东北或东北人字样的东北菜餐厅。换句话说,"东北人"标识如果还原常规字体,餐厅门头去掉这种装饰、装潢的话,消费者是很难识别服务提供者的,其根源便是"东北人"在东北菜系的餐饮服务上用作商标在显著性上具有先天不足的缺陷。

前述两种方式都有效地帮助了显著性较弱注册商标发挥识别商品/服务来源的作用,方式一在于投入较高的宣传成本来提高注册商标的显著性与知名度,以增强其可识别性;方式二注册商标本身的显著性较弱,一旦脱离了特有的包装、装潢,消费者依然无法识别商品/服务来源。

图 1 百度百科词条"东北人餐厅"

图 2 东北人餐厅门店照片

## 三、"显著性较弱注册商标"主张权利的困境

从司法实践案例中,观察到商标的显著性越强,其可获得的保护范围越大、

强度越强,而"显著性较弱注册商标"在后续的商标侵权纠纷案中主张商标权保护时则会存在诸多困境,主要体现在以下几点:

(一)无法绕开的描述性使用抗辩

常见的"显著性较弱注册商标"多含有通用名称或对商品/服务的描述性词汇,如果权利人在商标侵权纠纷中无法对被告提出的描述性使用抗辩给予有力还击,则将面临极大的败诉风险。

如在"第14类第17900137A号'四叶草'商标侵权纠纷案"中,[①]虽然"四叶草"一词看似与第14类上的项链、首饰并无关联,但其作为植物名称属于公有领域资源,并且不乏有商家生产以四叶草为造型的饰品,这就导致了"四叶草"作为商标的显著性较弱,使得该案原告义乌市百真工艺品有限公司(简称百真公司)诉被告深圳市素玛贸易有限公司(简称素玛公司)侵犯其"四叶草"注册商标专用权时存在了较大障碍。最终法院以原告百真公司未提供任何证据证明涉案商标中的"四叶草"字样经过商标权利人或百真公司的使用、已经建立了与商品之间的特定联系,被告素玛公司使用"四叶草"是描述性使用而非商标性使用为由驳回了原告的全部诉讼请求。

又如"第1类第7747626号'诚久保障'商标侵权纠纷案"中,[②]原告福建山外山涂料科技开发有限公司(简称山外山公司)诉被告福州金博建材有限公司(简称金博公司)侵犯其"诚久保障"注册商标专用权同样没能获得法院的支持,法院审理认为"诚久保障"一词属于描述性和宣传性用语,不具有区分商标标识所固有的显著特点。被告金博公司在其商品外包装盒上使用"诚久保障"并非商标意义上的使用。从消费者对该词语观察的视觉效果和认知程度都不足以与原告山外山公司注册的商标产生混淆,不构成对原告山外山公司商标权的侵害。

(二)显著性影响商标近似认定

根据最高人民法院《关于审理商标民事纠纷案件适用法律若干问题的解释》第10条规定,认定商标相同或者近似按照以下原则进行:① 以相关公众的一般注意力为标准;② 既要进行对商标的整体比对,又要进行对商标主要部分的比对,比对应当在比对对象隔离的状态下分别进行;③ 判断商标是否近似,

---

① 浙江省金华市中级人民法院(2018)浙07民终5102号民事判决书。
② 福建省高级人民法院(2016)闽民终106号民事判决书。

应当考虑请求保护注册商标的显著性和知名度。

那么,显著性如何影响商标近似认定呢?其实不难理解,商标近似的比对主要是比较商标具有显著性的部分是否相同或者近似,如果权利商标为"显著性较弱注册商标",那么相应地,法院在商标近似认定中会对标识的近似程度、商品/服务的类似程度以及权利商标的知名度上提出更高的要求。

如在"第42类第1558439号'一网打尽'商标侵权纠纷案"中,[①]原告深圳市照南天软件技术有限公司以被告阿里软件(上海)有限公司擅自在计算机软件产品上宣传和使用与原告"一网打尽"商标近似的"e网打进"商标,侵犯了原告的商标专有权为由将其诉至法院。法院经审理认为,权利商标为固有成语,且并无相关知名度证据,而被告使用的商标为臆造词,显著性较高,相关公众在购买产品了解相关信息时,被告商标在字形和组合上的独创性会呈现在公众面前,仅凭读音上的相近并不会造成相关公众的混淆。据此,法院认定原告和被告商标并不构成近似,驳回了原告的诉讼请求。

(三)显著性影响混淆可能性的判定

正如前文所述,"显著性较弱注册商标"多含有通用名称、描述性词汇,表现出和商品/服务的联系紧密,消费者在看到这些标识时,通常会认为这些标识是起到说明作用,而并非标示来源。在商标侵权诉讼中,"显著性较弱注册商标"首先必须能够证明自己可以发挥识别商品/服务来源的作用,才能够进一步主张被诉侵权行为已经导致了相关公众的混淆。显著性与混淆可能性呈正相关,显著性越强的商标,越能使消费者印象深刻,此时一旦发生傍名牌、搭便车等行为,引起消费者混淆误认的可能性较高;反之,则混淆可能性较小。

从既往案例中,我们发现主张对"显著性较弱注册商标"进行保护的举证要求是较高的,不仅要证明权利商标的经使用已经达到一定知名度,还要证明对应关系的建立。如"第16类第1093985、3226295号'世界经理人'商标侵权案"历时13年,最终最高法院再审认为,[②]"世界经理人"整体的显著性较弱,但综合考虑了权利商标杂志的发行时间、使用方式、发行量等证据,在案证据可以证明,经过原告世界经理人文摘有限公司(简称文摘公司)的长期使用,"世界经理

---

① 上海市浦东新区人民法院(2009)浦民三(知)初字第517号民事判决书。
② 最高人民法院(2017)最高法民再106号民事判决书。

人"标志实际上已经能够起到区别商品来源作用,而被告世界经理人资讯有限公司作为同行业的竞争者,未采取必要措施予以避让,在与原告文摘公司权利商标核定使用商品完全相同的商品上使用基本相同或者极为近似的标识,容易导致相关公众混淆误认,构成商标侵权。

总之,"显著性较弱注册商标"在商标侵权诉讼中应当尽可能多地提供商标使用的时间、使用的地域范围、商品的销售数量、商标投入的广告费用和广告宣传的力度、第三方媒体对商标所属企业及其商品的评价、消费者对该商标所标示的商品的喜爱程度等证据用于证明权利商标通过积极使用与大量宣传已具备较强的显著性,从而使被诉侵权行为的存在将会造成相关公众的混淆误认的推论更具说服力。

"显著性较弱注册商标"从商标的取得、商标的使用以及商标的保护上来看,几乎毫无优势可言,在商标侵权诉讼中,如果没有强有力的使用宣传及知名度等证据加以弥补,保护范围窄、强度弱、侵权认定标准从严是"显著性较弱注册商标"不得不面对的现状。长远来看,笔者建议企业在设计商标之初选择显著性较高的商标,才是企业在商标战略上应走的稳固发展之路。

# 共治共享　打击网络黑灰产

陈　曦[①]

网络黑灰产成为危害全球的毒瘤，早已是不争的事实，世界各国从未间断对相关领域的防控和打击。尤其是在拥有全球最大数量的网民群体和互联网市场的中国，维护网络安全更是形势严峻。但是，尽管近年来相关部门一直在不断加大对网络黑灰产的打击力度，也取得了积极成效，可网络黑灰产治理的难题与困境依然存在。中国电子技术标准化研究院信息安全研究中心主任刘贤刚认为，基于网民数量众多、高度网络化数据化以及网络黑灰产、网络诈骗等问题突出的三大特点，中国在数据安全问题上面临着比其他国家更加复杂的挑战。

## 一、网络黑灰产为何禁而不绝

网络黑灰产禁而不绝的原因，分析起来主要有以下四点。

（一）相关法律法规对相关领域缺乏清晰界定

北京外国语大学法学院教授丛立先认为，由于网络黑灰产涉及的范围很广，至今尚无一个专门的统一规定来对其进行规制。《刑法》《网络安全法》《治安管理处罚法》等对其有当然的规制职责，还可通过政府政策性文件、部门规章等形式对网络黑灰产进行系统的治理，但"要把黑灰产的黑色、灰色产业链行为纳入有效的法律法规的规制之下，须解决在此方面法律法规针对性不强和有所缺漏、模糊不清的问题"；同时，执法部门目前存在的主要问题是治理思路不够清晰、工作方式被动性大于主动性，其整体执法水平还有进一步提升的空间。

---

[①] 陈曦，上海融力天闻律师事务所合伙人。专业领域：白领犯罪辩护。

另外,治理部门众多、交叉多头管理、权责不清的问题也亟待解决,"应进一步明晰管理部门的监管权责"。

重庆大学法学院教授齐爱民指出,在网络黑灰产产业链中,有些行为已逐渐纳入法律规制的范围内,但有些还处在法律边缘,"对平台和监管部门来说,都难以界定,如注册账号、养号等问题","这些行为往往是要发展下游犯罪的,在规制层面,由立法公权介入规制还是由平台进行禁止,还需要再讨论。"

(二)黑灰产违法违规活动的取证难度大

有业内人士表示,很多网络黑灰产虽然在国内开展业务,但已经把从业人员和服务器等转移到境外,或者行为人使用国外手机号在国内进行违法活动,这些都已成为违法人员的"常规操作"。现在,还有一些犯罪嫌疑人租用美国或者欧洲等境外的云服务器,这意味着侦查部门需要境外企业及执法部门的配合,导致云端取证成为目前公安侦查取证的一大难题。

(三)黑灰产技术升级速度快,防治工作被动

由于巨大利益的驱动,网络黑灰产的商业闭环中,无论是人员、设备还是技术手段,都不输给一些正规的互联网公司,其中有些技术人员甚至还是业界顶尖高手。因此,在被打击和治理的过程中,相关的技术手段一直在不断升级,各种黑灰产工具更新迭代速率之快令人咂舌,也让监管部门和有关企业始终处于被动的状态下。因此,有业内人士不得不感叹:"卿本佳人,奈何为贼!"

(四)黑灰产违法犯罪成本较低

涉网络黑灰产类犯罪,多数集中在非法侵入计算机信息系统罪、非法获取计算机信息系统数据、非法控制计算机信息系统罪,提供侵入、非法控制计算机信息系统程序、工具罪,破坏计算机系统罪、拒不履行信息网络安全管理义务罪、非法利用信息网络罪、帮助信息网络犯罪活动罪等。综观这些罪名,情节严重的,也仅被处以3年或5年以下有期徒刑。加之由于网络黑灰产类犯罪属于新类型犯罪事物,即使符合情节特别严重的条件,司法机关亦偏向保守轻判,除非涉网络黑灰产犯罪与传统犯罪相结合(如网络电信诈骗),才可能择一重罪处罚。因此,涉案的主要人员往往怀着"三年后还是一条好汉"的心理,一次次突破黑灰底线。

## 二、共治共享构筑网络同心圆

有人的地方就有江湖,有江湖的地方就有纷争,互联网行业亦是如此。只要互联网存在一天,黑灰产就不可能完全绝迹。打击网络黑灰产,既是一场攻坚战,也是一场持久战。而这场战役,有赖于全社会的共同参与、政企联合、群防群治。合作共建安全生态,是下一步互联网行业发展的大势所趋。只有联合起来,共同应对复杂多变的安全威胁,打击网络空间犯罪,才能保护用户隐私和信息安全,营造和平的网络发展环境。对此,习近平总书记就指出,维护网络安全,"网上网下要同心聚力、齐抓共管,形成共同防范社会风险、共同构筑同心圆的良好局面"。

(一)法律法规、司法案例层面逐步完善与健全

全国人民代表大会常务委员会于 2016 年 11 月 7 日发布《中华人民共和国网络安全法》,并自 2017 年 6 月 1 日起施行。该法案首次对网络黑灰产中的不法行为进行了明确的界定,让执法部门真正有法可依,可以放开手脚行事。

2019 年 10 月 21 日,最高人民法院、最高人民检察院发布了《关于办理非法利用信息网络、帮助信息网络犯罪活动等刑事案件适用法律若干问题的解释》(简称《解释》),并自 2019 年 11 月 1 日起施行。《解释》的出台,进一步细化和明确了相关法律条款,缩小了网络黑灰产的生存空间。

2019 年 10 月 25 日、11 月 19 日,最高人民法院又相继发布《非法利用信息网络罪、帮助信息网络犯罪活动罪典型案例》《电信网络诈骗犯罪典型案例》。

可以预见,随着司法部门对相关领域研究的不断深入,越来越多的法律法规和司法解释会逐步出台,有关部门打击治理网络黑灰产的手段会越来越多,力度也会越来越大。同时,司法案例的陆续发布,不仅是一次次生动的法制宣传教育,也能提醒广大群众增强对电信网络诈骗违法犯罪活动的识别意识和防范能力。

(二)业界企业协作意愿强烈并积极响应

目前,包括百度、阿里巴巴、腾讯、京东、滴滴等业界领军企业在内的各大互联网公司,在加强自身企业网络安全的防范工作外,还积极配合政府,站在维护全行业的角度,利用自身技术、业务等多方面的优势,打破边界,在安全领域携

手,形成安全能力共享、数据共享的网络环境,共同应对和打击网络黑灰产,共建网络安全。

2018年5月31日,由京东金融研究院和中国人民大学金融科技与互联网安全研究中心、中国刑事警察学院共同撰写的《数字金融反欺诈白皮书》发布;同年7月26日,腾讯对外发布《2018上半年互联网黑产研究报告》;同年8月21日,南都大数据研究院、南都新业态法治研究中心联合阿里巴巴集团安全部发布《2018网络黑灰产治理研究报告》。这些针对网络黑灰产的专项研究报告,详细总结和分析了中国网络黑灰产的现状、表现形式和对行业、网民造成的危害,不仅为政府部门打击治理网络黑灰产提供了参考,同时也让全社会都能够更深入地认识网络黑灰产的本来面目,减低网络安全可能带来的风险。

除了分析研究,在协同作战方面,各大企业也在付诸行动,其中腾讯的做法颇具代表性。

2015年,腾讯在第一届中国互联网安全领袖峰会上首次提出并倡导建立"中国互联网安全新生态",得到了与会各界人士的广泛认同和响应。

2016年,针对当时电信网络诈骗大规模出现的情况,腾讯推出了反电信网络诈骗公益平台"守护者计划"。该平台依托腾讯的安全大数据、底层技术和海量用户优势,与政府、行业、民众共同构建新型网络安全治理模式。

此后,随着网络黑灰产犯罪愈演愈烈的态势,腾讯在2017年将"守护者计划"升级为全面对抗网络黑灰产,并将其逐步发展成推动整个产业链开放共享、共同打击网络犯罪的社会公共平台,成为构建网络安全共同体的一支重要力量。腾讯公司董事会主席兼首席执行官马化腾表示,"今天的守护者计划,已不再属于腾讯,而属于每一位钢铁卫士。"马化腾积极呼吁更多机构和个人参与社会生态治理当中,扩充"新联盟"、共建"新生态",实现政、企、学、研等联盟作战,形成合力,而腾讯也将全面开放自身技术与能力,积极参与开放协作。

2019年7月11日,腾讯、阿里巴巴、百度等11家单位在工信部网络安全管理局会同公安部刑事侦查局、中央网信办网络综合协调管理和执法督查局的组织下,签订《重点互联网企业防范治理电信网络诈骗责任书》,进一步压实企业主体责任,切实加强社会监督和行业自律,净化网络通信环境。

2019年7月30日,腾讯又与滴滴出行宣布成立互联网安全联合实验室,旨在针对网络黑灰产问题,共同打击网络犯罪,提升用户数据保护能力,提供更加安全的线下服务。滴滴出行与腾讯建立的互联网安全联合实验室将专注三个领域：一是信息安全领域的联合能力建设；二是对业务场景中的黑灰产问题展开深入研究，腾讯将提供其近20年来积累的与黑灰产对抗的数据，与滴滴出行样本数据联合建模；三是关注前沿安全领域，比如车联网安全技术研究、自动驾驶安全研究等。

在共建网络安全体的过程中，腾讯只是其中的一个代表，无论政府、企业还是个人，每一个参与方其实都在积极贡献自己的力量，而每一股力量也都不可或缺。唯其如此，群防群治才能真正实现并发挥作用。

（三）共治共享离不开律师参与

网络黑灰产问题存在着大量的灰色地带，这些灰色地带既存在于业务范围上，也存在于业务行为上。哪些行为是黑产的帮凶行为？2015年的《刑法修正案（九）》通过增设帮助网络犯罪活动罪，界定了明知他人利用信息网络实施犯罪，为其提供互联网接入、服务器托管、网络存储、通讯传输等技术，或者提供广告推广、支付结算等帮助行为。根据一些司法案例，有些个人或企业一开始并没有意识到自己参与了网络黑灰产产业链的帮助行为之中，这类个人或企业有一些会在"起步阶段"向律师咨询业务的合规性。这个时候，律师就应该做好抵御网络黑灰产第一道防线的守护者，避免个人或企业参与到帮助行为中。正所谓"发展进步势力，争取中间势力，反对顽固势力"，争取"中间势力"的责任，就落在了律师的刑事合规上。

# 网络黑灰产的"猥琐发育"之路

陈 曦

所谓网络黑灰产,是指网络黑色、灰色两条产业链,包括电信诈骗、钓鱼网站、木马病毒、黑客勒索等利用网络开展违法犯罪活动的行为。稍有不同的是,"黑产"指的是直接触犯国家法律的网络犯罪,2015年国家互联网应急中心对"黑产"的范围进行了界定,包括三类:一是发动涉嫌拒绝服务式攻击的黑客团伙;二是盗取个人信息和财产账号的盗号团伙;三是针对金融、政府类网站的仿冒制作团伙,业内分别称之为"黑客攻击""盗取账号""钓鱼网站",这些都是人们已经非常熟悉的典型网络违法犯罪行为。而"灰产"主要是指处于法律灰色地带的恶意注册和虚假认证等行为,这些行为游走在法律边缘,往往为"黑产"提供辅助。

经过多年的"猥琐发育",网络黑灰产已经形成一个平台化、专业化、精细化、相互独立、紧密协作的产业链。当前网络黑灰产业链有四大类型,分别是技术类黑灰产、包括虚假账号注册等的源头性黑灰产、用于进行非法交易交流的平台类黑灰产、实施各类违法犯罪行为的黑灰产。现阶段,灰产与黑产相互依附、交织,已发展为跨平台、跨行业的集团犯罪链条。以身份信息的非法买卖为例,这看似是灰色产业,实则背后潜藏着网络诈骗、盗窃、攻击等各类黑产的巨大风险。庞大的网络用户群体,是互联网黑灰产业违法犯罪的目标。目前,网络黑灰产业已开始呈现趋利化、集团化、跨境化趋势。

从近几年发生的多起重大网络安全事件来看,网络黑灰产早已不局限于半公开化的纯攻击模式,而是进一步转化为敛财工具和商业竞争的不良手段,其非法利润之高令人咋舌——相关统计数据显示,网络黑灰产业"年产值"已逾千亿元。

规模达千亿级的网络黑灰产市场,更是发展出惊人的细分,其中主流领域包括木马病毒、养号刷单、薅羊毛、电信金融诈骗、网络私彩、知识盗版、流量劫持、大流量 DDoS 攻击八大类。在这八大类下，又延伸细分出更多领域。

## 一、木马病毒产业链

木马病毒产业链历史悠久，并伴随着电脑病毒的社会化而逐渐成熟，从最早的无意制造病毒开始，该产业链已逐渐演化出设计制造木马病毒、交易买入流量推广、传播扩散木马病毒、对中毒用户进行信息窃取、对信息及虚拟财产套现等多个链条环节，借此获取暴利。该产业链的发展可分为四个阶段：

第一阶段，最早的制造者开发并制作具有盗号、远程控制、自动传播等功能的木马病毒，并根据时事热点设计这类木马的传播方式、触发环境，且及时针对杀毒软件开发出免杀功能，还对木马病毒进行其他更新维护。

第二阶段，网络行业的内鬼、无良站长、黑客等提供流量交易环节者，通过各种手段实施"挂马"，为木马病毒提供传播与存在的平台及流量。

第三阶段，"包马人"是木马病毒产业链的核心，他们对上购买木马病毒，对下采购网络流量，实施网络"挂马"之后，开始从中窃取各类有用信息并进行整理，主要是各种实名信息、隐私信息，以及各类网络账号和其中的虚拟财产。

第四阶段，即最终的变现环节。实际上，许多正规企业以及互联网品牌都有可能涉及这一阶段，即以"大数据分析"为由，采购各类非法获取的个人隐私信息。更多情况下，一些诈骗团队甚至犯罪团伙会采购此类信息，然后进行各种诈骗活动或者是欺骗式营销。

随着互联网的发展，木马病毒产业链的上下游也在不断进行变种和异化。比如，在具体的木马病毒之外，通过人工网上钓鱼或者是设计的程序进行撞库尝试等手法，同样进行各类盗取账号的行为，然后再进行整理、"洗号"等，最后出售变现。

## 二、养号刷单产业链

这一产业链包括养号、刷单与利益变现三个主要环节。

养号产业参与者主要有两个来源：一是通过网络招募人员。这类养号平台的人员来源非常分散、质量参差不齐、难以统一调度,因此越来越不被重视。二是通过定制开发的程序甚至是专门设备,操作大批量的手机号、指定系统的账号甚至拥有一定权限与层别的账号,然后这些账号按照指定的规则生成所需要的相关数据与指标,犯罪团伙以此兑换最终的收益。这也是目前真正能够形成市场的一种养号方式。

刷单行为在具体的实施操作中,可根据其目的分为数据刷量服务、奖励补贴营利,以及敲诈勒索等方向。

第一种是数据刷量服务。这类行为者多服务于淘宝卖家、App 或自媒体号运营者,以及投票评选活动参加者等意欲提升自己的排名、名次、形象,或者需要一定的对外展示数据的对象。针对不同平台对于反刷量的技术限制,数据刷量服务都会有对应的解决方案,其收费标准也不尽相同。

第二种是奖励补贴盈利。这类行为者也称"羊毛党",主要是针对电商平台、商家促销、媒体自身有奖推广等活动,研究其规则漏洞或规律,以大量的养号、密集的操作,以及快速的技术应对,从中赚取大量的奖品、兑换券、优惠券,甚至是直接的返利金额,再将不同收益通过相关渠道进行变现。

第三种是敲诈勒索。这类行为的最早案例是电商平台上的职业差评师,他们会把手中的用户账号"养成"非常具有说服力的账号,再研究各大平台的管理规则,有针对性地利用这些平台的惩罚机制,大规模发起各种差评、投诉,以及恶意评价行为,借此逼迫被差评对象支付相应的赔偿费用,并从中获利。

## 三、"薅羊毛"产业链

"薅羊毛"产业链是随着电子商务快速发展而出现的一类网络黑灰产产业链。简单来说,就是利用一些企业促销或者站点设计中的逻辑漏洞,通过批量注册账号、模拟用户真实行为、抢购、利用 7 日无条件退货规则等方式赚取利润。随着网络商品交易日益发达,"薅羊毛"现象越来越常见。此外,"薅羊毛"现象也不只存在于电商平台,通常情况下,在涉及卡券优惠、优惠码、现金红包等情况时,都可能会产生"薅羊毛"现象。

早在"羊毛党"这个名词出现之前,网络上就已经存在一些"薅羊毛"的行为,这类行为者主要是热衷于电商优惠活动的"淘宝客",或热衷于网络调查、打码、答题的"网赚群体"。2014年起,一些电商、团购平台开始通过微信进行推广促销,由于电商平台本身根基雄厚,且其活动形式简单、门槛低,微信红包、优惠券、满减、免单之类的推广活动迅速受到"羊毛党"的关注,使得"羊毛党"人数爆发式增长。

此外,"网赚群体"中的小部分人,通过建立博客、工作室,组建具有一定规模的QQ群、微信群、YY频道等,为"羊毛党"提供活动线报、经验,积累了大量的下线。这些渠道成了日后CPS推广[①]平台的主力。各大网站、论坛、公众号、QQ群、CPS推广等,都是"薅羊毛"产业链中的重要环节。

过去的几年间,"羊毛党"已经发展成一支庞大的力量。"薅羊毛"过程中需要的各种资料、手段、工具,促生了上游的各种灰色产业,比如接码平台、商业化的注册机、群控系统、代理平台、资料商人和账号商人等。

## 四、电信金融诈骗产业链

电信金融诈骗最早主要通过电话、手机进行,之后随着QQ、微信的普及开始在互联网上蔓延,其模式主要包括群发信息撒网、客服接听收线、钓鱼诱导或直接诈骗、钱款到账后快速转移等多个密切配合的环节。

电信金融诈骗产业链的手法不断更新换代,其核心是利用人的贪念、色欲、胆小及人情弱点,冒充公检法警、家人亲友、领导客户、名人大腕等身份,虽然花样百出,但总的来说属同一类型。

## 五、网络私彩产业链

由于我国至今未对网络彩票开放牌照申请,因此,凡是在中国网络上开展彩票业务的"网络私彩",均属于黑色产业。简单来说,网络私彩的开彩数据,无论是其声称来源于国内的福彩体彩,还是与国外的知名彩票网站同步,事实上都不具备任何技术监控与公平保证。更多情况下,盘口则由开设私彩方自己提供。

网络私彩最大的问题就在于没有得到任何部门的授权许可及监管。比如,

---

① CPS推广:通过实际销售产品数量来计算广告刊登的金额。

某些自称同步于国内体彩与福彩数据的站点,根本不会真实出票,这种行为被称为"吃票";万一有购彩者在网络私彩平台上中了大奖金,私彩站往往直接卷钱跑路,并改头换面继续经营网络私彩。

稍微正规的私彩站,实际采取的是非法赌场的经营思路,它们看起来似乎更讲究信用,实际上不过是"放长线钓大鱼",旨在培养重度用户。这些私彩站分析并发现有价值的用户,通过小奖诱惑,让他们步步入局,但事实上在整个过程之中,所有的中奖率都是被私彩站完全控制的。

## 六、知识盗版产业链

知识产权盗版黑色产业链的历史颇为悠久,其衍生发展的形式也非常多,主要包括盗版影视网站、盗版书籍阅读、盗版论文检索服务、游戏私服(盗版游戏)等,其主要参与环节则包括源数据窃取(非法翻录、盗窃、复制、破解)、非法站点建立及维护、收费或流量变现等。

知识产权盗版站点起初在互联网上极为常见,经过整治后,目前大多采取各种躲躲藏藏的形式继续生存。不过,知识产权盗版产业链背后的利润率,依然始终随着知识产权价值的水涨船高而变得越来越丰厚。

## 七、流量劫持产业链

流量劫持产业链是最具互联网特质的黑色产业链。互联网企业大多都离不开流量,无论哪个行业、哪个品牌,都需要各种访问量、展示量,而依赖于广告营收的行业更是离不开高流量的支撑。因此,除了常规的广告推广与各种引导之外,通过一些不光彩的技术手段,对正常网民上网的访问流量进行劫持、误导甚至替换,就存在非常大的潜在需求。一些流量劫持者是不同电信服务商内部的员工与技术人员,他们私自进行网络协议层面的恶意解析,在确保劫持概率在正常人不易发觉的前提下,将原本是访问A的流量故意解析劫持到B处去,再向B收取高额的流量推广费用。一些黑客或木马病毒的制造者,则通过攻击用户家里的路由器或者某些小区、单位里的相关网络设备,从而掌握一大批能够被自己所控制的"肉机"设备,然后针对具体需求,直接将一定流量进行劫持后出卖。还有一些小品牌路由器厂家、各类杂牌电脑、山寨手机等,会在其硬件设备内部留有"后门",又或在产品内加入一些软件层面的误导与诱导,从而可以根据需求随时开关、启动流量的劫持功能。

在流量劫持产业中也存在一些灰色地带。比如,某些打着安全监控名义的软件、某些打着网址导航旗号的产品,甚至一些浏览器、搜索引擎的软件方,会以各种"擦边球"的方式,诱导用户在指定情况下进入其页面,这本质上仍然是一种流量劫持,而通过这种方式劫持下来的流量,也往往会被变卖给出价的一方。

## 八、大流量 DDoS 攻击

DDoS(Distributed Denial of Service),全称"分布式拒绝服务",即借助多台计算机作为平台来攻击服务器的一种方式的统称。DDoS 攻击(分布式拒绝服务攻击)包括 CC 攻击(挑战黑洞)、NTP 攻击(放大攻击)、SYN 攻击(洪泛攻击)、DNS 攻击(利用域名系统漏洞的攻击)等。遭受 DDoS 攻击的网站会出现网站无法访问、访问提示"server unavailable(服务不可用)"、服务器 CPU 使用率 100%、内存高占用率等情况。DDoS 攻击可类比现实中的社会黑势力为了获取保护费,组织大量社会闲散人员恶意占座,导致个体商户无法正常经营的非法行为。对受攻击企业来说,DDoS 攻击的危害可能是毁灭性的,也是目前最强大、最难防御的网络攻击方式之一。

# 网络黑灰产典型案例谈

陈 曦

回顾整个网络黑灰产的发展史,涉及不同黑灰产类型的典型案例数以10万计,其中"'熊猫烧香'病毒案""9·28特大跨国电信诈骗案""蔡徐坤流量造假案""拼多多被薅羊毛案"以及"5·19特大网络瘫痪案"等一系列大案要案的出现则颇具代表性。这些典型案件不仅令受害人蒙受了巨大的经济损失,更对整个互联网行业的发展带来了持续伤害。

## 一、中国计算机病毒第一案——"'熊猫烧香'病毒案"

2006年12月,中国计算机病毒第一案上线。年仅24岁的李俊亲自操刀,"熊猫烧香"计算机病毒大规模爆发,短短数天便攻克数百万台电脑,并迫使日、德、法、西等多国纷纷发布预防警报。而李俊则通过出售"熊猫烧香"病毒、"肉鸡"敛财,并最后形成病毒制作人、中间商、病毒购买者(挂马)、"收信"、"拆信"的完整黑色产业链条。

在该案中,李俊主要负责根据"客户需求"改写程序代码,从而控制中毒电脑自动访问病毒购买者的网站。接着,"挂马"再从中毒电脑中"盗窃"QQ币、游戏装备等虚拟资产,并通过电子邮件形式发送给"收信人","收信人"再把这些有价值的电子邮件转卖给"拆信人","拆信人"出售"虚拟财物"后得到现实货币。就这样,李俊仅用一个多月推出的病毒,就为他带来了10万元非法收入。而在当时,武汉的平均工资刚过2 000元,每平方米房价则不到4 700元。

2007年2月12日,湖北省公安厅宣布侦破了制作传播"'熊猫烧香'病毒案",抓获病毒制作者李俊。2007年9月24日,李俊被湖北省仙桃市人民法院以破坏计算机信息系统罪处以4年有期徒刑。

## 二、"9·28特大跨国电信诈骗案"

2011年年中,广东等地连续发生以小额贷款名义实施的电信诈骗案件。公安机关迅速立案侦查,发现一个由中国台湾地区犯罪嫌疑人组织策划,诈骗电话窝点设在中国及其台湾地区以及菲律宾、泰国、印度尼西亚、越南;转取赃款窝点设在中国及其台湾地区;改号平台设在上海、广东,专门针对中国及其台湾地区居民实施诈骗的特大跨国、跨两岸电信诈骗犯罪集团,总涉案金额高达1.2亿元人民币。

2011年上半年,浙江省金华市连续发生假冒执法机关实施的电信诈骗案件。公安机关初步侦查,发现一个由台湾地区犯罪嫌疑人组织策划,诈骗电话窝点设在印度尼西亚、柬埔寨、菲律宾、越南、泰国、老挝、马来西亚、新加坡等国;转取赃款窝点设在中国台湾地区及印度尼西亚、马来西亚、泰国;改号平台设在中国山东、福建、广西及台湾地区,专门针对中国大陆居民实施诈骗的特大跨国、跨两岸电信诈骗犯罪集团,总涉案金额高达1亿多元人民币。

2011年9月28日,由公安部统一指挥10省份公安机关,联手台湾地区警方,与印度尼西亚、柬埔寨、菲律宾、越南、泰国、老挝、马来西亚、新加坡等国警方采取集中统一行动,成功摧毁了两个特大跨国跨两岸电信诈骗犯罪集团,抓获犯罪嫌疑人828名,其中中国大陆籍犯罪嫌疑人532名,台湾地区籍犯罪嫌疑人284名,其他国家犯罪嫌疑人12名;捣毁拨打诈骗电话、转账洗钱、开卡取款和诈骗网络平台等犯罪窝点162处,缴获银行卡、电脑、手机、网络平台服务器等一大批作案工具和赃款,破获电信诈骗案件1800余起。

## 三、"蔡徐坤明星流量造假案"

"你见过一亿次转发的微博吗?我们研究了一下,发现事情并不简单。"2018年9月2日,共青团中央官方微博账号的一条微博引发大众的关注。微博文章的内容讲述了知名艺人蔡徐坤于2018年8月2日发布的一条微博,在截至8月13日的短短11天里,其转发量就突破了惊人的一亿,评论量达240多万,点赞量达106万。值得注意的是,这条微博的转发量竟然是点赞量的95倍之多。很明显,这是典型的流量造假行为。据悉,微博2018年的用户数量为

3.3亿,真正活跃的用户还要更少一些,如果这一亿次的转发是真的,那么,意味着微博将有近 1/3 的用户是蔡徐坤的粉丝,而这显然不符合实际情况。

2019 年 6 月 10 日,帮助蔡徐坤制造一亿微博转发量的幕后推手"星缘"App 被查封。该 App 在 2018 年 7 月上线,在明星粉丝圈内使用极为广泛。用户可以通过该 App 直接登录新浪微博账号,充值并开通会员后,在自己的微博账号下绑定多个微博小号,数量从几十个到几千个不等。根据充值金额,微博小号的价格也会有相应的折扣。由于微博会不断对刷量的小号进行查封,粉丝只能不断充值再绑定新的微博小号。绑定后的大小号,可实现转发内容相同、转发数量翻倍。粉丝从组长或者经纪公司领取"刷量"任务。任务量完成后,粉丝可以通过线上活动进行抽奖,获得签名照片、演唱会灯牌、气球、荧光棒等礼品奖励。

通过这种不正当牟利方式,"星缘"App 利用粉丝给"爱豆"刷流量的需求,在短短的半年时间内就不正当获利达 800 余万元。

## 四、全国首宗网络涉黑恶犯罪集团案

2018 年 4 月起,一伙遍布全国 14 个省、26 个县区的犯罪嫌疑人以成立公司为掩护,通过招录"恶意差评师",由专门的"导师"传授针对电商平台网店的"敲诈技能",然后在电商平台搜索目标网店作为敲诈勒索对象。该团伙分工明确,成员分别负责不同的违法犯罪环节。在将近 7 个月的时间里,该团伙敲诈近 200 家网店、7 900 余单,涉及全国多个省市包括电子、纺织、珠宝、家居等行业在内的电商企业,涉案金额达 500 余万元。

该团伙采取"招录闲散人员—传授犯罪方法—组织围攻店铺—敲诈勒索钱财"的模式实施犯罪。犯罪嫌疑人蒋某龙一开始是招录"恶意差评师",向每名学员收取会费 1 600 元(专业级)或 2 800 元(领英级),并虚构他人身份充当所谓的"导师",向学员传授针对电商网店的"敲诈方法";培训结束后,由"导师"(行业术语叫"老鸟")在多个知名度较高的电商平台搜索目标网店作为敲诈勒索目标;确定作案目标后,"老鸟"将找到的目标店铺和链接发送给"小白(新手)"学员,号召学员一起"进攻(购买)"网店产品,每个跟单作业的学员需要缴纳 100—1 000 元的"车票"钱,作为"老鸟"带做的学费,每次确定的敲诈勒索目标网店为 1—5 个;网店产品完成交易交付后,资深"老鸟"带领"小白"学员以各种理由向卖家索取钱财。

以无烟锅商品为例,团伙成员在网上购买之后故意不放油而直接在锅里炒饭,等锅底变黑之后上传图片留差评,其他"学员"迅速跟风,在网店下方留下"锅不好""锅有毒"等恶意评论,此时,急于息事宁人的网店店主往往就会中招。学员下单后,主犯甚至会以"调解人"的身份出现,跟商家进行谈判,若商家拒绝妥协,团伙会组织大量学员继续下单扩大影响,对商家施压,并以投诉、差评、举报等方式"围攻"其店铺,迫使商家妥协。

## 五、全国首例"电商平台差评师案"

2017年4月,杜某等三人共谋利用恶意差评在淘宝上敲诈商家。杜某挑选店铺和商品,然后将链接发给邱某。邱某购买收货后,直接给差评,待商家联系她后,她就将杜某的联系方式推给商家。此后,杜某与商家讨价还价,威胁商家"花钱消灾",否则"让更多的人来给你差评"。邱某见有利可图,便拉着其弟媳张某一起从事敲诈。落网前,三人已敲诈勒索了多个商家,每笔获利600—8 800元,共计获利2万余元。

阿里巴巴安全部接到商家举报后,协助警方侦破此案。同年11月,江苏省海门市法院以敲诈勒索罪判处杜某等三人缓刑,并处罚金。杜某等三人受到刑罚后,淘宝公司以恶意评价涉嫌侵权为由,将三人诉至海门市法院。后海门市法院对此案做出一审判决:被告杜某等三人的行为损害了淘宝公司的合法民事权益,判决三人共同赔偿淘宝公司损失1元、合理支出2万元。

## 六、语文教材涉黄链接案

2017年3月初,武汉市公安局网安支队接到一条举报线索称,一家教育出版社的高中语文选修教材《中国古代诗歌散文欣赏》的网页链接被人篡改,指向一个涉黄网站。用户只要访问该网站,其电脑就会自动下载一种木马程序,访问指定的服务器,下载安装特定的推广软件,并对用户的电脑系统数据进行修改,破坏用户的计算机应用系统。

此外,犯罪团伙还通过涉黄网站引诱上网用户付费注册观看色情图片和视频,但实际上用户付费注册登录后却无法观看。一名报警人告诉办案民警,其点击了一个网站上的一条广告连接,下载 App 后,收到提示称充值成为会员后才可以观看视频。该报警人先后三次充值,却始终无法成功点开视频,而充值后显示的收款公司,是武汉某科技有限公司。

公安机关后经调查发现,该公司非法从事"诱导网站"业务,并在互联网上下载一个网站模板,做成了一个貌似色情网站的网页,网页上设计普通、白金、黄金、钻石等不同等级的会员级别,若有人想看网上视频,必须通过注册不同等级的会员并在网上支付 9.9—72 元费用,而当事人往往付费成功后才发现上当受骗。为了把网站做得逼真,他们还在网站上公布了很多投诉电话和投诉 QQ 号,并购买多部手机、配上号码,但事实上,这些电话从来没人接听,而投诉 QQ 号中虽然留言很多,却也很少有人回应。除了篡改语文教材上的网址,该团伙还在其他网站上推广过类似的黄色网站广告。

当年 5 月 15 日,该案成功告破,团伙全部成员悉数落网。其中一名涉案人员交代,网站做好上线后,短短一年时间,其便分得了 120 万元的好处,而团队负责人则获利更多。

## 七、"拼多多被薅羊毛事件"

2019 年 1 月 20 日,拼多多被曝出现巨大漏洞,用户可领 100 元无门槛券,大批用户凌晨上线"薅羊毛",利用无门槛券充值话费、买 Q 币,充 100 元话费只需 0.44 元。网络截图显示,有人充的话费已够用十几年,还有人晒图称其已购买了价值 90 多万元 Q 币。

1 月 21 日,拼多多方面发表回应:"1 月 20 日凌晨,有黑灰产团伙通过一个过期的优惠券漏洞盗取数千万元平台优惠券,进行不正当牟利。针对此行为,平台已第一时间修复漏洞,并正对涉事订单进行溯源追踪。同时我们已向公安机关报案,并将积极配合相关部门对涉事黑灰产团伙予以打击。"

## 八、"5·19 网络瘫痪重大事故"

2009 年 5 月 19 日晚间,我国互联网发生大面积网络故障:包括江苏、河北、山西、广西、浙江等在内的23个省份陆续出现互联网访问变慢、网站无法访问等现象。该事件被称为"5·19网络瘫痪重大事故",又称"暴风影音事件"。

经过调查,事情起因如下:由于私人服务器互斗,DNSPod被攻击,随后DNSPod所在的IDC将DNSPod的服务器断网,即网络上无法访问DNSPod服务器。

2009年6月2日,公安机关侦破该断网事件,抓获4名涉案黑客。7月6日,4名黑客因涉嫌破坏计算机信息系统罪,被江苏省常州市天宁区检察院批准逮捕。

以上这些案例,只是多年来网络黑灰产畸形发展中的冰山一角,黑灰产对互联网行业以及网民的危害已经可见一斑。也正因为如此,上至政府,下至企业和网民,都对网络黑灰产恨之入骨,并对有效打击网络黑灰产、净化网络环境有着极为迫切的需求。

# 如何对动漫形象的版权进行维权

谭耀文[①]

## 一、动漫形象维权如何证明权属

动漫形象呈现给公众的主要形式是漫画及动画片,公众也主要是通过这两种形式了解及熟悉动漫形象。动漫形象的版权方通过漫画或动画片的制作、发行让公众熟知自己的动漫形象,获得一定的知名度后通常会通过商业授权的方式来获取更多的经济利益。伴随动漫形象知名度的提升,盗版问题会随之出现。无论是商业授权还是打击盗版都需要提供权属证明,如何提供有效的权属证明显得非常重要。动漫形象作为美术作品的一种,除了表情包外很少单独呈现给公众,即便单独呈现也不会像书画那样在作品上署名。

首先,动画片的制片方不一定是动漫形象的版权方。不少人会混淆这两个权利主体,笔者认为,产生这种现象的主要原因:一是动画片是以类似摄制电影的方法创作的作品,根据我国《著作权法》第 15 条第 1 款的规定,制片方获取了剧本、摄影、音乐作品包括动漫形象作者的除署名权以外的所有著作权,当动画片出现盗版、盗播时,上述作品作者不能单独起诉动画片的侵权方,由此产生制作方即是版权方的错觉;二是尽管制片方可以将动画片的特定场景截取后用于衍生品的开发,但受经济利益的诱惑或设计操作方便,制片方更愿意将动漫形象单独或突出使用于衍生品,有意或不自觉地混淆两者的权利边界;三是制片方将漫画改编成动画片时,有时为了符合动画片的制作要求,会对漫画中的动漫形象从配色、线条等方面进行修改,对改编后的动漫形象享有一定的权利。

---

[①] 谭耀文,华东政法学院法律硕士,专业从事文字作品、音乐、电影、电视剧、动画片、动漫游戏人物形象、商标反侵权、商标注册、异议、无效、著作权登记、外观设计专利纠纷等。

尽管如此,不存在动画片的制片方就是动漫形象版权方的逻辑推理。不能仅仅靠提供动画片的权利文件,证明动画片的著作权归制片方后就直接推导出动画片中的动漫形象著作权一定属于制片方。武汉市中级法院审理的上海世纪华创诉湖北新一佳一案对此已经有了详尽的阐述。当然,也存在动画片的制片方就是动漫形象版权方的情况。

其次,动漫形象通过漫画的形式向公众呈现的情况较多。漫画尽管有一定的文字旁白,但漫画主要是由作者通过手绘或电脑画出动漫形象及特定场景来表达故事情节,以往漫画的主要读者是儿童及小学生,漫画中的"画"对他们来说吸引力、认知度更强,版权主管部门也将漫画登记为美术作品。之前通常是漫画家创作漫画,然后再授权他人改编成动画片。漫画的创作也不需要像制作动画片那样需要投入大量的资金,权利主体相对单一。因此,笔者认为,漫画标注的权属状况可以作为证明动漫形象权属的初步证据。笔者翻看了几本国外漫画在我国的出版物,权利页均有"圈C"标识,这为动漫形象权属举证提供了便利,但"抓帧漫画"除外。所谓"抓帧漫画"就是对动画片的视频进行抓取,形成单帧画面,然后将单帧画面整理成书。由于"抓帧漫画"的画面直接来源于动画片,动画片的制片方依然是"抓帧漫画"的权利方,但从上面的探讨可知,"抓帧漫画"的权利方不一定就是动漫形象的版权方。

笔者认为,动漫形象权属举证最有效的方式是提供版权登记证书。一方面,在没有相反证据的情况下,其证明的效力能够得到法院的支持。另一方面,开展商业授权向第三方提供登记证书也较为便利。不仅如此,及时就动漫形象进行版权登记能够起到定分止争的作用。进行版权登记时,版权部门会要求申请人提供权利归属证明材料。职务作品需要提供劳动合同,委托作品需要提供委托合同。尽管作者对动漫形象的创作是创造性劳动,是智慧结晶,但是如果没有后续通过漫画或动画片对其注入内容、后期开发、销售衍生品,那么动漫形象将永远停留在纸面上。这些工作需要投入大量的资金,商业风险较高,但如果运作成功,也会带来可观的经济利益。因此,在动漫形象创作完成之时及时通过劳动合同或委托合同就著作权的归属进行明确约定显得非常重要。

## 二、动漫形象实质性相似的判断

动漫形象实质性相似判断首先要考虑相似的原因。如果相似原因是表达空间有限,两者大部分都使用进入公有领域的要素及组合,那么两者的细微差异都会被认定为各自独创性表达。如果相似原因是存在较大的表达空间,后者使用了前者的独创性表达,那么即便两者存在差异,仍然会被认定构成实质性相似。

笔者阅看两份判决书,均涉及动漫形象的抄袭问题,判决结果却大相径庭,一个原告胜诉,一个原告败诉。为此,笔者仔细探究了其中的原因。

(一)基本案情

1.小明公司诉统一公司著作权纠纷案[①]

原告"小明"同学 　　　　　被告"小茗同学"

**图 1　原、被告动漫形象**

原告指出两个形象的相似之处,诸如头顶有两根支出的造型、头发在额头有分叉、用小圆点表示眼睛、小鼻子等。

一审法院认为"小茗同学"造型包含了"小明"造型的基本特征,但在局部细节上有所变化。"小茗同学"造型系在"小明"造型基础上改变、添加部分细节完成的,并没有改变"小明"造型的基本特征,从整个造型来看构成实质性相似。

被告在二审中详细列举了两个形象的不同之处:① 头发造型:"小明"是"西瓜头",发型较长、厚度较厚、发际线为直线。"小茗同学"是"锅盖头",整体感觉偏

---
① 北京知识产权法院(2016)京 73 民终 1078 号民事判决书。

上,有顶在头上的感觉,发型较短、发际线有弧度;② 耳朵造型:"小明"耳朵是宽扁园状。"小茗同学"是半椭圆形;③ 嘴巴造型:"小明"的嘴巴以点、圆圈及弯曲的弧线表示。"小茗同学"的嘴巴为圆圈形、长条形、弯月形、眼镜形等。

二审法院认为应以普通观察者的角度对其头部造型表达进行整体认定和综合判断,而不能将各个组成要素简单割裂开来,分别独立进行比对。尤其考虑到,两形象均为"小学生""小男孩"的头部造型表达,在这样一种头部架构及面部表达的有限空间里,不同形象对各个组成要素的不同取舍、选择、安排、设计所形成的差异,就会形成各自不同的外观表现,这也就构成了两形象各自创作者的独立创作。两形象在头发、嘴巴造型存在的诸多不同和差异更符合视觉所看到的客观实际。因此"小茗同学"卡通形象并未与"小明"卡通形象构成实质性相似。

2. 迪士尼公司诉蓝火焰公司著作权纠纷案①

原告"闪电麦坤" 　　　　　　　被告"K1"

原告"法兰斯高" 　　　　　　　被告"K2"

**图 2　原、被告动漫形象**

---

① 上海市浦东新区人民法院(2015)浦民三(知)初字第1896号民事判决书。

法院认为"闪电麦坤""法兰斯高"是赛车动画形象,具有赛车通常具有的结构及样式,这些已进入公有领域。但原告并非简单复制现实中的赛车样式,而是在此基础上进行了变形,尤其是对车辆前脸进行了大量的重新设计,加上了拟人化的眼部和嘴部,使原本没有生命的赛车具有了拟人化的形象,能够通过眼神和嘴形等表达情感,上述设计具有独创性。

比较原、被告的动画形象,虽然两者存在一定区别,但两者仍有很多相似之处,尤其是在拟人化的部分,两者都是将前挡风玻璃处设计为眼部,并包含了可上下移动的上眼睑,都将进气栅处设计为嘴部。此外两者还采用了近似的涂装色。原告动画形象通过拟人化的眼部、嘴部以及特定色彩的组合,构成独创性表达,而被告恰恰在上述设计组合上复制了原告。两者构成实质性相似。

(二)案件评析

为什么在这两起案件中,原、被告的动画形象均存在一定的差异,同时又存在诸多的相似点,法院却得出完全相反的结论。笔者认为这涉及独创性高低、创作空间大小的问题。在第一起案件中,原、被告描画的都是调皮小男孩的脸。调皮小男孩的脸由于必须由头发、眼睛、鼻子等基本要素构成,描画也非常简单,独创性低,表达的空间非常有限,每个人描画调皮小男孩的脸必然有几分相似之处。不能因为有几分相似之处就认定抄袭。两者的细微差异都会被认定为各自独创性表达。而在第二起案件中,原、被告描画的动画形象都是对汽车拟人化的表达。汽车拟人化的表达还是有一定的创作空间,并非一定要将前挡风玻璃处设计为眼部,将进气栅处设计为嘴部。法院认定原告的汽车人形象拟人化的脸部具有很高的独创性。而被告就眼部、嘴部的布局恰恰是采取了与原告相同的表达方式。尽管原、被告描画的汽车人形象存在一定的差异,诸如色调等,但这种差异不影响法院认定两者构成实质性相似。

在比对两幅美术作品是否构成实质性相似,首先是观察两者像不像。如果像,必须搞清楚原因。如果两者像是因为具体表达的创作空间非常有限,两者大部分都使用进入公有领域的元素及组合,那么,这两幅美术作品的独创性都相对较低。尽管,两幅美术作品各自的独创性表达不高,形成的视觉差异很小,还是会被认定两者不构成实质性相似。

1. 摄影师杰克布斯·雷恩米斯特诉耐克公司有关乔丹扣篮照片案①

原告照片　　　　　　　　　被告照片

**图 3　涉案照片**

两张照片第一眼看的确非常像,但仔细探究像的地方,会发现两张照片都使用了篮球、篮筐、篮筐杆、球衣、球鞋、跳起的身体、天空等进入公有领域的元素。尽管以天空为背景记录乔丹优美的分腿扣篮动作是一个非常好的创意,但著作权并不保护创意,只保护创意的具体表达。而分腿扣篮的具体表达创作空间非常有限,任何人描画或拍摄分腿扣篮的动作都会存在几分相似之处。

法官同样详细列举了原、被告作品的不同之处,比如,被告照片以城市天际线为背景,原告照片以天空、山坡、落日为背景;被告照片乔丹左手向上伸开,原告照片乔丹左手向身体内侧收着;被告照片乔丹的腿部动作是剪刀式,原告照片乔丹的腿部动作是跨越式等。法官最终根据上述理由,以原、被告的照片并不是完全相同为由全部驳回了原告的诉讼请求。

如果两者像是因为具体表达存在较大的表达空间,在后美术作品抄袭了在先美术作品的独创性表达,那么,情形恰恰相反,两幅美术作品之间的差异即便非常明显,也不会影响被认定构成实质性相似。

2. Steinberg 诉 Columbia Pictures Industries, Inc. 一案②

在本案中原、被告作品尽管存在较多的不同,例如原告作品没有人物,被告作品有人物;原告作品最远处用英文单词"russian"表示俄罗斯,被告作品最远

---

① 彭毅:《从耐克乔丹"飞人"logo 判决看美国照片作品版权侵权认定》,微信公众号"知产力",2015 年 7 月 1 日。
② 徐俊:《版权侵权判定》,复旦大学博士学位论文,2011 年,第 118—120 页。

045

原告照片　　　　　　　被告作品

图4　涉案美术作品

处用俄罗斯风格的建筑表示俄罗斯；原告作品用长方形点缀岩石的方式表示远处美国西部其他地方，被告用简单建筑标志加英文单词的方式表示远处的欧洲城市等。

但法官认为原、被告作品具有相同的绘画风格，都采用鸟瞰的视角描绘了从曼哈顿一角到纽约旁的河流，再到远方世界的景观。两幅作品都选择了同一个角度，可以直接俯瞰一条宽阔的双行公路，公路与两条大道相交，一直延伸至河边，很明显这不是描绘街道纵横的城市街区的唯一方法，而且原告并非对实际存在的街区、建筑物进行描绘。法官同样用创作空间的概念认定被告的作品抄袭了原告具体的独创性表达，两者的诸多不同并不影响法官认定两者构成实质性相似。

## 三、动漫形象名称被抢注如何维权

动漫形象的名称被他人注册为商标的现象较为常见，这就导致动漫形象权利人在开展衍生授权业务时，常常因为在某些商品品类自己的动漫形象名称被他人注册为商标而不得不进行一定的避让，严重干扰了其授权业务的正常开展。那么,动漫形象权利人如何应对这些问题?笔者通过对多个典型案例进行梳理,归纳出对方"没有实际使用行为"与"有实际使用行为"两种情形,并给出具体应对措施。是否有实际使用行为,分别采取不同的措施。

(一)无实际使用行为的维权路径

如果对方没有实际使用行为,动漫形象权利人可依据《商标法》第32条规定"申请商标注册不得损害他人现有的在先权利……"请求宣告对方注册的商标无效。那么,动漫形象权利人对动漫形象名称到底享有何种在先权利?由于动漫形象的名称文字过于短少,通常无法被认为是思想的具体表达而认定为文字作品,动漫形象权利人享有的在先权利不是著作权。

司法实践对此类案件是如何处理的?北京市高级人民法院是商标行政案件的二审法院,该院在个案处理中所表达的观点有重要的参考价值。北京市高级法院在2011年8月2日(2011)高行终字第374号行政判决书中认为,"007""JAMESBOND"知名度所带来的商业价值和商业机会应当认定属于受法律保护的民事权益,没有提商品化权。北京市高级法院在2015年8月20日(2015)高行(知)终字第1969号行政判决书中认为,"功夫熊猫KUNGFUPANDA"作为在先知名的电影名称及其中的人物形象名称应当作为在先商品化权得到保护,明确肯定商品化权。北京市高级法院在2016年5月《当前知识产权审判中需要注意的若干法律问题》中认为应当坚持权利法定原则,即对形象的商业化利益的保护不是对法定权利的保护,我国并无法律规定形象商业化利用"权利"。因此,只有对形象的商业化利益进行分析确定其属于可受法律保护的利益时,才能纳入《商标法》第32条在先权利的保护范围。各院需要对形象的商业化利益进行保护的,必须事先层报北京高院民三庭审查。北京市高级法院在该文件中体现了坚持权利法定原则,对商品化权持谨慎、严格控制的态度。

北京市高级法院在2016年11月3日(2016)京行终3808号行政判决书中认为,在先权利包括《反不正当竞争法》第5条规定的知名商品特有的名称权益等。"功夫熊猫KUNGFUPANDA"已经构成在先知名电影的特有名称,不再提商品化权。最高法院在2017年1月10日发布的《关于审理商标授权确权行政案件若干问题的规定》第22条第2款规定,"对于著作权保护期限的作品,如果作品名称、作品中的角色名称等具有较高知名度,将其作为商标使用在相关商品上容易导致相关公众误以为其经过权利人的许可或者与权利人存在特定联系,当事人以此主张构成在先权益的,人民法院予以支持。"北京市高级法院在 2019 年 1 月 30 日(2018)京行终 6240 号行政判决书中对上述司法解释的理解是:该司法解释对作品名称、作品中的角色名称的保护,更多的是从反不正当竞争的角度对具体的行为予以规制,并不意味着在现有法律规定之外创设新的民事权利或者民事权益。在作品名称、作品中的角色名称具有较高知名度的情况下,相关公众容易将使用该作品名称或者作品中的角色名称的商品或者服务与该作品的著作权人联系在一起,认为使用人与作品的著作权人之间存在特定联系。因此,如果未经作品的著作权人许可而将其作品名称或者作品中的角色名称作为商标使用而有可能引人误认的行为,属于《反不正当竞争法》调整的不正当竞争行为。《反不正当竞争法》在对不正当竞争行为予以规制的同时,必然使受到该不正当竞争行为影响的其他经营者或者包括著作权人在内的其他民事主体享受反射性的利益,这种法律上的利益是《反不正当竞争法》在对相关行为予以调整的过程中产生的,属于《民法总则》第 126 条规定的"法律规定"的民事权益。从司法解释的字面规定看,也仅仅是"当事人以此主张构成在先权益的,人民法院予以支持",而非从正面肯定在作品名称、作品的角色名称等客体上存在设权性的民事权益。

从以上判决和文件中可以看出,北京市高级法院一直认为知名作品包括知名动漫形象的名称是应该得到保护的,只是在保护的路径上进行了不断地探索。综上,知名动漫形象的权利人发现自己的动漫形象名称被他人注册为商标提起无效的正确理由,应该是证明自己的动漫形象名称具有一定的影响力或者对方的注册行为属于其他足以引人误认为与自己存在特定联系的混淆行为,损害了《反不正当竞争法》第 6 条第 1、4 项间接赋予动漫形象权利人的在先民事权益。

如果动漫形象权利人采取前述方式,宣告他人注册的商标无效最终失败或者对方注册商标超过 5 年事实已经无法采取,还有没有其他救济手段?笔者建议,可以尝试将动漫形象的图形和名称进行组合注册,存在注册成功的可能。

在北京知识产权法院审理的(2016)京 73 行初 865 号行政案件中,原告手冢株式会社就文字"TOKYOATOM"结合卡通人物阿童木头像图形申请商标注册获得批准,第三人无锡天华企业管理顾问有限公司以认为其与自己在先注册的纯文字商标"ATOM"构成近似为由提出无效申请。

法院首先从商标本身构图是否近似的角度认为引证商标为纯文字商标"ATOM",而诉争商标则为文字商标"TOKYOATOM"结合卡通人物阿童木头像图案构成。对于引证商标,消费者主要通过英文字母"ATOM"对其进行呼叫和识别,但诉争商标中的"TOKYOATOM"文字部分在商标整体构图中所占位置较小,且该图形在商标中占据较大比例的面积,具有较强的识别力。因此,虽然两商标均包含文字"ATOM",但二者整体视觉效果差别较大,且消费者较易将其区分。

接着法院从是否混淆的角度认为该案涉及的阿童木系列动漫作品在1951年创作完成后经过电视放映等长期宣传,阿童木的人物形象在中国相关公众中已具有较大的影响力。手冢株式会社一直在经营管理该作品的传播和衍生品的发行,持续对阿童木的卡通形象和"ATOM"、阿童木的名称的使用,故阿童木、"ATOM"、阿童木卡通形象之间已经形成较为紧密对应的关系。因此,在阿童木的卡通形象已经在动漫等领域具备一定知名度的情况下,相关公众在对诉争商标进行认读和识别过程中,看到诉争商标中的阿童木头像图形时,容易因该动漫形象将诉争商标与该形象的相关制作主体建立联系,而不易联想到天华公司的引证商标"ATOM"。诉争商标与引证商标共存,相关公众一般不会认为上述商标之间存在特定联系,不易导致消费者对商品来源的混淆误认。

法院依据以上两点认为诉争商标与引证商标并未构成使用在同一种或类似商品上的近似商标。在该案中,动漫形象权利人将动漫形象的名称和图形进行组合注册。注册成功后至少保证在相同品类衍生授权时可以使用动漫形象的名称而不必进行避让。

(二)有实际使用行为的应对举措

如果对方有实际使用行为,动漫形象权利人可以通过民事诉讼的方式让对方停止侵权行为。

首先,动漫形象权利人与他人就动漫形象名称商标注册可能存在行政争议的情况下,如果对方存在实际使用行为,动漫形象权利人可否另行提起民事诉讼,请求法院确认对方的实际使用行为属于侵权行为,对此最高人民法院在(2007)民三监字第14号案中做出了肯定回答,认为双叶社的起诉请求不仅主张诚益公司、世福公司在注册或者持有的商标中非法使用了其享有著作权的"蜡笔小新"美术作品,还主张恩嘉公司未经许可在产品销售、宣传时非法使用其美术作品。双叶社对上述产品销售、宣传等实际使用行为提起诉讼,属于民事权益争议,人民法院应当予以受理。原审法院以该案属于涉及注册商标授权争议的知识产权权利冲突案件,应由行政主管机关处理,不属于人民法院受案范围为由,驳回双叶社起诉,属于适用法律错误,应当予以纠正。

其次,要在民事诉讼中请求法院认定对方的行为构成不正当竞争,根据《反不正当竞争法》第6条第1项的规定,动漫形象权利人必须证明动漫形象是"有一定影响力的商品",这里可能存在一个认知障碍,动漫形象作为美术作品的一种属于文化艺术的范畴,怎么会是商品?最高法院在武汉华旗影视制作有限公司诉北京光线影业有限公司有关电影《人在囧途》一案中认为,电影作为综合艺术,兼具文化品与商品的综合属性,既具备文化规律和社会效益,也具备经济规律与经济利益。其作为商品一旦投入文化消费市场,即具有商品的属性。

最后,他人擅自将知名动漫形象的名称注册为商标并在某个品类商品上实际使用,这种行为会引人误以为其与动漫形象权利人存在某种联系或者其使用行为已经获得动漫形象权利人的授权,混淆效果已经实际产生,因此这种使用行为构成不正当竞争行为。如前所述,动漫形象本身就是商品,《反不正当竞争法》第6条第1项并未规定侵权方的商品必须与原告的商品相同或者类似,在民事诉讼中不必苛求版权方一定要与被告在相同或类似品类商品上实际使用过动漫形象。

# 欲引进日本动漫 IP，
# 这些障碍与对策不得不知

谢佳佳[①]

由日本动画协会发布的《2017 动画产业报告》中涵盖了日本 2016 年动画业界的各项情况。其中，海外销售数据尤为亮眼：2016 年 19 家日本动画制作公司与海外签订了 6 639 份合同，是 2015 年 4 345 份的 1.5 倍，签约的国家/地区也增至 221 个，而中国则以 355 份合同数量成为日本动画的最大买家。

这一现象，一方面是由于国内盛行的 IP 热使得国内买家对优质 IP 趋之若鹜；另一方面则缘于"限韩令"[②]等政策的出台，使得引进韩国 IP 障碍重重，在这样的情况下，日本动漫因其在文化上与我国具有相似性，以及素来积攒的良好口碑而获得了我国版权运营买家的青睐。然而，在国人纷纷引进日本动漫的盛景下，日本人与国人迥异的观念，以及其独特而成熟的版权体系，依旧让有意购买日本 IP 的中国买家头疼不已。本文将从授权主体、权利内涵，以及授权条件与时间三个角度对中方可能遇到的障碍进行介绍与分析。

## 一、授权主体

想要引进日本动漫，确定授权主体也就是确定版权来源，尤为重要。要完

---

[①] 谢佳佳，上海融力天闻律师事务所律师，墨尔本大学知识产权法法学硕士，华东政法大学法学硕士。具有丰富的泛娱乐和文化传媒、艺术时尚、广告、数字新媒体、互联网等领域的公司常年法律顾问服务和专项法律服务的实践经验。
[②] 陈璟春：中韩双方就中韩关系进行沟通，载新华网，http://korea.xinhuanet.com/2017-10/31/c_1121882094.htm，2017 年 10 月 31 日。文章称，中韩双方就中韩关系进行了积极的沟通，双方都同意"推动各个领域交流合作早日回到正常发展轨道"。这对于手握各类韩国明星资源、IP 的中国资本以及韩国文娱产业的人来说，无疑是个令其振奋的消息。

成这项工作,需要从纵向与横向两个角度对拟购买的 IP 进行调查。

从纵向角度看,需要明确的是拟引进的日本 IP 是否存在在先 IP,也就是该 IP 本身是否为改编作品。[①] 日本的 IP 开发脉络通常是从轻小说或者漫画开始,然后动画化,通过动画进一步打开知名度后,便进入周边商品的开发阶段,最后是游戏。在这一整个产业链上每个环节都可能产生新的 IP,而引入任何一个 IP 都需要获得该 IP 以及该 IP 在先 IP 的所有著作权人的许可。

从横向角度看,则需要厘清在这个权利链条上的每一个 IP 对应的所有著作权人。若以动画本身为例,主要是通过以下两个方式确定相关著作权人:一是影片字幕中的著作权归属声明,二是日本文化厅(Agency for Cultural Affairs)的公示信息。

通常情况下,若无相反证据,一部影视作品的著作权人可以通过字幕上的署名确定。例如,在我国,在动画的片头或片尾通常会列出一个或多个出品单位,这些公司通常为该影片的著作权人,因此,版权购买方可以通过这个方式直接确定版权人。

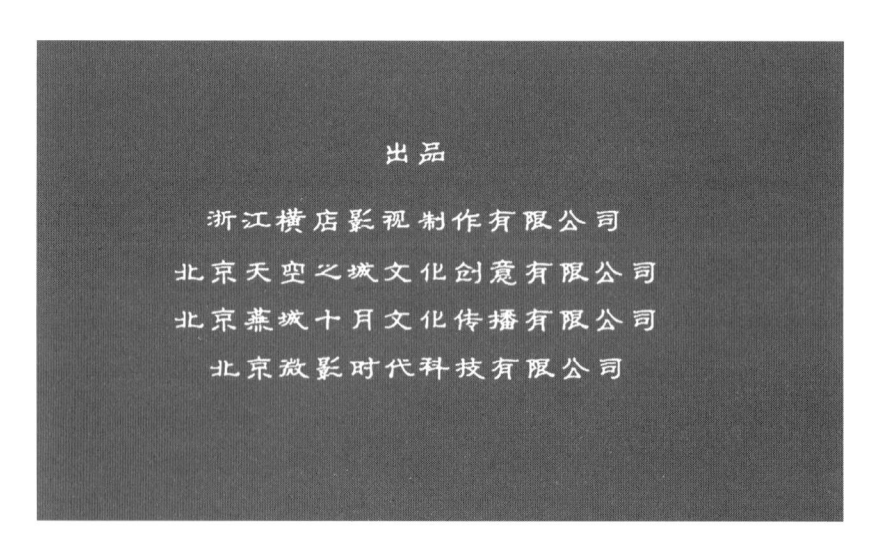

图 1 国产动画《大圣归来》片头字幕

反观日本动漫,常用制作单位来表明该动画的著作权归属,而该制作单位

---

① 如无特别说明,本文所涉及的法律词汇,均以中华人民共和国相关法律法规的解释为准。

常常以"某某制作委员会"①的名义命名。实际上,前述的"某某制作委员会"并不是具有法人意义的主体,而是日本动漫界独有的商业模式,是基于动画形成的一个利益共同体。通常加入这一组织的是动画产业各个环节的利益相关方,如漫画②著作权人(通常为出版社,如集英社、讲谈社、小学馆)、动画发行方(如东映、富士电视台)、动画制作公司③、玩具制造公司④(如万代-Bandai)。这些主体通过"共同制作契约书"明确了共同享有动漫版权并对其运营进行周密的规划与分工。

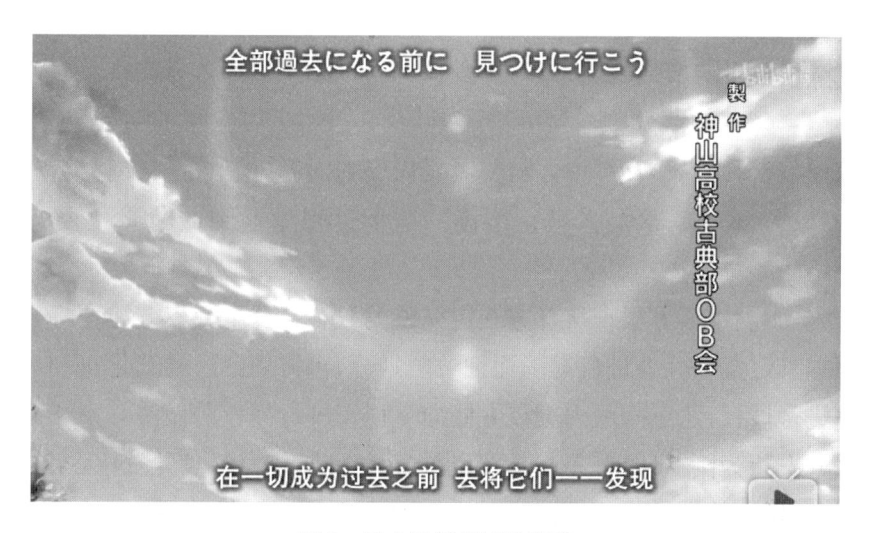

图 2　日本动漫《冰菓》字幕

而这份"共同制作契约书"并不是一个公开的材料,如此一来,仅仅通过字幕的内容,很难确定具体的著作权主体。另一方面,如果在实际中著作权人对著作权进行了转让或其他方式的处分,导致著作权人发生了变更,这一事实也是无法从字幕中获知的。

确认作品著作权人的第二个方式是查询日本文化厅的公示信息。日本《著

---

① 部分动画也会在制作委员会之下列明具体成员,但并不多见。
② 许多日本动画改编自漫画,此时漫画被称为"原作"。
③ 由于大部分动画制作公司没有足够的知名度与经济实力,因此往往未能加入制作委员会。由于真正负责制作的主体并没有进入动画的"最高权力机构",动画的制作水准很难获得保证。这点也是制作委员会制度常被诟病的原因之一。
④ 由于动漫制作的成本巨大,传统的营利方式,如动漫发行的收益不足,周边商品的开发是动漫产业一个非常重要的盈利点。

作权法》规定了著作权登记制度,不仅能够查询到作品的原始著作权人的信息,还可以进一步查询到作品著作权转移的信息。然而,这一方式也存在一些问题:① 著作权登记并不是一个必备的法律程序,即使不进行登记也并不影响著作权转移的效力,因此对于没有经过登记的作品,这种方式并不适用。② 日本著作权登记进行的是形式审查,对是否该日期为作品的首次发行时间或是当事人之间是否存在权利转移关系不作审查。因此,公示信息的公信力相对打了折扣。

## 二、授权权利内涵

从授权权利本身来说,中方需要对授权权利内涵,包括授权权利类型、权利性质、授权时间等基本要素进行明确。这个过程中遇到的障碍主要有以下两点:

首先,中国购买方很难从日方获得完整的权利。日本版权方往往将其作品版权根据其定义的标准进行准确而细致的划分,再将划分后的细化权利对不同的主体进行授权,这点与国内版权方倾向一揽子进行授权的做法并不相同。以衍生品开发权为例,日方首先根据不同的衍生品划分为游戏开发权、文具开发权、玩具开发权等。然后,以游戏开发权为例,则可能以游戏的发行终端[如主机(家用机)终端、PC终端和移动设备终端]为划分标准进一步对权利进行细化。更有甚者,日方还可能限定游戏的上线时间。这是由于日本版权方极少进行独家授权,这就可能造成同一地域就同一权利可能存在多个非独家被授权人,因此,为避免同一授权区域的被授权人彼此之间形成直接竞争,日方就需要对各被授权人所开发的游戏的上线时间进行限定。如前所述,掌握着日本动画版权的通常是动画制作委员会。动画制作委员会在IP对外进行授权前就将"海外销售权"[1]根据不同的区域与权利类型,划分成不同的"窗口"[2],由不同的委员会成员进行负责。如此一来,如果中国买方想要购买的权利类型或者授权区域分属于不同的"窗口",就会明显增加与日方谈判的时间与精力成本。

---

① 对动画在日本地区以外的区域进行利用,如发行、改编的权利。
② 由于我国动画市场的强势地位,有的制作委员会直接将"窗口"划分为"华语圈"国家,以及"非华语圈"国家。

其次，中日两国对部分权利的不同的理解也给本就繁复的谈判增加了难度。以"录像制品权"①为例，该权利在日本版权体系中是一项十分重要的权利。原因在于，日本动漫通常只在各发行渠道进行一轮的播放，其后便进入制作相应 DVD 并进行销售的阶段。此时，许多错过第一轮播放的动漫爱好者只能通过购买 DVD 来观看这些动漫。而反观中国，录像制品市场并不景气，因此，想要购买这部分权利的买家所能够提供的报价往往与日方的预期相差甚远。同时，在双方谈判的过程中，不仅需要就日方特有权利进行交流，中方的特有权利也时常成为谈判的重点。以通过 IPTV（Internet Protocol Televison）进行发行的权利为例，由于 IPTV 融合有线电视"直播"与互联网电视"点播"的技术特征，在中国现有的著作权体系内，并没有独立的著作权类型可以与之对应。在实践中，关于该权利应属"广播权"还是"信息网络传播权"也是颇有争议。因此，为避免风险与争议，对中国买家来说，最好的方式是将该权利在双方购买协议中进行单独列明。在这样的情况下，等于需要变更日本版权方对其授权权利预先划分的标准，这好比是在各地诸侯均已各据一方并深耕多年后，又被要求重新进行分封，其难度可想而知。

## 三、授权条件与时间

想要成功获得日本 IP 授权，合适的沟通渠道与完备的授权提案是十分必要的。

首先，需要以合适的沟通渠道和日方取得联系。由于日本动画产业对动画品质的看重与相对封闭的环境，一些没有知名度与影响力的国内购买方若直接登门拜访，往往只能以吃"闭门羹"而告终。因此，通常需要依靠对中日两方都有了解的主体作为中介，在当中斡旋。这样的主体可以是专门经营此项业务的中介公司或者是一些私人的关系。② 这对于一些不了解中日交易习惯的中国买方来说可能是他们遇到的第一个困难。

其次，"财大气粗"的方式很难赢得日方好感，完备而精准的授权提案才是

---

① 将动漫复制到用于播放语音及影像的记录介质并对该介质进行后续利用的权利。
② 黄磊的导演处女作《麻烦家族》之所以能够获得山田洋次导演作品《家族之苦》的翻拍权，与顾晓东和山田导演十多年的友情基础有很大的关系。

制胜法宝。由于中日两国动漫市场的差异①,国内购买方在与日方取得联系后首先需要考虑的并不是报价而是出具关于授权的提案。若以购买日本动漫 IP 用以开发国产游戏为例,中方一方面需要将游戏开发具体方案进行细化,对游戏的类型、主要玩法、框架和功能甚至于游戏角色的形象、名称、关系进行阐述;另一方面还需要对该游戏的市场销售情况进行评估。目标销售额越高,越容易获得授权,也可能导致的授权保底金②(Minimum Guarantee)的增加。向日方提供相关提案,几乎成了双方磋商的基础,尤为重要,也对中国购买方提出了更高的要求。

最后,"批准程序复杂"与"耗费时间长"是引进日本 IP 过程中中方最难适应的环节。造成这一现象的原因主要有两点:一是日方的版权运营理念决定了他们对于版权许可十分的慎重,IP 的长期发展与壮大才是他们的第一诉求,这点从日方对授权游戏"锱铢必较"的监修③上可见一斑。二是日本企业严格的等级制度与精确的分工。日方员工在收到一项指令时首先要确认自己是否有权限进行处理,如不然,则会将该诉求转移给有相应权限的同事。若在自己的职权范围内,在处理之后会向自己的直接上级进行汇报,再由上级层层汇报至有权决策的领导,并不能越级处理。此外,在有新的需求,或者需要对方案进行修正的情况下,又需要根据这样的程序重新处理一番,当中耗费的时间可想而知。

## 四、克服障碍的对策

为克服前文所提及的诸多障碍,中日两方或可尝试以下几种方式进行推广。

第一,日方海外版权采购"窗口"预先进行"版权清理"。据业内人士反映,

---

① 动漫产业在日本发展多年,一个有生命力的 IP 可以进行长达数十年的运营,与之相比,中国的动漫市场刚刚起步,多数参与主体的诉求停留在"挣快钱"上。
② 对于一些强势的 IP,日本动漫版权采购通常采用"保底金+分成"的模式,中方需要在合同签订后先支付一笔费用,该费用可在中方获得收益中进行抵扣,抵扣完成之后,则按照一定的比例向日方分配收益。
③ 日方通常会要求对被授权方开发的游戏具有监修权,即要求被授权方在游戏概念设计、实际开发、上线测试各个阶段都需将工作成果交由日方审核,经由日方确认后才能进行下一步,有时这种控制甚至渗透到角色语气、发型偏分方向等极致的细节。

由于中方市场的强大影响力,日本版权方开始针对中国版权购买提供经过"版权清理"的详细而丰富"作品目录"。也就是说,日方海外版权采购"窗口",如富士电视台事先向作品版权链条上的各个版权主体,如原作著作权人,制作委员会各成员获得授权,在积攒了多个作品的完整有效授权后,集结成"产品目录"向中方推介或者接受中方的问询,如此一来,便省去了诸多复杂的沟通和程序。

第二,在中国建立专门负责版权授权的子公司,由该子公司全面负责旗下作品在中国区的授权业务,同时也负责与委员会的接洽和沟通。皮乐中国(Pierrot China)[①]是目前该类型最典型的企业之一,负责全面开发 Studio Pierrot(Pierrot 株式会社成立于 1979 年,为日本制作人气动画片集。)旗下以《火影忍者》为代表的知名动漫品牌的中国区授权业务。这种方式不仅能够使日方更好地了解中国国情,使得授权方式能够量体裁衣,提高双方的沟通效率,其优势是显而易见的。

第三,一个直截了当的方式便是直接加入"动画制作委员会",从一开始就成为动画的"最高权力机构"的一员。对此,腾讯动漫已经通过参与集英社天野明的新作《宇宙警探》动画制作委员会证明了这种方式的可行性。[②] 通过这一方法,中方不仅可以很好地了解动漫制作过程,并可以有的放矢地根据中国市场需求在日本动漫中加入"中国血液",降低了最终成品在中国出现"水土不服"的风险,而且有利于中方提早进行版权运营规划与布局,为后续的作品利用争取最大的利益。

除了版权营运私人主体的交流,引进日本动漫的长足发展更有赖于两国政策层面上的交流。2017 年 10 月 26 日,东京电影节中日电影交流新闻发布会上,日本内阁官房副长官西村康稔透露,中日两国正在进行高级别会晤,拟建立电影联合制作条约。该条约的后续发展还有待两国之间的磋商,但无疑为中日版权交流蜜月期的保持释放了积极的信号。

---

① 皮乐中国(Pierrot China)是日本动漫行业巨头 Studio Pierrot 联合知名风险投资基金 SIG(海纳亚洲创投基金)在上海成立的控股子公司,已成为中国地区一家专业的动漫品牌授权管理运营公司,拥有日本多个国际知名动漫品牌的中国区授权业务的代理权。
② 此为中方首次进入日本动漫委员会。

# 著作权侵权案件中普通被许可人的诉权研究

钟 磊[①]

知识产权许可分为独占许可、排他许可、普通许可，不同情形下的被许可人的诉权有所差异，明确被许可人诉权性质在知识产权许可纠纷中具有重要意义，就目前的司法实践来看，独占许可、排他许可两类许可的被许可人的诉讼主体资格，已无异议。但普通许可情形下，被许可人的诉讼主体资格，还存有较大的争议，这种争议也造成司法审判中，各方将精力集中在诉讼主体资格的辩论中，引起司法资源浪费，亦影响当事人对案件结果的预期。因此无论是理论上，还是司法实践中，对该问题的探讨都具有现实意义。本文试图在现行有效法律规定的前提下，调和普通被许可人享有诉权在法理与法律规定之间的矛盾，以解决普通被许可人在司法实践中诉讼主体资格的争议。

本文将论述的依据限定在生效法律规定、司法解释等实在法范围内，不再分析与该议题有关的学术观点。就本文写作思路而言，首先，分析在司法实践中，著作权普通被许可人依据权利人"有权以自己名义提起诉讼"的授权，向法院提起诉讼，在多起案件中，被告对普通被许可人诉讼主体资格均明确提出异议，但为什么多数法院在裁判文书中却回避该异议，未对该焦点问题进行论证分理，而是直接使用"结论性论断"认定原告的主体资格，法官的难题是什么；其次，在试图回答"法官的难题"的基础上，从著作权、商标权等知识产权法体系中，寻找普通被许可人具有诉讼主体资格的相关法律依据及立法理由；再次，分析普通被许可人具有诉讼主体资格的法理障碍及司法实践上的问题；最后，探

---

[①] 钟磊，上海融力天闻律师事务所专职律师。主要从事互联网产业法律事务处理，熟悉公司运作及企业经营中的风险控制。

讨普通被许可人具有诉讼主体资格的必要性及改进建议。

## 一、司法实践中对普通被许可人是否享有诉权的认定

（一）关于普通被许可人享有诉权获得法院支持的案例

1. 上海知识产权法院(2016)沪 73 民终 214 号

上海知识产权法院审理的(2016)沪 73 民终 214 号上诉人上海图书有限公司与被上诉人上海富昱特图像技术有限公司著作权侵权纠纷案件，上诉人认为权利方主体不适格，法院直接认定著作权普通许可人经著作权人许可，可以以自己的名义提起诉讼。

2. 深圳市福田区人民法院(2017)粤 0304 民初 115—119 号

深圳市福田区人民法院审理的(2017)粤 0304 民初 115—119 号原告上海富昱特图像技术有限公司与被告康美(深圳)电子商务有限公司著作权侵权纠纷，被告认为我国《著作权法》及相关司法解释并没有明确著作权使用人能以自己的名义起诉侵权者。如果法律允许以普通许可使用人名义起诉侵权人，必然会引起重复起诉及重复赔偿。但法院未对该答辩进行回应，直接认定原告具有主体资格。

3. 杭州市中级人民法院(2018)浙 01 民终 288 号

杭州市中级人民法院审理的(2018)浙 01 民终 288 号上诉人西安佳韵社数字娱乐发行股份有限公司与被上诉人华数数字电视传媒集团有限公司侵害作品信息网络传播权纠纷，法院认为"在著作权侵权纠纷中，若原告以作品被许可人名义提起诉讼，应当举证证明其属于独占性专有使用权人，或属排他性使用权人但著作权人不起诉，或属著作权人已明确授权被许可人可以以自己名义起诉三种情形之一。否则，该作品被许可人不能以自己名义提起侵权之诉，不具有原告主体资格"。法院认为，普通被许可人经明确授权，可以以自己的名义起诉。

4. 天津市第三中级人民法院(2019)津 03 知民终 23 号

天津市第三中级人民法院审理的(2019)津 03 知民终 23 号上诉人北京和讯在线信息咨询服务有限公司与被上诉人中文在线(天津)文化发展有限公司著作权侵权纠纷案件中，法院认定被上诉人根据授权取得涉案作品非专有信息网络传播权及诉讼维权的权利，其主体适格，过程中，法院并未对"普通许可人

为什么可以享有诉讼维权权利,为什么主体适格"进行论证。

5. 广州知识产权法院(2016)粤 73 民终 373 号

广州知识产权法院审理的(2016)粤 73 民终 373 号上诉人华中师范大学出版社有限责任公司与被上诉人上海富昱特图像技术有限公司复制权纠纷案件,上诉人提起上诉认为,被上诉人不是著作权人,只是作品普通被许可人,不是独占许可或者排他许可的被许可人,不具有本案诉讼主体资格。法院认为被上诉人经图片展示网站署名人,也就是图片著作权人授权,享有涉案图片著作权,系本案适格诉讼主体。在该份判决书中,广州知识产权法院显然未区分著作权人与许可使用人的区别,回避了本案诉争的焦点问题,故对上诉人的上诉意见,未进行释法说理,缺乏判定"被上诉人是著作权人,具有诉讼主体资格"所适用法律规范的理由。

6. 福建省高级人民法院(2017)闽民终 322 号

福建省高级人民法院审理的(2017)闽民终 322 号上诉人上海富昱特图像技术有限公司与被上诉人福建金牡丹茶业有限公司侵害作品信息网络传播权纠纷案件,被上诉人认为,上诉人只是普通被许可人,我国《民事诉讼法》和《著作权法》均未规定普通被许可人可以自己名义提起诉讼,且诉讼权利属于程序性权利,具有公法性质,不可转让。二审法院未对上述意见进行回应,直接认为上诉人经授权享有在中国大陆地区的相关权利,并有权提起本案诉讼。

7. 上海第一中级人民法院(2014)沪一中民五(知)终字第 85 号

上海第一中级人民法院审理的(2014)沪一中民五(知)终字第 85 号上诉人上海《上海百货》杂志社与被上诉人上海富昱特图像技术有限公司等著作权权属、侵权纠纷,法院认为,即使被上诉人是图片著作权的普通被许可人,但经权利人明确授权有权以自己的名义提起诉讼,被上诉人具有涉案作品展示、销售,以及再许可的权利,其以自己的名义提起诉讼具有实体权利基础,并不构成纯粹的诉权转让。

以上为随机提取的几起有关普通被许可人提起诉讼,并获得法院支持的案例,当然,上述案例也不能表明,司法实践中对普通被许可人享有诉权已达成共识。截至目前,笔者尚未找到普通被许可人经权利人授权提起诉讼被法院驳回的判决书,也有可能在案件中普通被许可人往往以原告身份出现,如若法官暗示不支持普通被许可人作为适格原告,则普通被许可人可能会选择撤诉,以避免此类判决出现而影响此后的维权行动。

(二)案例中缺少普通被许可人享有诉讼主体资格的法律依据及理由

2008年6月1日,最高人民法院《关于加强和规范裁判文书释法说理的指导意见》指出,要释明法理,说明裁判所依据的法律规范,以及适用法律规范的理由;诉讼各方对案件法律适用存有争议或者法律含义需要阐明的,法官应当逐项回应法律争议焦点并说明理由。法律适用存在法律规范竞合或者冲突的,裁判文书应当说明选择的理由。民事案件没有明确的法律规定作为裁判直接依据的,法官应当首先寻找最相类似的法律规定作出裁判;如果没有最相类似的法律规定,法官可以依据习惯、法律原则、立法目的等作出裁判,并合理运用法律方法对裁判依据进行充分论证和说理。

裁判文书通过阐明裁判结论的形成过程和正当性理由,可以提高裁判的可接受性,实现法律效果和社会效果的有机统一。但通过上诉几个案例可以看出,除(2014)沪一中民五(知)终字第85号民事判决书进行了一个不充分的论证外,其他裁判文书在诉讼方对普通被许可人是否享有诉权上提出明确异议的情况下,均未对上述异议进行分析论证,甚至直接回避,不予理睬,直接使用结论性论断,以"法院认为"为方式,直接认定普通被许可人具有诉讼主体资格。但这种未经分析,缺乏法律依据的"法院认为",很难得到当事人及代理律师的认可,也致使同类案件不断出现,被告亦往往还以同样理由作为抗辩,主张诉讼主体不适格,甚至提起上诉,造成司法资源的浪费,亦不能体现裁判文书定分止争和价值引领的作用。

那么,上述裁判文书为什么不"释明法理",是法官认为"理所当然"享有权利,还是知道这里面的问题,但是因为"说难"而放弃论证分析,本文不得而知。事实上,针对普通被许可人享有诉权问题,笔者查阅了众多裁判文书,没有一份对该问题所依据的法律规定进行充分论证和说理的,对一个有争议的问题,而大多数裁判文书均选择"视而不见",这足够成为一个问题。

## 二、普通被许可人具有诉权的法律依据分析

(一)著作权领域,普通被许可人具有诉讼主体资格,并无明确法律规定

《著作权法》第26条第2款规定:"许可使用合同包括下列主要内容:(1)许

可使用的权利种类；(2)许可使用的权利是专有使用权或者非专有使用权……"《著作权法实施条例》第24条规定："《著作权法》第24条①规定的专有使用权的内容由合同约定,合同没有约定或者约定不明的,视为被许可人有权排除包括著作权人在内的任何人以同样的方式使用作品。"上述规定,仅赋予专有许可使用权人有权排除包括著作权人在内的任何人以同样的方式使用作品,而非专有许可使用权人则无权排除包括著作权人在内的任何人以同样的方式使用作品。

1998年,最高人民法院《关于全国部分法院知识产权审判工作座谈会纪要》指出,知识产权民事纠纷案件的起诉人,可以是合同当事人、权利人和利害关系人。利害关系人包括独占、排他许可合同的被许可人、依照法律规定已经继承或正在发生继承的知识产权中财产权利的继承人等。在该纪要中,著作权普通被许可人被排除在起诉人之列,仅独占和排他许可合同的被许可人可以提起诉讼。

《最高人民法院关于审理著作权民事纠纷案件适用法律若干问题的解释》第30条规定："人民法院采取诉前措施,参照《最高人民法院关于诉前停止侵犯注册商标专用权行为和保全证据适用法律问题的解释》的规定办理。"后者第11条规定："提出申请的利害关系人,包括商标使用许可合同的被许可人、注册商标财产权利的合法继承人。注册商标使用许可合同被许可人中,独占使用许可合同的被许可人可以单独向人民法院提出申请；排他使用许可合同的被许可人在商标注册人不申请的情况下,可以提出申请。"上述规定,仅以司法解释的形式,确立了独占被许可人及排他被许可人的诉讼地位,未谈及普通被许可人的诉讼地位。

(二)根据司法解释制定者的解释,商标法的规定是基于特殊的考虑,不能类推适用于著作权领域

《最高人民法院关于审理商标民事纠纷案件适用法律若干问题的解释》(简称《商标案件解释》)规定："在发生注册商标专用权被侵害时,独占使用许可合

---

① 根据2020年11月11日第十三届全国人民代表大会常务委员会第二十三次会议《关于修改〈中华人民共和国著作权法〉的决定》第三次修正,《著作权法》第24条相应调整为第26条,因《中华人民共和国著作权法实施条例》未随之进行相应的修改,故该条例文本依旧表述为《著作权法》第24条,实际为修改后《著作权法》第26条。

同的被许可人可以向人民法院提起诉讼；排他使用许可合同的被许可人可以和商标注册人共同起诉，也可以在商标注册人不起诉的情况下，自行提起诉讼；普通使用许可合同的被许可人经商标注册人明确授权，可以提起诉讼。"该规定涉及普通被许可人诉讼地位问题，是否可类推适用于著作权领域，则应寻觅该司法解释制定者的立法理由。

司法解释制定者称："情况特殊的商标普通使用许可人的诉权问题，起草中就其能否单独提起诉讼，争议较大。"根据商标主管部门以及商标法专家学者、律师和商标代理人的意见，《商标案件解释》第4条采纳了"普通使用许可合同的被许可人经商标注册要明确授权，可以提起诉讼"的意见。这主要是考虑，一些商标注册人特别是国外的一些在中国注册的商标权人，在国内一般只授权普通许可，遇到侵权行为，国外的商标权人采取法律措施有比较多的手续，会发生某种延误，可能损害被许可人的合法权益，应当为他们提供司法救济手段。《商标案件解释》第4条规定在注册商标权人明确授权的情况下，普通使用被许可人可以提起诉讼。这与专利法利害关系人的起诉规定不同，无疑对注册商标权和相关的注册人、利害关系人合法权益加大了保护，便于商标使用被许可人运用司法手段制止侵犯商标权的行为。但是实行中还会有许多实际问题有待解决。[①]

从上述解释可以看出，司法解释赋予商标权普通被许可人以诉权，并非基于法律体系的内在逻辑，只是特殊情况下的特事特办。在该解释中，明确表示商标权与专利权起诉规定的不同，意在说明普通被许可人可以提起诉讼，仅限于商标权领域。司法实践中也存在同样观点——"虽然商标法和专利法同属知识产权领域，但鉴于两种权利类型的区别，本院并不当然地认为可以直接类推适用该司法解释（商标案件解释）。"[②]这也就否定了商标权普通被许可人的规定可以类推适用于专利权、著作权领域。

（三）行为保全案件适用法律若干问题的规定，可否类推出著作权普通被许可人享有诉权

根据2019年《最高人民法院关于审查知识产权纠纷行为保全案件适用法

---

① 最高人民法院知识产权审判庭编，主编陶凯元、副主编宋晓明：《最高人民法院知识产权司法解释理解与适用》，中国法制出版社2016年版，第149页。
② 北京知识产权法院(2015)京知民初字第01731号民事判决书。

律若干问题的规定》（简称《行为保全案件解释》）第 2 条第 2 款规定："知识产权许可合同的被许可人申请诉前责令停止侵害知识产权行为的，独占许可合同的被许可人可以单独向人民法院提出申请；排他许可合同的被许可人在权利人不申请的情况下，可以单独提出申请；普通许可合同的被许可人经权利人明确授权以自己的名义起诉的，可以单独提出申请。"

司法解释制定者解释认为，《行为保全规定》规定的知识产权纠纷的当事人，既包括已经起诉的当事人，也包括尚未起诉的潜在当事人。只要能够成为知识产权纠纷的当事人，即有权就相关知识产权纠纷申请行为保全。需要说明的是，根据《民事诉讼法》第 104 条的规定，诉前行为保全的申请人是利害关系人，其在起诉后成为案件的当事人。为了避免与《专利法》等知识产权法律法规中规定的利害关系人混淆，《行为保全规定》未使用"利害关系人"的概念。《行为保全规定》第 2 条第 2 款是关于知识产权许可合同的被许可人申请诉前责令停止侵害知识产权条件的规定。两个诉前停止侵权司法解释《关于对诉前停止侵犯专利权行为适用法律问题的若干规定》和《关于诉前停止侵犯注册商标专用权行为和保全证据适用法律问题的解释》第 1 条分别规定了独占被许可人、排他被许可人可以申请诉前停止侵权。最高人民法院《商标案件解释》第 4 条规定，在发生注册商标专用权被侵害时，普通使用许可合同的被许可人经商标注册人明确授权，可以提起诉讼。最高人民法院在相关案件中已经认定专利普通许可合同的被许可人可以提起专利侵权诉讼。在此基础上，《行为保全规定》第 2 条第 2 款规定，普通许可合同的被许可人经权利人明确授权以自己的名义起诉的，可以单独提出申请。①

通过解读《行为保全案件解释》立法理由，可知该规定中赋予普通许可人的诉讼主体资格的理由与《商标案件解释》是一脉相承的，并在肯定最高人民法院司法实践的基础上，进一步将普通被许可人经权利人授权享有诉权的规定扩大适用于专利权领域；但是否扩大适用于著作权领域，立法理由虽然没明确说明，但在该规定中选用"知识产权"一词，而不区分使用"商标权""专利权"概念，显然表示该项规定适用著作权领域。

---

① 宋晓明、王闯、夏君丽、郎贵梅：《〈关于审查知识产权纠纷行为保全案件适用法律若干问题的规定〉的理解与适用》，《人民司法》2019 年第 7 期。

故此,《行为保全案件解释》虽然仅就知识产权纠纷行为保全作为规定,但实际上已明确普通被许可人经权利人明确授权,享有诉权,而不是仅享有申请诉前行为保全的权利。原因在于,其一,诉前行为保全是一种临时措施,申请人必须在采取行为保全措施后 30 天内起诉,如果普通被许可人没有诉权而权利人亦不起诉,则该诉前行为保全将失去意义;其二,该规定明确授权的内容是"授权以自己的名义起诉",而不是"授权以自己的名义进行诉前行为保全"。显然,该规定内在的逻辑是,认可权利人可以将诉权授权普通被许可人行使,普通被许可人在享有诉权的基础上,有权提出诉前行为保全。该规定是以司法解释的形式,肯定了知识产权权利人的诉权可转让给普通被许可人行使。

通过追溯普通被许可人经权利人授权,具有诉讼主体资格的相关规定,可以看出,其最初的理由来自一个特别考虑,即基于国外的商标权人维权的不便,而且仅限于商标权领域,但随着司法实践的展开,该项规定类推扩大适用于专利权领域,且经过了最高人民法院司法认定,具有指导参考性,《行为保全案件解释》又以司法解释的形式肯定了上述规定可以适用于知识产权所有领域。

客观来看,从便于国外商标权利人维权的角度,允许经明确授权的普通被许可人以自己的名义提起诉讼在法理上是存在障碍的,而且客观上是否能够达到"减少较多的手续""避免某种延误"也是值得推敲的。因为国外商标权利人签署许可合同、签署授权普通被许可人有权起诉的文件,与其直接委托律师提起诉讼的起诉文件并无本质的不同,同样需要公证认证翻译,授权文件上的签名是否有效同样需要核实。可见,司法解释制定者所特别考虑的便于国外商标权人进行维权的这一事实基础并不存在。

本文认为,法理上的障碍及与现有法律体系不相融,也导致了涉及普通被许可人提起诉讼的相关案例中,针对被告关于普通被许可人是否具有诉讼主体资格的质疑,法院很难进行充分的说理论证。

## 三、普通被许可人享有诉权的理论与实践障碍

《民事诉讼法》第 119 条规定的"直接利害关系"是判断原告适格的标准。一般而言,"直接利害关系"包括对请求法院审理的法律关系拥有实体法上的请求权和诉讼担当两类情形。因此,要判定普通被许可人的诉权即应分析其诉权

基础是在于享有实体法上的请求权,还是为诉讼担当人。

(一)普通被许可人不属于著作权侵权案件中的直接利害关系人

"该直接的利害关系是指原告与其请求法院予以确认和保护的、发生争议的或受到侵害的民事权利之间存在直接的联系,即原告是否具有应当受到实体法保护的可能性。如果根据现有法律规定可以确认原告不具有可保护的利益,应该以与本案没有直接利害关系为由,否定其主体资格的适格性。"该直接利害关系的确定一方面要考虑诉权保障,另一方面也要考虑防止诉权滥用。① 本文从普通被许可人的排他性、受损可能性及因果关系等维度来分析普通被许可人是否具有实体法保护的可能性及可保护的利益。

1. 普通被许可人的排他性

普通许可通常是指知识产权原始权利人或享有转授权的独占许可人在约定期限、地域和约定的方式的范围内,许可他人使用知识产权,被许可人使用知识产权,并不影响知识产权原始权利人或享有转授权的独占许可人以相同方式自行或授权第三人使用知识产权。普通许可使用情况下,被许可人仅依据授权的范围以非专有的形式使用知识产权,无权禁止知识产权原始权利人或享有转授权的独占许可人自行使用该知识产权或进行再许可授权,亦无权禁止他人使用该知识产权。鉴于此,普通被许可人并不能对抗对其造成侵害的第三人,故其并不享有实体法上的请求权。

2. 普通被许可人的受损可能性及因果关系

考量普通被许可人的受损程度,不能考量侵权者实施侵权行为对该普通被许可人造成的实际损失,因为该实际损失属于权利人的预期收益。换言之,该实际损失表面上看属于普通被许可人,而实际上应是该著作权专用权与普通使用权之间的市场价差。原因有两点:其一,侵权者实施该侵权行为对普通被许可人的影响,与著作权人将权利授权给该侵权者合法使用,对该普通被许可人造成的影响是一样的,在这种情形下,侵权者造成的不是普通被许可人的损失,而是著作权专有权人的损失。其二,从商业交易角度讲,普通许可相比专有许可来讲,许可费用相差很大,价格悬殊的原因就在于排他性,普通被许可人亦考虑过两种许可权利范围及许可费的差异,之所以选择普通许可,对未来有可能

---

① 北京知识产权法院(2015)京知民终字第751号民事裁定书,该观点在随后50多起案件中被采纳。

面对市场上其他被许可人(或侵权者)的市场竞争,是有心理预期的,侵权实施者与合法许可使用者对其影响并无二致。故实施侵权不会造成普通被许可人的损失。

由于权利人都可能将权利许可于任何第三方(包括现实侵权人),因此,普通被许可人不具有明确的可期待利益,侵权行为与普通被许可人的"损失"之间也不具有必然联系,普通被许可人也无法证明其减损的利益与他人的侵权行为之间具有因果关系。

3. 停止侵权的诉讼请求

上文提到,普通被许可人不具有排他性,也无权禁止他人使用该著作权。即使权利人明确授权"针对侵权者可以以自己名义提起诉讼",认可该类授权的合法性,也仅指有权对已发生侵权行为提出损害赔偿的请求,而无权要求侵权人停止侵权。即使《行为保全案件解释》规定了普通被许可人可以提起申请诉前责令停止侵害知识产权,但这种规定也缺乏法理基础。

(二)诉权授权或让与缺乏法理基础

普通被许可人本不能以自己的名义提起侵权之诉,但通过权利人的"以自己的名义提起诉讼"这样的授权,使普通被许可人由无权起诉变成有权起诉,这实质上是权利人将其享有的诉权授权给了普通被许可人行使。"诉权不是一种独立的权利,而是与债权相结合,不能与债权分开的权能",①从本质上来说,诉权只是表示一种行动的能力,即权利主体具备请求救济的能力,它本身并不具有利益的属性,而仅仅代表着一种资格能力,只有在通过与其他权利相连接的情形下才可能产生利益。② 普通被许可人并不享有实体民事权益,当然不享有实体法上的请求权,则行使程序法上的诉权不但存在法学理论的障碍,在司法实践中也将出现法律体系的混乱,如损害赔偿额度的计算等。因此,即使著作权人或专有许可人将诉权授予普通被许可人,因其不享有与诉权相对应的实体权利,其仍不能行使诉权。

《民事诉讼法》是公法,是权利人以保护其自身利益不受侵害为目的从而向国家机关提出诉讼请求的一种权利,是基于实体权利而被公法赋予的对实体权

---

① [德]卡尔·拉伦茨:《德国民法通论》(上册),王晓晔、邵建东、程建英、徐国建、谢怀栻译,法律出版社2002年版,第264页。
② 转引自周永坤:《诉讼法理研究论纲》,《中国法学》2004年第5期。

利救济的权利,既然是公法拟制①的权利,则应遵循"法无授权即不允"的规则。许可使用合同是许可人对自己民事权益的处分行为,民事权益具有法定性,所享有和获取利益的范围和限度由民事法律规范确认和保护,诉权显然不属于民事权益,许可使用合同关于诉权的处分行为是无效的。故关于诉权处分的许可合同对任何人不具有法律约束力,当侵权行为发生时,被许可人是否享有诉权从而具备诉讼主体资格只能由法律进行规定,而不能进行约定。

上海市第一中级人民法院(2014)沪一中民五(知)终字第 85 号民事判决书中,法院认为"被上诉人具有涉案作品展示、销售,以及再许可的权利,其以自己的名义提起诉讼具有实体权利基础,并不构成纯粹的诉权转让"。这样的说理混淆了"实体权利"与"实体法上的请求权"两个概念,普通许可上的非专有使用权固然是一个实体权利,但这种实体权利不具有禁止他们使用的权利,这种"有权禁止"的权利,才是实体法上的请求权。

(三) 普通被许可人经权利人明确授权,有权提起诉讼不属于诉讼担当

民法任意诉讼担当理论认为诉权的权利主体可以独立于实体请求权主体而存在,在一定的条件下,经实体请求权权利主体的授权,权利义务关系以外的第三人,能够以自己的名义行使诉权。该理论实际是突破了民诉法当事人适格的理论,扩大了诉讼主体的范围。其意义在于使本来没有诉权的人能够起诉或应诉,使本来不适格的当事人成为适格的当事人。从比较法研究的视角考虑,为了诉讼担当人利益而设定的任意诉讼担当在满足以下两个条件的前提下,司法实务应予认可:① 得到权利人的授权并与权利人共同起诉;② 案件审理的结果对该被授权人会产生影响。②

就第一个条件而言,普通被许可人是单独提起诉讼,故不符合;就第二个条件而言,权利人对普通被许可人的授权,仅是"普通被许可人有权以自己的名义起诉",这种授权,不涉及实体权利的授予,甚至即使出具了该类授权,也不能说明权利人放弃了以自己的名义重新提起诉讼的可能,权利人仍然可以再就该侵

---

① 李汉昌、刘田玉:《权利保护机制与程序的最佳选择》,《政法论坛》2000 年第 3 期。在该文中,作者认为诉权理论是一种制度分析的学说,解决的是权利保护的制度基础,从一定意义上讲,诉权也是拟制的,争议事实的发生使它变为现实中的权利。诉权说到底是国家赋予当事人对权利进行救济的一种制度性权利。
② 北京知识产权法院(2015)京知民初字第 01731 号民事判决书。

权行为进行起诉,该种授权,对权利人不产生丝毫的影响。

故普通被许可人经权利人明确授权,有权提起诉讼不属于任意诉讼担当。因不具有明确法律规定,则更不属于法定诉讼担当。

## 四、普通被许可人行使诉权在司法实践上的难题

(一)当著作权人身权与财产权同时受到侵害时,普通被许可人仅可对财产权部分进行起诉

因人身权不能授予或转让,普通被许可人起诉后,著作权人仍需另行提起诉讼,这脱离维权的意义,不符合民事诉讼时效性原则。

(二)普通被许可人主张损害赔偿数额,法院依专有权人的损失计算,还是依该普通被许可人的损失进行计算

诉讼利益来自实体权利,诉权本身并不会产生利益,因普通被许可人不具有排他性,故不应享有诉讼利益。如果损害赔偿诉讼的赔偿额是以专有权人的损失而不是普通被许可人的损失来计算的,那么这种损失只能是专有权人的损失,而不应是案件原告的损失,在无法律明确规定的情况下,法院很难支持原告可以针对第三人的损失的诉讼请求,这种由普通被许可人提起的诉讼,而判决赔偿的额度却是专有权人的损失,在实践中行不通。那么,如果依普通被许可人的损失来计算损害赔偿额,如上文分析,普通被许可人并没有损失。这种情况下,将陷入两难困境,造成法理上的矛盾。即使忽略损害数额,仅由法院酌定适用法定赔偿,以解决上述法理的矛盾,又将产生权利人与普通被许可人如何分配的问题。

(三)普通被许可人提起诉讼,其他普通被许可人是否可主张分配利益

如果普通被许可人通过诉讼,获得了诉讼利益,该利益必然不是基于诉权,而只能是基于其享有的普通许可使用权,那么作为同样享有普通许可使用权的其他普通许可人,基于同样的权利,提出就该项诉讼利益进行分配,则将产生新的纠纷。

(四)普通被许可人提起诉讼,其他权利人是否还有权提起诉讼

如果普通许可人对侵权者的侵权行为单独提起诉讼,则知识产权原始权利人、独占许可人、其他普通许可人均未放弃自身的实体权利,即使权利人出具过

授权,授权普通被许可人有权对侵权者提起诉讼,但该项授权并不意味着权利人对自身实体权利的放弃,那么基于自身专有权再对侵权者的同一侵权行为,提起一个诉讼,将如何处理,也容易发生裁判矛盾。

(五)关于管辖问题

《最高人民法院关于适用〈中华人民共和国民事诉讼法〉的解释》第25条规定,信息网络传播权侵权的侵权行为地还应包括被侵权人住所地。据此,普通被许可人还可以在其住所地法院提起诉讼,普通被许可人的不具有专有性,"有权以自己的名义起诉"这样的授权也不具有专有性,权利人完全可以授权每一个普通被许可人针对侵权者"有权以自己的名义起诉",这也意味着一个作品有可能存在多个普通被许可人,也就可能存在多个住所地,如此一来,就管辖来讲,就存在诸多的不确认性。

(六)普通被许可人与专有权人同时起诉的情形

如果普通被许可人与专有权人同时起诉,根据管辖来讲,有可能存在两个法院管辖,该类案件如何确认管辖,是否为必要共同诉讼人,即使解决上述问题,在判决结果上,如何分配诉讼利益也是个问题。

(七)法定的著作权集体管理组织,将失去价值

《著作权集体管理条例》第20条规定:"权利人与著作权集体管理组织订立集体管理合同后,不得在合同约定期限内自己行使或者许可他人行使合同约定的由著作权集体管理组织行使的权利。"这条规定是指著作权集体管理组织取得了专有使用权,享有实体专有排他的权利,在此基础上,著作权集体管理组织才享有《著作权法》第8条第1款规定的"著作权集体管理组织被授权后,可以以自己的名义为著作权人和与著作权有关的权利人主张权利,并可以作为当事人进行涉及著作权或者与著作权有关的权利的诉讼、仲裁活动"的诉权。如果普通被许可人经明确授权,享有诉权,那么作品传播平台更容易借签署普通许可合同之便,加上"有权以自己的名义对侵权者进行起诉"这样一条对作者利益没有任何损害的条款,而实际取得著作权集体管理组织应有的职能。

经上,本文认为,诉讼的目的在于使纠纷获得解决,如果此纠纷的解决带来一系列新的纠纷,则达不到诉讼的目的,也不符合诉讼法的基本原则。赋予普通被许可人诉权的初衷并非是存在法律救济上的障碍或立法的漏洞,而只是为了便于国外商标注册人维权"便利",如果这样的便利造成法律体系的混乱,笔

者认为有必要重新审视该条款的必要性,或赋予新的解释。

## 五、"普通被许可人经明确授权,有权提起诉讼"的规定,不具有必要性

(一)"便利"并不足以成为赋予普通被许可人享有诉权的依据

上文提到,普通被许可人享有诉权首先始于商标权领域,其目的在于"便利",而实质上,开具对侵权者提起诉讼的授权文件,与出具起诉书等授权文件并无差别,唯一的区别可能是,前者文件在一定期限内开具一次即可,但起诉书因为被告主体不同,需要多次开具。但这种量上的便利并不足以证明其必要性。而且即使量上的不便,亦可通过"律师代理"解决,如国外商标权人可以出具授权书,授权中国境内合法设立的律师事务所针对侵权行为,有权代为在起诉书上签字,有权代为缴纳诉讼费用,有权代为和解,有权代为接收赔偿款等代理权限,这样一张授权文件在便利上与授权普通被许可人以自己名义提起诉讼的授权文件是一致的,而且与现有法律体系不存在矛盾和冲突。

(二)商标普通被许可人的权利可以由反不正当竞争法保护

普通被许可人提起的商标侵权之诉,实为不当竞争之诉,我国普通被许可人商标侵权诉权可以通过反不正当竞争法规则予以完善,可参考《反不正当竞争法》第 6 条规定,"经营者不得实施下列混淆行为,引人误认为是他人商品或者与他人存在特定联系: ① 擅自使用与他人有一定影响的商品名称、包装、装潢等相同或者近似的标识; ② 擅自使用他人有一定影响的企业名称(包括简称、字号等)、社会组织名称(包括简称等)、姓名(包括笔名、艺名、译名等); ③ 擅自使用他人有一定影响的域名主体部分、网站名称、网页等; ④ 其他足以引人误认为是他人商品或者与他人存在特定联系的混淆行为。"据此,受损的商标普通被许可人可以提起不当竞争之诉,以维护自身的权利。

(三)商标权与著作权、专利权所保护法益有天然区别,商标权普通被许可人可以通过反法保护,而专利权与著作权普通被许可人无保护必要

《商标法》第 48 条规定:"本法所称商标的使用,是指将商标用于商品、商品包装或者容器以及商品交易文书上,或者将商标用于广告宣传、展览以及其他商业活动中,用于识别商品来源的行为。"从某种意义上看,商标侵权的动机不

是侵害注册商标的注册行为,而是侵害商标的商业利益的行为,商标侵权损害是企业商誉和消费者的利益,这点与著作权和专利截然不同。著作权、专利的智力投入是一次性的,因此虽然和商标同属于知识产权,但保护的法益是不同的,著作权的价值在于作品的传播,专利的价值在于发明创造的应用,著作权法和专利法是以有限保护著作权人和专利权人的方式,促进作品的创作和传播以及发明创造的应用,所以商标可以通过续展的方式进行永久独占,但著作权和专利是有时间限制的。1789年美国联邦宪法授权国会"通过保护作者和发明人在一定期间内对其作品和发明享有排他性的权利,以鼓励科学和实用技术的进步"这一规定更明确地将商标与著作权、专利权属性截然分开,而且点明了著作权和专利权的目的在于科学和实用技术的进步,也就是作品的传播和发明的应用,是以保护作者和发明人一定期间排他性权利为手段,来达到作品的传播和发明的应用。因此可以说,在著作权人和发明权人或其专有权人放任作品和专利侵权发生时,客观上更能促进作品传播和发明的应用,更符合公共利益,著作权人和发明权人或其专有权人不主动维权的情况下,法律不应该另行找一个在法理上很难站得住脚的普通被许可人越俎代庖代为诉讼。

## 六、法律建议

为维护法律的权威性和公信力,必然不能朝令夕改,建议通过对"明确授权"的内容重新进行界定,以解决普通被许可人诉权的规定带来的法理上的缺陷,不能仅仅以"授权普通被许可人有权以自己的名义提起诉讼"这样实际上无实体权利授予或放弃的所谓"明确授权",就使普通被许可人具有诉讼主体资格。故该"明确授权"必须涉及实体权利的让与或放弃,建议将授权内容可描述为"针对在双方约定期限及地域已经发生或潜在发生的侵权行为,授权普通被许可人享有该侵权行为所体现的侵权使用范围内的专有使用权,该专有使用权授权开始时间可以由双方协商确定,结束期限限定在该侵权行为停止侵权止"。

这样的授权内容,解决了本文提及的所有问题,如下所述:

第一,此类授权不违反法律规定,且授权的内容是实体权利,也就是可涵括该侵权行为的专有使用权,基于该专有使用权,普通被许可人享有诉权并可主张损害赔偿。

第二,解决了多个权利人共同起诉的问题,权利人将该侵权行为所体现的使用范围内的专有使用权授予了普通被许可人,则权利人丧失了对该侵权行为起诉的权利,如此,可解决多个诉讼主体均有权起诉的难题。唯一的权利人得以确认,则管辖方面亦不再存在问题。

# 作品名称构成商标性使用的司法实践

李淑娟[①]　马云涛[②]

作品名称在商业活动中具有多重属性,当其作为描述作品内容时,具有对作品内容高度概括的功能;当其作为作品的商业符号时,具有区别商品来源的功能;在法律环境下区别作品的不同功能对案件的定性至关重要。下面两案例则是作品名称在司法实践中不同性质的认定。

案例一：青岛出版社有限公司(简称青岛出版社)与山东世纪天鸿文教科技股份有限公司(简称世纪天鸿公司)等侵害商标权纠纷一案。[③]世纪天鸿公司依法取得了注册号为第4697993号的"智慧背囊"注册商标专用权,青岛出版社出版的《送给青少年的智慧背囊》一书在封面、扉页、书脊上显著使用与注册商标完全相同的文字,法院认为青岛出版社构成对世纪天鸿公司注册商标专用权的侵犯。

案例二：赵光辉与湖北广播电视台(简称湖北广电)侵犯商标专用权纠纷一案。[④]赵光辉于2009年5月28日注册取得第5036874号"如果爱"商标,湖北卫视面向全国播放了《如果爱》明星恋爱真人秀第一期节目,法院认为湖北广电虽然使用了与赵光辉的涉案商标近似的文字字样,但其使用方式不属于《商标法》意义上的使用,不构成对赵光辉享有涉案商标专用权的侵犯。

上述两个案例均涉及作品名称的使用行为,案例一中青岛出版社出版的《送

---

[①] 李淑娟,上海融力天闻律师事务所高级合伙人,曾获得第三届中国优秀知识产权律师TOP50、第三届闵行区十大优秀女律师、第五届闵行区十大优秀律师、2021年闵行区领军人才等荣誉,尤其擅长商标、专利、版权及反不正当竞争领域的相关法律服务。
[②] 马云涛,上海融力天闻律师事务所合伙人,中国法学会会员,中国知识产权研究会会员,华东政法大学硕士研究生。从事知识产权领域法律实务工作,擅长知识产权诉讼。
[③] 北京市丰台区人民法院(2014)丰民初字第03829号民事判决书、北京市第二中级人民法院(2014)二民(知)终字第10356号民事判决书。
[④] 武汉市中级人民法院(2015)鄂武汉中知初字第00254号民事判决书、湖北省高级人民法院(2016)鄂民终109号民事判决书。

给青少年的智慧背囊》一书上使用了"智慧背囊"作为书名,构成商标侵权。案例二中湖北广电将"如果爱"作为节目名称使用,不属于《商标法》意义上的使用,不构成侵权。同样是作品名称的使用行为,在书上的使用行为构成商标性使用,在节目上的使用行为却大相径庭。不可否认,不同的作品类型、作品名称的使用方式也会存在差异,例如文字作品中,一般将书名作为该作品的识别符号与其他作品相区别,如果该作品的名称是通用名称或缺乏显著性的文字,则会再加上其他标识以示区别。又如在计算机软件作品中,除了在开发的软件下标注名称,还要在软件运行中内置名称。那么,这些作品的类型是否会对作品名称是否是商标使用行为的认定产生影响?司法实践中作品名称构成商标性使用应当考量哪些因素?

## 一、作品类型对商标性使用的影响分析

我国《著作权法》规定,作品包括① 文字作品,如散文、科普读物;② 口述作品,如老师的讲学、诉讼中的辩护词;③ 音乐、戏剧、曲艺、舞蹈、杂技艺术作品,如话剧、京剧、广播剧;④ 美术、建筑作品,如油画、水彩画等;⑤ 摄影作品;⑥ 视听作品;⑦ 工程设计图、产品设计图、地图、示意图等图形作品和模型作品;⑧ 计算机软件;⑨ 符合作品特征的其他智力成果。根据上述作品类型,笔者检索了部分案例。

表1 部分作品类判决案例及结果

| 作品类型 | 具体呈现 | 判 决 理 由 | 判决结果 |
| --- | --- | --- | --- |
| 文字作品 | 图书名称 | "新华字典"在作为辞书书名使用的同时也发挥了辞书来源的识别作用,具备商标的显著特征。<br>——北京知识产权法院(2016)京 73 民初 277 号民事判决书 | 商标性使用 |
| | | 大众文艺出版社未经上海文艺出版总社许可,在其出版、发行的《精品故事会》杂志上使用了"故事会"三字,侵犯了上海文艺出版总社作为"故事会"注册商标权人的合法权益。<br>——浙江省高级人民法院(2005)浙民三终字第 161 号民事判决书 | 商标性使用 |

续 表

| 作品类型 | 具体呈现 | 判 决 理 由 | 判决结果 |
|---|---|---|---|
| 文字作品 | 图书名称 | "世界经理人"的含义应为"全球从事经营管理的群体",在作为商标注册之前,该词汇已经被人们熟知并大量使用。因此,该词汇本身具有较强的固有含义,从而弱化了其作为商标的显著性,难以在相关公众的意识中建立起该词汇与商品来源之间的对应联系。<br>——北京市第一中级人民法院(2007)一中民初字第9692号民事判决、北京市高级人民法院(2009)高民终字第2410号判决书 | 描述性使用 |
| 电影作品和以类似摄制电影的方法创作的作品 | 电影名称 | "功夫熊猫"表示的是该电影的名称,用以概括说明电影内容的表达主题,属于描述性使用,而并非用以区分电影的来源。<br>——北京市第二中级人民法院(2011)二中民初字第10236号民事判决书、北京市高级人民法院(2013)高民终字第3027号民事判决书、最高人民法院(2014)民申字第1033号民事判决书 | 描述性使用 |
| | 节目名称 | 本案中,"非诚勿扰"原是江苏电视台为了区分其台下多个电视栏目而命名的节目名称,但从本案的情况来看,江苏电视台对被诉"非诚勿扰"标识的使用,并非仅仅为概括具体电视节目内容而进行的描述性使用。<br>——深圳市中级人民法院(2015)深中法知民终字第927号民事判决书、广东省高级人民法院(2016)粤民再447号民事判决书 | 商标性使用 |
| 计算机软件 | 游戏软件名称 | 被告在其开发运营的《英雄联萌》游戏软件上使用的"英雄联萌"标识与第7987339号文字商标"英雄联盟"和第7987337号文字图形组合商标均构成近似,故被告的行为应当认定为在相同商品上使用与注册商标近似的标识。<br>——深圳市南山区人民法院(2016)粤0305民初6500号民事判决书 | 商标性使用 |

根据笔者检索到的信息,在司法实践中文字作品、电影作品、计算机软件作品在名称使用上涉及侵权的案例较为常见,根据部分案例可知,在司法实践中对在图书、电视节目、游戏软件上作品名称的使用行为,法院认可了作品名称属于商标法意义上的使用行为,在部分案件中却不认为是商标的使用行为或者认为是合理使用的行为。从上述案件可知,首先,作品名称作为商标使用已成为司法实践的主要方向;其次,作品类型对是否构成商标性使用实质上并没有任何关联,而从同类型作品上看,并非所有的同类型的作品名称都认定为商标性使用或未认定为商标性使用行为;从不同的作品类型上看,部分作品类型也有认定为商标性使用行为,也有未认定为商标性使用行为。作品类型固然对作品名称的使用产生影响,但最终认定是否构成商标性使用还是得结合具体案例进行分析。

## 二、作品名称构成商标性使用的考量因素

（一）显著性因素

《商标法》第9条规定,申请注册的商标应当具有显著特征,便于识别。显著性是商标最本质的属性,能够识别商品或服务来源的标志,应当具备帮助消费者将其所代表的生产、经营者的商品或服务与其他生产、经营者区别开来的能力。商标的显著性分为固有显著性和通过使用而获得显著性,只有达到显著性的标识才能获得法律的保护,抑或是受到法律的规制。作品名称构成商标性使用的首要考量因素也是作品名称必须具备显著性。作品名称不仅仅是作品内容的精练概括,也是区别于其他作品的重要标识,缺乏显著性的作品名称则不具备识别功能,例如,《数学》《语文》这类通用作品名称,显然是达不到区别商品来源的功能。又如,鲁迅的《朝花夕拾》,其作品名称的显著性较强,作为作品名称使用时就已经具备了区别其他作品的识别性。有些作品名称在使用之初,主要发挥商品描述的功能,而在经过长期使用之后,则逐渐具备标识特定商品的功能,"新华字典案"则是一例较为典型的作品名称通过使用而获得显著性的案例。

（二）认知度因素

公众对该作品名称的认知度也是法院作为作品名称是否构成商标性使用

的重要考量因素之一,这里的认知度,主要包括三点:

1. 对作品名称含义的认知

例如,在"世界经理人案"中,法院认为"世界经理人"的文字由"世界"和"经理人"两个词汇组合而成。其中,"世界"表示服务的区域,"经理人"表示服务的对象。"世界经理人"的含义应为"全球从事经营管理的群体",在作为商标注册之前,该词汇已经被人们熟知并大量使用,该词汇本身具有较强的固有含义。本案中法院正是从作品名称自身的含义去考量该作品名称是否能够起到识别商品来源的作用,对于作品名称具有较稳定固有含义的词汇,从认知上难以将其作为商标进行识别,起不到区别商品来源的功能。

2. 对作品知名度的认知

例如,在"新华字典案"中,法院认为商务印书馆自1957年开始出版《新华字典》"商务新1版"至《新华字典》第11版这60年间均为独家出版发行《新华字典》的主体,辞书发行量超过5亿册,该商标的使用一定程度上更强化了"新华字典"与商务印书馆之间的联系。结合"新华字典"知名度等证据可以看出,"新华字典"标识在商务印书馆出版的辞书商品上经过长期、广泛地使用已经使得消费者能够将其与商务印书馆产生对应关系的认知,从而使得"新华字典"作为作品名称起到了商标使用的功能。又如,在"非诚勿扰案"中,法院认为江苏电视台对被诉"非诚勿扰"标识的使用,经过反复多次、大量地在其电视、官网、招商广告、现场宣传等商业活动中单独使用或突出使用,使用方式上具有持续性与连贯性,具备了区分商品/服务的功能。

3. 对作品名称使用的主观意图认知

例如,在"功夫熊猫2案"中,法院认为由于《功夫熊猫2》使用"功夫熊猫"字样是对前述《功夫熊猫》电影的延续,且该"功夫熊猫"表示的是该电影的名称,用以概括说明电影内容的表达主题,属于描述性使用,而并非用以区分电影的来源。笔者认为法院在本案中考量了行为人是否源于善意的主观使用意图,在"功夫熊猫2案"中,梦工厂的《功夫熊猫》电影已经在中国大陆进行了宣传,早于商标申请日和注册日,而《功夫熊猫2》又是梦工厂对《功夫熊猫》的延续,从而法院更偏向性地认定了该行为不构成商标性使用。而相同在系列电影案中,《人在囧途之泰囧》却没如《功夫熊猫2》那么幸运。同样是作为电影名称,法院认为华旗公司的"人在囧途"成为电影名称起到识别电影商品的来源作用,真乐道公司在明知华旗公司《人在囧途 2》的大纲和筹备事宜,且在《人在囧途之泰囧》与《人在囧途》续集毫无关系的情况下,却刻意突出两个影片的联系点,法院认为"人在囧途之泰囧"具有恶意的主观使用意图,从而认为构成不正当竞争。法院对两案不同的主观意图作出了不同认定,同样上文中的"如果爱"节目名称的使用行为,法院同样考量了是否存在攀附商标商誉的主观故意等因素。

## 三、作品名称描述性使用与商标性使用的转化

正如开头所言,作品名称具有双重功能,但这双重功能并非完全独立,而是不断在转化,具有描述性的作品名称并非一成不变的永远成为描述性词语。商业活动是一个动态的过程,作品名称的使用也是随着商业活动的开展,也会随之发生性质上的变化。正如同商标其蕴含的显著性和知名度是随着使用程度的不同而不断发生着变化。商标的第一含义与第二含义的使用影响着案件的定性,而作品名称同样可以按照第一含义和第二含义的使用情形进行认定。但随着作品销量和知名度的不断增加,受众的日益庞大,即便是缺乏显著性的词,其本身的描述性功能或第一含义将会随之减弱,而识别性功能或第二含义将会不断加强,这也正如"新华字典案"将其作为商标性使用的认定路径,上述案件给笔者的启示是在处理具体案件时也应当用动态的视角来看待作品名称的使用性质。

# 论专利侵权警告行为的正当性

朱 宁[①] 孙黎卿[②]

"哪里有竞争,哪里就一定有不正当竞争。"[③]自由竞争,是保障消费者权益最大化、社会财富增进的重要基石,任何扭曲自由竞争的行为都应受到法律的追究。专利权是一种有期限的技术垄断权益,专利侵权警告行为是专利请求权行使的另一种权利表征,但立法并未赋予专利权人有限制自由竞争的权利。

在我国河北双环公司诉日本某公司的不正当竞争纠纷案中,最高人民法院认定"侵权警告并非单纯地具有维护专利权的功能,还有打击竞争对手、争取交易对象和交易机会的效果。权利人为谋求市场竞争优势或者破坏竞争对手的竞争优势,以不正当方式滥用侵权警告,损害竞争对手合法权益的,应当承担相应的责任"。[④]

有人实证分析认为,相较著作权、商标权的侵权警告行为而言,专利侵权警告行为,对促进自由竞争的功能效应指数最低。"权利人发函时往往在函中提及警告性文字……以致竞争者或交易相对人等受信者,将其产品下架或取消订单或办理退货并终止契约,使受信者蒙受极大损失,损及竞争效能。此种情形,以专利权尤甚,故造成在'自由竞争'及'消费者福利'量表平均值最低。"[⑤]

---

[①] 朱宁,上海融力天闻律师事务所合伙人,文理复合背景,擅长疑难商标、专利及竞争争议,承办案件获省级法院年度五大典型案例,多起案件被法院评为典型案例,两起案件入选最高人民法院《人民司法·案例》期刊经典案例。
[②] 孙黎卿,上海律师协会文化传媒委员会副主任,上海融力天闻律师事务所高级合伙人,知识产权团队总负责人之一。曾入选中国优秀知识产权律师 TOP50 榜单,荣获 2019ALB China 十五佳 TMT 律师等荣誉。主要执业领域为 TMT 及知识产权。
[③] [德]弗诺克·亨宁·博德维希主编,黄武双、刘维、陈雅秋译:《全球反不正当竞争法指引》,法律出版社 2015 年第 2 版,第 1 页。
[④] 最高人民法院(2014)民三终字第 7 号案。
[⑤] 施锦村:《知识产权侵权警告函正、负向效应与竞争效能关联:知识产权类型的干扰角色》,《月旦知识库》,http://www.lawdata01.com.cn,2018 年 10 月 17 日。

| 预测变数 | 著作权 平均值 | 著作权 标准差 | 专利权 平均值 | 专利权 标准差 | 区别检定 平均值 | 区别检定 标准差 |
|---|---|---|---|---|---|---|
| 自由竞争 | 4.000 | 1.314 | 3.810 | 1.331 | 0.400 | 0.528 |
| 消费者福利 | 4.261 | 1.573 | 3.714 | 1.087 | 4.221 | 0.042* |

| 预测变数 | 商标权 平均值 | 商标权 标准差 | 著作权 平均值 | 著作权 标准差 | 区别检定 平均值 | 区别检定 标准差 |
|---|---|---|---|---|---|---|
| 自由竞争 | 4.607 | 1.066 | 4.000 | 1.314 | 3.321 | 0.075 |
| 消费者福利 | 4.536 | 1.427 | 4.261 | 1.573 | 0.427 | 0.516 |

| 预测变数 | 商标权 平均值 | 商标权 标准差 | 专利权 平均值 | 专利权 标准差 | 区别检定 平均值 | 区别检定 标准差 |
|---|---|---|---|---|---|---|
| 自由竞争 | 4.607 | 1.066 | 3.810 | 1.331 | 8.787 | 0.004** |
| 消费者福利 | 4.536 | 1.427 | 3.714 | 1.087 | 11.593 | 0.001** |

*$p<0.05$；**$p<0.01$。

**图 1　智慧财产权类别与竞争效能区别分析**

## 一、警告行为概述

从行为性质看,专利侵权警告行为,系专利权人对其专利权益所享有的一种排除妨碍的请求权、言论自由权,也是一项单方声明,此外,其本身也可构成一种竞争行为。有观点还认为,"警告函本身并非一种法律行为,而是一种准法律行为,因此,应对之类推适用法律行为与意思表示之规定。"[1]

从表现方式看,专利侵权警告行为不应拘于口头、书面、新闻、声明等形式,更不限于通过公众渠道、自媒体渠道进行传播的样态。

从受众对象看,专利侵权警告行为可分为三类：① 及于被控侵权者；② 及于被控侵权者的客户(交易相对方)；③ 及于不特定的第三方,包括被控侵权人

---

[1] 许忠信：《德国法上主张对方违反不正当竞争防止法之警告函》,《月旦知识库》,http://www.lawdata01.com.cn,2018 年 10 月 17 日。

的潜在交易者、本领域的一般消费者。

从警告内容看,专利侵权警告行为的行使边界,应限于向他人主张专利权,即要求停止被控侵权行为这一范围。若超出此范围的警告行为,且在客观情形下该行为明显干涉或扭曲市场参与者的自由竞争或自主决策权的情况下,则应当是一种竞争行为。

## 二、警告行为正当性判定的一般要件

对警告内容有诉的利益。警告行为的实施者对据以主张的专利应具有一定的权利基础,包括专利权人、被许可使用人等。

专利权应合法有效存在。从事警告行为时,权利人应提供初步的证据证明据以主张的专利权的权属信息,包括专利公开文件、最近一期的专利年费收据或专利证书登记簿副本,若该专利尚处于行政确权阶段,应向受众者同步披露。

侵权事实证据客观存在。从事警告行为时,权利人应向对方提供初步的证据证明被控侵权对象或客体的必要内容(时间、地点、侵权行为具体表现)。有权利人对于在展会中发现竞争对手的某款产品侵害其专利,在没有进行任何证据保全的情况下,便委托律师向竞争对手发送警告函,若无相应证据支撑专利侵权警告的对应内容,容易招致被反诉侵权的风险。

警告的内容应当特指。警告的内容应限于涉嫌专利侵权行为本身,不能以涉嫌侵权事件来对被告及其关联方进行空谈泛指,对其商誉或产品进行影射讥讽。

## 三、警告行为实施者的注意义务

在日本的相关案件中,法院认为"无论行为人是否有过错,如果威胁客观上不真实,那么该威胁总是不正当的。法院开始基于个案事实做判断,考量警告信的内容和日期(时间),权利人的调查成果,收信人及其对警告予以充分反应的可能性"。[①] 换言之,对于容易影响市场参与者作出商业决策的专利侵权警

---

① [德]弗诺克·亨宁·博德维希主编,黄武双、刘维、陈雅秋译:《全球反不正当竞争法指引》,法律出版社2015年第2版,第450、451页。

告行为,其警告的内容与实施方式应当合理且适当。可分为警告行为的受众对象、专利侵权案件的状态、警告内容是否有竞争成分几个层次来梳理,下面将着重对不同的受众对象展开分析。

(一)针对被告的情形

权利人对直接向被告作出的侵权警告行为,除了应具备上述一般要件之外,在内容上还不应当存在恶意诋毁、虚假宣传的情形。因被告系被控侵权产品的直接实施者,其应当对被控侵权产品的技术方案有一定的认知力,在此层面权利人与被告两者并不存在信息不对等的情形,无须苛求权利人必须向被告提供专利侵权结论的鉴定意见或分析比对意见。

(二)针对被告客户的情形

实践中权利人还会针对被告的客户发出专利侵权警告,警告的内容可能包括要求被告客户立即停止侵权产品的销售,要求全面中断与被告的合作,并以损害赔偿来震慑要挟,此时被警告的被告客户实际是处于一个"两难的逻辑困境"。

从我国台湾地区规定看,其行政管理机构"公平交易委员会"对于事业发侵害著作权、商标权或专利权警告函案件之处理原则第3条规定,权利人在发出侵权警告时应附侵权鉴定报告为其行为的正当性的判定要件之一。[①] 由此可见台湾地区对侵权警告函的注意义务认定较为严苛,但并未根据不同的受众对象赋予不同的注意义务,其做法值得商榷。

从信息对称的角度看,被告的客户尤其是产品的零售商、批发商对于被控侵权产品、专利技术、专利权属信息、争议案件的信息,远不及权利人与被告两者所具备的信息优势。即被告的客户在此种"两难选择的困境下"其正常的商业决策行为、自由竞争的意志必会被干涉影响,于此提高权利人的注意义务有经济上和法律上的意义。

本文认为,被告客户对涉案专利相关信息的充分掌握,是其自主做出商业决策的必要条件。在警告行为及于被告客户时,权利人还应向其提供被控侵权产品与涉案专利的侵权比对意见,使被告客户在信息对称的情形下可以做出一

---

① 事业践行下列确认权利受侵害程序之一,始发警告函者,为依照著作权法、商标法或专利法行使权利之正当行为:……(三)将可能侵害专利权之目标物送请专业机构鉴定,取得鉴定报告,且发函前事先或同时通知可能侵害之制造商、进口商或代理商,请求排除侵害者。事业未践行第一项第三款后段排除侵害通知,但已事先采取权利救济程序,或已尽合理可能之注意义务,或通知已属客观不能,或有具体事证足认应受通知人已知悉侵权争议之情形,视为已践行排除侵害通知之程序。

个最佳的商业决策,而非轻易屈从于权利人的侵权警告。以此减少对"无辜被告"自由竞争权和既得利益被损害的可能性。

(三)针对不特定公众的情形

警告行为及于公众时,往往会给被告带来巨大的舆论压力,其构成威胁的可能性很难被排除。又因专利侵权结论、专利权利状态的不确定性因素,远远高于其他案件。有人认为,应禁止权利人向第三方做出警告行为,从域外法域的主流做法看"对于向涉嫌侵权行为人发送的侵权警告函要求较为宽松,向包括客户、潜在客户或公众在内的第三方发送的要求较为严格,法国甚至禁止向第三方发送涉及具体涉嫌侵权行为人的侵权警告函";[①]还有认为"在侵权警告中,警告人将侵犯专利权这一未定论的事实告知交易相对人或潜在的交易相对人(公众),客观上容易使人产生竞争者侵权的不良社会影响,属于散布虚伪事实之外的'引人误解的信息'损害竞争者的商誉"。[②]

本文认为,专利侵权警告行为的不正当性判定,应从一般公众或相关市场参与者的角度来认定扭曲自由竞争的行为。首先,限定禁止侵权警告行为的传播对象,有因噎废食、削足适履之嫌,实不足取。其次,在未有终局法律裁决之前,权利人有权自行决定扩大警告行为的范围或对象,但对其内容及方式应保持客观审慎原则以免伤及"无辜被告",符合"行为自决、责任自负"的基本法理。最后,即使存在生效的法律裁决,权利人对外作出警告的行为时,亦应保持客观真实的原则,不得随意扩大或讥讽侵权者,以此获得额外的竞争优势,专利权的保护范围仅仅是有期限的技术垄断,权利人并不能据此扩张到任意干预自由竞争的程度。

## 四、警告行为正当性判定的法律适用

"凡行使自己的权利者,对于任何人,均非不法",权利人若通过侵权警告行为实施了超出专利权保护范围之外的非法利益或竞争优势,应由《反不当竞争法》予以规制,不应受到《专利法》及专利侵权案件终局法律裁决的羁绊。

---

[①] 刘维:《对向第三方发送知识产权侵权警告函的法律规制——以我国的诉讼文化为背景》,《知识产权》2015年第12期,第55页。
[②] 范长军:《专利侵权警告制度探析——对专利法第四次修改的建议》,《知识产权》2014年第3期,第77页。

我国《专利法》与《反不当竞争法》所保护的法益并不完全相同,侵害的客体亦不同,前者保护的是有限的技术垄断权,后者保护的是市场自由竞争,专利权的正当行使不应当是警告行为正当性判定的前置条件。有观点还认为"智慧财产权法并未给权利人不公平竞争的权利,因此行为人是否为智慧财产权人,对于该行为是否为不公平竞争行为之判断而言,并无影响"。[1]

"无论是美国或是日本,当警告函有致生不公平竞争之现象时,均直接依照不公平竞争防止法之规定判断发函行为有无违法即可,无须以先考虑发函行为是否属于依智慧财产权法行使权利之正当行为。所应考量者,乃如何在维护公平竞争秩序与防治致使正当行使权利行为发生萎缩,纵容及放任侵害行为之间求得平衡。"[2]

湖北某科技有限公司商业诋毁案一审法院认为:"权利人虽是以个人名义发函,但在函件中向大成公司的客户提示使用大成公司的产品有侵权风险,并建议该客户选择获得授权的合法产品,说明邱某的发函行为已不仅是单纯的专利侵权警告,而有参与建筑空腔楼盖技术及产品领域市场竞争的意图,其行为构成《反不正当竞争法》规范的市场经营行为,邱某作为该行为的主体应当受《反不正当竞争法》的规制……此外,权利人在明知大成公司侵犯其发明专利权的民事判决书尚未生效的情况下,在函件中称法院已做出判决责令大成公司停止侵权行为,易使收函单位理解为法院已经做出生效判决确认大成公司生产的水泥类空腔构件及楼盖产品侵权。基于此,法院认定邱某的行为构成诋毁商誉的不正当竞争行为。"[3]该案至少给出了两个启示:一是专利侵权警告行为,除了是一种专利请求权的行使,还可以构成一种竞争行为;二是对未定的事实妄下结论,侵权警告内容不客观真实,推定具有主观恶意。

在瑞典地方法院的 Incax 诉 quicom 一案中,被告作为一家宽带公司向竞争公司的客户(被告客户)发送邮件声称,后者侵犯了其受专利保护的技术(宽带电缆)且未经授权使用了其秘密信息。法院认为该警告行为构成 MFL(营销

---

[1] 刘国赞:《侵害智慧财产权之警告与不公平竞争——以日本不正当防止法为中心》,《智慧财产权月刊》2006 年第 93 期,第 46 页。
[2] 王伟林:《公平交易法限制事业发侵害智慧财产权警告信值实务与探讨》,转自《大阪地判昭和 53.12.19 無体集》,10 卷 2 号 647 页,www.lawdata.com.tw,2018 年 10 月 16 日。
[3] 赵千喜:《专利权人发送侵权警告函诋毁他人商誉的责任认定——评湖北大成空间建筑科技有限公司诉邱某不正当竞争纠纷案》,《中国知识产权报》2013 年 11 月 6 日,第 6 版。

行为法)第3条下的营销(竞争)行为,该邮件具备商业目的并且会误导受众,因为被告无法证明这些主张。法院认为这类警告构成营销(竞争)行为,因为他们具备商业目的并且旨在强化其市场地位,一般来说,发送警告信本身,是作为提起知识产权侵权诉讼之前已为人们所接受的惯常做法。但是法院可以评定警告信中的声明是否有误、夸大或片面。因此,可以认定该营销(竞争)行为具有误导性和不正当性。[①]

同样,在瑞典有观点认为:"在最近出现的一类案件中,行为人错误地或未经证实地宣称其知识产权权利受到侵犯,而实际上其主张的独占权(特别是专利权)存在争议或不存在。市场(地方)法院谨慎地强调,法院不是在对专利侵权实务表态,而是根据良好的竞争行为标准对营销(竞争)行为进行判定。"[②]

日本地方法院在判定"以交易相对人为受信者的警告函,有无违反不正当竞争防止法时,认为不应仅以形式或字面为断,应就该警告前之经过、警告函发送时间、期间、受信者的数目及范围、作为警告函受信者的交易相对人的行业类别及营业内容、营业规模、与竞争者之间的关系、该交易相对人收到警告函后的反应、其后专利权人及该交易相对人之间的行动等各种情事来综合考量"。[③]

综上,警告行为的实施,应以不得从事有害自由竞争的行为为限。权利人应针对不同的情形履行合理的注意义务,若有通过警告行为扭曲自由竞争的(商业诋毁、虚假宣传等),即便在后的专利侵权结论成立,也不能以此来豁免其不正当警告行为的侵权责任。警告行为不能沦为一种不当竞争行为,据此来要挟或干预市场参与者的自主决策,来获得专利权保护范围之外的竞争优势和不当利益。

正如有观点认为:"针对什么是'良好竞争',《反不当竞争法》无法提供一个准确的答案。只能说,不能为竞争者公平竞争和做出不受扭曲的决策提供机会,就不会有良好的竞争。"[④]

---

[①] [德]弗诺克·亨宁·博德维希主编,黄武双、刘维、陈雅秋译:《全球反不正当竞争法指引》,法律出版社2015年第2版,第662页。反不当竞争法的目标在于为所有市场参与者提供充分的(竞争)条件:首先为企业提供公平交易机会,防止被阻碍、搭便车或诋毁、混淆或欺诈行为等危及。其次,让消费者获得未受扭曲的商业选择,防止被商业欺诈、操纵等危及。
[②] [德]弗诺克·亨宁·博德维希主编,黄武双、刘维、陈雅秋译:《全球反不正当竞争法指引》,法律出版社2015年第2版,第662页。
[③] 王伟林:《公平交易法限制事业发侵害智慧财产权警告信之实务与探讨》,转自《大阪地判昭和53.12.19無体集》,10卷2号,647页,www.lawdata.com.tw,2018年10月16日。
[④] [德]弗诺克·亨宁·博德维希主编,黄武双、刘维、陈雅秋译:《全球反不正当竞争法指引》,法律出版社2015年第2版,第6页。

# 多件商标组合使用的法律分析及风险防范

李淑娟　马云涛

商标组合使用是企业在经营活动中常用的方式,例如,在汽车行业、酒行业、电器行业等通常的做法是将知名度较高的商标配合一个知名度相对较低的商标,用在特定的产品上或某一系列产品上,从而构成两个商标的组合使用,如"马自达"配合"昂克赛拉"、"古井"配合"小悠"、"美的"配合"智弧"等,有人将此行为称为"母子商标"的组合使用。商标的组合使用确实能够便于企业对不同的产品进行宣传管理,一方面使企业的新产品能够借助母商标的知名度,迅速打开市场,另一方面也便于阻隔某一系列的产品因不利影响而扩散至其他产品之上。对于消费者而言,母子商标的组合使用便于消费者对同一企业的不同产品进行识别。然而在实践中,商标的组合使用并非如上述简单概括,商标的组合类型也呈多样化,因商标组合使用而带来的民事侵权风险和商标行政纠纷也时有发生。笔者基于代理这类型案件的实践,就商标的组合使用面临的法律问题及如何应对试作以下探讨。

商标分为注册商标和未注册的商标。实践中常见的商标组合类型有:注册商标与未注册商标的组合使用,注册商标与注册商标的组合使用,还有一种较为少见的类型是具有一定知名度的未注册商标和不具知名度的未注册商标的组合使用。我国商标实行注册制,经商标局核准注册的商标,在核定的商品或服务范围上享有专用权,未经核准注册的商标,在一定条件下才可获得保护,因此,实践中才会出现上述不同的组合情形。

另外商标可由文字、图形、数字、字母、颜色组合和声音等,以及上述要素的组合构成。单一构成要素的商标,经组合使用,也会呈现不同的识别效果,如单一的文字商标和单一的图形商标,组合使用则会给人视觉上文字和图形组合的印象。那么,根据上述情形进行组合使用,法律上是如何定性的?

《商标法》第48条规定,本法所称的商标的使用,是指将商标用于商品、商品包装或容器,以及商品交易文书上,或者将商标用于广告宣传、展览,以及其他商业活动中,用于识别商品来源的行为。一件商品上究竟可以使用几件商标,组合使用的商标是否一定要求是注册商标,注册商标与未注册商标同时使用是否也允许呢?《商标法》并未明确规定。法无禁止即自由,多件商标(包括注册和未注册商标)的组合使用是允许的。从理论上来说,一件商品可以在任何空白的地方贴上自己不同的商标(商品必要的信息以外的地方),但从发挥商标的识别功能上来说,商品上并非贴越多的商标越好,商标越多,反而会减损其识别功能。既然商标的组合使用是被允许的,那么问题来了,如何看待注册商标与注册商标之间的组合使用,是当作两件注册商标呢,还是将其整体当作一件未注册商标? 又如何看待注册商标与未注册商标之间的组合使用,是当作一件注册商标与未注册商标加以区分,还是说将其整体看成一件未注册商标? 根据《商标法》第49条规定,商标注册人在使用注册商标的过程中,自行改变注册商标、注册人名义、地址或其他注册事项的,由地方工商行政管理部门责令限期改正;期满不改正的,由商标局撤销其注册商标。那么,如果两件单纯文字的注册商标组合在一起,形成新的文字组合,抑或两件单纯图形的注册商标组合在一起,形成新的图形组合,这样的行为是否属于自行改变注册商标呢?

国家工商行政管理局商标局《关于多件注册商标组合使用及并列使用问题的意见》指出:商标注册人可以在核定的商品上同时使用多件注册商标,但应逐一标明注册标记。商标注册人组合使用或并列使用多件注册商标,如果该使用未改变原注册商标的文字、图形或其组合,也不侵犯他人注册商标专用权,则应视为合法的商标使用行为。根据上述意见,非法使用的行为应当是该组合使用行为改变了原商标或构成侵权,只要违反上述行为之一的,都是不合法的使用。在实务中,常常存在权利人将多件商标组合在一起,从商标整体外观上与他人商标相近似的情况,因为多件注册商标未标明注册标记,而将多件文字商标并列使用,或者将文字商标与图形等商标组合使用,极易让相关公众误认为多件文字商标或文字与图形等要素组合是一个整体,从而丧失了多件注册商标的独立性和各自的识别功能。笔者认为,注册商标权利人虽然未改变各注册商标的构成要素而进行组合,但未加注册标记的组合在一起会让人误认为是一个商标整体的,如注册商标"美的"和"智弧"组合为"美的智弧",就是对原注册商标构成要素的改变,应当视为一件未注册商标的使用行为。而根据《商标法》第24条规定,注册商标需要改变其标志的,应当重新提出注册申请,即要重新申请"美的智弧"。

法律虽不禁止多件商标组合使用,但并不意味着所有的组合使用均无法律风险。实务中商标组合使用的法律风险主要是民事侵权和行政纠纷。

在广州市碧奴丝皮具有限公司与新秀丽IP控股有限责任公司侵害商标权纠纷一案中,[①]新秀丽公司是第670876号、第3857138号、第4960161号三件注册商标的权利人,案外人黄代龙注册了第8968037号、第7202129号两件商标并许可给碧奴丝公司使用,新秀丽公司认为碧奴丝公司在生产、销售、宣传中组合使用黄代龙的两件注册商标构成商标侵权。

图 1 涉案商标

从本案被控侵权标识的实际使用情况来看,碧奴丝公司在其生产、销售的箱包上混合使用由案外人黄代龙申请的第8968037号、第7202129号注册商标组合而成的三个标识,与新秀丽公司的三个注册商标一样,均为图形和英文单词的组合,且新秀丽公司商标有图形与英文单词左右排列、图形镶嵌在sams和nite字母中间、图形位于英文单词之上三种组合方式,碧奴丝公司标识的组合方式与此相同。碧奴丝公司将两件注册商标以不同的方式排列组合,改变了两件原注册商标的构成要素,客观上达到了文字商标与图形商标成为一个整体识

---

① 广州市白云区人民法院(2015)穗云法知民初字第525号民事判决书、广州知识产权法院(2016)粤73民终492号民事判决书。

别的效果,进而与新秀丽公司的三件商标构成近似,侵犯了新秀丽公司的注册商标专用权,最终法院判令碧奴丝公司承担侵权责任。

这是一起极为典型的将多件注册商标不加注册标记的组合使用,从组合使用的客观效果上与他人注册商标构成近似的案件。商标经合法注册,本应当受法律保护,享有注册商标应有的排他权,而且多件商标组合使用法律也并未禁止,从本案可以看出,多件商标的组合使用并非可以任性妄为,一旦超越合法的界线,则会侵犯他人的权利,注册商标享有的排他权也会被剥夺。笔者认为,在经营活动中建议按如下方式使用多件商标组合,以降低侵权风险:① 使用多件注册商标,建议逐一标明注册标记;② 使用多件纯文字注册商标建议上下排列或对角线排列,或者配以不同背景颜色以示区分;③ 文字和图形商标组合使用建议适当拉开一定距离。

在广州市伊亮日用品有限公司(简称伊亮公司)与广州市工商局白云分局一案中,广州倩采化妆品有限公司向广州市工商局白云分局投诉称,该公司拥有"益达 YI DA"商标,伊亮公司的"益达 extra"牙膏侵犯了其商标权。广州市伊亮日用品有限公司经案外人黄王许可,将其注册商标"益""达"和"extra"三件注册商标组合使用在牙膏上,侵犯了广州倩采化妆品有限公司的商标权并作出5万元行政处罚。广州市工商局曾就此向伊亮公司发出《商标管理建议书》。广州市工商局认为,虽然伊亮公司的三件注册商标受法律保护,但将上述商标紧密排列并使用在牙膏产品及外包装上,会导致与注册在相同或类似商品上的"益达 YI DA"注册商标近似,让消费者对商品来源产生混淆,属于不规范使用行为。[①]

多件商标的组合使用如果未按注册商标规范使用,则构成不规范使用。如多件商标的组合使用改变了注册商标的显著特征,不能视为对该注册商标的使用,这些注册商标将面临被撤销的风险。根据《商标法》第49条之规定,注册商标没有正当理由连续三年不使用的,任何单位或者个人可以向商标局申请撤销该注册商标。另外,笔者认为,多件注册商标组合使用构成不规范使用的情形时,假设对组合后的整体标识标注了注册标记,结果会导致冒充注册商标,则违

---

[①] 佚名:《"益达"碰上"益"+"达"商标组合是否侵犯他人商标权?》,载中顾法律网,http://www.9ask.cn/flzs/list_517541/132860.html,2017年2月24日。

第 4752179 号

第 5606387 号

第 1904664 号

第 1736303 号

黄王的注册商标　　　　　　　广州市倩采化妆品有限公司的注册商标

**图 2　涉案商标**

反《商标法》第 52 条的规定,地方工商行政管理部门予以制止,限期改正,并可以予以通报;违法经营额 5 万元以上的,可以处违法经营额 20% 以下的罚款;没有违法经营额或者违法经营额不足 5 万元的,可以处 1 万元以下的罚款。因此,在多件商标组合使用的情形下,建议使用规范的标注注册标记,不得将多件商标组合视为一件注册商标进行使用,建议将以各商标元素组合后的组合商标再进行商标注册,获得组合商标的专有权,这样在实际使用中,组合的商标使用就畅行无忧了。

# 浅析点播影院传播电影作品的法律性质

卫驰翔

2018年3月30日,国家广电总局发布《点播影院、点播院线管理规定》(简称《规定》)正式实施,将私人影院、电影酒店、影咖、足浴店等从事电影放映经营活动的场所,正式纳入总局的监管之下。近年来,随着点播影院商业模式的快速兴起,涉及私人影院等场所的电影著作权侵权纠纷逐渐增多,各地法院已对此做出诸多判决。本文试结合现有的司法判例,分析点播影院中各种点播服务形式的法律性质。

## 一、当前点播影院提供电影点播服务的形式

(一)将电影存储在各包厢内独立的播放机内供公众点播

影院每个包厢内安装独立的播放机,消费者在包厢内点播存储在播放机内的电影视频,通过屏幕或投影仪等显示设备播放。

(二)将电影存储在影院内部局域网服务器中供公众点播

影院内部搭建公共服务器用以存储电影,公共服务器与各包厢的终端播放机通过网线连接,等同于网吧机房与各计算机之间的连接方式。消费者选定电影后,由公共服务器将电影视频通过局域网传输到包厢内的播放机并通过投影仪或屏幕等显示设备播放。播放机内不储存电影视频。

(三)设置机顶盒连接互联网供公众点播互联网中传播的电影

影院每个包厢内安装可访问互联网的机顶盒(如市面上销售的互联网电视机顶盒等),消费者使用机顶盒点播互联网中传播的电影。

## 二、各点播形式所涉及的著作权权项

（一）通过独立播放机提供点播受放映权控制

因每个包厢内的播放机内分别存储有电影视频，即使消费者在不同包厢点播相同的电影，也不可能源于同一个服务器，而是来源于各包厢内的播放机。该播放方式是典型的通过技术设备公开再现电影作品的行为，受放映权控制。

在"安乐（北京）电影发行有限公司诉杭州夜萤文化创意有限公司等案"中，一审法院认为，被告在未经原告许可的情况下，以商业目的擅自将涉案作品存储在其经营的私人影院场所包厢的放映设备中，并向消费者提供涉案作品的播映服务，侵犯了原告的复制权、放映权。①

（二）通过局域网提供点播受信息网络传播权控制

如上文所述，点播影院内公共服务器和各包厢播放机通过局域网连接的方式与网吧机房和各计算机之间的连接方式完全相同。最高人民法院《关于审理侵害信息网络传播权民事纠纷案件适用法律若干问题的规定》第2条规定："信息网络，包括以计算机等电子设备为终端的计算机互联网、广播电视网等信息网络，以及向公众开放的局域网络。"最高人民法院《关于做好涉及网吧著作权纠纷案件审判工作的通知》第3条规定："网吧经营者未经许可，通过网吧自行提供他人享有著作权的影视作品，侵犯他人信息网络传播权等权利的，应当根据原告的诉讼请求判决其停止侵权和赔偿损失。"可见，未经许可在网吧内通过局域网向公众提供影视作品的点播，侵害信息网络传播权。因此，点播影院通过局域网提供电影点播服务，也当然属于信息网络传播权控制范围。虽然点播影院通过局域网播放也需用到播放机、投影仪等技术设备，但信息网络传播权控制的传播行为必须通过"信息网络"加以实施，而放映权则与"信息网络"无涉。②

在"北京爱奇艺科技有限公司诉上海轻影文化传媒有限公司案"中，一审法院认为，被告经营的私人影院包厢内计算机终端安装有统一的播放界面，虽然

---

① 杭州市西湖区人民法院（2016）浙0106民初899号民事判决书。
② 王迁：《论在网吧等局域网范围内传播作品的法律性质》，载《中国版权》2009年第2期。

每个包厢的计算机终端没有存储涉案影片,但顾客在播放界面自行选择影片后,通过被告自行架设的局域网网络便可链接至服务器终端。被告未经允许,将涉案影片存储在服务器终端中,使用户能在自行选定的时间内,通过网络对上述涉案影片进行播放,该行为侵害了原告享有的信息网络传播权。[①]

(三)设置机顶盒供公众点播互联网中传播的电影应当受放映权控制

点播影院在其经营场所设置机顶盒供消费者点播互联网中传播的电影,对于该行为的定性涉及两个问题:① 该行为是否需要经著作权人的授权;② 如需由著作权人授权,应当属于哪一项专有权利?

关于第一个问题,可以类比广播权的规定。《著作权法》规定的广播权包含三种行为:① 以无线方式公开广播或者传播作品;② 以有线传播或者转播的方式向公众传播广播的作品;③ 通过扩音器或者其他传送符号、声音、图像的类似工具向公众传播广播的作品。据此,假设点播影院在包厢内安装电视机,供消费者观看电视频道中播放的电影,则该行为受到广播权的控制,即使电视台广播电影已获得著作权人的许可,点播影院的行为仍然需要得到著作权人的授权。从立法目的来看,权利人在授权广播电台、电视台以无线方式进行首播后,其他广播电台、电视台的转播和经营场所通过播放工具在接收到节目信号后对内容的公开播放,扩大了受众的范围、超出了著作权人授权无线传播时对受众群体的预期,同时也是在利用被广播的作品牟取利益。因此,权利人对这些后续传播行为有权加以控制。[②]

以此类推,与广播权同属公开传播性质的信息网络传播权,著作权人在许可网络平台传播时,只预料到公众会在其个人选定的时间和地点访问网络平台获得作品。点播影院设置机顶盒访问网络平台后对电影公开播放,与通过播放工具在接收到广播信号后对内容进行公开播放,两者的后果和影响是相同的,因而从法理上有必要对点播影院的此种传播方式进行规制。

关于第二个问题,因信息网络传播权并未如广播权那样明确规制从信息网络获得电影后公开播放的行为,故该行为无法受信息网络传播权调整。根据放映权的定义"通过放映机、幻灯机等技术设备公开再现美术、摄影、电影和以类

---

① 上海市杨浦区人民法院(2016)沪0110民初4921号民事判决书。
② 王迁:《"小影吧"传播电影的著作权侵权问题探讨》,载《中国版权》2015年第5期。

似摄制电影的方法创作的作品的权利",机顶盒应当可被"等技术设备"的用语涵盖。① 因此,该行为适用放映权应当予以规制。

司法界对于该行为的性质认定也趋于明确。2018年4月20日,北京市高级人民法院发布的《侵害著作权案件审理指南》第5.9条规定:"(放映权控制的行为)被告未经许可将来源于信息网络的电影等作品,通过放映机等设备向现场观众进行公开再现的,构成侵害放映权的行为,但法律另有规定除外。"这是针对点播影院提供场地和设备,供消费者点播互联网中传播的电影所做出的具体规定。

## 三、《规定》的要求与点播服务法律性质认定的关系

《规定》要求:"电影主管部门应当依照《中华人民共和国电影产业促进法》第25条的规定,对符合条件的点播影院,颁发电影放映经营许可证""点播院线发行的影片,应当依法取得著作权人许可其在点播影院放映的授权。"因此,有观点认为:网络播放权不能直接用在点播影院,点播影院必须有放映权,在视频网站播出的内容,如果没有放映权不能在点播影院播出。② 笔者认为,对此不可一概而论。

(一)《规定》并未对点播服务的法律性质做出认定

我国《电影产业促进法》第24条规定:"企业、个体工商户具有与所从事的电影放映活动相适应的人员、场所、技术和设备等条件的,经所在地县级人民政府电影主管部门批准,可以从事电影院等固定放映场所电影放映活动";第25条规定:"对符合条件的,予以批准,颁发电影发行经营许可证或者电影放映经营许可证。"《规定》第4条对企业、个体工商户设立点播影院应当符合的条件,包括放映设备、银幕宽度、座位数量、院线牌照等做了可量化的规定;同时第25条明确规定,从事点播影院经营活动,也应当依照《电影产业促进法》取得"电影放映经营许可证"。

综上可见,国家广电总局认为,点播影院与电影院同为固定电影放映经营

---

① 王迁:《"小影吧"传播电影的著作权侵权问题探讨》,载《中国版权》2015年第5期。
② 娱乐资本论:《从今天起,足浴店酒店被正式纳入了"影视监管"》,载微信公众号"娱乐资本论",2018年3月30日。

场所,需要从场地、人员、技术和设备等方面对点播影院的经营活动进行管理并设置行政许可。事实上,不论从《规定》本身来看还是根据法的效力位阶,《规定》并未也无权对点播服务所对应的著作权权项做出认定。

(二)点播服务的性质应当根据具体播放方式来认定

如上文所述,不同的点播形式,会对应不同的著作权权项。点播影院的"放映活动"并不当然对等于《著作权法》中的"放映权",是属于信息网络传播权还是放映权,应当结合具体的播放方式来认定。

在"捷成华视网聚(常州)文化传媒有限公司诉武汉市洪山区青柠茶饮店案"二审中,被告主张其在店内播放涉案影片的行为属于放映行为,不属于侵害信息网络传播权,并提交了《国家新闻出版广电总局关于规范点播影院、点播院线经营管理工作的通知》(《规定》的前身——编者注)予以佐证。二审法院认为,该通知虽明确要求点播影院、点播院线放映的影片应当获得合法放映授权,但本案被告播放涉案影片行为的性质,仍然应当结合其具体播放方式来认定。本案中,被告系将涉案影片存储在电脑中通过局域网的方式提供给不特定的公众,属于侵害作品信息网络传播权的行为。①

(三)点播服务是否获得授权应当依据具体的许可范围来认定

由一定数量的点播影院组成的点播院线发行的影片,是否如《规定》的要求,依法取得了著作权人许可其在点播影院放映的授权,应当根据权利人的许可范围,结合点播影院具体的点播形式来认定。

从目前的行业惯例来看,电影片方一般会将信息网络传播权独占许可网络视频平台的经营者,许可范围也一般会明确使用方式(点播、直播、下载等)和接收终端(PC端、移动端、OTT②等)。因此,许可范围未明确不包含或者明确排除点播影院场所,则作为独占被许可方,网络视频平台的经营者有权自己或者转授权第三方在点播影院通过局域网的形式提供电影点播服务。

由于点播影院行业的兴起所带来的巨大商业利益,相信今后会有越来越多的电影片方就点播影院这一细分传播领域进行单独许可授权,以获取更多的分

---

① 四川省成都市中级人民法院(2017)川01民终16930号民事判决书。
② OTT 是"Over The Top"的缩写,是指通过互联网向用户提供各种应用服务。这种应用和目前运营商所提供的通信业务不同,它仅利用运营商的网络,而服务由运营商之外的第三方提供。目前,典型的OTT业务有互联网电视业务、苹果应用商店等。

销收益。在实操中,可采取限定网络视频平台的传播范围,并单独许可点播院线、点播影院以各种点播形式提供电影点播服务的操作方式。但是,在涉及点播影院的电影著作权侵权纠纷中,对于点播服务的法律性质,仍应根据《著作权法》及相关司法解释,结合具体的播放方式来认定。

# 从两起案件看商品通用名称的司法判定

李淑娟　马云涛

## 一、案件简介

（一）"黑牛奶案"[①]

该案原告黑牛食品股份有限公司(简称黑牛公司)持有8件"黑牛"商标,分别注册在第29类牛奶、牛奶制品,第30类咖啡、麦乳精、豆粉、豆浆精、豆奶粉,第32类啤酒、豆奶等商品上,上述8个商标目前均在有效期内。该案被告四川菊乐食品有限公司(简称菊乐公司)于2007年1月开始生产黑牛奶产品,该产品独立小包装正面为白底,左上角有红底白字"菊乐"商标;上半部分中央为竖列"黑·牛奶"字样,两边由两条麦穗图案环绕成圆形,两条麦穗图案于"黑·牛奶"字样底部交叉,交叉处有"JuleHeiNiuNai"字样,在两条麦穗中间各有"菊""乐"字样;包装正面中间部分标有"黑米黑豆黑芝麻"等字样;下半部分为一圆形图案,在该圆形图案上有扁长方框,方框中标有"纯牛奶＋黑色谷物、豆类"字样。同时,被告产品的大包装箱除了在侧面印有上述竖列"黑·牛奶"字样外,在上面、正面均印有横向排列的"黑·牛奶"字样。

该案中,被告菊乐公司主张"黑牛奶"名称已经成为一种新产品的习惯称谓和通用名称,黑牛公司无权阻止国内乳制品企业使用。

一审法院观点：

一审法院认为自"黑牛"商标核准注册至今,我国任何法律文件,以及国家标准、行业标准中均未出现"黑牛奶"为商品通用名称的表述,被告也没有提供

---

[①] 广东省高级人民法院(2011)粤高法民三终字第143号民事判决书。

充分证据证明国内相关公众已经普遍认可"黑牛奶"成为一种商品的通用名称。虽然被告提供了中国乳制品工业协会的一份证明。该份证据本身存在自相矛盾之处,故对该证据法院难以采信。况且即使采信该证据,也仅能认定在特定范围内有部分企业使用"黑牛奶"名称,被告提供了五家企业生产"黑牛奶"产品的小包装盒,但均没有提供这些企业生产销售的有关情况,无法认定"黑牛奶"已经被相关公众接受为商品通用名称。

二审法院观点:

从被告提供的中国乳制品工业协会出具的一份证明,不能等同于国家标准或者行业标准,仅可作为该案证据参考使用,不能作为认定"黑牛奶"是否为某类商品通用名称的唯一证据。同样,被告所提供的国内其他企业使用"黑牛奶"名称的证据也只能作为该案证据参考使用。综合该案证据情况看,目前并没有法律规定或者国家标准、行业标准将"黑牛奶"规定或者认定为某类商品通用名称,也没有专业工具书或者辞典将"黑牛奶"列为某类商品的名称,市场上的商品分类中也没有"黑牛奶"一类,更为重要的是,在牛奶或者牛奶饮料的相关消费群体中,尽管有企业将"黑牛奶"作为产品名称使用,但并没有达到相关公众普遍认为"黑牛奶"已经是约定俗成的一类商品的通用名称的程度,故不能以市场上有部分企业将"黑牛奶"作为产品名称使用为据,就认定相关公众已经普遍认为"黑牛奶"是某一类产品的通用名称。

(二)"金丝肉松饼案"[1]

原告邓某于2011年申请了"金丝"商标,核定使用商品为第30类糕点、包子、面包、面粉制品等,原告分别在2014年1月20日以及2014年5月14日将商标先后许可给厦门和晋江两家公司使用涉案商标生产"金丝肉松饼"。被告友臣(福建)食品有限公司(简称友臣公司)是专门经营糕点的食品企业,该公司申请注册"友臣"商标,核定使用范围为第30类饼干、馅饼等商品。2014年3月12日,原告发现被告友臣公司在市场上销售带有"金丝肉松饼"字样的食品,被告公司肉松饼包装正面左上角使用"友臣YOUCHEN及图"商标,"金丝肉松饼"在中间竖向排列,其中"金丝"二字为金色,"肉松饼"三字为红色。

---

[1] 福建省高级人民法院(2015)闽民终字第192号民事判决书、最高人民法院(2015)民申字第1681号民事判决书。

该案中,被告友臣公司主张其使用的"金丝肉松饼"是作为商品的通用名称。金丝本身是一个描述性词汇,金丝肉松是表示商品的主要原料,友臣公司将"金丝肉松饼"作为商品名称来使用,而且涉案"金丝"商标无知名度,友臣公司的使用不可能对涉案"金丝"商标的使用造成混淆和误认。

一审法院观点:

被告对"金丝"两字享有正当使用权,理由是"金丝"属于汉语的惯用词汇,其作为商标使用不能与汉语词汇的正常使用相冲突,金黄色肉松作为主要原料的白馅饼被称为"金丝肉松饼"也符合汉语的通常表达,描述肉松饼的主要原料肉松的颜色和形态的特点。

二审法院观点:

二审法院根据友臣公司提交的证据认为,国内市场上生产肉松的厂家有90多家,这些厂家均约定俗成地将"金丝肉松饼"作为商品的通用名称使用,且均标记了各自厂家的商标以示区别不同的厂家,进而认为"金丝肉松饼"实际上已经成为肉馅为金黄色丝状肉松的一类饼的通用名称。虽然一审法院将"金丝肉松饼"理解为直接表示肉松饼的主要原料确有不妥,上诉人对此点主张成立,但由于其未在注册商标证颁发之日及时行使注册商标的禁用权,客观上导致含有注册商标"金丝"文字的"金丝肉松饼"成为一类饼的通用名称,并形成相对稳定的市场。

在这种情况下,上诉人虽然享有商标的禁止权,由于其不及时行使,现在"金丝肉松饼"已经成为通用名称,其要求被上诉人停止侵权的请求不应得到支持。

再审法院观点:

最高法院认为"金丝"属于直接为产品中肉松的特点进行的描述性表述,该描述性的使用是为辨识产品原料肉松的客观特点。但在商品通用名称认定上,根据邓某在该案一、二审提交的证据,肉松饼在所执行的糕点的国家标准中,没有记载金丝这一名称。友臣公司并无证据证明"金丝肉松饼"为法定的商品名称,其所提供的证据不能证明在相关市场上,基于历史传统以及风土人情和地理环境对"金丝肉松饼"已经形成约定俗成的较为固定的称谓。友臣公司提供的证据不能证明"金丝肉松饼"为法定或者约定俗称的商品名称,再审法院纠正了二审判决中认定"金丝肉松饼"是商品通用名称的认定。

## 二、案件分析

选择两案的原因在于,法院在认定商品通用名称上出现了不同的思路,最终导致在二审时两案出现不同的结果:在"黑牛奶案"中,被告菊乐公司辩称"黑牛奶"名称已经成为一种新产品的习惯称谓和通用名称,黑牛公司无权阻止国内乳制品企业使用,为了支撑其观点,被告通过行业协会出具的证明,证明有部分企业称商品为"黑牛乳(奶)",且有部分企业使用"黑牛奶"名称。法院审理该案时,首先从"黑牛奶"是否属于国家标准、行业标准规定的或者约定俗成的商品的名称,包括全称、简称、缩写、俗称。在具体认定通用名称时,应当从国家标准和行业标准、同行业经营者约定俗成普遍使用的情况、专业工具书或辞典等公开出版物的记载,以及消费者的普遍认知情况进行综合考虑,法院根据被告提交的行业协会的证明,认为在没有法律规定或相关专业工具书、辞典将其列为商品通用名称的情况下,仅有部分企业将"黑牛奶"作为产品名称使用,没有达到相关公众普遍认知的程度。因此,"黑牛奶"不属于商品通用名称。在"金丝肉松饼案"中,二审法院结合国内 90 多家肉松饼生产厂家将"金丝肉松饼"作为商品名称使用,且均标记厂家自己的商标以示区别,从而认定"金丝肉松饼"已经约定俗成地沦为肉松饼的通用名称。

两案共同点在于,在均无法律规定、国家标准、行业标准规定涉案商标为通用名称的情况下,两案件被告为了证明涉案商标已经成为约定俗成的通用名称的事实,均提供了行业协会作出的通用名称的证明,以及国内部分企业有使用涉案商标的证据。从使用涉案商标这一事实来看,"黑牛奶案"只是列举了部分企业,"金丝肉松饼案"则列举了 90 多家有使用涉案商标的企业。而最终的判决结果却截然不同,笔者猜测是否是因法院在衡量当前市场上使用涉案商标的实际情况后,从而认定"金丝肉松饼"商标目前已沦为约定俗成的通用名称,进而导致两案在二审出现不同结果,但最终"金丝肉松饼案"关于通用名称认定部分还是被最高法院予以纠正。那么,两案在何种情况下可以认定构成商品通用名称呢?先看法院判定商品通用名称所依据的相关事实。

从上述两案可以看出,法院在认定通用名称时,以下事实根据是判定商品通用名称的重要依据:

### (一) 法律规定的商品通用名称

虽然目前没有专门的法律规定商品通用名称,但在少数法律条文中有零星的体现。例如,《药品管理法》第 50 条规定:"列入国家药品标准的药品名称为药品通用名称。已经作为药品通用名称的,该名称不得作为药品商标使用。"该法条直接将国家药品标准名称作为商品通用名称以法律的形式加以明确。在"散列通案"[①]中,最高法院查明,"散利痛片"1988 年被列入四川省药品标准,1995 年被列为上海市药品标准。2001 年 9 月 20 日,国家药品监督管理局发布的 2001 国药标字 XG-013 号国家标准颁布件规定,自 2001 年 10 月 31 日起,复方对乙酰氨基酚片(Ⅱ)的地方标准同时停止使用,该品种原药品名称"散利痛片"作为曾用名称过渡。因此"散利痛"是一种以乙酰氨基酚为主,辅加咖啡因和异丙安替比林的解热、镇痛药的法定通用名称。"散利痛"在西南药业公司注册"散列通"商标时,不是罗须公司的未注册商标,不能成为提出争议的权利基础,最终最高法院撤销一、二审判决,维持了商评委的裁定。

### (二) 国家标准、行业标准规定的商品通用名称

为了加强标准化工作,国家对农业、工业、服务业以及社会事业等领域作了统一要求,我国制订并颁布了《标准化法》,将标准分为国家标准、行业标准、地方标准和团体标准、企业标准。国家标准分为强制性标准、推荐性标准,行业标准、地方标准是推荐性标准。由于国家标准、行业标准的制定具有较强的权威性和客观性,法院可以直接根据国家或行业标准,认定商标是否属于商品通用名称。《最高人民法院关于审理商标授权确权行政案件若干问题的意见》中将"国家标准""行业标准"纳入判断商品通用名称的重要依据。据笔者未完全检索,近年来涉及国家标准、行业标准的案件如表 1 所示。

### (三) 约定俗成的通用名称

除了法律规定、国家标准、行业标准认定的通用名称外,法院可以根据相关公众的普遍认知来判定该商标为商品通用名称。所谓"约定俗成"顾名思义即共同约定,成为公众常用习惯或风俗。形象来说,世上本无"路",往这条路上走的人多了,就成了公共的"路"。第一位开辟道路的人如果不给别人设置"收费

---

① 北京市高级人民法院(2006)高行终字第 253 号行政判决书、最高人民法院(2009)行提字第 1 号行政判决书。

表1 近年来涉及国家标准、行业标准的案件

| 商品或服务 | 案件简称 | 判断主要依据 | 法院判决观点 |
| --- | --- | --- | --- |
| 茶 | "岩韵案"① | 国标《GB/T18745—2006 武夷岩茶》 | 岩韵是武夷岩茶的特点,即使商标权人已经将其注册为商标,也不能禁止他人正当使用"岩韵"来表述此类茶叶的特点 |
| 小米 | "沁州黄案"② | 国标《原产地域产品 沁州黄小米》(GB19503—2004)、(GB/T19503—2008) | 对于由于历史传统、风土人情、地理环境等原因形成的相关市场较为固定的商品,在该相关市场内通用的称谓,可以认定为通用名称"沁州黄"能够反映出一类谷子(米)与其他谷子(米)的根本区别,符合通用名称的要求 |

站",久而久之,人们就会习惯走此"路",此"路"最终成了大家共同的"路"。成为约定俗成的通用名称并非一蹴而就,是有一个公众逐渐认知的过程,而法院在判断约定俗成的通用名称时一般通过典籍记载、政府官方文件、新闻媒体曾经的报道、非物质文化遗产认定等。表2为笔者检索到的法院判定为约定俗成的通用名称的案例。

(四)专业工具书、辞典列为商品名称的,可以作为认定约定俗成的通用名称的参考

法院在审理案件中所参考的专业工具书主要有词典等,例如,在表2中的"席梦思案"中,最高法院认为"席梦思"在中国已普遍被相关公众认可指代弹簧床垫商品,而认定席梦思构成约定俗成的通用名称,同时最高法院参照现代汉语词典中的解释,认为SIMMONS席梦思是西式弹簧床的泛称,弹簧床被直接称为SIMMONS席梦思,席梦思直接解释为弹簧床垫,从而综合认定"席梦思"

---

① 浙江省湖州市中级人民法院(2012)浙湖知初字第38号民事判决书、浙江省高级人民法院(2013)浙知终字第56号民事判决书、最高人民法院(2013)民申字第2356号民事判决书。
② 山西省高级人民法院(2010)晋民终字第97号民事判决书、最高人民法院(2013)民申字第1643号民事判决书。

表 2　通过法院判定为约定俗成的通用名称

| 商品或服务 | 案件简称 | 判断主要依据 | 法院判决观点 |
| --- | --- | --- | --- |
| 床垫 | "席梦思案"① | — | "席梦思"一词通常被相关公众理解为床垫类商品的通用名称,属于约定俗成的通用名称。因此,将"席梦思"使用在床垫、弹簧床垫等复审商品上,容易被相关公众理解为床垫的一种,无法将其作为商标识别,难以起到区分商品来源的作用 |
| 酒 | "酩馏案"② | "威远酩馏酒酿造技艺"已被青海省人民政府、青海省文化和新闻出版厅认定为"青海省非物质文化遗产" | "酩馏"专指河南部分区域及青海互助民间以谷子、青稞为原料的土法酿酒工艺,这种土法生产的白酒就叫酩馏酒。在青海,当消费者提到"酩馏"两个字时,人们想到的就是具有鲜明地方特色、历史悠久的青海互助民间以青稞为主要原料生产白酒的酿制工艺 |
| 种子 | "金城五号案"③ | 兰州新城园艺研究所1988年会议交流材料、中卫市农牧林业局官方文件 | 北京知识产权法院于2016年3月25日作出的(2015)京知行初字第5905号行政判决认定,"金城5号"系约定俗成的西瓜品种的一种商品通用名称。杨凌千普农业开发有限公司在其种子商品上标注的是"金城五号",而非"金城5号",但相关公众对"五"和"5"在通常情况下不会加以区分,对相关公众而言,该案"金城五号"指代的是西瓜的品种 |

---

① 北京知识产权法院(2015)京知行初字第5307号行政判决书、北京市高级人民法院(2016)京行终2967号行政判决书、最高人民法院(2017)最高法行申2200号行政判决书。
② 西宁市中级人民法院(2015)宁民三初字第6号民事判决书、青海省高级人民法院(2015)青民三终字第9号民事判决书。
③ 宁夏回族自治区高级人民法院(2015)宁民知终字第2号民事判决书、最高人民法院(2016)民再174号民事判决书。

续 表

| 商品或服务 | 案件简称 | 判断主要依据 | 法院判决观点 |
|---|---|---|---|
| 推销、代理 | "珍珠城案"① | — | 在北海市源龙珍珠有限公司2009年获得"珍珠城"注册商标权之前,珍珠销售服务行业早已广泛使用"珍珠城"文字,并已具有特定的、约定俗成的、被普遍认可的含义,一般指珍珠的集中销售区域 |
| 纺织品 | "鲁锦案"② | 国家主流媒体、各类专业报纸以及山东省新闻媒体、山东省济宁、菏泽、嘉祥、鄄城的省市县三级史志资料、国家级非物质文化遗产 | 该通用名称可以是行业规范规定的称谓,也可以是公众约定俗成的简称。鲁锦指鲁西南民间纯棉手工织锦,其纹彩绚丽灿烂似锦,在鲁西南地区已有上千年的历史。有关工艺美术和艺术的工具书中也确认"鲁锦"就是产自山东的一种民间纯棉手工纺织品 |
| 茶叶 | "金骏眉案"③ | 中国茶叶流通协会出具的中茶协字〔2011〕51号《证明》、海峡茶叶交流协会出具的《证明》、武夷山市茶叶局出具的《证明》、《武夷山市人民政府关于将福建武夷山市武夷红茶列为地理标志产品保护的请示》、武夷山市星村镇桐木村委会出具的《关于"金骏眉"茶叶的情况说明》 | 综合福建武夷山国家级自然保护区正山茶叶有限公司(本文简称正山茶叶公司)和武夷山市桐木茶叶有限公司(本文简称桐木茶叶公司)提供的相关证据,足以证明在第53057号裁定作出时,"金骏眉"已作为一种红茶的商品名称为相关公众所识别和对待,成为特定种类的红茶商品约定俗成的通用名称 |

---

① 北海市中级人民法院(2012)北民二初字第5号民事判决书、广西壮族自治区高级人民法院(2013)桂民三终字第3号民事判决书。
② 济宁市中级人民法院(2007)济民五初字第6号民事判决书、山东省高级人民法院(2009)鲁民三终字第34号民事判决书、最高人民法院(2010)民申字第27号民事判决书。
③ 北京市第一中级人民法院(2013)一中知行初字第894号行政判决书、北京市高级人民法院(2013)高行终字第1767号行政判决书。

为约定俗成的通用名称。又如,在"羊栖菜案"[①]中,法院查明"hijiki"在日本出版的词典中解释为"鹿尾菜""ひじき",或将"ひじき"解释为"鹿尾菜、海藻、hijiki"。我国出版的词典中亦将"ひじき"解释为"鹿尾菜、羊栖菜",因此法院最终认定"hijiki"即为"羊栖菜"之意,而不是作为区分商品来源的商标使用。

## 三、如何判断约定俗成的通用名称

(一)地理范围

在最高法院《关于审理商标授权确权行政案件若干问题的意见》出台前,法院对通用名称在地理范围内的界定存在不同意见,例如,在"鲁锦案"中,法院认为判断其广泛性应以特定产区及相关公众为标准,而不应以全国为标准。而在该意见出台后,最高法院指出,约定俗成的通用名称一般以全国范围内相关公众的通常认识为判断标准。对于由于历史传统、风土人情、地理环境等原因形成的相关市场固定的商品,在该相关市场内通用的称谓,人民法院可以认定为通用名称。笔者认为该意见对地理范围的设定较为合理,一方面严格要求法院在认定商品通用名称时必须具有认知的普遍性,同时也照顾了地方的特殊性。

(二)相关公众

由于不同的商品或服务所适用的群体不同,"相关公众"不能指代所有人,否则考察的范围过于宽泛。针对"相关公众"这一概念,最高法院在《关于审理商标民事纠纷案件适用法律若干问题的解释》中明确指出,《商标法》所称的"相关公众",是指与商标所标识的某类商品或者服务有关的消费者和与前述商品或者服务的营销有密切关系的其他经营者。在判断商品通用名称时,也应当根据该商品所指向的消费者或经营者的认知来考量。

(三)时间节点

最高法院在意见中指出在判断商标是否构成通用名称时,一般以提出商标注册申请时的事实状态为准。如果申请时不属于通用名称,但在核准注册时诉争商标已经成为通用名称的,仍应认定其属于本商品的通用名称;虽在申请时

---

① 温州市中级人民法院(2011)浙温知初字第33号民事判决书、浙江省高级人民法院(2012)浙知终字第99号民事判决书。

属于本商品的通用名称,但在核准注册时已经不是通用名称的,则不妨碍其取得注册。例如,"金骏眉案",该商标在 2007 年 3 月 9 日申请注册,指定使用在"茶、冰茶、茶饮料、茶叶代用品"等商品上,未有证据证明在此之前除正山茶叶公司外,其他市场主体使用"金骏眉"这一名称指代某一类茶商品,相关公众也未将"金骏眉"作为商品名称加以识别和对待,但在 2013 年 1 月 4 日国家工商行政管理总局商标评审委员会作出第 53057 号裁定时,"金骏眉"已作为一种红茶的商品名称为相关公众所识别和对待,成为特定种类的红茶商品约定俗成的通用名称。

(四)举证责任分配

在商标通用名称证明责任上,应当遵循一般原则,即谁主张谁举证。由主张商标为通用名称的一方证明该商标在申请之前已经沦为商品通用名称。

综上,根据上述商品通用名称的判断依据及考量因素可知,法院在判定"约定俗成的通用名称"时,应当以全国范围内的相关公众的认知为判断标准,同时可以考察涉案商标是否基于历史传统以及风土人情和地理环境等因素已经形成较为固定的商品称谓。通过上述案例可知,"黑牛奶案"以及"金丝肉松饼案"如果仅凭行业协会的证明或当前市场上使用涉案商标的事实是难以证明该涉案商标已沦为"约定俗成"的固定称谓的。回归商标的显著性,显著性的增强直至驰名,抑或削弱直到沦为通用名称,都不是一蹴而就的事情,在此过程中肯定会留下自己的历史印记,而这些历史印记正是判断商标是否为通用名称的重要信息。

# 在先著作权在商标行政案件中的运用

李淑娟　马云涛

在商标行政争议中,著作权和商标权产生交集的是《商标法》第 32 条规定的"申请商标注册不得损害他人现有的在先权利……"。此处的"在先权利"包括著作权。著作权与商标权虽然被不同的法律所规制,但它们在权利客体上存在某些共同之处,著作权中的"作品",包括独创性的文字、美术、音乐、建筑等,与商标权中的"标识(符号)",包括文字、图形、声音、三维标志等有着某些对应联系。由于《著作权法》对作品采取自动保护,自作品诞生之日起则由著作权人享有,而《商标法》采取的是注册保护,获得注册后由商标权人享有,一旦两权利分别由不同的主体享有,著作权与商标权之间的抗争就会出现,权利冲突由此产生。本文从商标行政争议实务的角度,通过权利冲突的认定、在先著作权人的举证责任,以及商标权人的抗辩事由和权利冲突的解决等方面提供一些建议和意见。

## 一、在先著作权与商标权的冲突认定

(一)著作权与商标权产生冲突的前提是,商标申请人或商标注册人在其商标中使用的"标识"是他人享有著作权的"作品"

《著作权法》保护的是"作品",不具有独创性的文字、图案、声音、建筑等不是作品。能够成为"作品"的文字、图案、音乐、建筑等必然都需要具有最低限度的独创性,因此可以说独创性是构成作品及作品受著作权保护的一个重要因素。仅仅就这一要求,大量不具有独创性的文字、图案、声音、建筑等都被排除在"作品"之外,因而也不能受《著作权法》保护,即使商标申请人或注册人的商标使用这些被排除在"作品"之外的元素,也不会发生权利冲突。

（二）作品尚处于保护期内。已超过著作权保护期限、进入公有领域的作品不再享有著作权（财产性权利）

《著作权法》给予作品的权利保护期限是有限制的，公民作品的权利保护期限为作者终生及其死亡后 50 年，截止于作者死亡后第 50 年的 12 月 31 日；合作作品，截止于最后死亡的作者死亡后第 50 年的 12 月 31 日；法人或者其他组织的作品，截止于作品首次发表后第 50 年的 12 月 31 日等。一旦作品超过上述保护期限，其不再受《著作权法》的保护，与商标权之间的冲突也就无从说起。

（三）申请或注册的商标与作品构成相同或实质性相似，商标申请人或注册人具有接触"作品"的可能性

"接触可能性"与"作品相同或实质性相似"是认定商标申请人或注册人损害他人在先著作权两个重要的判断准则，那么，这两个要件必须同时满足吗？如果申请或注册的商标与他人的在先著作权构成相同或实质性相似，那么，是否可以直接推断其具有接触可能性呢？是否存在在未接触的情况下出现两个相同或实质性相似的作品。对上述问题，在商评委和法院出现过分歧，如在"ADO 及图"系列商标行政纠纷案①中，商评委认为"实质性相似"与"接触可能性"是认定损害在先著作权的两个必备条件，缺一不可，而原审法院则以"实质性相似"可以推定存在"接触可能性"。

（四）作品的创作完成时间必须早于商标申请的时间

"在先权利"顾名思义是一种事先拥有的权利，在先著作权也即必须在争议商标申请注册日之前，他人已经通过创作完成作品或者继承、转让等方式取得著作权，晚于商标申请日则失去了"在先"的保障。

## 二、权利冲突双方的举证与抗辩

商标纠纷实务中，法院在认定在先著作权时还会要求双方对以下几点进行举证或重点说明。

（一）作品的独创性程度

独创性是在权利人主张文字、图案等符合《著作权法》意义上作品的基本要

---

① 北京市第一中级人民法院(2008)一中行初字第 1302 号行政判决书。

求,在先权人应当就主张的著作权的作品进行阐述或举证,以此说服法官其所满足独创性的要求。例如,在"SANYO 及 N 图形案"[①]中,权利人主张"N 图形"经过特殊设计手法,与一般字母"N"存在较大区别,具有了一定的独创性,达到了著作权独创性的标准,因此法院认定了引证商标中的"N 图形"可以作为美术作品予以保护。

(二)是否是在先著作权人

作品自创作完成时自动享有著作权,不像商标、专利权,须由国家知识产权局对权利人进行公示与授权,正是由于著作权的自动取得,从而增加了证明自身为权利人的难度。法律和最高人民法院司法解释为证明著作权归属提供了相关的准则:作品署名、底稿或原件、著作权登记备案、公证证明等都可以成为权利归属的初步证据,除非有相反的证据推翻,则提供上述证据者可推定为著作权人。实践中,对于在先商标注册证中的权利人能否推定为著作权人存有过争议,自 2010 年法院开始拒绝单独将商标注册证作为在先著作权人的证据,因为该商标授权行为并非《著作权法》意义上的"署名"行为。而在先商标注册证与在后著作权登记证书结合使用却获得法院支持,在第 4140652 号"KP KIDS' STUFF 及图"商标行政纠纷判决[②]中,北京市高级人民法院以在日本获得的在先商标注册证和在后的著作权登记证明文件相结合的方式,认定了著作权登记证明中的首次发表日早于争议商标申请注册日。

(三)接触与相同或实质性相似

是否"接触"可以通过直接证据来举证,具有"接触可能性"可以用间接证据来推测。直接证据能够直接反映出商标申请人或注册人与在先著作权人之间的关系,比如,争议各方存在业务联系、业务磋商、劳动关系等,由此来认定"接触"毫无疑问;间接证据只能通过合理的推断,如作品已经发表在先、作品的知名度比较高、作品曾经通过参加表演、放映、广播、展览等方式公之于众,作品进行过注册或登记且档案可供公众查阅。在只有间接证据的情况下,在先著作权人可以根据作品独创性的程度和实质性相似程度来强化商标申请人或注册人的"接触可能性"。作品独创性越高,"巧合"的可能性就越低,并非作品的所有

---

① 北京市第一中级人民法院(2007)一中行初字第 1115 号行政判决书。
② 北京市高级人民法院(2011)高行终字第 857 号行政判决书。

部分都具有较高独创性,但只要主要部分的相似程度高即可认定,这就足以合理排除商标申请人或注册人独立创作的可能性,正如法院在第6881367号图形商标与作品《梦》行政纠纷中所采用的裁判思路。①

## 三、权利冲突的解决

《商标法》赋予了在先著作权人在损害其权利时,可通过异议程序阻止商标申请人依法获得商标注册或通过无效宣告程序宣告该商标无效的权利。对于公告中的商标和已经获得注册但未超过5年争议期的商标,法律给予在先著作权人绝对保护的权利,而对于已经超过5年争议期的商标,法律出于对商标权稳定性和市场经济秩序的考虑,向在后商标权人采取保护倾斜,所以说知识产权是利益平衡的结果。一方面要保护私权,另一方面又得兼顾公共利益。2019年《商标法》并未就超过5年争议期的商标权与在先权利冲突的解决进行规定,还是说该立法本意是超过5年后即不存在权利冲突。诸多学者或实务人员根据最高人民法院《关于当前经济形势下知识产权审判服务大局若干问题的意见》第9条认为,上述权利冲突仍然存在,但寻求保护的路途不再是《商标法》,而是《民法通则》或《侵权责任法》。

或者正是因为"武松打虎案"等系列商标行政纠纷给已经经过长时间使用的注册商标的稳定性带来冲击,最高法院不得不出台上述意见。对于不可撤销的商标可以提起侵权的民事诉讼,但法院不再判令停止使用该注册商标,也就是说该侵权之诉只能主张赔偿等要求,而不能停止使用。然而商标权人对商标的使用是一个持续的过程;对于在先著作权人而言,其权利被侵犯也是一个持续的过程,在先著作权人主张赔偿是针对提起诉讼之前的行为而言,既然不能要求停止使用,那么诉讼之后的商标权人继续使用的行为又如何规制呢,再提起侵权之诉?这样会是一条走不完的路。

正如上文所述,知识产权注重利益平衡。对于超过5年争议期的商标,笔者建议可以从立法和司法中予以明确权利冲突主体不再存有任何争议,以充分保障商标权人的利益;或者从维护著作权人利益的角度出发,以支付一定的著

---

① 北京市高级人民法院(2014)高行(知)终字第3369号行政判决书。

作权许可使用费的方式,来代替侵权赔偿,双方实现共赢。知识产权的利益平衡是政策问题、法律问题,同样也是经济学问题。如果法院能够更多地从经济学角度平衡权利冲突双方的利益,而非单纯从法律角度实现个案正义,或许会更加符合长远的社会经济利益。

# 从陆风 X7 外观专利无效案说"惯常设计"的适用标准

朱 宁 孙黎卿 马 敏

在专利确权程序中,当请求人以"创造性"为无效理由时,会引入"惯常设计与特有设计"的界定问题,而这是当下在外观设计近似性判断中的难点,本文以陆风 X7 无效案为例来窥视"惯常设计"的适用标准,探究其在外观近似性判定中的作用。

路虎公司和江铃控股有限公司(简称江铃控股)专利纠纷事件(陆风 X7 案),再次引人注目。国家专利复审委对路虎极光和陆风 X7 的外观设计专利权,均予以无效。在陆风 X7 无效案中,两者多处相同点被作为路虎极光的"特有设计",使两者的相同点在整体视觉效果中的权重上升;相反,两者的差异点在整体视觉效果中的权重下降,这是陆风 X7 被无效的主要原因之一。

## 一、"惯常设计"的概述

2009 年《专利法》及现行司法解释引入"惯常设计"的规定,但对其定义语焉不详。2010 年《专利审查指南》认为"惯常设计,是指现有设计中为一般消费者所熟知的、只要提到产品名称就能想到的相应设计",并认为"当产品上某些设计被证明是该类产品的惯常设计(如易拉罐产品的圆柱形状设计)时,其余设计的变化通常对整体视觉效果更具有显著的影响"。因我国对外观设计采取"整体保护主义"而非"部分保护主义",故在侵权判定与专利确权中,能否准确地界定"惯常设计"与"特有设计",往往会影响案件的最终走向。从举证责任看,"惯常设计"的主张,应当严格贯彻"谁主张、谁举证"的原则。

## 二、陆风 X7 无效案中的"惯常设计"

在陆风 X7 无效案中,请求人主张陆风 X7 与路虎极光两者在"悬浮顶、贝壳形发动机罩、侧面腰线、前大灯上扬的线条、车窗的形状、前脸中部"的设计相同,专利权人认为上述相同设计,不是"特有设计"而是"惯常设计",提交的主要证据如图 1—图 5 所示:

图 1　路虎极光

图 2　证据 22—minicooper

图 3　证据 23—minicooper

图 4　证据 24—双龙

图 5　证据 25—长安

专利权人的"惯常设计"主张未被采信,主要理由是:

1. 证据 22、23 虽出现"悬浮顶设计、前大灯上扬线条",但 mini 车的车顶线和侧窗下沿线的倾斜度较平缓,整体来看两者差异较大;

2. 证据 24、25 虽出现"悬浮顶设计"但就具体的线条和 ABC 柱角度及比例关系所形成的整体而言,设计并不相同,在整体视觉效果上有明显区分;

3. 专利权人未举证"悬浮顶设计、贝壳形发动机罩、侧面腰线、前大灯上扬线条"已构成惯常设计且已经大量公开,即使其他两处相同点构成常见设计甚至达到惯常设计的程度,也不足以影响对整体视觉效果的判定。

## 三、本案中"惯常设计"的再考量

路虎极光的设计公开时间在 2010 年 12 月 19 日,在江铃控股提供的证据外,截取在 2010 年 12 月前较为接近的类型化设计,以海内外知名 SUV 型汽车的侧面为坐标用不同方法进行对比,探究两者相同点是否构成惯常设计。

（一）类型化对比

涉案汽车 SUV 车型的"侧面轮廓""侧面腰线""悬浮顶""切割比例"这四个显著视觉部位的设计,在路虎极光公开之前早已大量出现,且涉及海内外多个知名品牌,给消费者的第一印象是差异小,几乎相同（见图 6—图 10）。

图 6　路虎极光—实物

图 7　公告日 2006 年 2 月 28 日

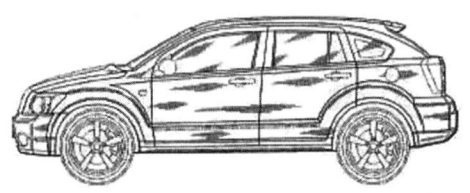

图 8　公告日 2006 年 8 月 22 日

图 9　公告日 2010 年 8 月 4 日

图 10　公告日 2010 年 10 月 6 日

（二）交叉对比法

遴选两份在先设计与路虎极光、陆风 X7 三者分别比对,可见三者在侧面车身部位的区别并不明显。结合江铃控股的证据看,早在路虎极光的设计公开前,此类侧面车身的设计手法,已被海内外知名车企所公开使用,该部位的设计特征已是常见设计,又因涉及海内外多个品牌,足以构成惯常设计(见图1、图11、图7、图10、图8、图9)。

图1 路虎极光

图11 陆风

图7 公告日 2006 年 2 月 28 日

图10 公告日 2010 年 10 月 6 日

图8 公告日 2006 年 8 月 22 日

图9 公告日 2010 年 8 月 4 日

(三)线条比例对比

在本案中,专利复审委根据双方提交的证据,将汽车的腰线、裙线、长、宽、高比例关系、车身整体形状以及设计风格作为整体观察对象,并得出该相同点对视觉影响力较大的观点(见图12—图13)。

在引入一份在先设计后,用同样的方法对三者进行比对,足见路虎极光的腰线、长宽高的比例关系、车身侧面、ABC 立柱及悬浮顶等设计特征及组合后的

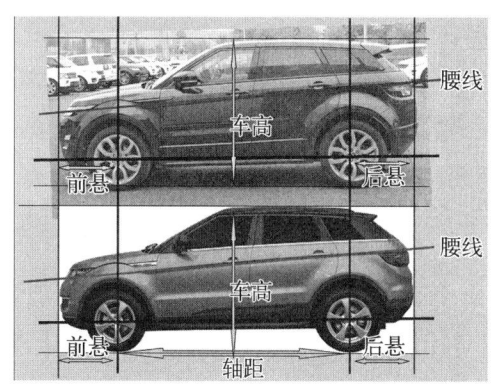

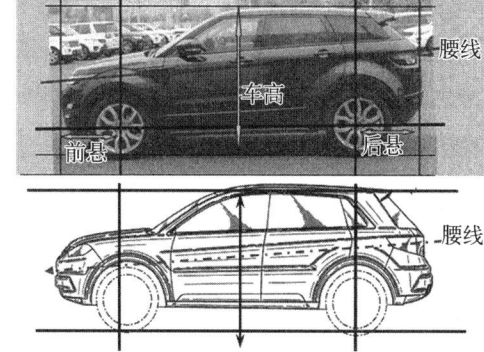

图 12　确权中路虎与陆风对比　　　　图 13　路虎与现有设计对比

设计并非路虎极光的特有设计，而是惯常设计。

综上，截取 2009 年前在海内外已公开的 SUV 型汽车外观中，通过三种方法比对，足见路虎极光与陆风 X7 的相同点，主要集中在车身侧面，且已是在先设计，并在海内外众多知名品牌的车型中出现，已构成惯常设计。

## 四、对"惯常设计"的几点启示

（一）"惯常设计"认定的标准

从陆风 X7 无效案可知，符合专利复审委的认定标准，至少要满足两个条件：首先是一种现有的常见设计，其次该种常见设计已经大量公开，足以使消费者对此设计司空见惯。

（二）"惯常设计"的举证策略

外观设计作为一种艺术创作，多多少少要在借鉴他人现有设计的基础上推陈出新，对于惯常设计部分任何人都可以使用，在确权程序中应当剔除或弱化"惯常设计"带来的相同或近似之处，如要援用"惯常设计"对冲"特有设计"在近似性判断的权重，至少要注意以下几个因素：

1. 时间因素

本案中路虎援用其在先的极光外观设计，江铃控股应重点搜集在极光之前的专利文献及相关证据。

## 2. 相似性程度

首先,援用惯常设计时,应尽可能选择最为接近"特有设计"的外观设计,如本案中援用"MINICOOPER"两款汽车作为举证"悬浮顶设计"时,未充分考虑其与对比设计整体视觉效果的差异,因为对近似性判定最后还要在整体比对原则下进行权衡。其次,证据中提出的双龙、长安两款SUV汽车,虽然出现悬浮顶设计,但其出现的时间晚于对比设计,也未达到大量出现的程度。如果不考虑上述因素,非但达不到预期的效果,反而会间接佐证路虎所主张的特有设计特征。

### (三)"惯常设计"在近似性判定中的权重

"惯常设计"在近似性判定中,并非完全不予考虑,但可导致其对近似性判定的影响权重有所下降。主要原因在于我国法律采取整体保护主义,而非部分保护主义,惯常设计对整体视觉效果的影响力大小,要放在整体视觉效果中予以权衡。

综上,本案中两者的6处相同设计,多集中在车身侧面的轮廓,这早已是海内外多数SUV型汽车的常见设计手法、公知惯常设计。此外,从最高人民法院在(2010)行提字第3号的本田技研工业株式会社与双环无效案中的观点看,两者的相同点多属于共性设计特征,这对一般SUV型汽车消费者视觉效果的影响较为有限。循此脉络,如上述前提成立,本案中的外观设计近似性判定,应重点比对两者的差异点是否对整体视觉效果产生实质性的影响。

# "以分工合作方式共同提供作品"司法认定标准的实务研究

张程博[①]

互联网技术高速发展与市场分工的不断细化让广大消费者享受了更丰富的内容渠道,但也为著作权人依法主张其权利带来了新的挑战。对于在作品提供环节存在多个经营主体参与的情形,《最高人民法院关于审理侵害信息网络传播权民事纠纷案件适用法律若干问题的规定》(简称《规定》)第4条为权利人提供了更多诉讼策略的选择,即"有证据证明网络服务提供者与他人以分工合作等方式共同提供作品、表演、录音录像制品,构成共同侵权行为的,人民法院应当判其承担连带责任……"

然而,在司法实践中,多个经营主体之间的分工方式、商业模式可谓层出不穷,不断趋于复杂,如何在纷繁复杂的情形下适用《规定》第4条中的"分工合作共同提供作品"并不简单。本文通过对比分析多个相关案例,对该条款适用过程中可能出现的不同情形逐一进行讨论,以期为在诉讼过程中尝试援引该条款的业界同仁们提供些许参考。

## 一、"分工合作共同提供作品"的法律构成逻辑

(一)分工合作共同提供作品行为的法律界定

未经权利人许可分工合作共同提供作品构成信息网络传播权的共同直接侵权。分工合作共同提供作品属于法律拟定的共同提供行为,即共同侵权人虽

---

[①] 张程博,上海融力天闻律师事务所合伙人,上海对外经贸大学硕士生导师。毕业于美国加利福尼亚大学伯克利分校,长期为国内外知名互联网及生物医药企业提供诉讼与非诉讼法律服务。其代理的多起案件已成功入选全国法院典型案例。

不直接提供作品,但因与直接提供者存在分工合作关系,在法律意义上会被认定为共同提供行为。[①] 法律拟定该共同侵权行为的目的是加重如网络服务提供者等主体的法律责任,从而使其承担比间接侵权责任更为严格的责任。《规定》第 4 条的认定需同时满足主客观两个构成要件。

(二)客观构成要件的界定

构成《规定》第 4 条分工合作共同提供作品的客观要件,要求多主体之间存在"行为 1＋行为 2＋……行为 n＝提供作品行为"的情形。[②]

案例一:A 公司享有某电影的独家信息网络传播权,N 公司与 Y 公司签订了电影房改造合作协议,对双方具体的工作任务进行了明确划分,并对电影房的收益约定分成。但实际上 N 公司在其经营的饭店房间内通过 Y 公司经营的 TV 点播系统及其设备向公众播放该电影。

案例二:自然人 W 为某图书的权利人,D 大学与 C 公司签订购买协议,约定由 C 公司向 D 大学提供其经营的图书数据库及相关服务。D 大学在其图书馆官网放置了 C 公司数据库链接,C 公司未经该图书权利人授权就将该图书收录在其数据库中,并向 D 大学提供该图书的阅读服务。

从案例一来看,N 公司提供场地行为与 Y 公司提供点播系统及其设备的行为最终构成了对 A 公司享有权利的电影作品的提供行为。而在案例二中,C 公司自己的行为本身就构成提供作品行为,因此 D、C 之间并不满足"行为 1＋行为 2＋……行为 n＝提供作品行为"的要求,两者之间不构成合作分工共同提供作品。

(三)主观构成要件的界定

本文所讨论的"分工合作共同提供作品"也属于《民法典》第 1168 条(原《侵权责任法》第 8 条)共同侵权行为所规制的范畴之内。全国人大法工委在《侵权责任法》相关释义中指出:"共同"包括了:共同故意、共同过失、故意行为与过失行为相结合这三层含义。[③] 由此可见,《民法典》中的共同侵权隐含着要求各方经营主体之间存在共同过错的情形。

---

[①] 孔祥俊:《网络著作权保护法律理念与裁判方法》,中国法制出版社 2015 年版,第 164 页。
[②] 曹丽萍:《如何认定〈信息网络传播权司法解释〉第 4 条中"以分工合作方式共同提供"作品》,《中国知识产权》2015 年第 9 期。
[③] 全国人大法工委民法室著,王胜明主编:《中华人民共和国侵权责任法条文解释与立法背景》,人民法院出版社 2010 年版。

但也有观点认为,《规定》第 4 条的分工合作共同提供作品行为与《侵权责任法》的共同侵权行为有所不同。《侵权责任法》上的共同侵权要求存在共同过错,但由于《著作权法》对于直接侵权责任归责上较为严格,如果简单要求分工合作的当事人须有共同过错,就会背离让构成"共同提供作品"行为的主体承担共同侵权责任的本意。因为,要求具有共同过错,实际上就是按照间接侵权的标准衡量其行为,反而降低了责任标准。①

对于分工合作共同提供作品行为的主观层面,《北京市高级人民法院关于涉及网络知识产权案件的审理指南》(简称《审理指南》)第 8 条第 2 款也进行了相应的解释,即各被告之间或者被告与他人之间具有共同提供涉案作品、表演、录音录像制品的主观意思联络,即可认定构成前款所规定情形。

由此可见,在主观层面认定构成分工合作共同提供作品行为,以要求各方之间存在共同提供作品的意思联络即可,只要主观上有合作的意图,客观上又达到共同提供的深度,且未经许可又无其他法定免责事由,即可认定属于分工合作共同侵权行为,而不必像间接侵权认定时那样去深究其具体过错。

(四)分工合作共同提供作品行为的例外情形

《规定》第 4 条的后半句对该条款的适用作出了一定的限制,即网络服务提供者能够证明其仅提供自动接入、自动传输、信息存储空间、搜索、链接、文件分享技术等网络服务,主张其不构成共同侵权行为的,人民法院应予支持。该限制排除了仅提供技术服务者构成分工合作共同侵权的可能性。技术手段本身是中立的,当网络服务提供者本身没有倾向性,其所提供的技术不会影响或者实际控制其传输或存储的内容时,就不会构成分工合作共同侵权的情形。过分加重网络服务提供者的责任,反而会阻碍互联网产业的蓬勃发展。北京市高级人民法院在《侵害著作权案件审理指南》第 9.7 条后半句中也作出了相似的表述:"……但被告能够证明其根据技术或者商业模式的客观需求,仅提供技术服务的除外。"②至于提供技术服务的网络服务提供者是否满足"避风港"原则以及是否符合《规定》第 3 条中的帮助侵权情形,本文不做

---

① 孔祥俊:《网络著作权保护法律理念与裁判方法》,中国法制出版社 2015 年版,第 163—164 页。
② 北京市高级人民法院知识产权庭编:《侵害著作权案件审理指南》。

赘述。

综上,分工合作共同提供作品的法律构成包含主客观两个方面。客观要件方面要求各主体的共同提供作品行为最后造成了同一、不可分割的损害后果,主观要件方面则要求各主体之间应该具有合作提供作品的意图,存在共同的意思联络。同时,在考虑适用该条款的过程中,也要注意是否落入了该条款的限制范围之内。

## 二、司法实践中关于分工合作共同提供作品的主观要件认定标准

在司法实践中,对于客观要件方面的认定相对较为容易。而对于主观要件方面,多经营主体之间是否存在共同提供作品的意思联络,是否具有合作意图往往不甚清晰,难以直接作出判断。笔者认为,在《规定》第4条的实际应用中,不宜过分追求各主体之间存在明确的意思联络,而应当结合客观事实情况,综合考虑各主体之间具体的合作协议、合作行为及合作方式从而作出判断。下文将通过数个相关案例对不同情形下分工合作共同提供作品主观要件方面的认定进行逐一分析。

(一)有明确的分工合作协议存在

多经营主体间存在明确合作协议的情况较为常见。例如,酒店与影视内容方就客房内提供影视内容点播服务开展合作,抑或是IPTV运营商与内容方合作设立内容专区等。案例一中的N公司与Y公司签订了合作协议,并在具体条款中明确对其合作事项进行了分工。这种有明确分工合作协议存在的情况,各经营主体之间的合作意图显而易见,可直接作出认定。

然而,值得我们注意的是,并非各经营主体之间存在合作协议就一定会构成分工合作共同侵权。只有当各主体之间的合作协议中明确存在分工合作共同提供作品的条款或者该协议明确表达了分工合作的意思表示时才有可能构成分工合作共同侵权。

案例三:V公司为某影片著作权人,M公司为某款智能电视盒子生产销售商。M公司与I公司间存在软件开发的合作协议,用户通过M公司的该款电视盒子连接网络后,可以进入I公司的中国互联网电视播控平台,点播收看各类影视节目。后V公司将M公司起诉至法院,M公司抗辩其仅为硬件设备生

产商,要求追加Ⅰ公司作为共同被告。法院最终认定:Ⅰ公司经营的中国互联网电视平台属于广电总局审批的7家平台商之一,其本身无法直接向用户提供影视作品内容,需通过像M公司这样的硬件设备服务商才能实现内容提供。M公司受Ⅰ委托开发适用于M公司电视盒子播控平台的软件系统,其仅为硬件生产商,无法知晓和控制播控平台内的影视作品内容。因此,双方间虽然存在合作协议,但尚未构成分工合作共同提供的行为,仅Ⅰ公司需承担侵权责任。

(二)无明确约定分工合作情形,推定构成分工合作

实践中,确实也存在多经营主体之间未订立明确合作协议就开展合作的情形,但更符合现实情况的是,当这些经营主体发现其提供合作协议不但不能支持其免责的抗辩主张,反而会成为法院支持原告诉请的依据时,会选择刻意隐藏此类合作协议。那么,是否在缺少合作协议的情况下就无法认定分工合作共同提供作品行为呢?答案是否定的。

1. 多经营主体间存在利益分享的情形

案例四:J公司为某小说权利人,B公司为某小说阅读器经营者,其用户通过注册作者账户上传数字作品并销售的方式获得收益。B公司用户未经J公司授权就上传了该小说并加以利用。从B公司的后台记录得知,该作品的销售金额由上传用户与B公司按比例分成。后又查明,B公司与其用户间存在明确的收益分成计算标准、结算方式等约定。

正如《审理指南》第9条指出:"各被告之间或者被告与他人之间存在体现合作意愿的协议等证据,或者基于在案证据能够证明各方在内容合作、利益分享等方面紧密相联的,可以认定各方具有共同提供涉案作品、表演、录音录像制品的主观意思联络……"

案例四中,B公司与上传用户以合作分成的模式向社会公众提供了权利人的作品,B公司在销售该小说时也有获利,双方具有紧密的利益分享关系,可以推定双方具有共同提供涉案作品的主观意思联络,B公司应当与小说上传用户承担连带侵权责任。

结合案例一与案例四,不难看出在司法实践中,各主体之间将利益分享关系作为协议条款固定下来的情形较为普遍,但即便是在双方没有约定明确协议条款的情况下,只要各主体之间的利益分享、内容合作等事实行

为足够紧密,也能依据《审理指南》第 9 条的规定认定其主观上存在合作意图。

2. 多经营主体中存在某主体对合作关系进行宣传推介

案例五:A 公司为某电影权利人,G 公司为某私人影院品牌的经营者,T 公司为 G 公司的加盟商,G 公司向 T 公司提供"选址、装修设计""院线提供正版片源"等服务,并享有对 T 公司门店的监督管理权,Z 公司则为 T 公司的线下门店提供电影点播设备。Z 公司在其官网上宣传其对 G 公司的私人影院品牌进行了投资、是该品牌唯一的设备合作伙伴,并附有该品牌链接。而 T 公司线下门店在未经 A 公司授权的情况下,向社会公众提供了该电影的线下点播服务。

根据北京市高级人民法院知识产权庭编写的《著作权法原理解读与审判实务》中关于"分工合作共同提供作品的认定"一节的论述:"只要有证据可以证明被告与他人有共同提供被诉侵权作品的主观意思,不论在案证据是否有合作协议,都可以认定被告主观上存在以分工合作提供被诉侵权作品的意思表示。这类证据可以是双方共同发布的与被诉侵权作品有关业务的宣传推介等。"可见,虽然在案例五中在案证据未能体现 G 公司与 Z 公司之间存在明确约定的分工条款,但 Z 公司在其官网对双方的合作关系进行宣传的行为已构成自认,足以证明双方之间达到了一定高度的主观意思联络。

3. 多经营主体间达到较紧密的合作深度

案例六:X 公司为某大型文学门户网站的运营商,享有旗下诸多作品的著作权独家授权。A 公司为某知名小说阅读 App 的运营者,其市场份额全国领先。该阅读 App 提供付费小说阅读及下载服务,S 公司则是 A 公司 App 唯一内嵌搜索引擎合作方。使用 A 公司 App 对 X 公司网站旗下作品进行搜索,会显示作品来源 X 公司等信息并附有相关链接,但无法正常跳转至 X 公司网站进行阅读。而在该 App 内却能通过下载缓存的方式对 X 公司网站旗下作品进行阅读。

案例七:P 公司为某电影权利人,F 公司经营了某影视网站,在 F 公司网站内搜索 P 公司电影,会弹出链接,点击连接跳转至 D 公司的第三方影视网站,在该第三方影视网站再次进行搜索又会跳转至不确定的第四方网站播放电影。上述操作步骤被放置在 F 公司影视网站中的"高品质电影 ET 高清电影频道全新上线立即体验高品质电影"板块。

虽然在案例六与案例七中,各主体之间既无明确的分工合作协议条款,又无明确利益分享情形。但观之具体合作方式,案例六中S公司的搜索引擎不能正确跳转至X公司网站,却能以缓存下载的方式向读者提供相关作品的行为,已经超出了"提供搜索、链接、实时转码及为提高网络传输效率的自动存储服务"的中立技术范围,不符合《规定》第4条的后半段规定的例外情形。再加上该搜索引擎为A公司阅读App的唯一内嵌搜索引擎,二者在使用上并不能作明显区分,以A公司的高市场知名度和高市场份额,对S公司的技术运用及其能够实现的功能应属明知或应知状态。S公司的行为客观上拓宽了A公司的用户来源,提高了该公司App的访问量,事实上已经达到较深的合作水平,应当推定双方在主观方面存在共同提供作品的合作意图。

而在案例七中,F公司、D公司以及第四方影视网站之间已经形成一个完整的链接框架。从提供作品的客观行为来看,各网站缺一不可,环环相扣,即使F公司以"仅仅提供链接,并不储存影片"作为抗辩理由也不能成立。从该客观行为中也能推出在主观方面,层层嵌套的链接框架既给相关公众留下了各网站之间存在关联关系的印象,又显示了F公司、D公司存在一定的规避意识,其行为联系紧密,达到较紧密的合作深度,应当推定双方在主观方面存在合作意图。

关于这一点,北京市高级人民法院在《侵害著作权案件审理指南》第9.7条中也给出了相关的指导:"基于在案证据能够证明各方在内容合作、利益分享等方面紧密相联的,可以认定各方具有共同提供涉案作品、表演、录音录像制品的主观意思联络……"

司法实践中对于如何认定分工合作共同提供作品行为莫衷一是,部分缘于多主体间关系错综复杂、合作方式变幻莫测的客观现实,部分缘于对分工合作共同侵权与避风港规则、帮助侵权法律条款之间的模糊适用。本文旨在对已经出现的司法案例进行梳理分析,以厘清分工合作共同侵权的法律逻辑,明确分工合作共同侵权的主客观构成要件和考量因素。对于分工合作共同侵权的认定,客观要件方面要求各经营主体的共同提供作品行为最后造成了同一、不可分割的损害后果,主观要件方面则要求各经营主体之间应该具有合作提供作品的意图,存在共同的意思联络,但并不苛求必须达到"共同过错"的程度。当不存在明确的分工合作条款时,亦可通过事实上的具体合作方式或者合作行为联系程度予以推定。

# 视听作品片段的著作权保护问题实务探究

邱政谈[1]　廖　荻[2]

据《2021中国网络视听发展研究报告》显示,截至2020年12月,短视频行业规模达到2051.3亿元,短视频用户高达8.73亿,用户平均每天花费2小时观看短视频。伴随短视频用户规模的提升,视听作品在短视频平台被剪辑、切条、搬运、传播等版权问题引发舆论。本文从视听作品片段的法律性质、合理使用以及著作权保护三个方面对视听作品片段在司法实践中遇到的问题进行梳理,以期对视听作品片段的司法保护提供一些思路。

## 一、视听作品片段的法律性质

(一)我国的法律规定梳理

《著作权法》第3条规定:"本法所称的作品,是指文学、艺术和科学领域内具有独创性并能以一定形式表现的智力成果,包括:① 文字作品;② 口述作品;③ 音乐、戏剧、曲艺、舞蹈、杂技艺术作品;④ 美术、建筑作品;⑤ 摄影作品;⑥ 视听作品;⑦ 工程设计图、产品设计图、地图、示意图等图形作品和模型作品;⑧ 计算机软件;⑨ 符合作品特征的其他智力成果。"

对于"可单独使用的作品",《著作权法》第14条第3款规定:"合作作品可以分割使用的,作者对各自创作的部分可以单独享有著作权,但行使著作权时

---

[1] 邱政谈,上海融力天闻律师事务所一级合伙人,擅长领域:知识产权、互联网商业案件、游戏电竞。代理的十余起案件入选全国四级法院十大典型案例。
[2] 廖荻,上海融力天闻律师事务所律师。擅长知识产权、商业不正当竞争、互联网、新媒体领域争议解决。

不得侵犯合作作品整体的著作权。"第17条第3款规定:"视听作品中的剧本、音乐等可以单独使用的作品的作者有权单独行使其著作权。"

具体到视听作品片段是否构成作品这一问题,从上述法律规定可知,视听作品片段必须满足可单独使用的作品的构成条件才能构成作品,相对于视听作品整体,应当是可以分割、独立存在,并符合作品独创性的创作成果,同时需要有单独的利用性。法律规定以举例方式提出剧本、音乐属于可单独使用的作品,用"等"字对范围开放进行了补充说明。

(二)认定视听作品片段构成作品的限制

简单截取视听作品片段或仅作简单截取、重组的过程不具备足够的独创性,并不构成创作作品。那么,应当讨论截取出来的片段本身是否构成作品。

视听作品片段构成作品存在两种基础情形:"已有作品"和"为他作品"。"已有作品"是指在创作视听作品之前就存在的作品,比如,在《天堂电影院》中间穿插播放前人拍摄的电影,以营造某种气氛或者推进故事情节,这种情况比较容易判断,不多做讨论。"为他作品"是指专门为了该视听作品创作拍摄的,界定可能存在模糊的情况,所以本文只针对这种情况进行讨论。

认定片段构成作品应该严格限定范围,范围非常小且非常特殊的情况下才会出现片段单独构成作品的情况。因为著作权行使的最小单元是作品,如果我们把视听作品中片段构成作品的标准放低,无端地将视听作品分割为若干可单独构成作品的片段,很容易造成一个完整的视听作品上存在多个作品著作权的情况。这样很容易造成权利行使重叠、对外授权混乱、维权冲突的情况。不仅不利于作品的实际使用,还容易造成司法实践中出现确权困难,以及多重保护的情况。所以,对于片段构成作品,应该采取非常严格的认定标准。

(三)视听作品片段构成作品的构成要件

《著作权法》对"可单独使用的作品"的情形认定较为简单,但也有提炼构成要件的价值。通过以上梳理,可以总结出视听作品片段构成作品的要件有三个。

第一,视听作品片段可分割独立存在,即该片段具有表达独立性。可分割独立存在不应简单认定为视听作品简单分割为一个片段,而应该综合考虑片段是否有独立于视听作品整体表达的表达独立性,只有具有表达独立性的片段才符合"可分割独立存在"的特性,其表达形态上能够与作品整体相分离。例如

"创造营"一个音乐类的选秀综艺节目视听作品,会存在一些练习生集中培训并展示成果的情况,某一练习生在节目框架内进行训练并进行单首歌曲的独立演绎,拍摄制作而成的"表演片段"其表达方式均是在综艺节目的脚本之下,不论是舞台镜头风格、节目背景配置、运镜方式,均与视听作品的其他部分表达相统一,形态上也不能与整体分离,所形成的感官效果不存在表达独立性。虽然在现实使用环境下来看,这一单独的表演片段可以被切割进行传播观赏,但仍无法摆脱综艺节目视听作品整体的表达痕迹,不具有表达独立性。从用户感知角度来看,用户看到该片段的表达风格也能知晓其属于视听作品的一部分,不可分割而独立存在,因此,该片段也就没有独立作为作品保护的基础了。满足表达独立性要求的片段应该能够体现作者独立于视听作品整体思想之外的思想表达。

第二,视听作品片段符合作品独创性要求,即该片段必须要达到《著作权法》要求的具有独创性的标准。不论是运镜上的切换和选择、灯光和节奏的变换,或是拍摄素材的整理编排,必须具有一定的独创性。例如"机智的恋爱""我们恋爱吧"等综艺节目中会存在部分片段是由房间内或车辆内固定摄像机位拍摄的监控内容,相关片段对于素材拍摄、被拍摄画面的选择,以及编排的创造性空间非常有限,属于有限表达,不能达到独创性标准。

第三,视听作品片段具有可单独利用性。可单独利用性应从实际权利行使的角度考量。一般而言,一个完整的视听作品包含多种元素类型的片段,而这些片段一般是为了完整表达整个视听作品的创作意图。不同的片段通过叙事、演绎、说明等方式使得作品整体表达圆满而丰富,片段之间存在相互依存、相互递进的关系,缺一就会使得视听节目整体表达缺失,整体依存使得视听作品出现跌宕起伏的表达效果。而一个片段,如果脱离视听作品整体进行利用,会出现表达缺失或者无法产生实际使用效果的情况,就不具有可单独利用性。例如"梦想改造家"是一款针对普通家庭进行住房改造的综艺节目,节目组针对家庭住房进行改造,完成后会针对房屋进行沉浸式展示拍摄,这一片段是服务于节目整体的,是展示从初始状态到改造完成状态的改观过程,与节目初始环境、改造过程等其他部分相互依存,如果独立进行利用,无法表达创作者的创作意图,且创作者创作该片段也都是为了使得作品整体叙事完整。单独进行利用无法实现其实际利用效果,故该片段不具有可单独利用性。只有片段的创作存在独立于作品整体之外的创作意图,才具有可单独利用性。

以综艺节目"非诚勿扰"中的"爱之再判断"环节为例,该环节是由男嘉宾出演拍摄一个短片,短片内容是以多种方式呈现男嘉宾的三观、生活习惯、情感经历等。每一个嘉宾的短片创作风格均不相同,与男嘉宾的个性相匹配,该短片创作意图是为了表现男嘉宾的个人条件、个人魅力或习惯。从表达独立性来看,其与非诚勿扰节目本身的表达方式完全不同,体现了与节目整体创作者不同的表达方式和思想;从独创性角度看,其运镜多样,台本丰富,具有较高的独创性;从可单独利用性角度看,其可不依附于节目整体进行实际利用,亦可达到单独利用的实际效果,短片虽是专为节目而创作,但其本身具有叙事表达的完整性,符合片段单独构成作品的三个构成要件,可以被单独认定为作品。

## 二、视听作品片段的合理使用规制

(一)我国的法律规定梳理

《著作权法》第24条规定:"在下列情况下使用作品,可以不经著作权人许可,不向其支付报酬,但应当指明作者姓名或者名称、作品名称,并且不得影响该作品的正常使用,也不得不合理地损害著作权人的合法权益。"其中第1款第2项规定:"为介绍、评论某一作品或者说明某一问题,在作品中适当引用他人已经发表的作品。"

合理使用制度是我国《著作权法》的典型限制和例外规定,应该严格按照法律规定去判断。有些学者和业界人士认为三步检验法的后两步对于合理使用制度的限制过于严苛,进一步限制了合理使用适用的空间,可能会造成合理使用制度架空的情况。但笔者认为,原来三步检验法的后两步实际上仅体现在《著作权法实施条例》中,而本次《著作权法》修改将这后两步从行政法规提升到法律层级,直接加入《著作权法》条款。在原先司法实践已广泛适用的前提下,现今就更应严格适用三步检验了。同时,从司法实践角度考虑,三步检验法的后两步其实在实际诉讼的举证环节中相比于"适当引用"的适当的判定更加方便,后两步可以用市场调查、用户问卷、商业报告去说明,但如果仅保留合理使用制度列举的情形,那么对于"适当"的判定就会左右摇摆,不利于司法审判的统一性。

(二)我国合理使用制度对视听作品片段的规制

实践中使用视听作品片段比较多的情况可将视听作品片段使用分为四类：解说评论型、戏仿使用型、混剪型、单纯CUT型。针对不同类型视听作品片段的合理使用，可得出两种结果。

1. 混剪型、单纯CUT型和解说评论型不构成合理使用

根据前文所述视听作品片段构成作品的构成要件——表达独立性、独创性、单独利用性——不难判断，混剪型和单纯CUT型制作过程不能形成新作品，其不构成合理使用是显而易见的。

对于解说评论型，参考适用法院在司法实践中形成公知的三步检验法来判断。

首先，合理使用仅限于法条列举的特殊情况，即符合《著作权法》第24条第1款第2项规定，是为了介绍、评论某一作品使用。

其次，对视听作品片段的使用不得影响作品的正常使用。解说评论型使用视听作品片段的行为，实际上已经完整叙述了视听作品的表达思想和故事。从社会经验角度及身边简单调研，许多用户观看解说评论型的内容后已经实现了其获取视听作品内容的目的，特别是在现今碎片化的网络时代，看过了三分钟看电影的视频后就不必再花时间精力看原本的视听作品整体。当然，也存在用户看完三分钟看电影视频后燃起兴趣去看视听作品整体的情况，但这并不影响解说评论视频已经妨碍原作品大部分正常使用空间的判定。

最后，对视听作品片段的使用不得不合理地损害权利人合法权益。如前所述，解说评论型使用已经构成实质性替代的使用效果，而其未投入多少成本，不当攫取原视听作品的价值表达内容，组合成可以产生巨大商业价值的评论视频加以传播并高额变现，权利人却因其传播遭受版权损失和流量损失，因此已经不合理地损害了权利人的合法权益。所以解说评论型也不构成合理使用。

但是，如果解说评论的过程中能够体现解说者自身的独创性，如解说画面的选择编排、解说脚本的设计、视频风格画面的设计，其解说视频也可以构成作品，但由于其不构成合理使用，故其行权亦应受视听作品权利人限制，其值得保护的独创性部分体现在选择编排、解说脚本及设计这些独立于原视听作品之外的部分。

### 2. 戏仿使用型构成合理使用

例如，B 站中《三国演义》的鬼畜版视频，其使用的画面虽大部分来自电视剧《三国演义》，但配音和叙事结构都脱离原作品之外，形成新的完整的叙事情节和目的。通过三步检验法即可得出戏仿使用型构成合理使用这一结论。

这一类戏仿使用型作品也符合理论界引自美国版权法的一个概念——转换性使用。在判定时偏向使用目的、社会价值角度的判断，包含使用目的的转换和社会价值的转换。对于戏仿使用型，其制作目的并非与原视听作品向观众表达完整的故事情节、故事理念的创作目的相同，而是为了恶搞、戏谑、升华传递与原作品完全不同的思想或体验。并且从社会价值角度判断，原视听作品给社会带来的传播、欣赏的价值是基于原作品的表达思想，而戏仿作品则是为批判、评论传递另一种社会传播或欣赏价值。戏仿作品和原视听作品同步传播可以实现社会文化传播价值的总体增加，同时，其使用目的和社会价值转换程度越高，转换性使用形成的市场替代性越低，且对原权利人损害越低。所以转换性使用的判定和三步检验法其实是共通的，在司法实践中也可互相印证、参考适用。

但是，并非全部的戏仿使用都构成合理使用，还是需要结合上述两个方法个案讨论为佳。

参考解说评论类视频构成作品的判定，如果同时戏仿使用型也构成合理使用，那么，其作者行权则不会受到视听作品权利人的限制。

## 三、视听作品片段的著作权保护

### （一）我国的法律规定梳理

《著作权法》第 17 条规定："视听作品中的电影作品、电视剧作品的著作权由制作者享有，但编剧、导演、摄影、作词、作曲等作者享有署名权，并有权按照与制作者签订的合同获得报酬。

前款规定以外的视听作品的著作权归属由当事人约定；没有约定或者约定不明确的，由制作者享有，但作者享有署名权和获得报酬的权利。

视听作品中的剧本、音乐等可以单独使用的作品的作者有权单独行使其著作权。"

视听作品片段、视听作品片段作品和视听作品整体的司法保护方式应参照以上规定。

(二)视听作品片段的司法保护

视听作品片段保护的基础是先划分著作权行使时的权利主体、使用范围、情形。

如果在视听作品整体和片段两个层面,创作主体是统一的,创作意图是统一的,使用方式也是统一的,那么在现实作品的使用环境下,不论是整体还是片段的行权人和行权方式都是统一的,也就丧失了讨论这个问题的实际必要。比如,他人擅自使用视听作品的一个片段,权利人只有一个,不管是用作品整体还是片段,都可以很好地保护。在对外授权时,也可以对作品整体进行授权或者在授权条款中标明片段部分进行授权。因此,此种情况不在本文讨论范围内。

在实践中,可将视听作品片段的司法保护分为以下三种:

第一,侵权人针对视听作品中的简单 CUT、混剪进行网络盗播,视听作品的权利人可直接依视听作品整体的权利主张进行保护,保护客体是视听作品,侵权行为是针对视听作品进行部分传播。

第二,侵权人针对视听作品中的"已有作品"进行传播,且传播内容不包含其他片段,仅限于已有作品部分,则已有作品的原始权利人可主张保护。此时,视听作品的权利人不宜主张权利,即使视听作品权利人亦获得了完整的已有作品的授权,也应该以已有作品作为权利客体主张权利,相关权利不应被视听作品吸收。

第三,侵权人针对视听作品中的"为他作品"进行传播,且传播内容不包含其他片段,仅限于为他作品部分,参考《著作权法》第 17 条第 2 款规定,在无约定或约定不明的情况下,片段作品的权利亦由视听作品整体权利人享有。故而在司法实践中,如无相反证据证明片段作品权利归属他人,应予以权属确定。并且根据一般创作习惯,为他作品创作者与视听作品创作者一般是同一的,此时,可以根据权利人的自主选择或以为他作品为客体主张权利,或可以视听作品整体为客体主张权利。从司法实践的经济角度考量,应更鼓励以视听作品整体为权利客体主张保护。

此外,针对解说评论类构成作品的特殊情形,因为其本身构成侵权使用,进行传播时视听作品权利人可以向其主张权利。但是如果又有人对二创作品进行传播,这时有两个权利人可以主张权利,二创者和原始权利人。虽然看似冲突,但是实际上对于两者而言主张保护的内涵是相区分的,原始权利人基于视听作品原有的独创价值,二创者是基于其二创过程中的脚本编排、画面节奏变化等独创价值,所以在进行具体司法保护时,我们可以进行价值、利益方面的切割保护。

# 爱丧其马

## ——侵权应诉行有不得

# 著作权侵权案件中销售者的合法来源抗辩的司法认定

朱 琳[①]

近年来,随着电子商务产业蓬勃发展,各大电子商务平台涌现出大量的知识产权侵权问题。然而,入驻电子商务平台的商户绝大多数为侵权产品的销售者,导致权利人在对电子商务平台的商户采取维权措施时,经常面临商户以"不知情""产品从第三方进货"等为由拒绝承担侵权责任的情形,因此,销售者援引现行《著作权法》第53条的规定来进行合法来源抗辩的情形与日俱增。

合法来源制度的法理基础可追溯至《民法》中的保护善意第三人制度。如侵权产品的销售商在交易过程中为善意第三人,法律保护其合理的信赖利益。"善意"是对销售商在行为过程中认知状态的评价,对销售商在交易过程中主观状态的判断。那么,销售商在交易过程中主观上到达何种认知状态,才可认定其在交易过程中为善意的?

笔者认为,需看其在主观状态上是否明知或应知销售的产品为侵权产品。对于明知的认定,如权利人在向销售商发送了侵权告知函,但销售商依然未停止侵权产品的销售,此时,该销售商的主观状态为明知,难谓善意。至于应知,则是对于销售商主观上合理的注意义务的判断,销售商未尽到主观上合理的注意义务,则难谓善意。因此,主观上善意,销售商不知道且不应当知道销售的产品为侵权产品,为合法来源抗辩成立的主观构成要件。司法实践中,法院在销售者进行合法来源抗辩时不可避免地审查其主观状态。

在(2018)粤0115民初5156号案件中,两被告认为被控侵权产品采用的面

---

[①] 朱琳,上海融力天闻律师事务所一级合伙人。擅长知识产权、反不正当竞争、民商事争议解决。为多家企业提供公司法、合同法、知识产权法、劳动法等方面的法律咨询服务。

料布匹具有合法来源,为从案外人处采购所得,上述事实有营业执照复印件、企业信用信息公示报告、微信聊天记录截图、销售清单予以证实,其在购买布料时不知道存在著作权侵权,且无能力鉴定是否经过合法授权,在销售侵权产品时是善意且无过失的,根据《著作权法》第53条规定,不需承担法律责任。法院最终未支持其合法来源抗辩,理由为两被告在进货时并未对进货商的主体资格进行审查,亦未对被控侵权产品的相关知识产权情况进行一定的审查,未尽到其所在行业普通理性人的合理注意义务。

同样在(2016)粤06民终6241号案件中,法院以被告主观构成要件不满足而认定合法来源不成立。法院认为,合法来源不仅仅是指商品来源渠道正当、明确,还须以侵权人不知道或不应知道是未经著作权人许可而制造并销售的侵权商品为前提,只有同时满足这两个条件才能以合法来源对侵害著作权人发行权等权利进行抗辩。本案中,被告作为专业生产纺织用品的公司,应当合理预见可能存在的包括著作权在内的知识产权侵权问题。因此尽管本案被控侵权商品的来源正当、明确,但被告作为销售者未能尽到"该行业普通从业者的经验、能力而具有的注意义务",过错明显,应承担相应的民事赔偿责任。

而在(2020)粤0192民初29276号案件中,原告为某表情包的著作权人,被告为淘宝个人网店的商家,其侵权产品系从1688平台进货,销售了侵害原告表情包作品著作权的产品。法院认为,合理注意义务应当根据作品的知名度,结合市场交易者在交易市场中地位的高低、经营能力的强弱以及其在交易过程中是否足够谨慎等方面进行综合判断。涉案作品为社交软件表情包,被告经营规模小,进货价格合理,进货数量少。被告通过经大型电商平台认证的合法成立的公司购入侵权产品时,若再要求其逐一审查供货商对产品上的图案是否享有著作权,是对普通销售者提出过于严苛的义务。最终,法院认定被告合法来源抗辩成立。

综上可知,合法来源抗辩中的主观构成要件,需由审判人员根据交易习惯、所在行业普通理性人的注意义务标准、权利作品知名度、进货价格是否合理等因素综合判断。权利作品知名度越高、销售商在行业内规模越大、进货价格明显低于正常的交易价格,则销售商的注意义务就越高,那么合法来源抗辩成立的可能性就越低。

除主观要件外,根据《著作权法》第53条规定,合法来源制度适用还有很重要的主体前提,即适用合法来源的主体为销售商,生产商无法适用。也就是说,销售商首先需举证证明自己的身份为销售商,需有明确的供货商。在举证证明供货商身份时,不可避免地需要提供产品的进货渠道,合法正规的进货渠道为合法来源的客观构成要件。通过合法来源制度设立的初衷来看,不难理解上述两个构成要件。合法来源制度的设立是为了促进商事交易,保护信赖利益,善意的销售商侵害了权利人的知识产权,但是无须承担侵权责任,但假如权利人根据销售商的证据无法追本溯源到销售商的交易前手供货方,销售商提供的证据无法使权利人能向交易前手供货方追责的,则将不利于权利人知识产权的保护。因此,为了平衡权利人和善意的销售商的利益,同时为了促进商事交易,善意销售方提交的证据应当至少能够支撑权利人直接向供货方追究责任,合法来源抗辩才能成立。除主观要件外,上述两个构成要件,缺一不可。而司法实践中,销售方往往很难提供完整的证据链以证明销售的产品来自第三方。

在(2015)深中法知民终字第 1425 号案件中,法院认为针对侵权商品是否具有合法来源。首先,被告仅提交了两张送货单证明其合法来源,并无发票等相关证据予以佐证。其次,被告未提交送货单上案外人的工商登记信息,无法确认案外人的主体资质。再次,送货单上显示的货品仅为泳圈、泳裤和拖鞋等通用名称,与侵权商品难以形成唯一对应关系。最后,送货单上显示拖鞋的进价为人民币 15 元,而公证购买的侵权商品(拖鞋)售价亦为人民币 15 元,有违常理。综上,上述交易的真实性不能确认,对被告的合法来源抗辩不予采信。

在(2019)粤 0192 民初 36244 号案件中,被告抗辩以其销售的使用权利图片的衣服有合法来源。对此,法院认为,首先,从权利图片上来讲,被告提交的前手供货方店铺展示的衣服、前手供货方确认的衣服均显示为字母为"THEMONKEYKING",被告向原告实际寄送的却为"THEMONKEYKIMG",其中的字母"KING",而不是"KIMG"。其次,从型号、款式、颜色上看,被告向原告实际寄送的与其此前购买的衣服并不一致。最后,从销售量来讲,被告无法提供其网店的衣服的购买记录。综上所述,被告不能证明其所销售的使用权利图片的衣服来自前手供货方,故其抗辩存在合法来源的理由不能成立。

在(2019)粤 20 民终 5156 号案件中,关于被告的合法来源抗辩是否成立的问题。被告主张被诉侵权商品系从案外人处采购,但仅提供了店名、地址与联系电话,没有提供案外人的工商登记资料,无法证明该厂是否真实存在,也没有提供采购单据、发票或者相关的销售证据,故无法形成完整的证据链,不足以证明被诉侵权商品系从福案外人处采购,故被告的合法来源抗辩不能成立,不予支持。

在(2016)浙0603民初4831号案件中,被告以其有合法来源进行抗辩并要求追加被告,并提供码单、视听资料及相应的个体工商信息,原告质证认为上述材料与本案缺乏关联性,法院认为,被告提供的码单均以数字代码来表示物品种类,与本案讼争花型是否存在关联,证明力不足,无法认定"有合法来源",其相关辩称,不予支持。

对于合法来源抗辩的主体要件及客观要件的证明标准,结合上述案例,可以看出,首先,作为被告的销售商在合法来源抗辩举证过程中应当提供供货商的准确真实的信息,依据证据能确认前手交易方真实存在,且权利人可依据该证据直接获取前手交易方的真实身份信息,如销售商提供的证据无法证明供货商是否真实存在或原告无法依据被告的举证而获取前手交易方的身份信息,根据前文分析,权利人将无法向销售商主张的前手交易方主张侵权责任,则无法达到合法来源抗辩设立的初衷,合法来源抗辩无法成立;其次,销售商对于其进货来源的举证应当完整明确,其举证的进货渠道的商品应与涉案侵权产品的数量、名称等形成一一对应关系,以此证明销售商的所有侵权产品均来自供货方。而除了规模较大的企业,很多销售商在交易过程中无法保留完整的交易凭证,导致无法举证完整的证据链,因此,合法来源抗辩成立的案例寥寥无几。

总而言之,作为权利人,在面对被告援引《著作权法》第53条进行合法来源抗辩时,需从主体、主客观三个层次来审视被告提交的证据。需审查被告的证据是否可直接指向明确具体的真实的供货方;被告提交的证据是否可能为事后伪造的证据,能否证明该交易实际履行,时间上是否存在冲突;被告提交的证据是否数量上与原告主张的侵权产品的数量相对应,是否可能存在真假混卖的情形;被告提交的进货渠道对应的商品是否可以对应为原告主张的侵权产品;被告在行业内的规模、被告的资质、权利作品的知名度是否够高、产品是否为三无产品、进货价格是否合理等角度,设想本案如被告合法来源抗辩成立,是否可直接使用被告的证据来向供货方追究本案被告销售的全部侵权产品的侵权责任。

# 如何判断互联网行业中的
# 不正当竞争行为是否成立

杨　阳[①]　潘南婷[②]

互联网行业于传统行业而言,只是在受众范围、传播范围的界限上做了进一步的扩张,运营方式或内容并没有发生很大的变化,只是没有了地点、时间等限制。所以,笔者认为《反不正当竞争法》第12条[③]实际是对传统反不正当竞争法的一个扩展解释。

《反不正当竞争法》保护的不是某一市场主体,而是市场主体所在的行业的有序竞争发展。正因如此,在以往的涉及视频网站的不正当竞争类型案件的判决文书中,无一例外提到了不正当竞争行为对于行业的影响,对于消费者的影响。

实际来看,其中的描述并非是对现实的判断,而是对未来的合理预估判断,而判断正是基于对传统行业的进一步理解。比如,为什么认定视频网站有视频广告是合法的,而且是目前视频网站运营的一个基础收入?所判断的依据来源于传统的电视台,因为传统的电视台收入就是广告,所有广告都是在视频内容之间出现的,视频内容提升收视率,广告将收视率变现,这是一家电视台正常运营维持的基础。所以,对视频网站而言,视频广告就是流量变现的一种方式,如

---

① 杨阳,上海融力天闻(杭州)律师事务所知识产权部门负责人,专业领域为知识产权与反垄断,承办了国内众多知名案件,所代理案件多次入选各级法院典型案例。
② 潘南婷,擅长知识产权、不正当竞争以及民商事领域,执业期间为钛动公司、奥飞集团、优酷、北京蜜莱坞等公司提供专业法律服务,参与办理多起知产案件已被多地法院选入典型案例。
③ 《反不正当竞争法》第12条:"经营者利用网络从事生产经营活动,应当遵守本法的各项规定。
经营者不得利用技术手段,通过影响用户选择或者其他方式,实施下列妨碍、破坏其他经营者合法提供的网络产品或者服务正常运行的行为:① 未经其他经营者同意,在其合法提供的网络产品或者服务中,插入链接、强制进行目标跳转;② 误导、欺骗、强迫用户修改、关闭、卸载其他经营者合法提供的网络产品或者服务;③ 恶意对其他经营者合法提供的网络产品或者服务实施不兼容;④ 其他妨碍、破坏其他经营者合法提供的网络产品或者服务正常运行的行为。"

果视频网站失去了变现的可能,也就失去了生存的能力,最终就是行业的消亡。

这也是为什么绝大多数用户都抵制视频广告,但其依然存在,且受到法律保护的原因。这些用户仅仅是对传统电视和视频网站观看视频采取了双重标准判定,以及局限于消费者自身的利益,而不是行业的发展。

也正是因为互联网没有局限,所以必然会导致在视频行业稳定后,广告收入只会在一个相对稳定的数量级和营收比例之中,要支付更加优质内容的成本,就需要将流量进行变现,这也是付费会员和超前点播出现的原因,这是一个可以预见的发展趋势,也是互联网视频行业发展的第二个阶段,甚至目前传统电视台拿手的内容制作也正在被取代,传统电视台在未来只会越来越边缘化。

而《反不正当竞争法》正是着眼于行业的发展,在万物互联的当下,通过明确化,对行业发展标明了界限。所以,如何评判互联网之中的不正当竞争行为,笔者认为只要按照理解传统行业的思路理解,就能得到相对准确的判断。具体而言,可以参考以下的推断顺序。

## 一、双方的产品是否存在交叉

很多时候,我们都在考虑双方在同一市场下是否具有竞争关系,但事实上,于互联网而言,用户有一个相对量,双方竞争的就是用户本身,用户就是变现的力量,所以竞争关系在进入互联网时,或多或少都已经存在,这也是目前很多司法判决都不再过于强调竞争关系的原因。当产品存在交叉时,用户一定会有交叉,双方已定然处于竞争关系之中。

## 二、一方的产品是否以另一方产品为基础

这是对于双方产品交叉后的进一步判断,也是判断是否存在一方利益受损的基础。只有在一方产品以另一方产品为基础时,才会出现妨害、破坏的情况,才会有争议产生。如果其中一方产品不存在,另一方产品也不会有存在的意义,就比如去视频广告软件,如果视频网站没有视频广告,这些软件就没有存在的意义,根本不会有人来开发。

### 三、一方的产品使用是否需要对另一方产品进行修改、破坏

这是对于合理性的判断，不正当竞争本身需要不合理性、不正当性。当一方的产品需要对另一方产品进行修改、破坏才能实现自己的功能时，本身已经丧失了合理性，说明这一产品就是具有破坏性的，已经无法用正常经营来衡量判断。

### 四、一方的修改、破坏是否导致了另一方利益的受损

这是对于正当性的判断，比如，很多时候去视频广告软件的开发者喜欢引用《互联网广告管理暂行办法》第 8 条：利用互联网发布、发送广告，不得影响用户正常使用网络。在互联网页面以弹出等形式发布的广告，应当显著标明关闭标志，确保一键关闭。开发者认为他们的软件只是对于一键关闭的自动化。不仅仅是假借用户名义的双标，更是对广告形式理解的错误，视频广告并非弹出广告，在合法发布的情况下，发布方有权决定其关闭形式，就好像电视台的广告也从未有过一键关闭功能。所以，发布方的广告收入利益此时受损，屏蔽行为就是具有不正当性。

### 五、上述的破坏、修改是否影响行业发展

这实际也可以算是判断整个不正当竞争行为是否成立的基础，如果说破坏、修改影响了行业正常发展，那势必是不应该提倡的。但如果破坏、修改对行业发展有利，那就不应该认定为不正当竞争。屏蔽视频网站广告，实际影响的是行业对于未来的变现预期，当然属于影响行业的正常发展。但如果是屏蔽那些管理、资讯类软件的信息，无论是否是广告，都是有利于行业正常化的，毕竟一个行业或公司不可能依靠无休止的自启动推送，诱导用户点击，骗取流量进行变现而健康发展的。

通过以上的判断顺序，希望能够对大家判断互联网行业的竞争行为有所帮助，毕竟互联网行业作为传统行业的进化，带来无限可能的同时也需要有所限制，这些局限不仅仅是自律，也是法律，创意可以无限，但行为必须有限。

# 从商标恶意抢注聊聊商标权利滥用的那些事

李淑娟

诚实信用原则是一切市场活动参与者应遵循的基本准则。民事诉讼活动同样应当遵循诚实信用原则。任何违背法律目的和精神,以损害他人正当权益为目的,恶意取得并行使商标权利提起维权诉讼,扰乱市场正当竞争秩序的行为均构成商标权利滥用,民事诉讼的相关权利主张不应得到法律的保护和支持。

笔者在处理多起商标案件时,遇到商标抢注人滥用权利进行恶意诉讼的情况,这不禁让我想起了最高法院 2017 年发布的第 82 号指导案例"歌力思案",今天想再次老生常谈该案。在该案之后商标侵权纠纷中出现的为数不少的类似判决,比如,北京盘古博瑞诉天津首创新港置业"爱这城"商标侵权纠纷、许爱珍诉周玉兰"翌芙莱"商标侵权纠纷、中山市板芙镇同盈五金制品厂诉许昌汉威置业有限公司"鹿鸣湖壹号"等,这些判决均是直接援引了"歌力思案"的重要观点,足以看出该指导案例所确立的判决思想影响之深远。

## 一、诚实信用原则

诚实信用原则,是指民事主体进行民事活动必须意图诚实、善意、行使权利不侵害他人与社会的利益,履行义务信守承诺和法律规定,最终达到所有获取民事利益的活动,不仅应使当事人之间的利益得到平衡,而且也必须使当事人与社会之间的利益得到平衡的基本原则。

在《民法》中,此原则历来被称为"帝王条款",足见其在民法系中的江湖地位。《民法典》总则编第 7 条确立的正是此原则:民事主体从事民事活动,应当遵循诚信原则,秉持诚实,恪守承诺。2013年修订的《商标法》第7条亦规定了此原则:申请注册和使用商标,应当遵循诚实信用原则。

"歌力思案"中,最高法院认为:诚实信用原则是一切市场活动参与者所应遵循的基本准则。民事诉讼活动同样应当遵循诚实信用原则。任何违背法律目的和精神,以损害他人正当权益为目的,恶意取得并行使权利、扰乱市场正当竞争秩序的行为均属于权利滥用,其相关权利主张不应得到法律的保护和支持。该判决中体现的这个亮点对于从事知识产权诉讼的律师来说,无疑是日出东方似的看到了知产案件审判实践中的璀璨光芒,也再次肯定了自己坚守这个行业的意义所在。

## 二、"歌力思案"案情

回首该案件,主要是说商标抢注者取得商标权后,对于在先使用人恶意提起商标侵权诉讼,以获取不正当利益,违反诚信原则。再审阶段,最高法院勇于实践,援引诚信原则,对该注册商标的权利说不,最终没有支持商标权利人的诉请。

具体案情:2012年3月7日,一审原告王碎永是第7925873号商标的注册人,注册有效期自2011年6月21日至2021年6月20日,核定使用商品第18类:仿皮;钱包;手提包;旅行包(箱);护照夹(皮革制);兽皮(动物皮);皮带(马具);背包;公文包。第4157840号商标的注册人亦为王碎永,注册有效期自2008年6月28日至2018年6月27日,核定使用商品第18类:手提袋;钱包;公文包;公文箱;皮帽盒;卡片盒;(动物)皮;乐谱盒;背包。

一审被告歌力思服饰股份有限公司(简称歌力思公司)由成立于1999年6月8日的深圳歌力思服装实业有限公司更名而来,深圳市歌力思服饰设计有限公司成立于1996年11月18日,2011年5月9日,该公司更名为深圳市歌力思投资管理有限公司。深圳市歌力思服饰设计有限公司为本案被告歌力思公司的股东(发起人)之一。

一审被告歌力思公司的第1348583号"歌力思"商标,核定使用商品为第25类:衬衣、服装、皮衣(服装)、裤子、裙子、内衣、童装、大衣、睡衣、外套,有效期限自1999年12月28日至2009年12月27日,后再次续展有效期。第4225104号

"ellassay"商标核定使用商品为第 18 类：(动物)皮、钱包、旅行包、文件夹(皮革制)、皮制带子、裘皮、伞、手杖、手提包、购物袋，注册有效期限自 2008 年 4 月 14 日至 2018 年 4 月 13 日。

一审原告王碎永向杭州市中级人民法院提起诉讼称，王碎永长期从事女包生产和销售，一直使用"歌力思"作为女包的品牌。歌力思公司明知王碎永拥有第 4157840 号"＊"商标(简称第 4157840 号商标)、第 7925873 号"歌力思"商标(简称第 7925873 号商标)，仍在女包等商品上使用王碎永的上述注册商标，其侵权范围广、数量大，严重损害了王碎永的合法权益。杭州银泰公司销售了侵犯注册商标专用权的商品。综上，歌力思公司与杭州银泰公司的行为构成对王碎永享有的第 4157840 号、第 7925873 号商标权的侵害，诉请停止侵权、消除影响，赔偿王碎永人民币 600 万元等。

杭州一中院判决歌力思公司、杭州银泰公司立即停止侵害；歌力思公司赔偿王碎永经济损失及维权合理费用共计 10 万元；歌力思公司在《中国企业报》刊登声明消除影响等。

歌力思公司不服一审判决，向浙江省高级人民法院提起上诉，二审判决驳回上诉，维持原判。

歌力思公司和王碎永均不服浙江高级法院二审判决，均向最高法院申请再审。最高法院撤销了一、二审判决，驳回了王碎永的全部诉讼请求。

最高法院认为，诚实信用原则是一切市场活动参与者应遵循的基本准则。一方面，它鼓励和支持人们通过诚实劳动积累社会财富和创造社会价值，并保护在此基础上形成的财产性权益，以及基于合法、正当的目的支配该财产性权益的自由和权利；另一方面，它又要求人们在市场活动中讲究信用、诚实不欺，在不损害他人合法利益、社会公共利益和市场秩序的前提下追求自己的利益。

民事诉讼活动同样应当遵循诚实信用原则。一方面，它保障当事人有权在法律规定的范围内行使和处分自己的民事权利和诉讼权利；另一方面，它又要求当事人在不损害他人和社会公共利益的前提下，善意、审慎地行使自己的权利。任何违背法律目的和精神，以损害他人正当权益为目的，恶意取得权利并行使权利、扰乱市场正当竞争秩序的行为均属于权利滥用，其相关权利主张不应得到法律的保护和支持。

此判决充分阐释了歌力思公司使用的正当性及王碎永违反诚信恶意诉讼

的权利滥用行为。案件不仅仅是简单地以驳回诉请结束,而是对这种违背诚实信用原则的恶意抢注商标、恶意诉讼行为给予了权利滥用之评价。

## 三、商标权滥用的认定标准

因由"歌力思案",引发笔者检索其后的类似案件并加以思考,商标权权利滥用行为的认定标准是什么?笔者将从商标权利来源于恶意抢注的情况进行讨论。

我国商标制度是注册取得制,同时商标权获得又是遵循申请在先的原则。同一申请,只有最先申请者能取得注册,这一制度就为投机取巧者通过"智慧"的大脑抢注他人商标提供了程序上的便利。当然商标抢注成功也并非"高枕无忧",商标法及相关法律、法规对付商标恶意抢注的条款也在不断优化和增强,针对不同情况提供了相应处理的法律依据。蒙混过关后的商标权是可以通过商标异议、无效、撤销等确权、授权行政程序解决的。"歌力思案"中,歌力思公司及其关联企业最早将"歌力思"作为企业字号使用的时间为1996年,歌力思公司最早在服装等商品上取得"歌力思"注册商标专用权的时间为1999年。且经过歌力思公司的使用具有了较高的市场知名度,对前述商业标识享有合法的在先权利。王碎永非善意取得商标权后,对歌力思公司的正当使用行为提起的侵权之诉,正是违反了诚信原则,构成权利滥用,其与此有关的诉讼请求当然不应得到法律的支持。

可以看出,在"歌力思案"中,最高法院认定王碎永取得商标权及行使商标权不具有正当性。这样,该案通过在民事诉讼中侵权抗辩的直接支持,否定了恶意抢注的商标权的权利效力。此判决打破了以往认为商标权作为私权利的绝对保护,或者需依赖经行政程序的结论指导民事诉讼的审理思路,真正做到实质正义且有效协调了民事程序和行政程序,提高了案件效率,同时彰显了民事诉讼活动必须要遵守的诚实信用原则。

研究和理解商标权利滥用的发生和规制,禁止权利滥用原则是必先考虑的理论基础,《民法典》第132条规定:民事主体不得滥用民事权利损害国家利益、社会公共利益或者他人合法权益。这就是禁止权利滥用的法律依据。禁止权利滥用原则,是指民事主体在进行民事活动中必须正确行使民事权利,如果行使权利损害到同样受到保护的他人利益和社会公共利益时,即构成权利滥用。有人认为禁止权利滥用原则是由诚实信用原则引申出来的,不无道理。在此提及禁止权利滥用,其原因就在于权利的表面合法行使和实质对他人和社会利益造成了权利损害之间存在矛盾,需要法律设置一种纠偏机制来平衡。以此为指导,商标权利滥用的界限确定要以社会公共利益为限,而社会公共利益在商标权利行使的范围内所指的是消费者的利益和市场竞争秩序;[①] 当然,商标权的滥用在具体的案例中又会关系到其他主体的合法权益。

《商标法》第7条规定:申请注册和使用商标,应当遵循诚实信用原则的规定。此处《商标法》虽未明确言及商标权人维权时的诚信行为,但商标恶意注册的非诚信行为,自然归于第7条的范围。而若据此产生的权利基础值得推敲的话,当然影响到后期所谓商标权人借此注册商标维权的诚信性判断和对"所谓"合法权利滥用的可能性的判断,也因此能够看出禁止权利滥用原则与第7条具有相互关联性。

综上,侵害商标权民事诉讼中,商标权利滥用的认定标准可以从几方面考虑:① 商标权取得不正当,通常情况下是通过恶意抢注而来,权利基础不稳定;② 商标权行使具有恶意,商标权人通过抢注而来的商标权对包含在先权利人的其他人提起侵权诉讼,目的是通过恶意诉讼获取不正当利益;③ 行使商标权损害他人及社会公共利益,商标权人明知自己是恶意抢注,商标权权利不稳定,仍然违反诚实信用的原则提起侵权诉讼,损害了他人及社会公众的利益,损害了公平竞争的市场环境,扰乱了正常的经济秩序。

"歌力思案"之后的"翌芙莱"商标侵权案,原、被告双方均是第三人深圳翌芙莱公司的经销商,第三人成立于2008年6月24日,"翌芙莱"是其企业字号。该公司于2008年12月17日在第3类商品上申请注册"翌芙莱"商标,并于2010年11月28日被核准注册。而原告申请注册涉案第7781884号商标的时间为2009年10月26日,晚于深圳翌芙莱公司的成立时间、晚于第三人第7117045号商标申请注册的时间,且原告许爱珍在后申请注册第7781884号商标与第三人深圳翌芙莱公司第7117045号商标完全相同。并且原告于2016年将其企业更名为"翌芙莱(厦门)生物科技有限公司",并注册网站"www.yifulai.cn",

---

[①] 陈愚:《商标权利滥用研究》,中国人民大学硕士论文,2009年。

该时间点均在其注册商标申请注册满5年之后,即超过了《商标法》第45条规定的宣告商标无效的5年期间。综合考虑原告许爱珍作为第三人深圳翌芙莱公司销售代理人的身份,结合深圳翌芙莱公司成立时间、申请注册商标时间、使用涉案商标标识对外经营时间均早于许爱珍申请商标注册的时间,特别是许爱珍申请的第7781884号商标含有深圳翌芙莱公司的字号"翌芙莱"三个字,以及原告申请涉案注册商标的主观恶意等多重因素综合考量,最终一审法院以原告权利商标构成恶意抢注,反而以商标专用权指控他人在先使用的标识侵权,属于恶意取得、行使商标权,扰乱了市场正当竞争秩序,构成权利滥用驳回了原告的全部诉讼。此案件的判决,再次沿用了最高院指导案例歌力思的判决思路。

目前行政、司法对恶意抢注重拳整治的动作很明确,任何人违反诚实信用原则,不正当地取得商标权,且在明知维权主张存在恶意的情况下依然提起诉讼,损害他人和社会公众的利益,即构成权利滥用。同时,笔者以为,在确认存在权利滥用的情况下,受损方因对方权利滥用所造成的伤害本质上也属于因对方的侵权所造成的损害,只要该行为具备侵权责任的构成要件,受损方同样可以拎起法律的武器提起侵权诉讼维护自己的合法权益,以此给权利滥用者以警戒和教育。

# 解说电影类短视频的侵权情况分析

徐晓琳

《2019中国网络视听发展研究报告》显示,网络视频(含短视频)已经成为仅次于即时通信的中国第二大互联网应用,短视频成为网络视频的生力军。从使用时长、用户规模等方面,短视频都全面反超长视频,成为中国人最主要的娱乐视频休闲的方式,进入全民短视频时代。

自2016年"谷阿莫"在微博上迅速走红,大量的解说电影类短视频在各类网络平台上相继出现,"几分钟看完xx电影""解说xx电影"等层出不穷。解说电影类短视频切合了"快时代"的用户需求,受到了用户的拥簇,个别视频播放量可达百万,其制作者也拥有了大量的粉丝,成了所谓的"大V",个别制作者也会在其短视频中加入商业营利信息。

目前"谷阿莫"陷入著作权侵权的版权纠纷中,案件尚未有定论,却也引发了一系列讨论。本文着重从"合理使用"的角度论述解说电影类短视频是否构成侵权。

## 一、合理使用制度的法律规定

合理使用制度是《著作权法》在保护著作权人的著作权利益和保护社会公众对于享受使用作品的利益之间所做的平衡之举。《伯尔尼公约》是最早规定合理使用制度的国际公约,第9条第2款规定,本同盟成员国法律有权允许在某些特殊情况下复制上述作品,只要这种复制不损害作品的正常使用也不致无故侵害作者的合法利益;《著作权法》第24条规定:"在下列情况下使用作品,可以不经著作权人许可,不向其支付报酬,但应当指明作者姓名、作品名称,并且不得影响该作品的正常使用,也不得不合理地损害著作权人的合法权益:……

(二)为介绍、评论某一作品或者说明某一问题,在作品中适当引用他人已经发表的作品";《著作权法实施条例》第 21 条规定,依照《著作权法》有关规定,使用可以不经著作权人许可的已经发表的作品的,不得影响该作品的正常使用,也不得不合理地损害著作权人的合法利益。

## 二、认定合理使用的要素

合理使用主要从以下三个方面进行认定:是否属于适当引用;是否影响该作品的正常使用;是否不合理地损害著作权人的合法利益。其中"是否属于适当引用"侧重于引用行为本身是否符合法律规定;"是否影响该作品的正常使用"和"是否不合理地损害著作权人的合法利益"侧重于对引用行为造成的结果进行价值判断。因为合理使用制度本身就是对著作权人施加的某种限制,所以适用该条款一定要审慎,不仅要从形式上符合《著作权法》的相关规定,还要从实质上符合立法者设计这一制度的价值导向。

"适当引用"一方面要求"必要性",另一方面要求"适当性"。"必要性"限定于"为介绍、评论某一作品或者说明某一问题",即该部分作品的引用一定是介绍、评论或说明所必不可少、不能避免的,否则便无法进行。例如,赏析诗词,要分析诗词的遣词造句和意境等,就必须引用诗词原文,此种情况下,引用原文逐句分析不可避免。"适当性"要求引用作品的质和量要适当,即引用作品的数量不应超过太高的比例,引用作品的部分不应为作品的实质和精髓。

## 三、解说电影类短视频不构成合理使用

解说电影类短视频以电影主线内容为主,最大限度地压缩具体情节,致力于精讲电影故事,一般时长在 5—10 分钟。视频名称就已表明其是对电影作品的介绍和表达,虽然对人物和情节进行戏谑性表述,但是其表述都是源于电影内容,整个短视频表达没有超出电影范围。笔者认为,解说电影类短视频并不构成合理使用。

(一)介绍、评论或说明电影,附带电影视频片段不是必要的

以某百科和"豆瓣"为例,某百科具体电影词条内容包含导演、编剧、主演、

上映日期、获奖情况、剧情梗概等文字信息和少量剧照。该词条是对电影作品的介绍,不用附带电影视频片段也可完成;"豆瓣"具体电影页面同样有导演、编剧、主演、上映日期、获奖情况、剧情简介、短评、长评等文字信息和少量剧照,部分电影有预告片等短视频。作为国内比较知名的介绍和评论类网站,某百科和"豆瓣"没有附带电影正片视频片段,也同样受到广大用户的推崇,用户并没有把介绍、评论或说明电影等同于电影视频,用户观影仍然是通过电影院和视频网站。归根到底,介绍、评论或说明电影,本身就是建立在介绍人、评论人和说明人自己对电影作品的理解和主观评价之上,载体是文字,其本质的表达方式就是文字作品,或者是文字表达衍生的口述作品。

(二)解说电影类短视频的引用超出了"适当"的范围

此类短视频几乎都是电影正片片段,而且剧情连贯、一气呵成,精练地呈现了电影内容。此类短视频的画面几乎全部来自电影作品,对此类短视频而言,电影画面占有绝对高的比重;而且,其引用的部分都是电影最精彩的画面,包括电影故事的展开、推进、高潮和结尾,凝聚了电影的精髓。可以说,此类短视频如果没有引用电影画面将毫无意义,对观众的吸引力大打折扣。正是由于引用了电影画面,才使得观众能够对电影本身有个概括全局的认知,能够理解导演通过电影想要表达的思想。显然,就此类短视频而言,引用的范围明显超出"适当"。

(三)解说电影类短视频影响了电影作品的正常使用,对电影产生实质性替代

此类短视频的制作者为了迎合观众,赶上电影的热度,往往是在电影上映不久或上映结束的这个时间段发布,并且视频名称会注明电影名称。对公众而言,其视频名称就已足够吸引对该电影作品感兴趣的观众前来观看。由于此类短视频是对电影内容的介绍和概括,整个内容和表达没有超出电影范围,而且有充分的剧透,观众不需要观看完整电影即可知晓电影全部剧情、关键情节和画面,对电影起到了实质性替代作用。

(四)解说电影类短视频损害了著作权人的合法权益

由于此类短视频并不是向公众提供保留剧情悬念的推介、宣传信息,而是提供彻底的剧透,事实上不仅没有起到宣传作用,还使得电影核心画面发生大范围的泄露,严重损害了权利人的合法权益。另外,由于其发布时间大多在电

影热映期或者视频平台上线初期,导致观众不需要前往电影院或视频网站,即可"速食"电影,极大地影响了票房收入、后续转售和已购买电影版权的视频网站的合法权益,重创了整部电影的后续商业发展。

## 四、戏仿与合理使用

### (一)戏仿是什么

我国并没有关于戏仿的明确法律规定,戏仿的概念和认定标准主要来自美国法院在长期的审判实践中的判例。在美国法律中,戏仿是合理使用的一种方式,如果认定被诉作品是戏仿作品,即可认定合理使用。国内关于戏仿的第一波大讨论来自胡戈的《一个馒头引发的血案》。[①] 该短视频是胡戈对陈凯歌导演的电影《无极》进行剪辑,重新组织了画面,并加入其他视频素材,在《无极》故事的基础上又加入一些无厘头的情节设定,重新讲述了一个故事,该短视频带有《无极》的影子,又不是《无极》。视频一经发布迅速走红,胡戈也被陈凯歌和著作权人以侵害名誉权和著作权侵权起诉,虽然后期撤诉,事情不了了之,但还是引发了法律界对戏仿的热议。

戏仿手法的构成是将讽刺与模仿结合起来以达到批评的效果,其作品有两个要素:一为模仿,即使用了原作的部分表达;二为讽刺,即改造成批评原作的新的表达。在著作权领域,这是一种在内容安排和表现形式上富有独创性的派生作品。戏仿作品在创作上具有特殊性,它不是原作艺术价值的简单重现,而是引用原作中的部分内容,通常是最为突出、最令人印象深刻的表达,但在创作目的、创作手法上构成区别于原作的新作品;在表达自由领域,戏仿作品是以讽刺、揶揄的特殊方法对原作进行评论。[②]

美国判例中,戏仿视为对原作的转换性使用,即对原作的使用并非为了单纯地再现原作本身的文学艺术价值或实现其内在功能或目的,而是通过增加新的美学内容、新的视角、新的理念或通过其他方式,使原作在被使用过程中具有

---

[①] 苏力:《戏仿的法律保护和限制——从〈一个馒头引发的血案〉切入》,《中国法学》2006年第3期。
[②] 吴汉东:《知识产权领域的表达自由:保护与规制》,《现代法学》2016年第3期。

了新的价值、功能或性质。[①]

《著作权法》并未将戏仿列举进合理使用制度,不过很多学理研究已经试图使用《著作权法》第 24 条来解释戏仿,而且事实上也根据实际情况对某些戏仿认定为合理使用。[②]

(二)解说电影类短视频不构成戏仿,不能适用合理使用制度

此类短视频以介绍电影故事和情节发展为主要内容,即便带有少量评价,大多也是几句带过,占比极低,其创作目的还是向公众陈述电影,创作手法也是简单的精简电影内容。此类短视频仅仅是单纯地再现了电影本身的表达,并没有进行区别于原作的表达,没有对电影进行模仿,即便有少部分讽刺也没有构成新的表达,更没有赋予电影新的视角和理念。实质上,仅仅是某种程度上复制电影。此类短视频不具备戏仿的构成要件,更不可能适用合理使用制度。

随着移动互联网的发展,我们已经进入碎片化时代,各大网络平台都在抢占用户的碎片时间,增强其市场竞争力。解说电影类短视频满足了用户不需花费长时间和金钱即可观影的需求,一经发布播放量剧增,培育出一大批优良账户,其中很多成了网络平台签约作者,或者得到平台颁奖。

笔者认为,解说电影类短视频不仅从形式上不符合"合理使用"的法律规定,而且实质上不符合"合理使用"制度的价值导向,构成著作权侵权。笔者认同文化需要评论和批判才能不断发展,也理解现在是百家争鸣、百花齐放的时代,但是文化的繁荣不能以侵犯他方的著作权为代价,希望大家能够树立法律意识、尊重著作权,自觉维护文化市场,也希望平台方能加强审查,对维护著作权做出良好的指向。

---

[①] 王迁:《论认定"模仿讽刺作品"构成"合理使用"的法律规则——兼评〈一个馒头引发的血案〉涉及的著作权问题》,《科技与法律》2006 年第 1 期。
[②] 江旻哲:《对模仿讽刺作品构成合理使用之判断标准反思——从谷阿莫被诉侵犯著作权案说起》,《法制与社会》2017 年 6 月(下)。

# 影视剧、广告片呈现其他作品的侵权风险刍议

许 超[①] 朱笑甜

为呈现逼真的、符合主题的场景,或是为追求更好的视听效果,影视剧和广告片的画面时常会呈现其他作品,诸如影视剧、广告片的主角观赏的电视剧片段、哼唱的歌词、演奏的音乐作品、剧中播放的音乐作品等。我们很难判断这些影视剧或广告片的主创人员是无意为之的使用,还是为了契合影视剧或广告主题的刻意表达。

那么,这些再现其他作品的行为是否需要寻求被呈现作品权利人的授权?未经授权的使用行为是否构成对被呈现作品著作权的侵权呢?

笔者接受过大量的此类法务咨询,也明显感受到影视、广告行业的制作群体对这一问题的高度焦虑和担忧。影视剧的出品方和广告片的品牌商在无从判断此类行为是否构成侵权时,时常会让制作方委托律师出具专业的法律意见书,或要求制作方出具不侵权的承诺书、保证函。但这些举措并不能因此平息品牌方或出品方的侵权担忧,反而让其更加战战兢兢。笔者也时常给一些制作公司"合理使用"或"附带性使用"的解答,但有些使用行为简单粗暴地定性为"合理使用"或"附带使用",未免牵强绝对。

那这些呈现性的使用行为,是否符合我国《著作权法》中"合理使用"的规定呢?又是否被纳入域外"附带使用"的范畴呢?笔者试着探析一二。

---

[①] 许超,同济大学法学硕士,上海融力天闻律师事务所合伙人。专注于泛文娱、广告时尚新媒体、互联网科技等领域的知识产权常年法律顾问及争议解决。

## 一、合理使用制度在中国的立法和司法实践

《著作权法》第 22 条列举了 12 种合理使用以及第 13 种兜底合理使用的情形。从类型上看,主要包括:言论自由与表达性合理使用、促进知识进步的合理使用、保护公共利益的合理使用、促进创作的合理使用和促进少数弱势族群文化发展的合理使用等。

单一列举模式似乎限制了合理使用制度的适用范围,故法院常常依据其体现的公共政策来对《著作权法》第 22 条的文义进行扩张或限缩解释。[①]

此外,2018 年 4 月 20 日,北京市高级人民法院发布了《侵害著作权案件审理指南》(简称《审理指南》),指出判断被诉侵权行为是否属于适当引用的合理使用,一般考虑如下因素:① 被引用的作品是否已经发表;② 引用目的是否为介绍、评论作品或者说明问题;③ 被引用的内容在被诉侵权作品中所占的比例是否适当;④ 引用行为是否影响被引用作品的正常使用或者损害其权利人的合法利益。《审理指南》可谓近若干年司法实践的归纳和总结,指导意义重大。

## 二、域外"合理使用"及"附带使用"制度探析

合理使用制度是各国著作权制度中对著作权限制的一种主要制度。"合理使用"概念的提出来自美国"福尔瑟姆与玛氏(Folsom v. Marsh)案",到目前为止,合理使用制度已成为各国著作权法的通行制度。与我国"合理使用制度"相比,域外的立法和司法实践采用了类似的制度去规范这种使用行为,其中包括"附带使用",它是合理使用的一种特殊形式。[②]

"附带使用制度"最早出现于《英国版权法》,其第 31 条第 1 款规定,艺术作品、录音、影片、广播或电缆节目中附带采用版权作品的,不侵犯该作品之版权。第 3 款规定,音乐作品、随音乐一同口述或演唱之文字,或者包含音乐作品或这种文字的录音、广播或电缆节目,如果被故意收入另一作品,则这种收入行为不

---

[①] 梁志文:《著作权合理使用的类型化》,《华东政法大学学报》2012 年第 3 期。
[②] 朱理:《附带使用——著作权合理使用的一种特殊形式》,《电子知识产权》2005 年第 4 期。

应被视为附带来用。① 该法把"是否故意收入另一作品"作为是否构成附带性使用的标准,即是否侵权的标准。

《德国著作权法》第57条规定,非主要的附属著作与被复制、传播、公开再现的真正客体附在一起并被视为非主要的附属著作的著作,可被复制、传播和公开再现。

《美国版权法》中没有对附带使用做出明确规定,但第107条为认定"合理使用"的范围规定了4条标准:① 有关使用行为的目的,即看是否为商业目的而使用;② 被使用的作品的性质,对不同类型作品的著作权利用形式不同,划分是否合理使用的界线也不同;③ 被使用的部分与整个作品的比例关系,比例若失当则不能属于合理使用;④ 使用行为对被使用作品的潜在市场价值有无重大不利影响,如果有这种影响,则不属于合理使用。②

## 三、从我国司法实践看"合理使用"的判定标准

近年来,随着国民知识产权意识的提高,关于合理使用和附带使用行为的讨论越来越多,相关案例也有所增加。笔者检索了相关判例,希望通过这些案例探讨我国司法实践对合理使用和附带使用行为的判定标准。

(一)《命运的承诺》音乐作品侵权纠纷案③

因认为《青藏高原》《我热恋的故乡》《辣妹子》《一无所有》4首音乐作品未经著作权人许可,作为背景音乐出现在电视剧《命运的承诺》中,中国音乐著作权协会将该剧制片方等告上法庭。北京市第一中级人民法院认为,涉案电视剧对《一无所有》使用时长较短,不构成侵权,另外3首则因使用时间较长而构成侵权。具体判决情形如表1。

(二)《激情燃烧的岁月》音乐作品侵权案④

因认为电视剧《激情燃烧的岁月》未经著作权人许可使用了《北风吹》等5首音乐作品,中国音乐著作权协会将该剧制片方等告上法庭。被告辩称,其使

---

① 英国版权法,https://wenku.baidu.com/view/5e5e941a227916888486d78e.html,2019年8月29日。
② 黄世席:《美国电影版权的合理使用问题研究》,《电影艺术》2010年第6期。
③ 北京市第一中级人民法院(2003)一中民初字11687号民事判决书。
④ 北京市高级人民法院(2004)高民终字第627号民事判决书。

表 1  4 首使用曲目判决情况

| 使用曲目 | 使用情形 | 法院判决 |
| --- | --- | --- |
| 《青藏高原》 | 在第六集作为背景音乐使用,使用时长 1 分 45 秒 | 违反了《著作权法》第 47 条第 1 款之规定,构成侵权 |
| 《我热恋的故乡》 | 在第十集作为背景音乐使用,使用时长 45 秒 | 违反了《著作权法》第 47 条第 1 款之规定,构成侵权 |
| 《辣妹子》 | 在第六集作为背景音乐使用,使用时长 45 秒 | 违反了《著作权法》第 47 条第 1 款之规定,构成侵权 |
| 《一无所有》 | 在第六集中由流浪歌手演唱,时长 7 秒 | 使用时长短,未对作品产生任何实质不利的影响,未实质损害作品权利人的合法权益,被告使用情节轻微,不构成侵权 |

用上述音乐作品是由于电视剧特殊的历史背景,是为了烘托气氛,而非为表现歌曲的内涵。

一审法院北京市第一中级人民法院认为被告的使用行为构成侵权。二审法院北京市高级人民法院认为,涉案剧对《保卫黄河》的使用构成侵权,对另外 4 首歌曲的使用不构成侵权。具体判决情形如表 2 所示。

表 2  5 首使用曲目判决情况

| 使用曲目 | 使用情形 | 法院判决 |
| --- | --- | --- |
| 《北风吹》 | 剧中演员演唱,使用时长 1 分 30 秒 | 仅使用了作品的几个小节,未完整地使用整段歌词或乐谱,属于合理使用 |
| 《保卫黄河》 | 剧中演员完整演唱两遍,使用时长 56 秒 | 将完整的歌词演唱两遍共 56 秒,实质性地使用了作品,构成侵权 |
| 《洪湖水,浪打浪》 | 剧中演员演唱,使用时长分别为 4 秒、6 秒和 10 秒 | 仅使用了作品的几句歌词,未完整地使用整段歌词或乐谱,属于合理使用 |

续 表

| 使用曲目 | 使用情形 | 法院判决 |
| --- | --- | --- |
| 《学习雷锋好榜样》 | 演员演唱,时长17秒 | 仅使用了作品的几句歌词,未完整地使用整段歌词或乐谱,属于合理使用 |
| 《敖包相会》 | 演员演唱,时长8秒 | 仅使用了作品的几句歌词,未完整地使用整段歌词或乐谱,属于合理使用 |

北京市高级人民法院认为,对于使用音乐作品仅涉及作品的几个小节或几句歌词,未完整地使用整段歌词或乐谱的情况,考虑到被使用部分在整个音乐作品中所占比例较小,没有实质性地再现作品的完整表达方式和作者表达出的思想内容及作者在乐曲方面的独特构思;使用的形式和内容非常有限,没有对音乐作品的市场价值造成不利的影响,也不会对音乐作品的发行传播构成威胁,即未对著作权人的利益构成实质损害,因此,这种方式的使用应当是合理使用他人作品,可以不经著作权人许可,不向其支付报酬,但应当指明作者姓名、作品名称。

(三)《东边日出西边雨》美术作品侵权案[①]

对于电视剧《东边日出西边雨》将于耀中的美术作品《支柱》复制并作道具在剧中多次使用的行为(在镜头中出现40次,体现主角爱情),一审法院北京市第二中级人民法院认为其未经著作权人许可,且以营利为目的,构成对作品《支柱》著作权的侵害。二审法院北京市高级人民法院同样认定其使用行为构成对《支柱》著作权的侵犯。

(四)叶雄诉七匹狼公司、大峡谷公司美术作品案[②]

福建七匹狼实业股份有限公司(简称七匹狼公司)委托厦门大峡谷影视有限公司(简称大峡谷公司)为其创作贺岁片广告,该广告使用了叶雄绘制的《水浒一百零八将》中26个人物的头像,其中有12个人物穿着七匹狼公司的服装,

---

[①] 北京市高级人民法院(1997)高知终字第32号民事判决书。
[②] 《梁山好汉穿七匹狼男装 七匹狼公司应承担连带赔偿?》,https://wenku.baidu.com/view/5040216d561252d380eb6eb4.html,2019年8月30日。

其余人物中大部分还修改了手持物品、衣服颜色。叶雄将七匹狼公司、大峡谷公司等诉至法院。

北京市朝阳区人民法院认为,虽然大峡谷公司否认其对好汉人物头像的使用属于广告人物实质性部分,但头像在以人物为模特的广告中占有举足轻重的地位,缺少了头像,难以成为人物模特广告。大峡谷公司的行为歪曲了叶雄作品中的小说人物造型,侵犯了作品的复制权、修改权和保护作品完整权。

(五)《80后的独立宣言》美术作品侵权案[①]

对于电影《80后的独立宣言》海报使用"葫芦娃""黑猫警长"美术作品的行为,一审法院上海市普陀区人民法院认为,在该案中,"葫芦娃""黑猫警长"等被引用的作品均属于已经发表的作品,且该种引用是为了说明某一问题,即涉案电影主角的年龄特征,占海报面积较小,形象并未突出显示。

最为关键的是,海报中为辅助说明电影主角年龄特征使用"葫芦娃"和"黑猫警长",与上海美术电影制片厂自身作品的正常使用没有冲突,在市场上未形成竞争关系。在海报中使用涉案美术作品,确属商业性使用,但合理使用制度并不天然排斥商业性使用的可能,商业性使用只要符合法律规定的相关要件,仍然可以构成合理使用。

最终,一审法院上海市普陀区人民法院认定涉案海报对"葫芦娃""黑猫警长"的使用构成合理使用,并不构成侵权。二审法院上海知识产权法院亦支持了一审法院的判决。

(六)《九层妖塔》美术作品侵权案[②]

因电影《九层妖塔》多次出现《鬼族史》图书、《华夏日报》报纸两样道具,向佳红认为,上述道具未经其授权使用了其书法作品"鬼""族""史""华""夏""日""报",侵犯了其作品署名权、复制权。

北京市朝阳区法院一审判决认为,涉案7个单字属于我国《著作权法》规定的美术作品,其著作权归向佳红所有。梦想者电影(北京)有限公司(简称梦想者公司)等在涉案电影中使用涉案书法作品并未征得向佳红的许可,也未以适当方式表明向佳红是该书法作品的作者,侵害了向佳红对涉案书法作品享有的

---

[①] 上海知识产权法院(2015)沪知民终字第730号民事判决书。
[②] 《〈九层妖塔〉字体侵权:官司缠身已三次被诉》,https://www.360kuai.com/detail?url=93fa18498ce7a20f9&cota=4&kuai_so=1&tj_url=so_rec&sign=360_57c3bbd1&refer_scene=so_1,2018年8月31日。

复制权、署名权。梦想者公司等四公司使用涉案单字的行为不属于合理使用。

## 四、音乐作品和美术作品合理使用和附带性使用的判决思路

在我国目前的司法判例中,关于合理使用或附带使用行为针对的作品形式主要有两类,即"音乐作品""美术作品"。法院对于这两类作品的判决思路是有所区别的。

(一)音乐作品的合理使用或附带使用

无论以何种形式、有意或无意使用音乐作品,只要达到一定的使用程度,都有可能构成侵权。在前述"《命运的承诺》音乐作品侵权案"和"《激情燃烧的岁月》音乐作品侵权案"中,法院在判定其使用行为是否构成侵权时,分别提出了"使用时长"和"是否构成实质性使用"的判断标准。

对于"使用时长",法院未指出明确标准,即使用达到多少秒才构成侵权。但对于法院简单地将使用 7 秒认定为"情节轻微",而使用 45 秒认定为"构成侵权"的做法,亦有学者认为这是"奇怪的判决理由"。[1] 德国的法院对于"是否构成实质性使用"的判断标准为:① 使用部分所占整个音乐作品的比例;② 使用部分是否实质性地再现作者表达出的思想内容及作者在乐曲方面的独特构思;③ 使用的形式和内容是否对著作权人的利益构成实质损害,即是否对音乐作品的市场价值造成不利的影响,是否对音乐作品的发行传播构成威胁。具体而言,一件雕塑作品被用在电影中,这种使用对于雕塑作品的市场价值不会有什么影响,而如果一首歌曲被全部使用在电影中作为背景音乐,或许有人会利用电影对音乐的播放而替代对该歌曲的购买。

笔者认为,"是否构成实质性使用"这一判断标准有其合理性。实践中,我们亦可通过这一标准来判断影视剧、广告片对一些音乐作品的使用是否属于合理使用。但值得注意的是,即使构成合理使用,可以不经著作权人许可,不向其支付报酬,但也应当指明作者姓名及作品名称。

(二)对美术作品的合理使用或附带使用

对于美术作品的使用,主要包括使用原件和使用复制件两种情形。制片方

---

[1] 朱理:《附带使用——著作权合理使用的一种特殊形式》,《电子知识产权》2005 年第 4 期。

对于美术作品的复制行为是否构成侵权,还需要结合美术作品的具体类型判断。另外,由于使用情形的不同,法院的认定标准也不同。笔者认为,影视剧和广告片美术作品的使用大致可分为以下3类。

1. 无法避免的整体使用

如果被使用作品是影视剧、广告片不可分割的一部分,那么这种使用很有可能构成合理使用。如镜头中出现的街景建筑、街边的广告牌。如要求制片方对镜头中出现的每一个作品都获取著作权人许可,无疑会对影视剧类电影作品的创作造成重大阻碍。

在"美国足协大俱乐部联盟案"一审中,对于被告生产的足球运动员形象中含有原告的徽标和俱乐部标志的行为,上诉法院认为,徽标和俱乐部的标志是照片不可缺少的一部分,对于作品来说是附带使用,不构成侵权。[①]

2. 为表明特定背景的使用

为了表明特定的历史时期或者主角的年龄,可能会用到属于特定年代的特有作品。如前述的"《80后的独立宣言》美术作品侵权案",为了表明主角的年龄特征,而使用了葫芦娃、黑猫警长的形象。这类美术作品可令观众直接联想到特定的背景,因此该种目的的使用很可能构成合理使用。当然,这种使用属于理论上的"转换性使用"。

3. 为表现剧情使用

为了推动剧情发展,影视剧或广告片往往会借助一些美术作品。如"《东边日出西边雨》美术作品侵权案"的支柱、"《九层妖塔》美术作品侵权案"中的报纸和书籍。

笔者认为,判断该种使用是否构成侵权首先需要判断制片方使用美术作品的目的和性质,若使用的美术作品是影视剧或广告片不可或缺的重要部分,则其使用很有可能构成侵权。如前述"《东边日出西边雨》美术作品侵权案"以及"叶雄诉七匹狼公司、大峡谷公司案"。

当然,判断该种使用是否构成侵权还需要结合个案的具体情形进行分析。如"《九层妖塔》字体侵权案",尽管被侵权的字体是作为道具使用,但法院最终仍然认定其构成侵权;另外,在"《夏家三千金》侵权案"中,作为道具的一款项链

---

① 朱理:《附带使用——著作权合理使用的一种特殊形式》,《电子知识产权》2005年第4期。

被放在了其他品牌的盒子里,最终被法院认定构成虚假宣传。由此可见,司法实践中对于影视剧、广告片使用美术作品的判定标准并不统一。

影视剧、广告片等视听作品作为复合型作品,其中会呈现大量其他作品,比如音乐、美术、摄影、建筑作品等。相应地,影视剧和广告片也是合理使用制度运用较为广泛的领域。无论是制片方还是被呈现作品的权利人,都颇为关注合理使用制度在该领域的辐射范围。

我国的合理使用制度目前以列举的方式规定了12种情形。对于12种合理使用行为范围以外的其他行为,法院通常会结合个案的具体情形做出判断,即第13项的兜底条款。

# 探析电商平台在知识产权侵权案件中承担连带责任的条件

卫驰翔

2019年1月1日起实施的《电子商务法》中,对于电子商务平台的知识产权保护义务和侵权责任的相关规定,在《侵权责任法》和《信息网络传播权保护条例》(简称《条例》)的基础上进一步作了明确和修正。根据《电子商务法》第41—45条的规定,电商平台的知识产权保护义务和责任主要包括四个方面:① 建立知识产权保护规则的义务;② 接到通知后及时采取必要措施的义务;③ 转送通知及公示处理结果的义务;④ "明知应知"平台内经营者侵权的法律责任承担。

在具体案件中,认定电商平台是否尽到知识产权保护义务,需根据案件事实,结合相关的法律法规、司法解释及司法实践等进行综合认定。本文试结合几起涉电子商务领域知识产权侵权纠纷典型案件,探究在平台内商品或服务侵害他人知识产权时,电商平台经营者承担连带责任的条件。

## 一、未明确标示被控侵权商品或服务由他人提供

《电子商务法》第9条对电子商务经营者作了定义,明确区分了"电子商务平台经营者"和"平台内经营者";第37条则具体规定了电商平台的"明确标示"义务:"电子商务平台经营者在其平台上开展自营业务的,应当以显著方式区分标记自营业务和平台内经营者开展的业务,不得误导消费者。电子商务平台经营者对其标记为自营的业务依法承担商品销售者或者服务提供者的民事责任。"

事实上,包括电商平台在内的各类网络服务提供者,都有"明确标示"的义

务。《条例》第22条规定:"网络服务提供者为服务对象提供信息存储空间,供服务对象通过信息网络向公众提供作品、表演、录音录像制品,并具备下列条件的,不承担赔偿责任:(一)明确标示该信息存储空间是为服务对象所提供,并公开网络服务提供者的名称、联系人、网络地址……"

在司法实践中,电商平台对于其仅提供网络服务负有举证责任,在其未"明确标示"的情况下,则推定被控侵权商品或服务由其自己提供。《最高法院关于审理侵害信息网络传播权民事纠纷案件适用法律若干问题的规定》(简称《信息网络传播权司法解释》)第6条规定:"……网络服务提供者能够证明其仅提供网络服务,且无过错的,人民法院不应认定为构成侵权。"《北京市高级人民法院关于审理电子商务侵害知识产权纠纷案件若干问题的解答》(简称《解答》)第3条则进一步明确:"电子商务平台经营者未明确标示被控侵权交易信息或相应交易行为由他人利用其网络服务提供或从事的,推定由其提供或从事。"

在"广州世纪伟页发展有限公司诉广州市旺途旺汽车用品有限公司、上海寻梦信息技术有限公司(简称寻梦公司)侵害外观设计专利权纠纷案"中,一审法院认为:被告寻梦公司在本案中是被诉侵权的销售者及许诺销售者,理由为:① 寻梦公司通过其网页发布的信息没有向消费者充分披露真实的商品销售者并消除消费者产生寻梦公司自身为商品销售者的误解;② 寻梦公司未能证明其与第三人之间建立的是网络服务关系;③ 寻梦公司的经营范围包括销售本案被诉侵权产品。[1]

## 二、对平台内经营者的资质资格未尽到审核义务

《电子商务法》第12、27、29条规定:电商经营者从事的经营活动依法需要取得相关行政许可的,应当依法取得行政许可;电商平台应当要求平台内经营者提交其身份、地址、联系方式、行政许可等真实信息,进行核验、登记,建立登记档案,并定期核验更新;电商平台发现平台内经营者的经营活动属应当取得行政许可而未取得的,应当依法采取必要的处置措施,并向有关主管部门报告。该规定吸收了电商行业既有的法规规章,并以法律的方式进一步作了明确。原

---

[1] 广州知识产权法院(2017)粤73民初3996号民事判决书。

国家工商行政管理总局曾先后于2014年和2016年发布《网络交易管理办法》和《流通领域商品质量监督管理办法》，其中都有相关规定：包括网络交易平台在内的第三方交易平台经营者，应当对申请进入其平台销售商品的经营者的主体资格履行审查登记义务。

尽管上述规定的直接目的是出于对商品质量监督管理和消费者权益保护，例如，从事关系到消费者生命健康的食品经营，须取得食品流通许可证等。但在认定电商平台是否尽到知识产权保护义务中，对平台内经营者的资质资格是否尽到审核义务也同样是重要的考量因素。例如，对于从事图书销售的经营者，应当要求其提交出版物经营许可证；对于品牌专营店、旗舰店的经营者，应当要求其提交相关品牌的授权证明。

在"中国友谊出版公司诉浙江淘宝网络有限公司、杨海林侵犯著作权纠纷案"中，一审法院认为："如果信息发布者明显出于经营目的，在网络平台上开设网店进行经营活动，则淘宝网公司作为经营平台提供主体，需进一步审查经营主体的资质问题。按照我国相关法律规定，诸多行业进行合法经营，需先行具备国家相关行政部门出具的行业资质。如果网络服务提供者在提供网络交易平台时不负有审查资质的义务，则是对持有资质的合法经营者不公平，无异于使国家的行政审批或许可法律制度在网络环境下形同虚设，不利于建设社会主义法治国家和发展社会主义市场经济。当然，要求网络服务提供商在庞杂且流动的交易信息中，对所有可能涉及销售特定商品的会员进行资质审查、筛选和管理，会存在技术上的困难和不可控制性，在实际操作过程中亦会出现对相关资质文件资料真实性判断的不确定性，但并不能因为网络服务提供者审查能力受限而否定其应该履行的审查义务。审查能力受限影响的仅是审查效果，而不能以此为由拒绝履行审查义务……至于履行方式，则可以根据网络环境下信息量的情况、网络服务提供者的现实审查能力等确定适当的方式。"[①]

尽管该案的一审判决结果为二审判决所撤销，但并不意味着一审法院的上述裁判观点就完全不成立。二审法院认为："网络交易平台的卖家分为个人卖家和商家卖家，其中个人卖家数量巨大、情况复杂，既有个体工商户经营也有个人销售自有物品的情况……淘宝网公司作为网络交易平台的提供者，对于作为

---

① 北京市东城区人民法院（2009）东民初字第2461号民事判决书。

个人卖家的杨海林的真实姓名和身份证号码进行了核实。由于目前法律、行政法规中并无具体明确的规定要求网络交易平台的提供者负有区分各种情况的义务,故仅审查个人卖家的真实姓名和身份证号码即可。"[1]可见,在该案卖家为个人卖家的事实前提下,二审法院认为个人卖家并不一定都从事经营活动,因当时的法律并未要求网络交易平台对个人卖家是否从事经营活动作出区分,所以对于该案中平台未审核个人卖家经营资质的行为,未被认定为存在过错。换言之,即使是根据当时(2009年)的事实和法律,如该案的卖家为企业法人或个体工商户这类经营性主体,则平台仍然有义务审查平台内经营者的资质资格,具体到该案中就应当在卖家入驻前要求其提供出版物经营许可证。例如在"福建省南安市帮登鞋业有限公司与浙江天猫网络有限公司、深圳市千悦环保科技有限公司商标权侵权纠纷案"中,二审法院认为:"本案中千悦公司是在天猫平台上经营品牌旗舰店,消费者对此种平台或商铺的信赖程度高于普通交易平台,故天猫公司所负有的事前审查义务,亦高于普通交易平台,但天猫公司没有尽到合理预防的职责,仅审查营业执照等身份信息,直到发生投诉,才要求商家提供相关品牌授权的证明,且其对商家所提交相关品牌授权的证明,亦没有认真审核。"[2]

事实上,目前的网络交易平台相比10年前已经发生了很大变化。个人卖家销售自有物品已经有了专门的网络交易平台(如"闲鱼"等),而像"淘宝""拼多多"等电子商务平台内不论是商家卖家还是个人卖家,都应当属于"平台内经营者"。尤其是在当前自媒体时代,"网红电商"层出不穷,甚至相对具有私密性的微信"朋友圈"也早已成为"微商"销售商品和服务的平台。在此背景下,如果还认为电商平台对个人卖家不具有资质资格审查义务,则显然与当前的市场环境不相匹配。

## 三、接到有效通知后未采取必要措施

《民法典》第1195条规定:"网络用户利用网络服务实施侵权行为的,被侵

---

[1] 北京市第二中级人民法院(2009)二中民终字第15423号民事判决书。
[2] 广东省深圳市中级人民法院(2017)粤03民终12785号民事判决书。

权人有权通知网络服务提供者采取删除、屏蔽、断开链接等必要措施。网络服务提供者接到通知后未及时采取必要措施的,对损害的扩大部分与该网络用户承担连带责任。"对于电商平台在接到权利人有效通知后未删除具体侵权商品从而被认定未尽到注意义务须承担连带责任这类"常规操作",在此不再赘述。笔者想重点探讨以下两个问题:

(一)电商平台自行设定的投诉规则对于通知有效性的影响

《电子商务法》第42条第1款规定:"知识产权权利人认为其知识产权受到侵害的,有权通知电子商务平台经营者采取删除、屏蔽、断开链接、终止交易和服务等必要措施。通知应当包括构成侵权的初步证据。"在具体措辞方面,使用了"初步证据"这一表述代替了《条例》第14条中的"初步证明材料",用语上更加规范,其适用依据应按照我国相关诉讼法有关证据的规定来处理。

对于"通知"的形式和内容要求,已有相关司法解释对此作出具体规定。《解答》第11条规定:"权利人的通知应当包含下列内容:① 权利人的姓名(名称)、联系方式和地址等信息;② 足以准确定位被控侵权交易信息的具体信息;③ 证明权利归属、侵权成立等相关情况的证据材料;④ 权利人对通知的真实性负责的承诺。"可见,权利人提供的具体信息,只需使电商平台"足以准确定位"交易信息即可,不是必须提供交易信息的网络地址。据此,若电商平台内存在多个或者某一类相同或相似侵权交易信息,权利人不是必须提供每个交易信息的网络地址,只要提供的具体信息"足以定位"平台内多个或者某一类的侵权交易信息,即属于有效通知。

此外,"通知"也并不以发生实际交易为必要前提。网络环境下的商品交易具有虚拟性,消费者在选择购买时不能亲自对商品进行检验,只能依据商品的图片、广告或产品说明,以及与卖家的在线交流等来对商品情况进行判断。对于权利人而言,如果要求其必须要经过购买后进行比对,才能核实某一商品是否侵权,无疑将不适当地增加权利人的维权成本。因此,在"初步证据"的认定上,不应给权利人施加过高的举证责任。只要能够证明存在较大的侵权可能性,就可以作为初步证据。[1] 例如网页上明显的侵权信息、卖家在聊天记录中

---

[1] 陆凤玉、范静波:《网络交易平台经营者共同侵犯商标权的主观过错认定》,载《上海法院知识产权审判新发展(第一辑)》,知识产权出版社2013年版,第81页。

的自认等。《解答》第12条明确规定：根据公开传播的交易信息足以对侵权与否进行判断的，权利人可以不提交实际交易的商品或服务的相关证据。根据公开传播的交易信息不足以对侵权与否进行判断的，或者权利人主张交易信息与实际交易的商品或服务不一致的，权利人可以提交实际交易的商品或服务的相关证据；第13条规定：权利人的通知及所附证据能够证明被控侵权交易信息的侵权可能性较大的，电子商务平台经营者应当及时采取必要措施。

在"威海嘉易烤生活家电有限公司与浙江天猫网络有限公司、永康市金仕德工贸有限公司侵害发明专利权纠纷案"中，二审法院认为："通知内容应当包括权利人身份情况、权属凭证、证明侵权事实的初步证据，以及指向明确的被诉侵权人网络地址等材料。符合上述条件的，即应视为有效通知……就权利人而言，天猫公司的前述要求（技术特征对比）并非权利人投诉通知有效的必要条件。本案中投诉方是否提供购买订单编号或双方会员名并不影响投诉行为的合法有效。而且，天猫公司所确定的投诉规则并不对权利人维权产生法律约束力，权利人只需在法律规定的框架内行使维权行为即可，投诉方完全可以根据自己的利益考量决定是否接受天猫公司所确定的投诉规制。更何况投诉方可能无须购买商品而通过其他证据加以证明，也可能根据他人的购买行为发现可能的侵权行为，甚至投诉方即使存在直接购买行为，但也可以基于某种经济利益或商业秘密的考量而拒绝提供。"[①]

总而言之，权利人只需根据电商平台公示的投诉渠道，按照"通知"的法定形式要求向平台发出通知，即属有效。对于平台方在法律规定的框架之外设置的投诉规则，对权利人不具有拘束力，不影响通知的有效性。

（二）电商平台是否采取了"必要措施"的具体认定

1."必要措施"应当与侵权情节相适应

《民法典》和《电子商务法》均规定了平台经营者接到通知后有及时采取必要措施的义务。所谓必要措施，是指足以防止侵权行为的继续和侵害后果的扩大并且不会给网络服务提供者造成不成比例的损害的措施。[②]《解答》第13条规定："必要措施应当合理，应当与侵权情节相适应，否则电子商务平台经营者

---

① 浙江省高级人民法院（2015）浙知终字第186号民事判决书。
② 奚晓明主编：《〈中华人民共和国侵权责任法〉条文理解与适用》，人民法院出版社2010年版，第267页。

应当依法承担法律责任。"在司法实践中,对于必要措施的理解已不再狭义地限定在"删除、屏蔽、断开链接、终止交易和服务",而应结合措施的有效性、技术可行性、采取措施的成本等因素综合确定。[①] 例如,对于持续、重复侵权的平台内经营者,平台应当采取相应的限制和处罚措施;因其具有更大的侵权可能性,平台还应当对其施以更高的注意义务。对此可参照《信息网络传播权司法解释》第9条的相关规定:"人民法院应当根据网络用户侵害信息网络传播权的具体事实是否明显,综合考虑以下因素,认定网络服务提供者是否构成应知:……(六)网络服务提供者是否针对同一网络用户的重复侵权行为采取了相应的合理措施。"

在"衣念(上海)时装贸易有限公司诉浙江淘宝网络有限公司、杜国发侵害商标权纠纷案"中,一审法院认为:"网络服务提供者接到通知后及时删除侵权信息是其免于承担赔偿责任的条件之一,但并非是充分条件。网络服务提供者删除信息后,如果网络用户仍然利用其提供的网络服务继续实施侵权行为,网络服务提供者则应当进一步采取必要的措施以制止继续侵权。哪些措施属于必要的措施,应当根据网络服务的类型、技术可行性、成本、侵权情节等因素确定。具体到网络交易平台服务提供商,这些措施可以是对网络用户进行公开警告、降低信用评级、限制发布商品信息直至关闭该网络用户的账户等。淘宝公司作为国内最大的网络交易平台服务提供商,完全有能力对网络用户的违规行为进行管理。淘宝公司也实际制定并发布了一系列的网络用户行为规则,也曾对一些网络用户违规行为进行处罚。淘宝公司若能够严格根据其制定的规则对违规行为进行处理,虽不能完全杜绝网络用户的侵权行为,但可增加网络用户侵权的难度,从而达到减少侵权的目的。"[②]

2. 及时转送通知的必要性

《电子商务法》第42—44条在原《侵权责任法》第36条"通知—删除"规则的基础上,结合了《条例》第14—17条确立的"通知—删除—反通知—恢复"规则,建立了新的"通知—反通知—终止"规则。可以概括为:平台接到权利人通知后,应将通知转送平台内经营者;平台内经营者接到平台通知后,可以向平台

---

① 陆凤玉、范静波:《网络交易平台经营者共同侵犯商标权的主观过错认定》,载《上海法院知识产权审判新发展(第一辑)》,知识产权出版社2013年版,第83页。
② 上海市第一中级人民法院(2011)沪一中民五(知)终字第40号民事判决书。

发出不构成侵权的声明;再由平台将声明转送给权利人,并告知双方当事人通过起诉等方式解决纠纷;如果权利人未在15日内采取救济措施,则平台将终止原删除、屏蔽等措施。该规则的运行有赖于电商平台积极履行转送行为,以确保投诉信息的顺畅传递。此外,平台根据平台内经营者收到通知后是否有"反通知"的情况,也能一定程度上对侵权的可能性作出判断,使平台在选择采取"必要措施"时有更多、更准确的参考依据。反之,如果平台单方面对权利人的通知额外设置过高的门槛,而怠于履行其转送通知的义务,则可能会承担相应连带责任。

在上述"嘉易烤公司与天猫公司、金仕德公司侵害发明专利权纠纷案"中,二审法院还认为:"将有效的投诉通知材料转达被投诉人并通知被投诉人申辩当属天猫公司应当采取的必要措施之一。否则权利人投诉行为将失去任何意义,权利人的维权行为也将难以实现。网络服务平台提供者应该保证有效投诉信息传递的顺畅,而不应成为投诉信息的黑洞。被投诉人对于其或生产、或销售的商品是否侵权,以及是否应主动自行停止被投诉行为,自会作出相应的判断及应对。而天猫公司未履行上述基本义务的结果导致被投诉人未收到任何警示从而造成损害后果的扩大。"[1]

## 四、"明知应知"平台内经营者存在侵权行为

根据《电子商务法》第45条的规定,电商平台经营者"明知或应知"平台内经营者侵犯知识产权而未采取必要措施的,须承担连带责任。《解答》第5条规定:"电子商务平台经营者对利用其网络服务公开传播的交易信息一般没有主动监控义务。不能仅因电子商务平台经营者按照相关管理要求进行交易信息合法性的事前监控,或者客观上存在网络卖家利用其网络服务侵害他人知识产权的行为,就当然认定电子商务平台经营者知道侵权行为存在。"据此,一般情况下电商平台"明知或应知"的应当是特定交易信息及相应交易行为,而非概括性知道平台中可能存在知识产权侵权行为。当然,如果电商平台存在假货、盗版商品充斥的现象,而平台怠于采取合理措施,也有相关司法解释予以规制。

---

[1] 浙江省高级人民法院(2015)浙知终字第186号民事判决书。

《信息网络传播权司法解释》第9条已有相关规定:"法院在认定网络服务提供者是否构成应知时,需综合考虑基于网络服务提供者提供服务的性质、方式及其引发侵权的可能性大小,应当具备的管理信息的能力;网络服务提供者是否积极采取了预防侵权的合理措施。"可见,"避风港原则"并不会成为平台默许、纵容知识产权侵权的理由。

笔者在此仅讨论一般情况,即如何认定电商平台"明知或应知"特定交易信息及相应交易行为侵害他人知识产权。根据《解答》第6—9条的规定,认定平台是否"明知或应知"应当同时符合:① 明知或应知被控侵权交易信息通过其网络服务进行传播;② 明知或应知被控侵权交易信息或相应交易行为侵害他人知识产权,具体情形可归纳为下图,本文在此就部分情形展开论述:

```
                          明知应知
                    ┌────────┴────────┐
        侵权交易信息通过其网络服务进行传播    侵权交易信息或相应交易行为侵害他人知识产权

        特定信息公开传播前                  交易信息公开传播后
          平台与平台内经营者合作经营           交易信息中明确的侵权自认
          平台从中直接获得经济利益             知名商品或者服务以明显不合理的价格出售
          其他情形                          权利人的通知
        交易信息公开传播后                   其他情形
          交易信息位于首页或其他明显位置
          平台对交易信息进行了人工编辑、选择或推荐
          权利人的通知足以定位
          其他情形
```

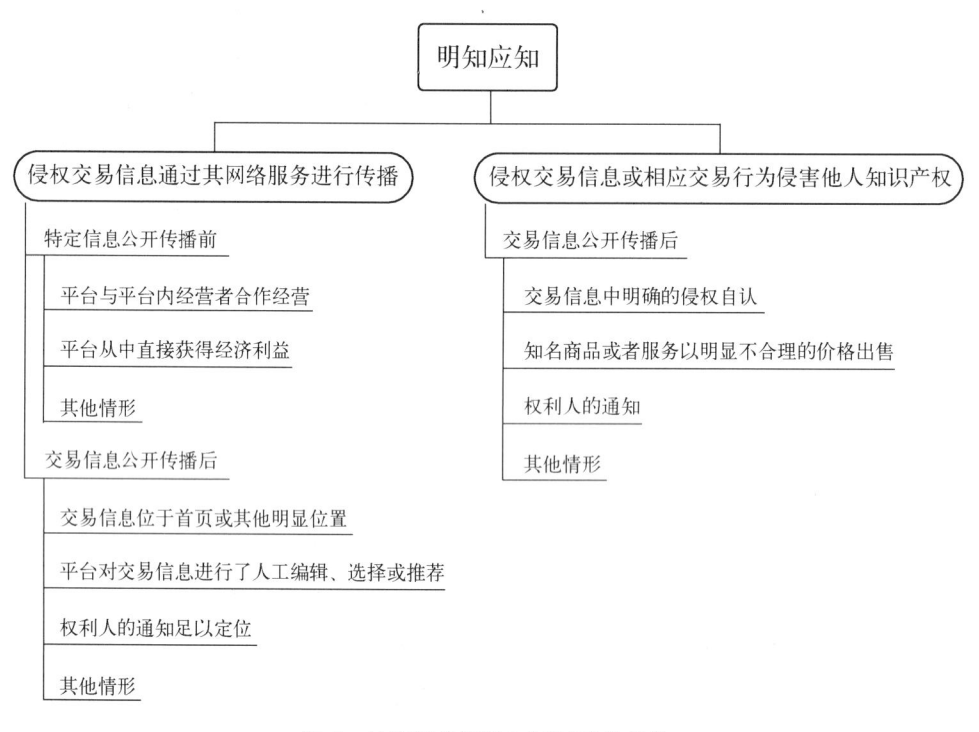

图1 认定平台"明知或应知"的条件

(一)平台从被控侵权交易信息的网络传播或相应交易行为中直接获得经济利益

与一般情况下电商平台"明知或应知"的范围相对应,此情形中平台的经济

利益须直接从特定的交易信息及相应的交易行为中获得。电商平台因提供网络经营场所、交易撮合、信息发布等服务而向平台内经营者收取的一般性服务费,不属于该条款规定的"经济利益"。《信息网络传播权司法解释》第11条第2款对此也有类似的规定:"网络服务提供者针对特定作品、表演、录音录像制品投放广告获取收益,或者获取与其传播的作品、表演、录音录像制品存在其他特定联系的经济利益,应当认定为直接获得经济利益。网络服务提供者因提供网络服务而收取一般性广告费、服务费等,不属于本款规定的情形。"

当然,如前所述,若电商平台假货、盗版商品充斥,而平台为获取更多用户或收取更多服务费,怠于采取合理措施,本就可通过具体事实情况认定平台构成应知。

(二)交易信息中存在明确表明未经权利人许可的自认

上文提到,诸如网页上明显的侵权信息、卖家在聊天记录中的自认等都可以作为权利人通知所包括的"构成侵权的初步证据"。在相关交易信息位于首页等明显位置或者平台对其进行人工推荐等无须权利人通知的情形,也是认定平台"应知"交易信息或交易行为侵权的考量因素。在上述"衣念公司与杜国发、淘宝公司侵害商标权纠纷案"中,一审法院查明,涉案网店网页公告中载明:"本店所出售的部分是专柜正品,部分是仿原单货……"此类明显的侵权自认信息,足以使人相信侵权的可能性较大。

此外,平台还可结合平台内经营者是否反通知来进行判断。通常情况下,经过合法授权的商品信息可能被删除,被投诉人肯定会作出积极回应,及时提出反通知。若权利人就同样的侵权行为多次针对同一或者不同卖家进行投诉,平台在转送通知后未收到卖家的回应或申辩,则完全可以相信卖家所售商品或服务具有较大的侵权可能性。

(三)知名商品或者服务以明显不合理的价格出售

在上述"友谊出版公司与淘宝网公司、杨海林侵犯著作权纠纷案"中,两级法院均认为,网络交易平台的提供者对于卖家销售商品的价格是否明显低于市场价格不负有审查义务。该结论建立在该案的两点事实基础上:① 涉案商品非知名商品;② 就涉案商品以明显不合理低价销售,权利人未事先向平台发出通知。因此,法院的上述观点实际上是建立在"平台对于交易信息一般没有主动监控的义务"这一基本原则之上。

在平台知道特定交易信息通过其网络服务传播的前提下,知名商品或者服务以明显不合理的价格出售是平台判断交易信息和行为侵权可能性的重要因素。对于在国际市场上有很高知名度,范围产品辐射全球的商品以不合理的低价销售,以及权利人明确告知合理价格区间并提供相应证据的特定商品,应当足以使平台相信不合理的低价具有较大的侵权可能性。对此,平台完全有能力和技术主动实施限价措施,这并不会给其带来额外的成本或负担。反之,如平台怠于采取合理的限价措施,则可能会承担相应的连带责任。

近年来,随着电子商务技术和模式的不断发展,电商平台预防知识产权侵权的能力也在不断提高。在此背景下,《电子商务法》对于平台知识产权保护义务的规定,在既有相关规定的基础上,有继承也有更新。然而,即使对于平台注意义务的认定规则不变,过错认定的结论却可能随着行业的发展不断变化。因此,在判定平台责任时,需要综合考虑司法实践和行业惯例,既不能放纵电商平台成为制假售假的大本营,也不能对其苛以过重的义务而阻碍行业的发展。期待在之后的司法实践中,对相关规定能有更完善和详细的解读,实现平台秩序和权利保护的平衡发展。

# "抖音"败局开示录

孙黎卿　潘南婷

北京互联网法院第一案,"抖音"最终倒在了"伙拍"的面前。抖音并没有借此将短视频的专有权牢牢握在手中,更没有达到诉讼或有可能的挤压同类产品的目的,反而让法院给所有的潜在竞争对手上了相当深刻的一课,告诉这些对手,如何利用热度视频而不违法,起码不承担赔偿责任,如何合法合理地赚流量的好处费。大概唯一的安慰就是将短视频的作品分类和授权链明晰了起来,得失之间,一句"对判决结果表示服从",真是多少辛酸泪其中。

复盘这个案子,"抖音"从起诉开始就注定了失败,原因很多,笔者简单分析几个要点。

第一,电子邮件的送达。权利方希望快捷告知涉嫌侵权方删除侵权内容,即时呈现送达结果的电子邮件无疑是首选,但如何获得、证明送达方式的有效性,是需要权利方来主张并提出证据的,即送达电子邮件地址的获取途径、送达结果。前者需要的证据即是涉嫌侵权方的电子邮件地址是从何种公开途径所得,这个逻辑就好像你得告诉法院你寄送给被告的律师函的收件地址是从哪儿来的一样,这个地址是否可以进行有效收件。只有确认送达地址无误,才有可能到对方是否履行了删除的法定义务,进而是否需要承担帮助侵权责任的阶段;再一个是送达结果,邮件是否送达成功,就好像快递是否签收,这个作为通知达成的重要部分,具有天然的合理性,快递有派送记录,电子邮件同样有送达日志。"抖音"作为权利方,寄希望于被通知方来自证,这也是法院不认可"抖音"电子邮件送达的原因,更何况,"抖音"还希望借此证明"伙拍"没有在合理的期间内删除侵权信息。再者,电子邮件既然有公证记录,为何不勘验送达结果?如果无法勘验送达结果,为何不重新发函,延缓诉讼时间?如此重要的证据,证明力却如此单薄,这也败笔之一。

第二,通知的内容。通知的内容将直接决定对方删除的信息,"抖音"在这里犯了第二个错误,发送链接,请注意,"抖音"要投诉的是视频本身侵权,按照正常逻辑,不仅应该在投诉函中包含删除链接的要求,还应该包含删除视频本身,重点更加应该集中在删除视频本身上,而非将下线、删除侵权视频局限于个别侵权账户之中,所以通知内容应该是删除侵权视频,禁止相同视频再次上传、分享、传播。否则,每有一次用户上传,都会是一个不同的链接,难道要不停地重复通知? 因此,在这个案件中,法院认为"伙拍"视频删除了链接就已经完成了"抖音"的删除要求,"伙拍"没有任何义务来帮"抖音"维权。

第三,主张的诉请和证据脱节。"抖音"主张停止侵权包含两个内容,停止在线播放和下载,可是结果却是证据里没有任何对下载的展示体现,又莫名出现了分享的诉请表述,前后含糊不一,这是诉讼的大问题,你连自己想达成什么目的都没搞明白,让法院如何支持你? 单凭想象和推论在民事诉讼中不可能得到法院的支持。即使在庭审中确认了侵权视频对应的链接已经删除,但这个删除仅限于指定链接的删除,并没有确认是否在后台服务器中删除视频并禁止再次上传、传播。这个很明显应该进行二次证据保全并完成举证,而不是简单将停止侵权的逻辑和删除链接逻辑混同,脱离诉讼请求,进行空谈。

第四,诉讼思路失策。"抖音"还是以普通的维权案件在看待本案。主张的诉请禁不起推敲,停止侵权,含义广泛,应该针对不同的侵权形式随机做出改变以应对。但"抖音"却按照一种普通的维权思路,将停止侵权一笔带过,并简单确认停止的结果,转而强调赔偿责任,造成本末倒置,陷入商业维权的泥潭,也给法院造成了维权为假,竞争为真的不良感觉。正确的逻辑思路必须是提出停止侵权的具体要求,在被告方无法达成的前提下,再将赔偿责任提到台上,停止侵权,减少侵权不良影响和扩散范围是前提,赔偿是补充。错误的诉讼思路,又是一处败笔。

第五,庭审应对失策。错误将权利保护措施同权利认定依据混同。正如判决所言,水印不能成为权利保护措施来认定,而应该作为权利认定的参考。但实际上庭审中关键点在于"伙拍"有无将"抖音"的视频打上自己的水印,引导用户观看,并利用分享下载等形式引导用户使用"伙拍"观看,使得用户错误地认为这个视频为"伙拍"视频,从而形成对"伙拍"的使用黏性。庭审中反复纠结自己的水印该不该属于权利保护措施,对案件审理和侵权的认定毫无帮助。分不清案件重点，纠结一些无谓的问题，这是"抖音"在本案中的另一个败笔。况且，水印的问题不仅仅可以体现在视频的著作权侵权恶意上，还可以体现在"伙拍"对待友商的商标保护的态度上，即是否带有"抖音"水印的视频在上传"伙拍"后，会自动去除水印变为"伙拍"水印，这些地方都应该验证勘验，进行证据保全，一方面为了证明"伙拍"对侵权信息的注意义务，另一方面也能确认"伙拍"存不存在商标侵权。

第六，我们假设以上论点都是在"伙拍"为网络服务提供者的前提下，"伙拍"提供上传者的信息，在网络账户实名制的今天，即使前面所有的诉讼关键点都已经达成无望，是不是应该借由此将上传人挖出来，并重新将火烧到"伙拍"的身上呢？不到最后，用户真假都没有个结果，怎么就轻易认为"伙拍"只需要删除，无其他责任了呢？关于这点，请参考海淀法院审结的全国首例"利用'爬虫'技术侵入计算机信息系统抓取数据案"。更何况，要求网络服务提供者承担删除和赔偿责任，不仅仅有明知，还有应知。"伙拍"是否能够适用应知的法律规定，"伙拍"对于短视频的推荐模式、分类模式、搜索模式、发布模式等，都应该作为诉讼前调查的一部分完成证据保全。所以说，完善证据证明应知和明知，在诉讼前完善证据链，才是维权诉讼的正确方法，寄希望于起诉后法院帮你调查，被告自认，败局已定。

最后，感恩"抖音"让大家重新认识了短视频的价值和传播影响力，以及如何正确合法获得短视频的部分著作权而进行使用。

# 游戏服务提供者在商标案件中的侵权认定与责任承担

李淑娟　马云涛

随着互联网的发展,融合了科技与创造的电子游戏如雨后春笋般地崛起。为抢占游戏领域的高地,游戏类型及游戏内容大烧游戏生态系统参与者的大脑。什么样的游戏名称能第一时间打动游戏玩家,什么样的游戏玩法、画面、配音、音乐、故事情节、特色人物、游戏场景等吸引游戏玩家,这都是各游戏服务提供者开动想象力竞相追逐的目标。因为这些目标带来的是巨大的经济利益,而代表着巨大经济利益的内容需要知识产权强有力的保护才能拥有独家的竞争力和优势。其涉及游戏商标以外的其他知识产权不是本文讨论的重点,笔者仅从游戏商标的角度探讨游戏生态系统中游戏服务提供者的侵权认定与责任承担问题。

## 一、游戏服务提供者的构成

电子游戏生态系统的参与者包括但不限于:投资商、开发商、出版商、运营商(有时也称为代理商)、游戏渠道平台商、游戏玩家、游戏代练、虚拟财产交易平台,甚至还有游戏外挂等相关周边主体的参与者,这些参与者从游戏诞生到消亡的过程中扮演了各自的角色。而本文主要探讨的是游戏服务提供者的有关问题,从游戏开发商、运营商、游戏渠道商这三个主体展开,这三个主体有时合为一体,有时又相互独立。一般而言,相关公众较常看到的游戏服务提供者多为游戏的开发商、运营商和游戏渠道平台商。三个主体身份可能存在重合的情况,不是本文讨论的情形,我们在此仅讨论三者为不同主体的情况。

网络游戏开发商,通常来说就是组织策划团队、程序团队、美术团队、开发团队等进行游戏的开发和制作的主体，一般为企业或工作室，也有个人开发者。游戏开发商通常是自主研发或接受委托开发。国内外较为知名的游戏开发商有VALVE、EA、暴雪娱乐、任天堂、腾讯游戏、网易游戏、完美世界、盛大游戏等。

网络游戏运营商，是指将自主开发或取得游戏开发商授权的网络游戏，通过出售游戏时间、游戏道具或相关服务为用户提供增值服务和游戏内置广告等途径获得收益的公司。目前国内较为知名的游戏运营商有腾讯游戏、网易游戏、完美世界、盛大游戏、畅游、巨人网络等。

网络游戏渠道商，是指承载游戏的网站或手机App平台的运营者，为游戏下载提供入口。一般渠道商会和游戏开发商、运营商约定该款游戏在其平台上推广下载，三方约定一定的分成比例。比如，腾讯游戏、网易游戏、华为应用市场、苹果App Store、小米游戏应用、百度游戏、豌豆荚等，还有移动、联通和电信等通讯商。

## 二、游戏服务提供者的行为分析

涉及游戏商标侵权时，开发商、运营商和渠道商如何认定侵权行为及如何承担责任呢？下面笔者将根据各主体在提供服务过程中的具体行为进行评述。

第一，游戏开发商根据自身需要或根据委托方需求研发游戏。一般的游戏研发主要分三个阶段：① 项目计划阶段：主要包括游戏的创意讨论、目标确定、市场分析，这个阶段将可能涉及游戏的名称、玩法、成本估算和预期的市场收益等。如果是根据自身的需要，上述内容均由游戏开发商自主确定，如果是根据委托方的需要研发游戏，则有可能介入委托方因素，按照委托方的游戏名称、玩法来开发游戏；② 项目组织阶段：主要是组建游戏开发团队，如策划团队设计故事、脚本、玩法、关卡，美术团队负责游戏美工，音乐团队负责游戏背景、主题音乐，销售宣传团队负责全程宣传及销售，测试团队负责内部、外部测试等；③ 游戏开发阶段：是具体的实施阶段，开发商将前期确定的游戏名称、玩法等内容写入游戏软件中，内部测试版本即会展现上述内容。

第二，游戏运营商的行为主要有：① 匹配游戏的软硬件设备，服务器操作系统安装和客户端准备；② 建设对应游戏的官方网站，官网承载了新闻发布、资料搜寻、游戏下载、玩家互动等功能;③ 软文、广告宣传,通常是在官网和相关媒体上发布,同时也会开展线上线下活动和地面推广活动;④ 组建客服体系,通常包括电话客服、论坛客服和线上游戏管理员;⑤ 建立游戏合作渠道,包括下载渠道、增值渠道、跨业务领域合作等。从上述行为可以看出,游戏运营商是游戏对外的一个窗口,窗外是玩家,窗内是游戏本体、软硬件设备、媒体、客服、渠道是窗口的装饰,装饰得越好看,吸引的玩家越多。

第三,游戏渠道商是游戏软件的聚集地,凭借强大的受众优势,将开发商或游戏运营商提供的游戏软件展示在其平台供用户下载,游戏的上传行为有可能是开发商或运营商自身行为,也有可能是运营商委托渠道商进行的。除此之外,渠道商还会提供平台宣传,如首页展示、通过技术手段进行游戏排名,热门游戏提示等。

## 三、游戏服务提供者的侵权认定

游戏名称的商标侵权一般须满足两个条件:① 游戏的名称是商标性使用,起到区分游戏产品或服务来源的作用;② 涉嫌侵权的游戏名称容易误导游戏玩家,导致游戏玩家对游戏产品或服务来源产生混淆或误认。是否容易导致混淆则要对比权利商标与涉嫌侵权商标的近似度,在此不详述。下面笔者将根据不同的游戏服务提供者叙述商标的使用行为。

第一,游戏开发商自主确定游戏名称或按委托人的要求命名游戏,进而将游戏名称写入游戏界面中的行为,该行为的目的是希望通过在游戏运行时向玩家展示,因此具有指示商品或服务来源的功能,属于商标性使用。但由于其仅仅只是开发过程中的使用行为,并没有真正进入游戏运营阶段,也未进入玩家市场,因此不会造成混淆,不构成商标侵权。

第二,游戏运营商经游戏开发商的授权或代理,独立开展游戏运营活动,游戏运营商通过自己设立的官方网站提供游戏软件的下载,对游戏进行线上、线下的广告宣传、建立游戏合作渠道等。无论是在官网上,还是在广告宣传、游戏合作渠道等方面使用游戏名称,均是为了区别游戏,具有识别商品或服务来源的功能,属于商标性使用。该使用行为是以公开的方式进行,面向对此游戏感兴趣的玩家,一旦游戏名称与他人的注册商标构成近似,极易产生混淆,因此构成商标侵权。

第三,游戏开发商写入游戏界面中的游戏名称,因为游戏运营商提供的服务器等配套设备,才得以向游戏玩家展现,在此时,正是借力于游戏运营商,游戏软件中写入的游戏名称强化了游戏玩家混淆的可能性,在此情形下,游戏开发商写入游戏名称的行为,属于商标性使用。试想如果游戏软件中没有写入游戏名称或写入的游戏名称与宣传的游戏名称存在出入,则游戏运营商的宣传行为构成商标侵权和虚假宣传,而游戏开发商的行为则不损害商标权人的商标权。

第四,游戏运营商与游戏渠道商通过协议将游戏软件上传至渠道商的平台,渠道商也会利用自身平台为该游戏在突出位置进行宣传、排名、上热搜榜等,以此达到增加玩家下载量的目的,渠道商并非徒劳无功一无所获,而是享有高额的渠道分成比例。无论是运营商还是渠道商的在渠道平台上的游戏上传、宣传行为,都是商标的使用行为。

当然,并非所有对游戏名称的使用都属于商标性使用,在"三代"商标一案中,法院就认定游戏名称"三代"并非是商标性使用。在腾讯公司与陕西盛唐公司"三代"侵害商标权纠纷一案中,法院认为腾讯公司使用"三代"是作为QQ游戏大厅下的一款休闲游戏名称,且是与其他扑克牌游戏并列作为游戏种类的名称进行使用,即腾讯公司仅仅是将其作为一般的游戏名称进行使用,并非作为商标使用,该种使用行为属于善意、正常使用。简言之,对于在一定地域内相关公众中约定俗称的扑克游戏名称,如果当事人不是将其作为区分商品或者服务来源的商标使用,只是将其用作反映该类游戏内容、特点等的游戏名称,可以认定为正当使用。

## 四、游戏服务提供者的侵权责任承担

前述游戏生态体系中各方的分工一般为:游戏开发商将游戏开发完成后,交由运营商推广发行,将游戏上传到游戏渠道商运营的网站或手机App平台中供玩家下载,三方按照一定比例进行利润分成。根据上述行为的分析,笔者认为三方应当在如下范围内承担侵权责任:

第一,游戏开发商虽不负责游戏的运营和宣传,但在游戏软件开发过程中对写入的游戏名称负有保证义务,即不得侵犯他人的注册商标专用权。当游戏开发完成并交付给游戏运营商进行测试或正式运营时,写入的游戏名称在游戏玩家启动游戏后,会向玩家进行展现,此时游戏开发商的写入行为借助游戏运营商提供的运营服务,两者的结合构成了游戏运行时的商标使用行为。游戏开发商标应当为其写入行为承担侵权责任,游戏运营商应当为其提供的游戏运营服务承担侵权责任。

第二,游戏运营商在运营游戏的过程中,在其设立的官网进行宣传推广、提供游戏客户端、与渠道商之间的合作,以及在启动游戏后的游戏服务中使用了游戏名称以起到区分游戏来源的作用,可以认定是商标性使用行为,应当承担侵权责任。

第三,游戏渠道商提供的平台服务并非是免费开放的,一般渠道商会与游戏运营商约定高额的游戏分成比例,而无论是游戏运营商自己上传还是渠道商帮助上传,渠道商都应当尽到高度的审核和注意义务。笔者认为网络平台的通知移除规则并不能直接适用于此。更何况有的渠道商也会在其平台上对入驻的游戏进行宣传推广,甚至通过技术手段对该游戏进行热门排名等突出显示的方式,以增加游戏下载量,获得高额收益。而作为专业的游戏渠道平台,本来就对该行业的游戏状况十分了解,渠道方怠于审核游戏名称的行为都是对侵权行为的刻意放纵,理应当承担侵权责任。

综上,游戏开发商应当对写入游戏名称的行为与游戏运营商提供游戏运行维护服务的行为承担共同侵权责任;游戏运营商应当就其广告宣传行为、在客户端上标注游戏名称、在游戏运行维护中提供服务的行为承担侵权责任,与游戏开发商承担共同侵权责任;游戏渠道商就其平台上的使用游戏名称的宣传行为,承担侵权责任,对其未尽到合理的审核义务,通过技术手段的排名、首页展示、置顶展示,以及提供游戏软件的上传、下载行为,属于帮助侵权行为,应当与游戏开发商、游戏运营商承担共同侵权责任。

# IP 不是你想蹭就能蹭的

谢佳佳

2018年上映的电影《爱情公寓》,在预售票房上一路领跑国内电影档,距离上映还有10天的时间,已经突破了2 000万元大关,相比同档期电影,《爱情公寓》的预售票房几乎是碾压,[①]其最终票房也高达5.5亿元。[②] 而这一切,都是由于《爱情公寓》这4个字带来的强大召唤力,知名IP的作用在此显露无遗。也正因IP的魔力人人皆知,文娱行业"蹭IP"的行为也比比皆是。

随着我国文化产业的发展,《著作权法》的认知度已显著提高。若只是拿来一个作品随意"乔装打扮"后就二次销售的抄袭行为,国民可以很笃定地判断这是一种侵权行为;但如果将涉嫌侵权的场景换成在宣传作品或商品时使用知名IP的部分元素,比如,作品名称或者人物名称,甚至于宣传标语,是否构成侵权则显得似是而非了。前述这种使用作品少量元素的情况,本文就姑且称之为"借力宣传",并进而根据使用这些元素的目的将借力宣传分成三种:关联宣传、对比宣传、类比宣传。下文将对这三种情况是否构成侵权进行分析。

## 一、"他大舅他二舅可不都是他舅"关联有风险,宣传须谨慎

"蹭IP"常见的方式就是关联宣传,也就是以某种方式,让受众以为被宣传的对象与某个知名IP之间有关系,以此来达成增加流量的目的。司法实践中,通常以《反不正当竞争法》第6条第2款对该类混淆行为进行规制(例如,"《人

---

[①] 参见二货青年旅馆:《〈爱情公寓〉大电影预售票房破纪录终究是为了一代人的情怀》,载网易号,https://www.163.com/dy/article/DO9RAQQV05370A39.html,2022年3月3日。
[②] 爱情公寓票房,载电影票房网,http://58921.com/film/8042/boxoffice,2022年3月3日。

在囧途》诉《泰囧》案"[1]）。该条规定明言："经营者不得擅自使用与他人有一定影响的商品名称、包装、装潢等相同或者近似的标识，引人误认为是他人商品或者与他人存在特定联系。"

据现行规定，关联宣传是否构成《反不正当竞争法》规制的商业混淆行为主要需要进行两个层面的考量：

第一，主张权利的元素具有一定影响。这种影响需要大到使得被使用元素具有唯一指向性，也就是说只要看到这些元素，受众就会认为并且只会认为看到的是该知名 IP。特别需要注意的是，对于文娱行业来说，特别是影视行业，如电影，对于前述影响力的判断与普通商品不同。对于普通商品来说，销售或宣传时间是判断影响力一个重要因素，但对于电影这种具有时效性的商品来说，若论影响力，更多需要考虑的是票房、奖项评选结果、观众口碑、后续开发能力等特殊要素。正如法官在《人在囧途》诉《泰囧》案中所述："本案所涉及的是电影。通常电影上映档期结束后，出品方不会再组织大规模的宣传，且多数人不会重复观看一部电影，因此在认定电影作品是否属于知名商品时，不应过分强调持续宣传时间、销售时间等，而应当注重考察电影作品投入市场前后的宣传情况、所获得的票房成绩、相关公众的评价，以及是否具有持续的影响力。"[2]

第二，行为人的进行关联宣传的行为使得受众对商品来源产生误认，也就是受众认为被宣传的这个商品是其已知的知名 IP 或者与知名 IP 存在某种关联关系。实际上，若造成误认即表示了行为人的行为具有两个特点：

首先，被使用元素是作为区分商品来源的标识而被使用的，这是讨论混淆行为的前提。例如，在"《欢乐颂》五美案"[3]中法院明确指出："太平人寿公司在涉案文章标题《跟着'五美'选保险》及文章中使用《欢乐颂》指称的是正午阳光公司的涉案电视剧，而并未将《欢乐颂》作为太平人寿公司经营的与电视剧相同、类似的商品或服务的名称或其他商业标识使用，该种使用方式不具有指称太平人寿公司商品来源的功能和意义，且也不会使相关公众误认为涉案文章所涉及的保险信息是由正午阳光公司提供或者正午阳光公司与太平人寿公司之间存在特定联系。"据此，驳回了原告相关诉请。

---

[1] 最高人民法院(2015)民三终字第 4 号民事判决书。
[2] 最高人民法院(2015)民三终字第 4 号民事判决书。
[3] 北京市朝阳区人民法院(2017)京 0105 民初 10025 号民事判决书。

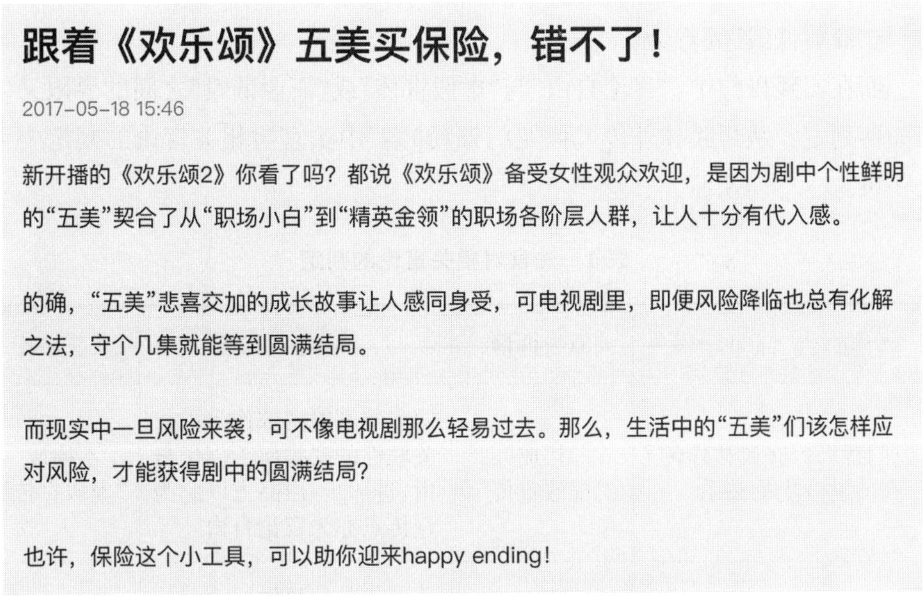

> **跟着《欢乐颂》五美买保险，错不了！**
>
> 2017-05-18 15:46
>
> 新开播的《欢乐颂2》你看了吗？都说《欢乐颂》备受女性观众欢迎，是因为剧中个性鲜明的"五美"契合了从"职场小白"到"精英金领"的职场各阶层人群，让人十分有代入感。
>
> 的确，"五美"悲喜交加的成长故事让人感同身受，可电视剧里，即便风险降临也总有化解之法，守个几集就能等到圆满结局。
>
> 而现实中一旦风险来袭，可不像电视剧那么轻易过去。那么，生活中的"五美"们该怎样应对风险，才能获得剧中的圆满结局？
>
> 也许，保险这个小工具，可以助你迎来happy ending！

图1 "《欢乐颂》五美案"涉案文章部分内容

其次，行为人使用的元素与知名IP的元素是相同或者近似的。行为人使用了相同或近似的元素进行宣传，才使受众发生混淆。实践中，这种宣传商品使用元素与已有商品元素的相同或近似，既有《战狼2》之于《战狼》这样"直抒胸臆"式的，也有《人再囧途——泰囧》之于《人在囧途》这样"犹抱琵琶"式的，不一而足。

## 二、"吾与城北徐公孰美"对比宣传的"罪与罚"

文娱行业另一种常见的宣传方式便是对比宣传。上文所述关联宣传从行为人的心理动因出发，行为人是想要借助"原班人马"的噱头向受众暗示"还是熟悉的配方，还是熟悉的味道"，使得受众基于对已知IP的好感进行消费。关联宣传中"关联"二字本就有攀附的意味，因此包含先天的可责性。相较而言，对于对比宣传来说，以对比的方式来体现自身商品的属性与特点，大部分时候属于言论自由的范畴，只有这种对比是不正当的时候，才属于侵权行为。而不正当的对比宣传常常包含一种尊己卑人的意味，通过贬低其他同类型的作品来抬高宣传商品声誉。这样的行为可能构成《反不正当竞争法》所禁止的"虚假宣传"与"商业诋毁"的行为。

而在实践操作中,"言论自由"与"虚假宣传"或"商业诋毁"之间的界限又应当如何划定?从"《武林外传》诉《龙门镖局》案"中法官对相关言论的判定中可见一斑。

表1 法官对相关言论的判定

| 被告言论 | 原告诉请 | 法院观点总结 | 法院结论 |
| --- | --- | --- | --- |
| 《龙门镖局》与《武林外传》存在前世今生的关系 | 构成"虚假宣传" | 同一编剧对两部作品进行关联性的安排属于创作自由,进一步,出品方以此为宣传点亦为言论自由 | 不构成"虚假宣传" |
| 《龙门镖局》系《武林外传》的升级版 | 构成"虚假宣传" | 艺术作品从整体层面上是无法进行优劣比较的,表达整体对比为主观判定,不具有可验证性,同时容易引人误解 | 构成"虚假宣传" |
| 《武林外传》在置景和服装上因陋就简,《龙门镖局》高端洋气;《龙门镖局》完胜《武林外传》 | 构成"商业诋毁" | 在对作品进行整体优劣比较的基础上,造成原告作品声誉的贬损 | 构成"虚假宣传" |

法院在判决书中也对"正当性宣传"的构成要件进行了具体阐述:"第一,具有可比性。被比较的产品与所宣传的产品属于同一种类或同一类型,用以比较的部分必须是该类产品所具有的共同特征,如功能、效果、基本成分、制作方式等,该对比应该是公正的且具有实际意义的;第二,具有细节性。该对比系基于有选择性的具体特征或属性的对比,而不是抽象概念的比较,不得宣称在总体上是优越的;第三,具有可验证性。这种对比是客观的,可以进行验证,用于比较的数据也是能够查实的,并应遵守行业普遍接受的衡量标准;第四,非引人误解性。是否会引人误解,是不正当的对比性宣传,甚至虚假宣传的最终判

断标准。"

从本质上看,禁止"虚假宣传"与"商业诋毁"实际上是对"言论自由"的一种限制,是出于保护竞争秩序需要的一种权利让渡。这种限制要求在进行对比宣传时首先应当做到的是"真实对比"。真实对比也就意味着这种对比应当是有迹可循并可验证的。而由于文娱行业的商品大多具有艺术性,如莎翁所言"一千个读者便有一千个哈姆雷特",对文娱行业商品的整体优劣的感受,都是因人而异的,自然是无法验证,也就无法满足"真实对比"的要求。也就是说,若无法做到"真实对比"则涉嫌构成"虚假宣传"。进一步说,若这种"虚假宣传"属于负面评价,在客观上造成了被对比商品声誉的贬损,则这种"虚假宣传"便同时构成了"商业诋毁"。

## 三、"他山之石可以攻玉"借力宣传的正确打开方式——类比宣传

关联宣传与对比宣传在满足一定条件下都可能构成不正当竞争,那这是否意味着在宣传时完全不能借用他人作品的元素?实际上,答案是否定的,类比宣传便是一种"优雅的"借力宣传的方式。类比宣传是在宣传时使用他人的作品元素,目的是打比方,以更好地对宣传商品进行介绍说明。"《欢乐颂》五美案"即是一桩类比宣传的典型案例。

《欢乐颂》是正午阳光出品的一部关注女性生活的都市生活剧,一经播出便引起巨大的关注,而当中5个身份、背景、性格各异的女主角也给观众留下深刻的印象。2017年,随着《欢乐颂2》的热播,太平人寿公司发表了一篇名为《跟着"五美"选保险》的文章,此举被正午阳光认为是一种不正当竞争的行为,因此一纸诉状将太平人寿公司告上了法庭,索赔额高达300余万元。关于此案虽有诸多媒体发表文章声讨太平人寿公司的"商业攀附"行为,但最终法院认定太平人寿的行为"有利于消费者利益,又不会给权利人造成损害或者损害过于轻微,也不至于损害到竞争秩序,是一种应当许可的行为",据此,驳回了正午阳光的诉讼请求。

权利与限制总是相伴而行,正如上文所述,《宪法》虽保护公民言论自由的权利,但"虚假宣传"式与"商业诋毁"式的宣传也只能是"不能说的秘密"。而对于享有影视作品相关权利人来说,正如法官所言:"正午阳光公司对其享有的

著作权及市场利益受法律保护,但该市场利益并不是无限的,并非该电视剧所及之处都是正午阳光公司的竞争利益,其竞争利益的边界应当顾及公共利益、消费者利益和竞争自由。"太平人寿使用《欢乐颂》中的人物设置的目的在于以列举的方式对现实中职场人群进行类型的划分,进而向消费者介绍选择保险产品的知识和方法。并没有让消费者对保险的来源产生误认也未提供虚假信息,因此,这样的行为属于太平人寿创作自由的范畴,同时也有利于消费者理解、选购产品,有利于消费者利益的实现,在这种情况下法律选择站在公共利益的一侧。

值得注意的是,法院虽认定太平人寿公司的行为不构成不正当竞争,但判决书中对于"竞争关系"作用的阐释进一步明确扩大了不正当竞争适用的范围。过去,实务中普遍认为判定不正当竞争行为的前提是考虑"竞争关系",只有构成竞争关系,才有讨论行为是否构成不正当竞争的必要。但随着经济的发展,异业合作变成了常态,即使不属于同一行业,也可能共享竞争优势。若严格要求争议双方必须是同业竞争者,则脱离了实际。因此法院淡化了对主体之间是否构成竞争关系的认定,而是将注意力放在了竞争行为是否具有正当性的判定上。这也意味着,在进行宣传时,不仅是文娱行业,其他行业的宣传行为也应当"循规蹈矩",进行正当宣传。

# 浅谈发明专利权中全面覆盖原则的适用

袁亚军　汪　靖[①]

专利侵权纠纷实务中,有关侵权的判定一直以来都是关注的重点和难点。北京市高级人民法院《专利侵权判定指南(2017)》对侵权的判定提供了具体的指导意见。比如,在侵权实务中常会适用的全面覆盖原则与等同原则,如何更好地使其为权利人所用或者作为抗辩环节的依据具有重要的现实意义。

笔者之前代理了一起"工业缩绒机发明专利侵权纠纷案"[(2018)苏民终710号]已终结。围绕该案展开的侵权认定博弈在笔者看来是一场比较有意义的探索。本文将结合该案的侵权判定谈谈"全面覆盖原则"的适用。

笔者代理的原告是生产、销售各类金属制品、机械机电设备及配件的企业,该企业于2015年自主设计了缩绒机的新产品,并于2015年1月28日申请了名为"一种缩绒机及其控制方法"的发明专利,2017年1月18日中华人民共和国知识产权局予以授权公告,专利号为:CN201510044842.1(简称本专利)。

从权利要求来看,本专利产品与传统的工业洗涤设备(水洗—脱干—烘干—整烫)相比,专利创新点在于发明了转笼体和不锈钢网式转笼的组合体,并引入蒸汽、药水喷头的合理连接结构(这也是后续诉讼博弈焦点),使得设备摆脱水洗束缚,只需要传统工艺药水量的30%,配合蒸汽进行雾化吸收,具有省电、省水、省药水的特点,而少量的废液和毛绒可通过收集装置集中清理,完全实现污染零排放,达到提高洗烘效率、环保节能的良好洗染效果。

---

[①] 汪靖,上海融力天闻律师事务所合伙人律师。主要从事国内外知识产权相关法律事务。服务过的客户有阅文集团、优酷土豆、爱奇艺、搜狐视频、咪咕数媒等知名公司。

图1 被诉侵权产品外观

# 一、何谓全面覆盖原则

全面覆盖原则是判断一项技术方案是否侵犯发明专利权的基本原则,也称相同原则,根据相同原则判定的侵权称为相同侵权。如果被控侵权产品或方法的技术特征包含专利权利要求中记载的全部技术特征,则落入专利权的保护范围。

需要明确的是,发明专利权的保护范围以其权利说明书的内容为准,也即权利要求书中的各项必要技术特征构成该专利权的保护范围。因此,我们在进行侵权行为的判定时,需要把权利要求而非专利产品与被控侵权的产品或方法进行一一比对,若在被控侵权产品或方法中能找到与权利要求中每一个必要技术特征相对应的技术特征,则可以判定专利侵权行为成立。

## 二、本案侵权判定的难点

难点(一):对照权利要求 1,被诉侵权产品似乎不具有"转笼体"及"药水进槽"的必要技术特征。

本专利权利要求 1 有关的描述,"一种缩绒机,包括箱体,……所述箱体内设有转笼体……所述转笼体内设有不锈钢丝网式转笼……所述转笼体外圆周表面上方设置有药水进槽。"再来看看被告诉称的权利要求 6 所述"一种缩绒机的控制方法……d)空转转笼体缓冲吸收后,打开加热器烘干 20—30 分钟……"。

经过比对,被告方认为,其被诉侵权产品的不规则圆筒状结构从结构上看属于箱体内壁,箱体内壁上也没有明显的开槽结构,而且根据本专利权利要求 6 的描述,转笼体是可以旋转的,但被诉侵权产品的对应结构事实上是不可旋转的,因此箱体内壁不能等同本专利权利要求 1 中所述的转笼体,诉侵权产品不具有转笼体和药水进槽。

同时,被诉侵权产品箱体内圆筒表面上的喷头位置与本专利产品的权利要求描述稍微有些不同,表现在其内圆筒(即权利要求 1 中的转笼体)的正上方开口处安装有一字排开的喷头及连接管,并没有明显专门布置药水进槽这一技术特征。此外,被诉侵权产品喷头有部分结构已经伸入内圆筒中,被告方认为其与权利要求 1 中描述的"所述药水喷头位于转笼体的上方"不符。

难点(二):被诉侵权产品药水箱的缺失对侵权判定形成阻碍。

本专利权利要求 1 中相关的描述为"一种缩绒机,包括箱体,……所述药水管的一端连接药水箱,另一端穿过箱体并与药水喷头相连,所述药水喷头位于转笼体的上方……"。

在本案的侵权公证环节,被诉侵权产品的确未配装药水箱这一装置。事实原因在于,药水箱是可独立于箱体之外安装的装备,一般在购买产品之后,厂家会再进行单独地配置安装,或者购买方可以根据需要直接按需添置盛放药剂的容器,并连接箱体上延伸出的药管口即可。

图 2　被诉侵权产品的转笼体及其内部

因此,被告在现场对比及庭审环节抓住上述问题,认为被诉侵权产品缺少"转笼体""药水进槽"及"药水箱"这些必要技术特征,抗辩不构成侵权。此时,若狭义地从全面覆盖原则来看,被告的侵权行为看似无法得以判定成立。

现实情况下,在专利产品的基础上做"换汤不换药"的改动,不影响其功能和效果的实现;或者现场比对前临时拆除一两个易于拆卸的零部件,事后立即重新安装,这种情形比比皆是,若这样都可以避开承担侵权责任,显然是对权利人的不公平的。事实上,在实务中,要从被控侵权产品或方法中找到与权利要求中每一个必要技术特征都完全相同的对应技术特征,基本是很少遇见的情形。

## 三、本案采用全面覆盖原则判定的思路

(一)运用折衷解释原则判定被诉侵权产品包含转笼体、药水进槽这一必要技术特征

1. 被诉侵权产品包含转笼体这一必要技术特征

通过仔细分析,我们可以发现,权利要求1中的转笼体是指设置在不锈钢网式转笼外的壳体,其设于箱体内,并包围在开放式不锈钢网式转笼的外面,以便形成一个相对封闭的洗烘空间。同时,转笼体的外圆周上开口引入蒸汽、药水和通风,从而使得蒸汽和药水充满转笼体,整个雾化水洗及烘干都集中在转笼体内进行,避免浪费蒸汽和药水,并提高烘干效率。因此,我们认为,被诉侵权产品中箱体里的内圆筒体对应的就是权利要求1中的转笼体。

一审法院也的确支持了笔者上述代理意见。法院认为:"被诉侵权产品箱体内包裹在不锈钢网式转笼外的不规则圆筒状结构,其与箱体、转笼、蒸汽喷头、药水喷头的位置关系,以及所实现的功能效果,均符合权利要求1中转笼体的技术特征,即为权利要求书所述的转笼体。"

从这里,可以看出,判断一个技术特征是否相同,不能完全拘泥于权利要求书的字面含义,而是要采用折衷原则比较解释相对应技术特征的位置和功能是否相一致。所谓折衷原则是指在判断专利权的保护范围时,既不能完全按权利要求的字面含义来理解,也不能由专利权人或法官完全按其主观意志作任意扩大解释。在认定专利权的保护范围时,采用以权利要求书为基础、以说明书和附图为补充的折衷原则,从而在专利权人和社会公众之间寻求利益平衡点。

从本发明的设计构思出发,转笼体的设置目的是为了在转笼外形成一个封闭空间,其要达到的技术效果为:可以将药水和蒸汽集中在转笼体内,实现较好的洗涤效果;把热风集中在转笼体内,提高烘干效果;防止毛绒、废液飞溅,使得毛绒等废物从转笼体内表面掉落至废液、毛绒收集装置;而被诉侵权产品箱体内的不规则内圆筒的安装位置及所起作用均和权利要求1中的转笼体相一致。

此外,关于转笼体是否旋转的问题,我们认为权利要求6中的转笼体旋转为另一种技术方案。权利要求1并没有限定转笼体和传动机构相连,而转笼体上也没有设置转轴;因此,转笼体并非如被告所述一定会旋转。一审法院认定,"根据权利要求1所述'不锈钢网式转笼通过转轴与传动机构相连接……'可知,与传动机构相连的是内设于转笼体内的转笼,而非转笼体,故旋转的应是转笼。"因此,从转笼体在涉案发明专利中的技术特征而言,无论其是否可以旋转,不影响对被诉侵权产品中箱体里的内圆筒体为转笼体的认定。

2. 被诉侵权产品包含药水进槽这一必要技术特征

权利要求1中限定药水喷头位于转笼体的上方,并在转笼体的外圆周表面上方设置药水进槽,其目的是让药水沿转动的不锈钢网式转笼的圆周面喷入,而不是直接从入料口喷入。本专利给出沿箱体的内圆筒开槽,仅仅是可供选择的一种药水进槽设置方式而已,本领域的普通技术人员完全可以根据实际安装维护需要,设置不同形式的药水进槽。

初看之下,关于药水进槽首先想到的可能就是利用等同原则进行辨明。但是,我们再仔细分析一下,权利要求1并未限定也不需要限定可供选择的药水进槽的设置方式。也就是说,本发明并不涉及药水进槽、药水喷头本身结构的改进。因此,我们最终还是运用折衷解释原则认为被诉侵权产品的转笼体包含药水进槽这一必要技术特征。

笔者认为,被诉侵权产品转笼体外圆周上方形成的开口即为药水进槽。不管是本专利描述的在转笼体外圆周表面上方设置药水进槽,然后在药水进槽内布置呈矩阵式分布的药水喷头;还是像被诉侵权产品在转笼体外圆周靠近加热器的两侧向上翻折形成开口,多个药水喷头一字排开设于一段药水管上,并从开口处切入。其布置位置、方式和功能实质相同,目的均是在转笼体的外圆周表面上方设置引入药水。至于药水喷头的安装位置,我们认为只要其整体位于转笼体的上方,即可使得药水由上往下对着不锈钢网式转笼的圆周面喷入,同时蒸汽沿左右方向喷入,使得雾化的药水和蒸汽充分混合并充满整个转笼,达到良好的洗涤效果,提高洗烘效率。

一审法院最终认定,"被诉侵权产品内筒壁上方药水喷头切入的开口空间,其在位置和功能上均符合权利要求1记载的药水进槽的技术特征,故被诉侵权产品应认定为具备药水进槽的技术特征;鉴于转笼体为一圆筒状立体结构,位于转笼体的上方并非限定药水喷头必须完整地设于转笼体外圆周面的外部上方,故被告抗辩被诉侵权产品的药水喷头与转笼体位置关系与专利描述不同的主张不能成立。"

(二)关于药水箱的缺失如何适用全面覆盖原则来判定侵权

1. 若主张权利要求1中的药水箱并不是必要技术特征,则有滥用折衷原则的嫌疑,扩大了权利保护范围

本案中的药水箱仅仅是提供药水的一种容器,以便在使用时按需引入药水实现洗染、柔顺或固色等功能。因此,权利要求1并不是限定本专利必须包含有药水箱,仅是指明在使用状态下,药水管是与药水箱连接的。而且事实上,权利要求1中明确包含的必要部件均明确采用了"设置有"或"设有"的描述方式。也就是说,我们一开始主张权利要求1并不包含药水箱这一技术特征,不过法院最终没有支持我们的这一观点,原因可能在于这种解释扩大了权利要求1的保护范围。

2. 按实际使用情况寻找侵权产品的外延特征,被诉侵权产品包含药水箱这一技术特征

被诉侵权产品在使用状态下,药水管必须与药水箱连接。也就是说,找对应技术特征时,不一定必须是现场封存设备上存在的特征,而是要考虑设备的实际使用情况。比如,本案中的药水箱仅仅是提供药水的一种容器(或其他有形物),而本案的缩绒机在使用时必须要引入药水实现洗染、柔顺或固色等功能,这是一个"显而易见"的事实,从而可以认定被控侵权产品仍然满足全面覆盖原则。

对此,一审法院在笔者代理意见基础上支持认定,"从该技术方案的文字表述中,只是限定了三者之间的连接关系,并未限定药水箱与缩绒机之间的空间位置关系",即"涉案发明专利权利要求1中'所述药水管的一端连接药水箱,另一端穿过箱体并与药水喷头相连'这一技术特征包含'药水管''药水箱''药水喷头'以及相互之间的连接关系"。因此,根据该案事实,即便是如被告所辩称的,被诉侵权产品没有药水箱,但具有药水管、药水喷头,且明显地具有两者相连的事实关系,更是在药水管的一端预留了连接药水导入的接口,未设有药水箱的事实不能"否定其不存在上述必要技术特征。"

## 四、关于专利侵权判定中的几个心得

第一,全面覆盖原则是专利侵权判定中的一个最基本原则,也是首要原则。如果有合适的证据理由,可以按照折衷原则"适当扩大"对权利要求的解释,以满足全面覆盖原则。比如,本案中的药水箱,仅用于指明药水管悬空端的连接状态,那么就可以不认为是权利要求 1 中的必要技术特征,从而满足全面覆盖原则。虽然本案法院没有认可,但是这一观点还是有待商榷的,至少值得为专利权人争取一下。

第二,找对应技术特征时,不一定必须是现场封存设备上存在的特征,而是要考虑设备的实际使用情况,即不能简单地从可以看到的技术特征来狭义的理解全面覆盖原则。特别是,现有涉及电子设备控制方法的特征比对,其实很多技术特征都是不能直观看到的,而是要根据实际使用测试情况进行解读。只要对权利要求的解读符合整个专利的发明构思,且不会不当扩大权利保护范围,一般都能获得法院的支持。

第三,判断某一技术特征是否相同时,不能完全拘泥于权利要求书的字面含义,而是要灵活采用折衷原则进行解释说明。比如,本案中对转笼体和药水进槽的认定。

第四,如果不得不采用等同原则,则建议尽量考虑技术特征的等同,而非整体等同。比如,本案中的药水箱,如果未安装,或者被临时拆除,那么,由于实际上不存在具体的替换部件,此时就无法适用技术特征的等同;只能考虑整体等同原则或者改劣发明原则,而这显然对专利权人非常不利。等同原则中的改劣发明原则在专利法理论与司法实践中也同样尚存争议,在此不予展开。

# 外观设计专利侵权判定中的云山雾绕

朱 宁

"世界上没有完全相同的树叶,世界上没有完全不同的树叶。"[①]一比一抄袭他人的设计较为罕见,精明者善于对设计元素进行简单变化,外观设计近似性的尺度把握是一块较为模糊的灰色空间,人为因素介入较多,侵权判定扑朔迷离。

## 一、案件导入

东莞贯新幼童用品有限公司(简称贯新公司)诉中山市宝蓓悠日用制品有限公司(简称宝蓓悠公司)侵害其童车外观专利侵权案,一审法院判决不构成侵权,后经二审改判侵权,类似案件又经其他法院再次判定侵权。案件争议多来自比对方法、比对客体、近似性判定尺度的不一致,外观侵权比对看似简单,又不简单。

图 1 授权专利    图 2 诉争产品

---

[①] 德国哲学家莱布尼茨在给国王讲授矛盾的特殊性(相异律)的时候说:世界上没有完全相同的树叶,讲授矛盾的普遍性(同一律)时说:世界上没有完全不同的树叶。

一审认定诉争产品系宝蓓悠公司按其自有专利所实施的制造(图2),授权专利与诉争产品既不相同也不近似,理由归纳如下:首先,涉案专利的保护范围系童车骨架结构的外观,骨架属于童车的一个组件,而被诉侵权产品则系完整童车,并不能看到童车的整体骨架结构。其次,拆除诉争产品的布套、坐兜等,仅以骨架部分与涉案专利相比,两者有以下 5 点不同:① 前轮杆与推手杆的组成形状。前者组成一个直线形;后者组成一个 S 形。② 遮阳篷支架数量与位置。前者有两条,分别与手推杆垂直、平行;后者仅有一条斗篷支架。③ 推把解锁开关的形状(方形之于凸形)。前者为向下突出的方形;后者两边低中间高,稍向上突起。④ 靠背杆、前轮杆与手推杆的角度。前者的靠背架、前轮杆及手推杆基本平行;而后者坐垫的靠背杆在无外力时,与手推杆成锐角夹角。⑤ 插销之有无。前者无,后者骨架中部两侧各有一个向斜上方突出的插销。

一审原告败诉后不服上诉,被上诉人在二审中辩称:① 被诉侵权产品在正常使用状态下均装配有布套、斗篷、坐兜、储藏兜等部件,童车的整体骨架结构并不可见,故将正常使用状态下的被诉侵权产品与涉案专利相比,两者既不相同,亦不相似;② 一审原告并未指明涉案专利与传统婴儿车相比所具有的创新设计点,且被诉侵权产品系完全依照自有的外观设计专利制造,应对两者的自有专利予以平等对待。若将被诉侵权产品在拆除布套等部件后与涉案专利比对,应以专业设计人员或专家的标准对两者之间的所有区别点进行充分考量和评判。

后二审改判构成侵权,法院认为两者的整车车架形状,具有高度的相似性,如涉案专利所包含的具有类矩形整体截面的前车架、垂直相连的前后车架、后车架中部另通过双轨连接件与前车架相连形成的侧面三角造型、各部件之间的相对位置和比例设置等设计均在被诉侵权产品上有几近相同的呈现。两者区别点①、②、③、⑤所占整体车架的比例较小,属于局部细微差异,且在实际使用过程中遮阳篷支撑架数量的区别及底兜架两侧插销的有无,并不会导致视觉效果的实质性差异,该四点区别都不足以对整体视觉效果产生显著影响。而区别点④中被诉侵权产品的背部支撑架和前车架之间实际亦可实现涉案专利所呈现的两者相对平行的设计,区别点④并不成立。在本案的外观侵权比对中,涉案专利所保护的系儿童手推车的整体车架造型,并未包含遮阳篷、座兜、储物袋等设计,故被诉侵权产品在实际使用中所具备的适用性附属部件不应纳入外观的比对。综上,依据"整体观察、综合判断"的比对原则,被诉侵权产品外观设计与涉案专利之间构成近似,已落入涉案专利权的保护范围。① 2017年北京知识产权法院就两公司同一专利相关产品,也判定被控侵权产品构成对贯新公司专利的侵权。②

## 二、问题引申

（一）比对客体

涉案专利设计虽为童车骨架,诉争产品为组装后的整车。因涉案专利不保护颜色、图案,两者比对的客体应是形状之于形状。法律不应脱离社会公知,童车的外观造型如何,依赖其车架形状设计,且车架杆多裸露于外,一目了然,因此本案中的被比设计,应是两者相对应的车架形状设计。

实务中不少人认为,涉案专利为童车车架,诉争产品为整车包括坐兜等附属配件,应当将坐兜、置物袋、遮阳棚等也纳入比对范围。但本案专利的保护范围限于车架形状,因此其他不在专利保护范围的区别点,并非侵权比对之客体。外观专利的权利四界,以专利图片或附图中记载内容为准,若侵权比对时可随意增减公开文件之内容,有悖于权利公示要义,侵权比对的客观参照物,将荡然无存。

（二）比对方法

一审被告认为"若将被诉侵权产品在拆除布套等部件后与涉案专利比对,应以专业设计人员或专家的标准对两者之间的所有区别点进行充分的考量和评判"。然,外观比对应严格依照在产品正常使用状态下所呈现的外观进行比对,装饰性设计的可视化,系专利法对外观设计专利判定的应有之义。本案中,若被控侵权产品的附属物件已与车架合为一体,若拆卸后影响后续使用,则不能进行人为破坏性比对,否则整体观察、综合判断的客观基础也将不复存在。本案中若布套、靠背、坐垫等附属物,已被铆钉与车架铆合一体后,则不应破坏

---

① 浙江省高级人民法院(2016)浙民终75号民事判决书。
② 北京知识产权法院(2015)京知民初字第707号民事判决书。

性拆除比对,此时仍可以在正常使用状态下对敞露于外的可视部分设计进行整体比对。在产品的正常使用状态下,就两者不可见的区别点、相同点在外观侵权判定中应当不予以考虑,否则无异于采用发明、实用新型内部构造的技术特征比对方法。最高人民法院(2015)民申字第 3167 号案中认可北京市高级人民法院在案件中的比对方法,并认为"外观设计专利侵权纠纷中用于对比判断的被诉侵权设计,是以生产、销售的被诉侵权产品为载体,见著于一般消费者,为一般消费者所可视的外观设计。外观设计专利侵权判断采用的整体观察、综合判断的标准,也是指在产品正常使用状态下的可视整体外观,不应当将产品整体予以拆分、改变原使用状态后,对产品的部分外观设计进行比对"。

(三)一般消费者的界定

实务中有受西方个案判决的影响,便认为要按照不同产品将一般消费者区分成某一类主体,因此对于零部件产品(摩托车轮毂、路灯)需依靠采购商、设计者的认知力来判定两者的近似。本文认为,个案中一般消费者的界定,不应当脱离最基本的生活常识。专家、设计师的认知角度、知识面、非主流用户的视觉认知,因其个人职业、禀赋之差异明显不具有公众的代表性,一家之言断然不能作为侵权判定的依据,否则"市民社会"将变成"精英社会"。该领域的一般消费者,不仅包括专业技术人员、普通消费者、产品终端使用者,还包括路人甲,不能因为产品性质的不同,就按照"非此即彼"的思维逻辑界定一般消费者究竟是何种群体,事实上这种划分与认定本身不具有可操作性,反而使外观设计专利案件越发复杂化。欧盟地区法下的"见多识广的用户"[①]这一上位概念的界定,十分有意义,而不是陷入如何区分消费者群体这一无休止的争议中。下面信息源自法律以外领域对此问题的看法,如其所言"想吸引大众,必须要关注主流"[②]。

以童车为例,有几个年轻的母亲,在购买使用童车时,会将布套、坐垫、靠背拆除,一探车架内部究竟为何?谁会拿着量角尺,去测量杆件夹角的度数到底相差多少?车架下端连杆部分是"矩形"还是"方形"的差异又有几何!

---

① 《欧盟共同体的外观设计条例》第 10 条中"见多识广的用户"(Informed user)包括了购买者、使用者,以该类主流多数群体对外观设计的整体视觉观感来判断其保护范围和两者的异同,以避免外行的先入为主,同时避免不当地放大区别点。至今仍有不在少数的知产案件人员,甚至连外观设计比对的对象都不确定,脱离了专利保护范围与专利权人的实物产品比对,其实质是采用著作权案件中的思维方式,并未掌握"工业品外观设计"这一权利的本质。

② [英]贾尔斯·科尔伯恩:《简约至上,交互式设计四策略》,李松峰、秦绪文译,人民邮电出版社 2011 年版,第 20—32 页。

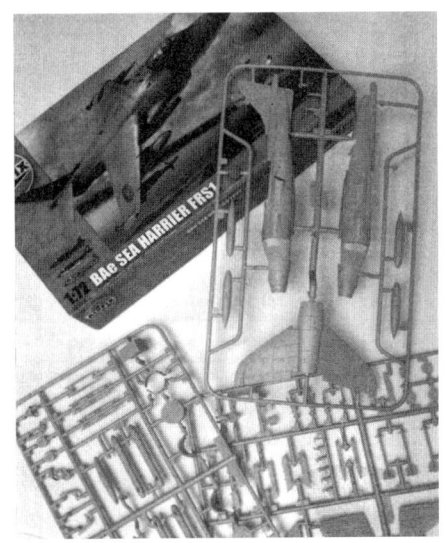

图 3　专家想要的功能,往往会吓到主流用户　　图 4　主流用户不愿动手从头组装

（四）设计空间的认定

本案二审法院对童车的设计空间做了客观的认定:"作为婴儿手推车类产品,虽然整体大多由推手架、前后轮支架、座椅及椅背支架、顶篷支架和车轮等主要部件组成,根据实际需要再选择遮阳篷、储物袋等部件,但是在满足基本功能的前提下,在各部件的结构以及布局等设计上仍有一定的设计空间,可以构成各种设计风格和样式的儿童推车。通常而言,其中儿童推车的整车车架形状对整体视觉效果的影响最大。"想必作为许多企业及技术人员应十分赞同该说法,童车分为高景观、轻便伞车、可上飞机的折叠车、运动型的婴儿车等,推车的形状因功能、作用不同也是万千变化、异彩纷呈,不同杆件有序组合后会产生完全不同的视觉美感。事实上其他产品的设计空间短期内也无法予以穷尽,工业品外观设计,本身就是一个博采众长、推陈出新的智慧创造过程。以鞋类而言,很多人认为鞋子的式样要屈从于脚部的形状,设计空间已穷尽。然而,Nike 的"毛毛虫"系列童鞋风靡全球,Adidas 的"Stan Smith"的俏皮"绿尾"也吸引了不少女性,是 Adidas 单一产品中销量最好的一款式之一,总销量已超过 3 000万双。

图 5 "毛毛虫"鞋　　　　　　　　图 6 "Stan Smith"鞋

在侵权判定中,若一份外观设计专利评价报告中基于多份现有设计对比后做出了肯定性结论,或在确权中经过多份文件组合对比后,维持专利有效的情况下,不应轻易擅自主观认定一款产品的设计空间已拥挤与穷尽,这是对既有权利的尊重,也是侵权判定的立足点。一般快销类产品的设计空间并非我们主观认知的那样狭窄,工业品设计生命周期较短,外观设计的更新速度与频率较高,也可以反向证明设计空间并非狭小,特殊时期个别产品设计空间狭小的情况较为罕见。

(五)近似性判定的因素

外观设计相同是指设计要素(形状、颜色、图案)别无二致。然而,近似判定的尺度未尝可知。侵权判定中可借鉴《专利审查指南》中对于实质相同的一些判定方法来辅助甄别异同,此外,下列方面可作为判定外观设计近似性的考虑因素。

1. 以整体装饰性美感为基准,而非局部区别设计元素之多寡

外观设计的近似性判定,应上升到整体的装饰性美感这一高度,不应拘泥于局部的单纯设计元素(点、线、面、比例、角度)数量之多寡,否则,极易将近似判定标准提到相同层级,而放大区别点,弱化相同点。设计多具有规律可循,设计诉求的表达是以主观见之于客观的规律呈现,设计美感也源于此。循此设计规律,在异同点中辨识谁的设计特征才是美感的源头与主因。

2. 区别设计与特有设计于整体美感的依附关系

被告眼中细微的区别很多,十几项区别设计元素(点、线、面)在实务中很常见,有执法者见著于此,难免会受到强大的视觉干扰,易陷入"只见树木,不见森林"的认知思维,只见区别,不见相同。上述童车案中,两者细微角度、小段平行

的设计元素(点、线、面)的区别到底有多大,实际上肉眼无法识别,消费者对此区别不会予以特别的关注,其多属于点、线、面等最原始的设计元素,若要发挥其视觉效果,尚需依附于授权专利的杆件的整体走线简约、硬朗的特有设计风骨(设计要点)。相反,授权专利的整体美感,由其多个部位简约设计及有规律的组合形成,两者上述区别点无法单独存在,且未从整体视觉效果上产生实质性影响。两者多处相同点几乎"互为镜像"而接近相同。

以一则"饮水机外观侵权案"为例,探究外观设计的近似性基准究竟是整体的视觉美感,还是只见两者局部单纯设计要素(点、线、面)的区别数量。

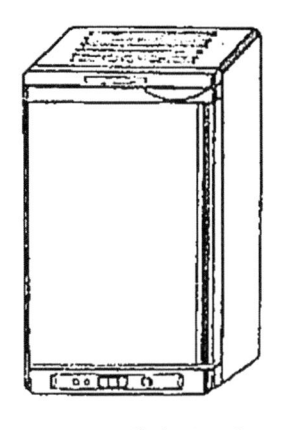

图7 原告专利设计　　　　图8 被控侵权产品

该案被告认为,被控侵权产品是双门的,原告的专利设计是矮胖型的。两者的宽度比例不相同,功能和用途也不同……原告专利设计的创新部分是已有形状的组合,其中每个形状都是已知的。被控侵权产品的组合和原告的组合不同。两者既不相同,也不近似。法院认为,对于两者的是否构成相同或近似,应按一般购买者的标准进行判断,以产品的外观作为判断的主体,以产品的易见部分及创新部分作为判断的主要依据,把被控侵权产品的外观与原告专利图片中的外观相比较……从几何形状来说,两者都是竖长方体矩形圆角设计,消费者购买时易见部分和创新之处主要是边角、门把手、电器开关配件部位、装饰带,以及它们的组合。在这些部位上,两者的设计风格及形状基本是相同的。只因被控侵权产品为了增加消毒方式而设计了两个门,使门及把手的数量、产品的长宽高比例略有差异。但是这些细微差异对一般消费者的视觉影响不大,

并不影响两者在消费者眼睛里的整体视觉效果的近似性。因此,被告的产品构成侵权。[①]

相较原告专利中多处特有设计及其组合之后所形成的整体协调之美感而言,两者的区别点多为点、线、面等设计元素的单纯变化,以及相同设计元素的简单重复排列,该区别并未实质性改变与原告专利实质相同的设计美感。

3. 规避性设计的创造性

当下工业品设计日趋简约,为了让消费者用最少的时间与精力关注最重要的事情,要对现有设计要素进行实质性的削减、融合,同时兼顾功能与美感,因此产品设计要点越发单一,且居于视觉要部。简约设计的趋势,给哪些无创造力的规避设计者提供广阔的施展空间,又因互联网经济下"眼球效应"被无限放大,抄袭之风日盛,产品同质化严重。诺基亚与苹果手机,便是简约设计趋势发展的足证。与此同时,《专利法》给予外观设计专利的授权增加了一项创造性标准,在确权中允许对专利的创造性进行"多比一"的组合比对,请求人用七八份在先设计组合比对十分普遍,这无疑是拿着授权专利影子照猫画虎,典型的"事后诸葛亮"。侵权比对中的上述问题则更为突出,因各方不明设计特征之真相,仅凭借自我感觉任意截取现有设计中的设计特征管中窥豹,忽略其在整体视觉效果下的协调性、统一性。反观,企业专利诉讼维权面临着前所未有的挑战。

增加一项设计要素简单,减少多余的设计要素(杆件)并非易事,因部件减少会减损产品功能,并与其他部件产生相互干涉,牵一发而动全身。因此在侵权比对中,应采取接近于创造性的标准来评判一项规避设计之于整体视觉效果的影响力,以及其是否与现有设计明显地拉开距离,否则,尚欠公允。

在侵权判定中,采用三方比对法,可以有效帮助执法者准确判定两者的近似性,不能仅因欠缺或稍加改变任一设计特征,即认定二者之外观不近似。换言之,规避设计若未到达一定的创造高度,即未与现有设计拉开明显距离的,则不应当受到法律额外的偏袒与宽容,否则,企业研发的积极性、创造力将会严重受挫。

在美国"公园椅案"中,便采用三方比对之法,对规避性设计特征予以甄别。

---

[①] 程永顺:《中国专利诉讼》,知识产权出版社2005年版,第409页。

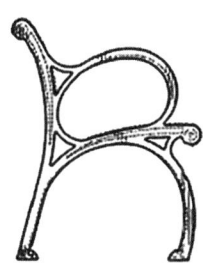

图9 现有设计 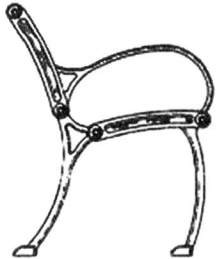　　图10 授权专利 　　图11 诉争产品1 　　图12 诉争产品2

美国法院在该案中对两款诉争侵权产品的不同结论的认定,得益于对区别设计特征的二次分析界定,而非轻易止于区别特征便得出侵权与否的结论。这对两种规避性设计的认定,以及近似性判定的标准,有一定的启发性。

被控侵权对象与授权专利的共同特征为"后椅脚延续椅背呈弧曲形""弧曲形的前椅脚与后椅脚呈同向弯曲""侧扶手连接至椅座前端而形成封闭的圆弧形",二者的差异仅在于"前椅脚与椅座交接处"(授权专利的"前椅脚与椅座为直接连接",被控侵权对象则设有"三角形小镂空"装饰)。被控侵权对象已具备授权专利明显不同于先前技艺"弧曲形的前椅脚与后椅脚呈同向弯曲"等特征,仅稍加改变授权专利"前椅脚与椅座交接处"的特征(改为与先前技艺相似的"三角形小镂空"),由于二者在视觉上产生的混淆,得判断被控侵权对象与系争专利的外观近似。[1] 就授权专利与诉争产品1的侵权结论,美国法院与上述内容接近。然而,在授权专利与诉争产品2的侵权比对中,美国法院认为诉争产品2下方的圆形封闭性弧度呈现一个独立最小单元的装饰性特征"8"字形,与授权专利的倒"U"形两者相较,无论在产品的局部抑或整体上存在明显的实质性差异,此二者既不相同也不近似。

从美国法院与我国台湾地区对上述案件的评述看,并未从两者的设计元素(点、线、面)扶手与杆件走线"弧度""角度"等细微之处着手,多从"单一的几何形状""最小单元的设计特征"来整体看待两者异同,这正是近似性判定中应一以贯之的设计特征比对。因此,近似性的判定,应重点放在那些可以独立产生可视化效果的最小单元的装饰性设计上,而非那些细枝末节、无关轻重的单纯

---

[1] "台湾智慧财产局":"台湾专利侵权鉴定要点",2016版,第82页。

设计元素的变化。反之,在相同性判定中,除了单个设计特征比对外,还应重点关注角度、平行、曲直、弧度等细微差异。

综上,外观设计侵权判定主观性强,并不意味着判定过程无法一一客观化。应当尊重既有权利,逐一界定两者异同,不能厚此薄彼,只见区别不见相同。在认定两者异同的基础上,以设计特征为标尺整体观察综合判断,才能客观。

# 探析浏览器拦截视频前广告是否构成不正当竞争

杨 阳

随着互联网的进一步发展,版权环境持续好转,也出现了一批提供正版视频在线观看的视频网站,由于提供的视频资源覆盖范围越来越大,所以普通用户已经无须通过其他非法途径来获取视频。这也导致互联网的侵权模式发生了变化,从原来直接盗取权利人享有合法权利的视频作品以传播自己的产品,变成了对视频网站的正常经营进行干扰以传播自己的产品。如盗链接、强制跳转、破解视频网站会员服务等。

部分软件为了实现用户量的提升,在产品中加入了越来越多的功能,其中引发争议的即是广告过滤功能,该功能对视频网站播放的广告进行屏蔽,用户无须成为会员即可跳过广告直接观看视频内容。从用户的角度来看,既节约了时间,也没有从其他非法渠道获取视频,侵犯视频权利人的合法权利。从浏览器开发者的角度来看,广告过滤功能是用户主动开启的,开发者并非使用者,用户也没有义务观看广告,并且广告收入也并非属于视频网站的唯一收入,即使有侵害其合法权益的行为,也是用户主动完成,造成的损失也极小。但国内众多案例都认为浏览器的这一行为属于不正当竞争,笔者认为理由有以下几点:

首先,在理解此类案件时,任何试图站在用户的角度来分析问题的行为都是错误的,将经营者与用户置于相对面,同时又过度解读广告过滤功能,即将拦截视频播放前广告混同于拦截广告功能,这是不可取的。实际上在类似案件中涉及的是两个经营者之间的竞争问题,在已经认定双方构成竞争关系的前提下,所要探讨的应该是,其中一方有无违反《反不正当竞争法》第12条的规定:"经营者利用网络从事生产经营活动,应当遵守本法的各项规定。经营者不得利用技术手段,通过影响用户选择或者其他方式,实施下列妨碍、破坏其他经营者合法提供的网络产品或者服务正常运行的行为：① 未经其他经营者同意，在其合法提供的网络产品或者服务中，插入连接、强制进行目标跳转；② 误导、欺骗、强迫用户修改、关闭、卸载其他经营者合法提供的网络产品或者服务；③ 恶意对其他经营者合法提供的网络产品或者服务实施不兼容；④ 其他妨碍、破坏其他经营者合法提供的网络产品或者服务正常运行的行为。"而非将用户作为案件的参与者进行分析。

我国的互联网有过一段较为不规范的发展阶段，国内的用户在看待影视作品时，并没有很强的版权意识，这也是国内盗版影视泛滥的重要原因。笔者认为，对任何人都一样，当同样的商品放在用户面前，一个需要付费，一个免费，所有人都会选择免费的。置于视频行业来看，视频网站中免费视频是并不存在的，所有的视频均需要通过版权采购，并为此设置足够带宽的网络、服务器等来保证视频的用户端体验。而盗版网站则不然，他们并不需要支付版权采购费用，也无须担心视频的用户端体验，只需要将盗版连接传播到用户终端即可，目前的盗版影视获取方式众多，盗版网站甚至连基本的服务器和带宽都可以租用，只是因为这一块所需资源极少。视频网站为此需要广告费用和会员费用或分销版权来承担开支，并且根据每年视频网站的财报，这些收入远不能让其收支平衡，每年都是亏损。但是盗版网站不同，每年几千至几万元的服务器租赁费和带宽费即可满足网站的正常运营，而用户的点击量却十分巨大，因此，广告联盟在其网站投放的广告可以给其带来巨大收益。所以盗版网站数量巨大，而且难以消灭。试想，如果这个行业真的是赔本买卖，怎么会有这么多人前仆后继做盗版网站？

正是基于正版视频网站的运营模式，用户在视频网站观看免费视频，并非是真正免费，是视频网站帮用户支付了版权等费用，而自愿支付的行为是为了吸引点击量和流量，而这些内容的变现，在目前来说，就是广告费和会员费，别无他法。用户在点击视频的时候，实际上已经和视频网站达成了一项包含对价的合同，即你选择观看视频，需要付出的是帮网站提高广告的投放效果，或者支付会员费用。用户所谓的观看广告的选择权，在于选择支付会员费用与否，而不是观看广告与否。公众利益，不仅仅是用户的利益，也应该包含合法经营者的利益。如果市场机制仅仅通过技术手段来帮助用户实现访问视频网站和访问盗版网站一样的目的，而且还不能像访问盗版网站一样，通过点击量将广告投放的收益变现。那这样的技术是如何推动市场竞争的？这样下去，根本没有人会愿意为视频支付版权费用，因为这部分费用无法通过合法渠道来获取，长久之后，版权市场是健康发展还是回到盗版丛生的年代不言而喻。

再者，广告过滤功能的设置者，也是浏览器的经营者，并非用户。用户如果可以设置的话，为什么还要安装浏览器？而广告过滤也是浏览器实现的，如果广告过滤功能无效的话，用户无论选择哪个选项，都不可能实现这个目的。即使在当时看来由于此类浏览器市场占有率低，暂时还没有影响整个视频行业的生存，但是，如果设置这一功能是合法与正当的，那么，势必造成所有浏览器均跟进设置并大肆推广这一功能，到那时中国花费数千亿元建立起来的正规视频行业将会被彻底摧毁。

竞争行为的正当性与否，按照《反不正当竞争法》的相关规定，并非在于技术中立和用户至上，而在于是否对其他经营者的合法经营行为产生了影响并造成了损害。广告过滤，实质上就是未经其他经营者同意，在其合法提供的网络产品或者服务中，强制进行目标跳转，跳过广告直接播放视频，这不仅与视频权利人的权益是否损害无关，也与技术必然优化市场竞争无关。经营者在浏览器中设置广告过滤功能，实际上已经损害了他人的利益，如果不是主观设置的话，怎么可能存在这个功能。所谓主观上不存在故意损害他人利益一说根本站不住脚。过滤了视频网站的广告，实际上已经造成了针对性的，无任何可躲避条件和选择方式的特定性损害，这不能因为广告过滤功能是否可以关闭，类似软件是否可以卸载而发生损害的逆转。

综上所述，笔者认为，在处理此类争议时，不应该将经营者的利益排除于公众利益之外。也不应该一方面认可广告过滤给合法经营者带来了损害，另一方面又认为这种损害达不到不正当竞争的标准（虽然并没有法律规定这个标准），且其他经营者可以通过用户来损害合法经营者的利益。

# 从一起眼罩案看等同侵权判定的路径

朱　宁

等同原则,根植于 1853 年美国最高法院审理的 Winans v. Denmead 案件,[1]旨在保障专利人权益,避免他人对专利要求中技术手段的非实质性改变,轻易规避专利侵权责任。因其易于突破权利要求的文义边界,有损公众对权利公示的信赖利益,如何调适两者关系是各法域中最富有争议的话题。我国台湾地区有认为全面覆盖原则不应成为等同原则的前置条件,[2]此外还有认为单一特征比对方法在具体个案中明显不足。笔者认为组合技术特征比对仍属于全面覆盖原则下的单一特征比对方法,等同原则中的三个基本相同的测试顺序限定不应一成不变,非实质性差异测试可以作为等同判定的第二种路径。

## 一、我国的等同原则

在我国,等同侵权判定须同时满足手段、功能、效果三个基本相同与容易联想的测试(简称三步法测试),采单一技术特征比对方法,还受禁止反悔、明确排除、现有技术的反向制衡。司法解释规定凡是记载于独立权利要求中的技术特征均是必要技术特征,多余指定原则因不符权利公示的教义而被正式罢黜,全面覆盖原则给等同原则圈定了四界。划定两者对应技术特征后,在三步法测试中先行对技术手段的判断,后依次对其功能、效果及容易联想进行判定,是实务中的主流做法。然而有观点认为,在有些案件中,这种逐一比对的方法往往忽

---

[1] Darcy August Paul, The judicial doctrine of equivalents, *Harvard Journal of Law & Technology*, Volume 17, Number 1, Fall 2003, p.250.
[2] 沈宗伦:《专利侵害均等论之过去、现在及未来——我国法应何去何从?》,《东吴法律学报》2007 年第 20 卷第 2 期,第 208 页。

略了技术特征之间的合并与分解,尤其是在遇到被诉侵权技术方案与涉案专利相比,缺少个别技术特征的情况下,就很容易得出不构成侵权的结论。[①] 本文认为前述情况的出现,不完全在于全面覆盖原则下的单一特征比对的问题,主要在于法律界对技术特征与技术手段两者的界定问题。因技术手段处于三步法测试的先决地位,故对技术手段、技术特征及其关系的界定尤为重要。然而何为技术手段、技术特征,立法对此尚无明确规定,实务争议也多源于此。

## 二、一波三折的眼罩案

我国台湾地区称等同原则为"均等论",也受制于全面覆盖原则即"全要件原则",实务中多参考"智慧财产局"的"专利侵害鉴定要点"(简称要点)三步法测试,即"若被控对象之构件,与对应申请专利范围之要件,系以实质相同的技术手段(Way),达成实质相同的功能(Function),而产生实质相同的结果(Result)时,则属于该申请专利范围要件之均等,两者无实质差异"。[②]"要点"在2016版中规定了"可轻易置换测试"与"非实质性差异测试"两种判定路径。

2015年前,我国台湾地区就等同原则与全面覆盖原则的关系上有两派截然相反的观点。有的学者主张采用德国法下的等同原则,放弃全面覆盖原则,采用整体技术方案比对;有的学者主张必须严格遵循美国法下的等同原则,坚持全面覆盖原则,采取单一技术特征比对。为此,我国台湾地区有关部门曾先后邀请德、美两派专利法权威撰文检讨,并展开激烈辩论,[③]同样在上下三级法院司法审判中,就此问题也出现了针锋相对的观点。

在2015年的一起眼罩案中,因涉案专利的权利要求1记载了"主机本体内设有导气管、震动电机及接线板、气泵、泄气阀、报警器部件""侵权产品将气泵、泄气阀、报警器3个部件放在主机本体之外的控制器上,且将导气管放在主机本体与控制器之间"。一审法院认为,侵权产品的主机本体中未包含充气帮浦、泄气阀、蜂鸣器3个部件,且导气管的设置也不相同,该等区别技术手段确有减

---

① 李新芝:《专利侵权判定中等同原则的适用》,《人民司法》2011年第2期,第49—54页。
② 张添榜、王立达、刘尚志:《台湾地区专利法上均等论适用之实证研究:是变奏还是变调?》,台湾交通大学《科技法学评论》2013年第10卷第2期,第1页。
③ 张哲伦:《"最高法院"确立均等论分析由特征比对原则改为整体比对原则》,华艺线上图书馆,http://www.airitilibrary.com,2017年2月28日。

轻主机重量、减轻用户鼻部负荷而达到使用上更为舒适的效果,两者的技术手段及效果存在明显差异,不构成侵权。系争产品采取前述变更部分组件位置之技术手段,既难谓与系争专利实质相同并产生实质相同之结果,自无适用均等论以扩大系争专利之申请专利范围的必要。① 二审法院维持原审判决,也认为两者的技术手段、技术功能、技术效果都不同,主要理由是涉案专利主机本体所能达到之效果为震动、充放气、声音警示多重交互之功能;而系争产品之主机本体除可达到震动、充放气、声音警示等功能外,并因系争产品将主机本体之配置组件减少,可进一步达到减轻主机本体重量之效果。故二者主机本体所欲达成效果并不相同,故系争产品未落入系争专利的第 1 项权利的保护范围。② 我国台湾地区法院将该案第一次发回重审的主要理由:"系争产品就充气泵、泄气阀、蜂鸣器等之位置予以改变,此项置换对其所属技术领域中具有通常知识之人而言,是否可简易思及而加以做到,要言之,是否以实质相同之技术手段,达成实质相同之功能,根本为实质上之相同物,为本件最重要之争点。"该案在后续重审中,"智慧财产法院"依然判决不构成侵权,再次拒绝适用等同原则,并坚持单一技术特征比对,认定两者的技术手段不同,并援用"明确排除原则"认为原告既然在权项中明确排除了主机本体外设置震动泵等部件的位置等特征,且这些特征无法进行简单直接替换,若要替换势必改变连接尺寸,不应当适用等同。

我国台湾地区法院,将该案第二次发回重审的主要理由是:"两者在主机本体上之技术手段确实存在不同,且被控侵权产品将主机本体的配置组件减少,可进一步达到减轻主机本体重量之效果,但就是否所谓减轻主体重量效果而言,重量之多寡与各组件之材质、产制技术之能力与程度等因素息息相关,原审法院并未进行实际鉴测,已嫌疏率;原审既然认定重量与材质及产制技术相关,则此与减轻主机本体重量之效果关联性如何? 其构件是否集中于主体本身,是否影响其所欲达成之效果,并未见说明,亦欠允洽。"

"智慧财产法院"在该案第三次判决中认为:随着科技的进步,导致增加物或方法的复杂性,故有时仅就技术手段、功能及结果等要件比较其相似性,尚不

---

① 中国台湾"台北地方法院"96 年智字第 87 号民事判决书。
② 中国台湾"智慧财产法院"98 年民专上字第 10 号民事判决书。

足以判断系争产品与系争专利是否存在实质差异,就等同原则的发展而言,还存在"非实质改变测试""置换可能性或置换容易性"等理论,以此辅助判断专利与被控侵权物品或方法之实质差异。换言之,三步测试法并非唯一均等检验法,对于专利所属技术领域中具有通常知识者,能扩大专利权利范围之均等范围,仍应就个案具体情形判断,即以系争产品之技术手段产生之功能与结果,对应系争专利之技术特征,探讨所属技术领域中具有通常知识者,是否显而易知,因系争专利的大部分技术特征均表现在系争产品上,差异仅为"充气帮浦、泄气阀及蜂鸣器"的位置设置不同,该位置不同所产生之充放气与声音警示功能,暨气压按摩与声音警示等功效,均与系争专利相同,难认系争产品不适用均等论。该案被"智慧财产法院"第三次采改判两者构成等同侵权。后原审被告不服再诉,台湾地区"最高法院"在再审中认为:查系争产品将系争专利原置于主机本体内之充气帮浦、泄气阀、蜂鸣器移置控制器,依前揭大陆专利案,对所属技术领域中具有通常知识者,有置换可能及容易性,成立均等。

可见,我国台湾地区法院在该案中欲为等同侵权判定开辟新路径的决心,虽认可两者技术手段不同,但未采用三步测试法的单一特征比对,改采"可轻易置换测试"的整体技术比对,认定该等区别技术手段存在简单置换性且容易联想。我国台湾地区学者多赞成法院在上述眼罩案件的整体比对做法,① 同时也有认为上述案件采用整体比对的方式不足取。在认定两者技术手段存在不同的情况下,我国台湾地区法院并未采用三步法测试,而是采用了可轻易置换原则来判定,以功能与技术原理为切入口,就两者结构的不同是否会减轻主机本体重量效果的问题,采用了因果关系的客观判断手法准确捕捉到两者的对应技术特征,弱化了与技术问题无关的细微区别特征,通过可轻易置换性测试认定两者构成等同侵权。我国台湾地区明确了"可轻易置换原则"单独作为一个等同侵权判定的方法路径,并进一步明确了全面覆盖原则是两者对应技术特征的比对,而不是不加甄别地对两者的单一技术手段进行比对,且认为因不同技术手段导致功能效果的微小变化,尚不足以排除等同原则的适用。

---

① 谢铭洋:《知识产权法发展专题回顾:近年来台湾地区智慧财产判决回顾》,《台大法学论丛》2016 年第 45 卷,第 1738—1739 页。

## 三、"华纳·詹金森(Warner-Jenkinson)案"与个案概述

1997年美国最高法院在"华纳·詹金森(Warner-Jenkinson)案"中对等同原则发展的100年后做了较为全面的总结,明确放弃"格拉夫(Graver Tank)案"的三步法测试(功能—手段—效果)中的整体技术方案比对路径,创立了全面覆盖原则(All Element Rule)采用单一技术特征(element by element)比对路径,[1]并给出了三个重要的启示:① "非实质性差异测试"与"三步法测试"均可作为等同侵权判定的路径,认为三步法测试较为适合机械结构领域,但是对分析其他产品或方法发明而言,这样简单的判定模式明显不足取;② "非实质性差异测试"对于在何种条件下两者才构成非实质性差异,缺乏更进一步的教导;[2]③ 在"格拉夫(Graver Tank)案"判决出台的近50年后,本判决所谓的该要件达到该功能的手段,不是指该手段本身所达到的功能,而是明确要以权利范围要件的功能为导向,似乎已经暗示需先决定权利保护范围要件功能之后,找出被控对象达到该功能的对应手段,再来判断效果。基于此,美国联邦最高法院对三步法测试,似乎已经有不同见解。[3] 美国还有观点认为,虽然等同判定须以单一特征比对为基础,但并不再认为只能按照三步法测试来判定是技术特征的等同,目前更多的是判定两者技术特征是否存在非实质性差异,即在侵权时应根据现有专利文献与技术,判定两者的技术特征是否存在可替换性。[4]

2017年美国联邦地区法院在"Choon's-Tristar案"中对等同原则也作了简要概述,认为美国法下至少存在两种等同判定路径,"非实质性差异测试"并非

---

[1] Warner-Jenkinson Co. v. Hilton Davis Chem. Co., 520 U.S. 17(1997). 在确定专利的保护范围时,权利要求中的每一个技术特征应当被推定为是十分重要的(不应当被忽略的、必不可少的)。此外,在适用等同侵权判断时也应当将权利要求中的技术特征的逐一比对,而不是对于专利发明的整体比对。

[2] Warner-Jenkinson Co. v. Hilton Davis Chem. Co., 520 U.S. 17(1997). 包括案件当事人与美国联邦上诉法院投入了大量的时间来讨论,采用所谓的"三个基本相同"的等同侵权的判断方法是合适的,比如,强调功能是权利要求中的一项特定的技术特征所产生的,技术手段作为一个技术特征服务于功能,技术效果是通过所述的技术特征来获得的;或者还是采用一个无实质性差异的测试方法更为合适。就此而言,大部分的观点认为,三个基本相同的测试更适合机械设备领域,但是在分析其他一些产品或方法发明时,这种简单的判定模式明显不足取。

[3] 张添榜、王立达、刘尚志:《台湾地区专利法上均等论适用之实证研究:是变奏还是变调?》,《科技法学评论》,2013年第10卷第2期,第50页。

[4] Ray D. Weston, A Comparative Analysis of the Doctrine of Equivalents, IEDA-The journal of law and technology, 39 IDEA 35, 1998—1999, p.47.

不可以优先"三步法测试"使用,并强调等同判定下的单一特征比对,并非要求对两者各自组件一对一的比对,各种元素和步骤组合后也可以构成实质上的等同,认为如果一名理性的裁判者可以发现"被诉技术方案与权利要求两者存在非实质性差异的,或者两者的区别特征在功能、手段、效果上构成等同替换的情况下,法院不应当做出不构成等同侵权的简易判决"。[1] 可见,美国法下的等同判定中的"三步法测试"可以是功能—手段—效果的判定顺序。

## 四、对等同判定路径的思考

(一)技术手段、技术特征的概念

我国立法对侵权比对中的技术手段、技术特征的界定语焉不详。《专利审查指南》2010年版中认为"专利法第2条第3款所述的技术方案,是指对要解决的技术问题所采取的利用了自然规律的技术手段的集合。技术手段通常是由技术特征来体现的"。《专利法司法解释二》(公开征求意见稿)第7条规定的"技术特征,是指技术方案中能够相对独立地实现一定的技术功能,并产生相对独立的技术效果的最小技术单元"。我国台湾地区《专利侵权判定要点》中认为"技术手段为技术特征所构成,其系实现申请专利之发明的内容,亦即申请人为解决问题而获致功效所采取之技术内容(技术方案)"。[2] 实务中有观点认为"技术手段可以理解成为解决某一技术问题,利用某一工作原理的工程化实施方式"。[3] 此外,北京市高级人民法院《专利侵权判定指南》2013年版第44条[4]与2017年版第46条[5]对"基本相同的技术手段"的定义变化可见技术手段作为技术特征的上位概念,两者是包含与被包含的关系。

(二)等同判定的客体与方法

只有为解决特定技术问题,能单独实现特定的功能、达到特定效果的最小

---

[1] CHOON'S DESIGN INC., Plaintiff, v. TRISTAR PRODUCTS, INC., Defendant. 14 - 10848 U. S. (Dist. 2017).
[2] 我国台湾地区"智慧财产局":《专利侵权判定要点》,2016版,第3页。
[3] 张晓阳:《等同特征判断标准在专利侵权纠纷案件中的适用问题》,《专利代理》2016年第1期,第47页。
[4] 北京市高级人民法院:《专利侵权判定指南》(2013年),第44条:"基本相同的手段,一般是指在被诉侵权行为发生日前专利所属技术领域惯常替换的技术特征以及工作原理基本相同的技术特征。"
[5] 北京市高级人民法院:《专利侵权判定指南》(2017年),第46条:"基本相同的手段,是指被诉侵权技术方案中的技术特征与权利要求对应技术特征在技术内容上并无实质性差异。"

单元的技术特征,才是等同侵权判定的客体。申言之,技术手段在形式上的差异,并不意味着两者的技术特征存在实质性差异。为此,美国法下的全面覆盖原则(全要件原则)也可佐证,等同判定下的单一特征比对,并非要求对两者各自组件一对一的比对,各种元素和步骤组合后也可以构成实质上的等同。台湾地区多有观点亦认为"均等判断适用全要件原则时虽是作为均等范围之一限制,但运用上仍可保持弹性,不致因某一不具有实质重要性元件之未对应,即遂认为不符合全要件原则而否定均等侵害之可能,造成判断上之僵化失准"。[①]鉴于等同侵权比对客体限于两者对应的技术特征,因此组合技术特征的比对与全面覆盖原则下单一特征比对并不冲突。无独有偶,北京市高级人民法院《专利侵权审判指南》2013年版第50条及2017年版第52条均明确可以将两者对应的技术特征组合比对。[②] 故,等同侵权比对下的对应技术特征,应指为解决特定技术问题,可单独发挥特定技术、功能作用的最小技术单元的单一或组合技术特征。组合技术特征比对方法并未与全面覆盖原则下的单一技术特征比对不符。

(三)等同侵权判定的顺序

我国对等同判定是采用三步法测试的单一判定手法,强调技术手段处于重要的先决性地位,极易导致三步法测试的侵权判定止于技术手段的甄别阶段,认定两者技术特征存在不同,而不构成侵权。从美国法下的三步法等同侵权判定方式看,是先决定权利保护范围要件功能(Function)后,再找出侵权产品为达到功能(Result)而采取的技术手段(Way)再判断效果(Result)。

(四)非实质差异测试可以弥补等同判定中三步法测试的不足

我国的等同判定中强调对技术手段的判定且先于功能、效果判定,在被诉侵权产品缺少权利要求中的对应部件时,会引起两者位置、连接关系等无足轻重的细微变化,此时宜于使用组合技术特征的比对手法,否则极易割裂区别技术手段在特定构造中的关联性和协同性,无法捕捉到其在特定构造下具有的与权利要求基本相同的功能和效果的对应技术特征,继而将"单一特征比对"偷换

---

[①] 陈秉训:《在均等论下,被控均等物和系争限制条件之间的非对立性——以美国专利侵权判决2006年的Planet Bingo, LLC v. Gametech Int'l, Inc.案为中心》,《月旦知识库》,www.lawdata.com.tw,2017年2月24日。

[②] 等同特征,可以是权利要求中的若干技术特征对应于被诉侵权技术方案中的一个技术特征,也可以是权利要求中的一个技术特征对应于被诉侵权技术方案中的若干技术特征的组合。

成"单一部件比对"的思维误区,上述眼罩案便是典型的侵权规避设计。2017年的北京市高级人民法院《专利侵权审判指南》第46条"基本相同的手段,是指被诉侵权技术方案中的技术特征与权利要求对应技术特征在技术内容上并无实质性差异",似乎是给技术手段的判断提供了一个类似无实质性差异测试的方法,事实上在技术功能、技术效果的判定上,也可以引入无实质性差异测试的方法,对此2013年北京市高级人民法院发布的《专利侵权审判指南》第46条对基本相同的效果的界定中也引入了一个类似无实质性差异的测试。

正如一位资深的德国专利法官所言"重要的不在于条文表述上的完美,而是每位法官根据这一原则对每一个等同侵权行为的准确判断"[①],也如在"格拉夫(Graver Tank)案"中美国联邦最高法院认为"如何构成专利法下的等同,应当考虑发明构思的技术内容、在先技术,以及个案特别情形。专利法下的等同原则并非公式的囚徒,且绝对不能在一个封闭的真空状态下凭空判定"。[②]

---

[①] 陶凯元:《解读最高人民法院司法解释、指导性案例(知识产权卷)》,人民法院出版社2016年版,第294页。
[②] Graver Tank & Mfg., Co. v. Linder Air Prods.Co., 339 U. S. 605. 608(1950), pp.856-857.

# 金庸诉江南——同人作品侵权谈

邱政谈　孙黎卿　翁才林[①]

2018年8月16日,广州市天河区人民法院对查良镛(笔名:金庸)诉杨治(笔名:江南)、北京联合出版有限责任公司(简称联合出版公司)、北京精典博维文化传媒有限公司(简称精典博维公司)、广州购书中心有限公司(简称广州购书中心)著作权侵权及不正当竞争纠纷一案作出一审公开判决。法院判定此案被诉行为不构成著作权侵权,但构成不正当竞争,金庸因此获赔经济损失168万元,并全额获赔20万元维权合理费用。本案有以下值得关注的特点。

## 一、本案原告是金庸先生本人,而无获转授权的其他权利人

早在2013年7月,金庸先生就委托过北京畅游时代数码技术有限公司(简称搜狐畅游)和完美世界(北京)软件科技发展有限公司(简称完美世界)两家公司在国内开展了一场针对金庸作品改编游戏的轰轰烈烈的维权事件。据悉,仅《大掌门》一款游戏,维权方就获得了1 000万元的和解金。这场维权风暴被下架的游戏多达百款,维权所获赔偿自然不是小数。

而本次维权的一大特点就是金庸本人作为唯一原告。这与2015年轰轰烈烈的琼瑶诉于正案、温瑞安诉玩蟹案一样,都是享有很高知名度的原始权利人(本身具有很强的社会影响力)作为原告诉讼,这比委托他人维权表达出了更多的信息。

如网友所言,老先生本意若是养肥了江南再宰,大可不必亲自出马,委托他人帮忙维权就是了,法院判决不会因为不是金庸本人做原告就降低赔偿。委托

---

[①] 翁才林,上海融力天闻(海口)律师事务所主任、上海融力天闻律师事务所高级合伙人。执业20年以来,翁律师团队长期服务于央视、优酷、爱奇艺、腾讯、新创华等企业,荣获ALB、钱伯斯等法律大奖。

别人，自己还省心省力，金老已是耄耋之年，含饴弄孙深藏于利，岂不好呀！

那自己维权与他人维权有何不同呢？更多的便是金庸先生想要站出来表达一些态度了。

## 二、案件诉的案由有两个：一是著作权侵权，二是不正当竞争

在版权维权案件中，会使用到"两个兜底"。由于中国知识产权框架不尽完善，存在许多新的侵权方式是《著作权法》里无明文可规制的，所以，在诉讼中我们会用《著作权法》第9条第17款"应当由著作权人享有的其他权利"来主张侵权。但这一兜底并不是万全之策，所以在版权维权中还会以"诉不正当竞争"作为诉讼手段。《反不正当竞争法》就是规制违反市场公平竞争、诚实信用等基本原则的行为。《著作权法》若无法有效保护著作权人权益，《反不正当竞争法》往往会挺身而出。对于此案，是否构成著作权侵权或不正当竞争，在后文法律分析部分将重点分类分条叙述。

（一）著作权侵权层面

1. 从著作权角度看《此间的少年》（简称《此间》）是否是侵权作品

（1）单纯的人物名称不具有可版权性。这应当属于业界的共识了。因为人物名称最主要的作用仅仅是标识，虽然在一定程度上体现了作者的独创性（如令狐冲、慕容复等），但是由于姓氏＋名的组合表达空间十分小，且组合而成的名称很可能会与他人相同，所以如果人物名称可版权的话，会出现后人在创作文学作品时无名可用的情形（在2050年青春校园小说的主人公就可能只能叫上官齉齇了）。那么，聪明的网友也就找到了一条发财致富的道路了：写一部数以千万字的小说，小说里列举数以万计的人物名称。接下来的50年，即可在全国各地以收授权费为生。

以上为笑谈。从《著作权法》立法价值上看的话，其是为了鼓励文化创造进而引导文化传播，人物名称若独立于整部作品而享有著作权的话，就会阻碍文化创造和传播，这自然与立法价值冲突。

各位金庸粉网友别急，《此间》也绝非此类使用单纯的人物名称的情形。但有一部分网友可能未对《此间》作过研读，仅就道听途说和一些浅层的认知（《此间》里人物名称用的都是金庸先生小说里的人物名称）就下定论说版权侵权便有些轻佻了。

（2）《此间》利用了人物名称、人物部分性格、人物部分关系，是否构成著作权侵权？欲作法律研究，便要先作事实研究。笔者读完《此间》后做了如下对比表（见表1），来比对《此间》与金庸先生的作品。

表1 人 物 对 比

| 人物 | 书目 | 金庸作品 | 《此间的少年》 |
|---|---|---|---|
| 王语嫣 | 性格特点 | 痴情于表哥慕容复,自幼与世隔绝不谙世事,文静,绝美,被段誉称为神仙姐姐,漠视段誉的追求,但有同情心,心地善良。 | 文静,内秀,美丽得过分,校花级别,很受其他女生嫉妒；漠视男生的追求,有同情心,容易内疚。 |
| | 人物关系 | 单亲家庭；是段正淳与李青萝之女；与慕容复是表兄妹关系,青梅竹马；与段誉结为夫妇。 | 单亲家庭；只有黄蓉一个好朋友；是慕容复的表妹；段誉追求其,未果。 |
| | 基本情节 | 王语嫣生长于一单亲家庭,与段誉于曼陀山庄相见,段誉一见倾心,后结伴外出寻找表哥慕容复。历经千难万险,王语嫣仍对慕容复痴情不改,后王语嫣因慕容复种种行为而心灰意冷,于井中与段誉定情。两人为王夫人所擒,发现王语嫣身世,段誉震惊不已。后经刀白凤澄清,终于二人结为夫妇。 | 王语嫣生长于一单亲家庭,家境优渥。表哥慕容复来京投靠,被其母嫌弃,王语嫣感慨表哥与母亲抗衡气度不凡,追随表哥考上汴大。因一个月每天走过段誉寝室,段誉为之美貌倾倒,段誉展开一系列追求,最终无果。 |
| 郭靖 | 性格特点 | 生性单纯刚直,重孝义、勤奋、爱国。对黄蓉深情,用心。宅心仁厚,对他人宽容。 | 憨厚,老实,单纯,讲义气,勤奋。对黄蓉用心。热心肠,充满活力。 |
| | 人物关系 | 宋朝名门之后,父亲为郭啸天。杨康的结拜兄弟,黄蓉的丈夫。 | 黄蓉的男友,杨康的室友。 |
| | 基本情节 | 郭靖从小在草原长大,后为报杀父之仇来到中原,遇见黄蓉一见倾心。二人巧遇洪七公,郭靖从而学会降龙十八掌。在桃花岛比武招亲,娶到了黄蓉。 | 从小在草原长大,为来汴大上学来到中原,遇见黄蓉,郭靖木讷并无感觉。黄蓉因郭靖一个月的照顾而渐渐倾心,在黄蓉的暗示之下,郭靖最后和黄蓉成为情侣。 |

通过表1不难发现,在人物性格上《此间》使用的人物与金庸作品中人物的性格存在很多相似之处。同时,在基本情节方面也存在相似的地方。

从《著作权法》的基本价值层面看,立法本意是保护作者思想的"表达",而不保护单纯的思想。试举一例,《天龙八部》里段誉与王语嫣相爱却发现是失散多年的兄妹,剧情反转,最后又发现段誉不是段王爷之子,实现了故事剧情的跌宕与完满。该情节即可描述为"某人之子与美女相爱,却发现美女系某人当年在大明湖畔风流的结晶,造成一对璧人出现兄妹乱伦的境遇。最后发现某人之子非某人所生,璧人从此幸福生活",这种情节仅属于思想层面。无法受到《著作权法》的保护。

而若对该桥段进行更多的描述,加入时间、地点、人物、起因、经过、结果、情节延续、事件发展方式等,就落入《著作权法》所保护的"表达"的范畴了。

回到《此间》一案,上表中标出的基本情节的相似之处到底是属于表达的范畴还是思想的范畴呢?这在实践层面存在"思想"和"表达"的界限模糊问题。根据王迁教授的观点,在比对被控侵权作品与原作品的情节时应从以下三点进行综合考虑。

① 要比对被控侵权作品与原作品具体情节相似的程度。情节可能极为抽象也可能十分具体,情节越抽象就越容易落入"思想"的范畴,反之就容易被归为"表达"。

"《红楼春秋》案"中,1989年红学爱好者霍某发表论文《〈红楼梦〉中隐去了何人何事》,提出了《红楼梦》用隐晦首发揭示雍正皇帝暴死的原因。认为曹雪芹的青梅竹马竺香玉被雍正纳为皇后,后曹与竺合谋用丹砂将雍正毒死,事毕竺自杀,曹写下了《红楼梦》。后一红学爱好者富某看到该论文受到启发,写了一部25万字的小说《红楼春秋》并出版。正是围绕霍家姐弟提出的观点展开小说的故事叙述的。后霍家姐弟提起诉讼,最后法院认为富某行为不构成侵权。可以看出,法院认定论文中的观点虽然具有一定的情节,但仍属于"思想"的范畴。因为这一观点表达出的情节极为抽象,所以被法院归入了"思想"而不受《著作权法》的保护。

回归金庸诉江南《此间》这个案件,《此间》中有许多段誉追求王语嫣的情节,与金庸作品中段誉追求王语嫣相似,但《此间》情节立足的历史背景、环境、故事发生时间,以及段誉追求王语嫣的具体的经过(坚持晨跑为一睹芳颜,邀请王语嫣听音乐会,学习普希金诗歌)都与金庸《天龙八部》里的情节"表达"相去甚远。相同的只是"一个痴情男子苦苦追求一个女子"的极为抽象的主题"思想"。仅举一例,不一一对比。

② 要比对被控侵权作品对原作品情节使用的量,只有达到一定的量,构成整部作品的实质性相似,才会被认为属于侵权作品。

"琼瑶诉于正案"中,法院提出认定实质性侵权的方法,法院先将表达与思想区分(剔除公知素材、必要场景、有限表达等),对两部作品的表达从人物、人物关系、事件发展、因果关系等方面进行比对。最后,法院认定被控侵权作品与原作品存在十几处重要情节的相似,且因果关系、时间顺序都具有一致性。而这些情节基本构成原作品的故事内容架构,占相当大的比例。最后,总体认定其对原作品情节使用达到相当数量,构成实质性相似。

"完美世界(北京)软件有限公司诉上海野火网络科技有限公司等侵害作品改编权纠纷、虚假宣传纠纷、其他不正当竞争纠纷案"中,法院认为,被告开发的游戏与金庸小说《笑傲江湖》中部分人物名称相同或相似,人物关系、故事情节发展也相同,从情节角度认定构成实质性相似,从而认定被告侵犯著作权。另一方面,法院认为被告开发游戏与金庸《倚天屠龙记》《射雕英雄传》和《神雕侠侣》虽然存在人物名称和人物关系的相同,但在故事情节比对方面原告无法举证,仅凭人物名称和关系的相同无法认定构成实质性相似,所以,否定了原告认定被告侵犯相应作品著作权的诉请。不难看出,法院审判标准也是依据"思想"和"表达"二分法,只有人物关系和名称相同不能够直接认定属于实质性相似(更多地落入"思想"中),而应当综合人物名称、关系、故事情节发展等要素(落入"表达"中)考量才可认定实质性相似。

回归"金庸诉江南《此间》案",《此间》中并无过多与金庸先生小说里相同或相似的情节。若说有也只能是郭靖和黄蓉在一起这样的情节,但据前文所述,这是一种抽象的情节,所以很难落入"表达"的范畴。在这一层面分析,《此间》对于金庸先生作品情节的使用很难达到侵权的程度。

③ 要确定被控侵权作品与原作品相同的情节是否落入了公共领域。被前人大量使用,或落入公共领域,以及缺乏独创性的情节不受《著作权法》的保护,也就无法控告其他作品利用该情节为侵权。

"《西游记》同人小说《悟空传》案"中,《悟空传》在作品的主要情节和人物关系上沿用了《西游记》的内容,且在具体情节方面也对《西游记》中的情节进行改编,所以《悟空传》构成对《西游记》的侵权了吗?当然没有,因为《西游记》早就落入了公共领域,公众可以自由对《西游记》进行改编、复制、发行等行为。

经过以上三方面综合考量后的情节比对,可较为全面地分析被控侵权作品和原作品之间是否构成实质性相似,这对于法院认定侵权的司法实践也有重要意义。

纵观《此间》全书,由于其立足的历史背景、环境、故事发生时间、具体情节经过等都与金庸作品存在明显区别,仅在人物性格(思想)和人物名称(虽是表达,无可版权性)方面相同,将很难构成在"表达"层面的实质性相似。而著作权侵权认定的公式是"接触＋实质性相似"。如果两部作品构成了实质性相似,且无排除合理使用等法定抗辩理由,那么,就可以认定作品构成侵权。至于被告利用该侵权作品的行为侵犯了何种专有权利,这需要根据被告的行为和侵权内容特征进行讨论。

所以,凭目前的情况来看,《此间》在《著作权法》层面恐怕很难认定构成对金庸先生作品的侵权。

2. 从改编权与保护作品完整权两个角度看《此间》是否是侵权作品

从《此间》的后记中可以看出,江南本人是认可《此间》是一部同人小说的,关于同人小说的内涵和外延已经随着时代而发生变化。但是,分析同人小说侵犯著作权的问题,一般分为"改编权"侵权和"保护作品完整权"侵权两个角度。

(1)《此间》"改编权"是否侵权? 根据《著作权法》规定,改编权是改变作品,创作出具有独创性的新作品的权利。相较于在先作品,改编作品具有独创性,构成了新作品,同时,改编作品与在先作品之间又必须具有表达上的实质性相似,只有在保留在先作品基本表达的情况下通过改变在先作品创作出新作品,才是《著作权法》意义上的改编行为,否则,该改编完成的作品即属于独立创作完成的新作品,与在先作品不存在关联,亦不涉及对在先作品的侵权。所以不难发现,改编权的改编行为应当符合如下三个要素:① 在原作品的基础上进行,改编作品应当包含原作品的内容,即改编作品应当在"表达"上与原作品达到"实质性相似"的标准,否则,所作作品就具有独创性从而成为一个享有著作权的新作品了;② 进行了独创性的修改从而创作出新的作品,但是需保留在先作品基本的"表达";③ 改编作品是针对原作品"表达"的不同方式的创作。如果改编作品脱离了原作品的基础且在内容的"表达"上没有与原作品构成实质性相似,就很难说被控侵权人创作该作品的行为构成改编权侵权。

"温瑞安诉玩蟹公司著作权侵权纠纷案"很好地确定了改编权侵权判定的标准。法院认为,根据《著作权法》的规定,改编权,即改变作品,创作出具有独创性的新作品的权利。改编权是著作权人一项重要的财产权利,著作权人有权自行改编作品或授权他人改编作品,除法律另有规定外,他人未经著作权人许可改编作品的行为构成侵权。通常而言,理解改编权,需要考虑以下三个方面:① 改编权的行使应以原作品为基础;② 改编行为是进行独创性修改而创作出新作品的行为;③ 改编涉及的独创性修改可以是与原表达相同方式的再创作,如将长篇小说改编为短篇小说,也可以是与原表达不同方式的再创作,如将小说改编为美术作品或电影。

所以,判定改编权侵权应遵循这样一个思路:首先,判定"改编作品"是否在"表达"上与原作品存在内容上的实质性相似。如果不存在实质性相似,该作品应当为一个具有完整著作权的新作品,当然不构成改编权侵权。其次,如若存在内容上的实质性相似,那么,再次检验该作品是否进行独创性的修改。最后,确定该作品是否是针对原作品"表达"的不同方式的创作(如对某一作品进行同义词替换,将某小说作品人物名称进行更改、替换等)。

回归到"金庸诉江南《此间》案",代入至判定改编权侵权的思路中可以发现,在第一步中,《此间》的情节使用与"实质性相似"还有一些差距,如果法院最终未认定《此间》与金庸作品构成"实质性相似",那么,恐怕也难以认定构成改编权侵权。

(2)《此间》"保护作品完整权"是否侵权?《著作权法》第10条第1款第4项规定,保护作品完整权即保护作品不受歪曲、篡改的权利。

"陈世清与北京快乐共享文化发展有限公司等侵害保护作品完整权纠纷案"中,法院认为:一般来说,在作品发表之时,原则上必须尊重作品的全貌,如果此时改动作品,会损害作者的表达自由,因为,作者有权以自己选择的方式表达思想,此时可采主观标准。采主观标准,有利于加大对著作权的保护,增强公众尊重他人权利、维护他人作品统一性的意识。此外,《著作权法》规定的保护作品完整权并没有"有损作者声誉"的内容,应当认为法律对保护作品完整权的规定不以"有损作者声誉"为要件。另外,是否包含"有损作者声誉"的限制,涉及权利大小、作者与使用者的重大利益,对此应当以法律明确规定为宜;在《著作权法》尚未明确作出规定之前,不应对保护作品完整权随意加上"有损作者声誉"的限制。保护作品完整权维护的是作品的内容、观点、形式不受歪曲、篡改,其基础是对作品中表现出来的作者的个性和作品本身的尊重,其意义在于保护作者的名誉、声望,以及维护作品的纯洁性。从这个意义上说,即使未对作品本身作任何改动,但使用方式有损作者的名誉、声望的,亦属于对作者人格的侵害,可以通过保护作品完整权予以规制。同时,不论使用者是恶意还是善意,是否出于故意,只要对作品的使用客观上起到歪曲、篡改的效果,改变了作品的内容、观点、形式,就应判定构成对作品完整权的损害。

此案法院认为,保护作品完整权的内容是:维护作品内容、观点、形式不受歪曲、篡改,从而对作者个性和作品表现尊重,意义上说是为了保护作者的名誉、声望和维护作品的纯洁性。但是没有认定"损害原作者声誉"作为要件。而另一个案件,《鬼吹灯》作者诉《九层妖塔》出品人侵犯保护完整权纠纷案中则确定了"损害原作者声誉"这一要件。

但没有争议的是,如果被控侵权人实施了改变作品的行为,且对作品内容、观点、形式进行了歪曲篡改,且该行为对于作者表达的个性造成了影响,进而破坏了原作品的纯洁性,那么应当认定为保护作品完整权侵权。

回归到金庸诉江南《此间》这个案件,虽然《此间》利用了金庸作品中的人物名称和部分人物关系,但整体上看未对金庸原作品进行歪曲和篡改,也未对作者表达个性造成影响,原作的纯洁性完满。所以,《此间》应该是避过了保护作品完整权侵权这一雷区。

(二)不正当竞争层面

1. 不正当竞争的类型

① 混淆行为:是指经营者在市场经营活动中,以种种不实手法对自己的商品或服务作虚假表示、说明或承诺,或不当利用他人的智力劳动成果推销自己的商品或服务,使用户或者消费者产生误解,扰乱市场秩序、损害同业竞争者的利益或者消费者利益的行为;② 虚假宣传行为:是指经营者利用广告和其他方法,对产品的质量、性能、成分、用途、产地等所作的引人误解的不实宣传。各类虚假广告和其他虚假宣传,或乱人视听,有害社会主义精神文明;或直接误导用

户及消费者,使其作出错误的消费决策,引发了大量社会问题;或侵犯其他经营者,特别是同行业竞争对手的合法利益,造成公平竞争秩序的混乱;③ 商业贿赂行为:是指经营者为争取交易机会,暗中给予交易对方有关人员或者其他能影响交易的相关人员财物或其他好处的行为;④ 侵犯商业秘密行为:是指以不正当手段获取、披露、使用他人商业秘密的行为;⑤ 低价倾销行为:是指经营者以排挤竞争对手为目的,以低于成本的价格销售商品;⑥ 不正当有奖销售:是指经营者在销售商品或提供服务时,以提供奖励(包括金钱、实物、附加服务等)为名,实际上采取欺骗或者其他不当手段损害用户、消费者的利益,或者损害其他经营者合法权益的行为;⑦ 诋毁商誉行为是指经营者捏造、散布虚假事实,损害竞争对手的商业信誉、商品声誉,从而削弱其竞争力的行为。

以上7个类型是在《反不正当竞争法》中明文列举的主要的不正当竞争行为,而同人作品侵权案提出不正当竞争这一个要点,其法理基础又是什么呢?落实到同人作品这一特别的领域,从不正当竞争的角度应该如何分析?

我们需要明确同人作品的类型,并针对不同同人作品类型来进行分析。

2. 同人作品的分类

① "演绎类"同人作品,这种形式的同人作品是延续了原作品的诸多表达,在其原基础上进行一些改变表达方式的创作,从而使得同人作品与原作品在形式上产生差异,但从本质上看,二者表达的内容并无过多差异。大家也都发现了,演绎类的同人作品,其实就是一种对于原作品的改编行为。所以,这一类同人作品是可以受到著作权法的规制的。② "非演绎类"同人作品,这种作品可能只是利用了原作品中的人物(包括名称、性格、部分人物关系等),并没有在原作品的基础上进行创作,在情节方面与原作品也大不相同。《大话西游》就是一个很好的"非演绎类"同人作品的例子,完全跳脱了原作品《西游记》的故事情节,重新架构了事件、背景、世界观,所创作的情节也与原作品相比无法达到"实质性相似"的标准。这类作品在著作权法的层面是无法受到规制的。但是,这并不意味着这类同人作品的原作品权利人就无法得到权利救济。需要特别指出的是,《著作权法》本质上是一种公共政策的产物,是相对意义的垄断权。立法可对《著作权法》中规定的权利人享有的权利进行保护,而规定之外的,法律则无力予以保护。所以,当《著作权法》难以维护权利人合法权利时,就需要其他法律法规予以救济了。

3. "非演绎类"同人作品不正当竞争层面分析

因为不受《著作权法》规制,所以我们主要针对"非演绎类"同人作品来进行不正当竞争层面的分析。

被控侵权人创作同人作品的行为好像很难符合前述的 7 大类在《反不正当竞争法》中列举的不正当竞争行为。但是,不能据此就直接认定不构成不正当竞争行为。因为《反不正当竞争法》的立法本意是为了规制市场行为,引导经营者遵守平等、自由、诚实信用的原则。而根据《反不正当竞争法》第 2 条:经营者在市场交易中,应当遵循自愿、平等、公平、诚实信用的原则,遵守公认的商业道德。本法所称的不正当竞争,是指经营者违反本法规定,损害其他经营者合法权益,扰乱社会经济秩序的行为。这一条相当于《反不正当竞争法》中的兜底条款。

"北京百度网讯科技有限公司诉青岛奥商网络技术有限公司等不正当竞争纠纷案"裁判要点为:从事互联网服务的经营者,在其他经营者网站的搜索结果页面强行弹出广告的行为,违反诚实信用原则和公认商业道德,妨碍其他经营者正当经营并损害其合法权益的,可以依照《反不正当竞争法》第 2 条的原则性规定认定为不正当竞争。最高人民法院的这一指导性案例,基本确定了被侵权人可利用《反不正当竞争法》第 2 条的原则性规定来兜底。我们可以看到该案中"从事互联网服务的经营者,在其他经营者网站的搜索结果页面强行弹出广告的行为"难以符合上列 7 种不正当竞争行为,所以用《反不正当竞争法》第 2 条予以保护。

而落实到针对"非演绎类"同人作品的维权思路,也可以类比该案。同人作品的作者和原作者当属具有竞争关系的经营者。而"非演绎类"同人作品作者未经原作者授权即创作该同人作品并商业发行的行为主观上是具有相当程度的恶意的,同时其未经允许的使用原作品人物名称等元素有"搭便车"的嫌疑。一般而言,原作品相较于同人作品都更有知名度,人们往往会因为看了原作品后进而关注同人作品,同人作品可以因"搭便车"而获得依附于原作品的价值而产生的额外价值。而同人作品的创作客观上借用了原作品的智力成果,这种行为违反了《反不正当竞争法》第 2 条的经营者应遵守诚实信用原则和公认商业道德。所以,笔者认为针对"非演绎类"同人作品维权可利用《反不正当竞争法》第 2 条进行兜底。

具体到金庸诉江南《此间》侵权这个案子,虽然在著作权法层面可能较难认定为著作权侵权,但是在不正当竞争这个层面,金庸先生应该还是有相当大的胜算的。正如很多读者所言,《此间》借用金庸先生的作品使得这部普通的校园小说增色不少。并且《此间》借用的人物,使得其可以免花笔墨去描述人物性格,因为金庸先生作品刻画得太入骨,已经深入人心。同时,《此间》客观上也存在"搭便车"的行为,江南本人在《此间》后记中提道:"《此间》中使用的人名无一例外出自金庸先生的十五部武侠小说,这是初稿读者们一直争论的焦点。有的朋友十分喜爱这种人物的位移,也不乏朋友之意这种传自日本的同人风格作品是否有足够的独创性,还有朋友进而认为故事的表皮不重要,大家只是在阅读虚幻里真实的感动。而在我个人,我使用这些特殊的人名并无太多的构思,我只是非常喜欢……"正因为金庸先生原作品的作用,使得《此间》在传播方面大受裨益。

如果在诉讼中,金庸先生还能拿出在发行《此间》时出版方对于《此间》的报道中含有诸如"金庸小说人物的校园生活"之类宣传语的证据(攀附商品),那么,将对不正当竞争层面的诉讼十分有利。

(三)商标法层面

1. 使用已注册商标的元素是否侵权

金庸先生塑造的这些人物形象十分深入人心,那么如果将其注册为商标后,江南再于《此间》中使用这些人物形象,是否会产生商标法层面上的侵权关系呢?

原作品作者在其作品中某些元素已经取得一定知名度后,将这些元素注册为商标,使得这些元素具有了标识一定商品的作用。此时,同人作品的作者使用这些元素创作同人作品时,本质上不是对这些元素的商标性使用,也即这些元素用于同人作品并不是起一种标识商品(将某种商品与其他商品区分)的作用。这些元素是同人作品的重要组成部分,但并不能简单因此就认为由于同人作品含有这些元素,就是一种标识的商标性使用行为。所以,即使原作者注册或授权他人注册原作品中某些元素作为商标,其也很难从商标法的层面对同人作品作者主张权利。具体到本案,金庸先生也无法从商标法层面对江南主张权利。

2. 抢注作品元素为商标的行为如何规制

但是,对于原作者来说,在商标法层面应当重点关注另外一个方面的问题:

他人未经原作者许可，将原作品中某些元素抢注为商标，原作者该如何维护自己的权益？

在知识产权法层面，知名作品的元素可能可以构成商品化权，其在法理上也有一定存在的必要性。首先，由于原作者创作作品的知名度可以带来相应的商业价值和商业机会，原作品的受众对于带有其作品元素的商品或服务具有一种移情的现象，也即是说受众会将其对原作品的喜爱和关注投射到带有其作品元素的商品或服务上。其次，原作者创作作品投入了大量的劳动和其他成本，如果商品化权不对其加以保护的话，就会导致他人搭便车抢注元素为商标的行为，损害市场竞争秩序。最后，从商品化权的角度进行保护，可以有效激发原作者的创作热情，从而推动文艺事业的发展，最终惠及社会大众。但是，由于我国对商品化权研究的起步较晚，所以，现行法律并未对其进行明确规定，但是并不代表原作者在针对越来越多的抢注商标的行为时束手无策。

在司法实践中，对于商品化权的保护最早体现于"丹乔公司商标异议复审行政诉讼案"中。最终法院认定，丹乔公司拍摄的电影中含有的"007""JAMESBOND"等元素因丹乔公司投入了大量劳动和资本使得其具有了较高的知名度，为公众所熟知，因此，作为在先的知名电影中的元素应当作为在先权利得到保护。这是我国司法实践第一次肯定商品化权。另外，如"驯龙高手案""功夫熊猫商标案"都肯定了知名作品中的知名元素可以享有在先权利。

《最高人民法院关于审理商标授权确权行政案件若干问题的规定》第 22 条规定：对于著作权保护期限内的作品，如果作品名称、作品中的角色名称等具有较高知名度，将其作为商标使用在相关商品上容易导致相关公众误认为其经过权利人的许可或者与权利人存在特定联系，当事人以此主张构成在先权益的，人民法院予以支持。

所以，我们可以认为司法实践层面，知名作品中的知名元素是可以享有商品化权的，原作者可以在他人抢注其作品中知名元素为商标时申请不予核准其抢注为商标。已经抢注商标成功的，原作者可以申请该商标无效。

同时，在反不正当竞争法层面，这种行为也可以得到规制（抢注商标容易使得公众对商品产生混淆）。而混淆即是指消费者对商品或服务来源的误认，抢注商标可能会导致直接混淆和间接混淆。直接混淆是指，公众会误认带有该商标的商品或服务是原作者提供的，原作者凭原作品的名气而积累的声誉会促使公众购买商品。间接混淆是指,消费者会误认为该商品或服务的提供者是与原作品的作者存在某种联系(控制、许可、赞助等)。在肯定商品化权的基础上,反不正当竞争法也可以很好地规制这种抢注商标的行为。

具体到金庸先生角度,其作品中许多元素都存在大量抢注商标的行为,接下来金庸先生的维权之剑该指向这些抢注者了吧,我们对此表示期待!

金庸先生多次掀起知识产权界的轩然大波,从 2013 年大规模作品游戏改编维权到当前的同人作品维权,无一不是业界里程碑式的案件。我们期待社会各界在立法、司法、执法层面加大知识产权的保护力度,也期待越来越多权利人站出来,发起维护自身合法权益的维权之战,推动知识产权法走向完善。

# 与子成说

## ——合约法令莫失莫忘

# 网络直播打赏的法律性质及撤销权行使

程文理[1]

网络直播是指基于互联网,以视频、音频、图文等形式向公众持续发布实时信息的活动。根据智研咨询发布的《2021—2027年中国网络直播行业市场现状调查及发展战略研究报告》数据显示:2020年中国网民规模为9.89亿人,其中网络直播用户规模为6.17亿人。根据中国演出行业协会网络表演(直播)分会发布的《2020年中国网络表演(直播)行业发展报告》显示,截至2020年底,我国网络表演(直播)行业主播账号累计超1.3亿,其中日均新增主播峰值为4.3万人。网络直播用户和主播数量的同步增长,体现了网络直播行业作为一项新兴行业旺盛的生命力。

长期以来,网络直播平台除了资本投入外,主要依靠广告投放和直播打赏作为主要收入来源,但随着用户数量不断增长和主播群体的不断扩大,直播打赏中的法律问题也逐渐凸显。尤其是近几年来,相关诉讼数量呈明显上升趋势。笔者以"网络直播""打赏"为关键词进行检索,相关裁判文书数量在2017年仅为29份,2019年上升至221份,2020年更是增至315份;同时,裁判结果也呈现多元化趋势,就相关诉请的完全支持比例占35.47%,不支持比例占32.12%,[2]可见针对网络直播打赏相关诉讼问题,目前正呈现迅速上升但相关裁判尺度尚不统一的阶段。

---

[1] 程文理,中南财经政法大学法学专业。执业领域为各类民商争议解决,代理过多起疑难复杂的大标的争议案件;拥有日常企业服务和投融资等非诉讼项目的丰富经验,熟知企业运作模式和流程,参与过多起资产类、股权类交易项目。
[2] 参见中国裁判文书网,https://wenshu.court.gov.cn/,2021年5月22日。

## 一、问题的提出

网络直播打赏,作为一种特殊的用户增值服务,其法律性质无法完全以传统线下消费行为进行界定,需结合网络直播的特征进行分析。本文从网络直播打赏行为的解构入手,尝试回答以下两个问题:① 用户在直播平台上的充值行为及向主播发送礼物即打赏行为,应界定为何种性质的法律行为;② 由于用户身份的不同,其财产处分行为的效力也不同,进而影响其撤销权行使的效果。

本文希望通过上述问题的回答,明晰网络直播打赏的法律性质及后果。

## 二、前提性问题——网络直播打赏的行为解构

网络直播打赏行为基于互联网而衍生,从特征上与传统线下文化消费行为存在区别,因此在回答上述问题前,有必要首先对其行为过程进行解构,方能更好地厘清各方主体的权利义务关系。

网络直播打赏行为中存在三方主体,即用户、直播平台和主播,该三方主体之间构成四项行为:① 用户于直播平台上将真实货币兑换成虚拟货币的过程,即充值行为;② 用户使用虚拟货币向直播平台购买虚拟礼物的过程,即消费行为;③ 用户以购买的虚拟礼物向主播发送礼物的过程,即打赏行为;④ 主播使用用户发送的虚拟礼物向直播平台申请提现并与直播平台分成的过程,即分成行为。

上述四项行为完整的地构成直播打赏的全过程,应予以整体评价;同时,各行为间存在各自不同主体,也应分别分析相应的行为主体和法律后果,厘清法律关系。

## 三、定性问题——网络直播打赏的法律性质

(一)充值行为的法律性质

一般而言,用户与网络直播平台之间成立网络服务合同关系。[1] 关于这

---

[1] 程啸、樊竟合:《网络直播中未成年人充值打赏行为的法律分析》,《经贸法律评论》2019 年第 3 期,第 1—15 页。

点,各直播平台均在用户注册时以注册协议等形式予以明确。以斗鱼直播为例,其于《用户注册协议》2.1条约定:"本协议是您与斗鱼平台之间关于注册、登录斗鱼平台,以及使用斗鱼平台服务所订立的协议。本协议对您与斗鱼平台经营者均具有合同效力。"并于4.1条以不完全列举方式明确了其服务范围。直播平台作为网络服务提供者,向用户提供包括直播服务、游戏服务、个人中心服务、贴吧服务等服务内容并提供技术支持;用户注册成为直播平台用户,有权使用直播平台提供的各项服务并承担相应的义务。比照双方权利义务内容,双方成立网路服务合同关系。

就充值行为而言,其发生于用户和直播平台之间,是直播平台提供的增值服务之一,是双方网络服务合同关系的一部分。该行为有两个特征:① 用户充值行为的相对方是直播平台,此时用户取得的直播平台虚拟货币通常无法直接指向某一主播;② 通常直播平台均会以协议的方式明确,用户仅拥有虚拟货币的使用权,且虚拟货币无法逆向重新兑换为法定货币(关于此类虚拟货币的权属问题存在争议,本文不展开)。可见,不论是斗鱼平台的"鱼翅",还是其他直播平台的类似虚拟货币,本质上都是产生并储存于该直播平台网络数据库中的数据信息衍生物,已不再具有货币的一般等价物性质。双方基于网络服务合同关系项下衍生的充值服务,于用户取得对应数量的直播平台虚拟货币之时完成,用户的法定货币转化为直播平台的虚拟货币。

(二)消费行为的法律性质

就消费行为而言,其同样发生于用户和直播平台之间,是基于双方网络服务合同项下衍生的一项增值服务。实际操作中,用户的消费行为的表现形式呈现多样化,但其本质均是用户以虚拟货币兑换虚拟礼物的过程。我们认为,这一过程系上一充值行为的延续,不论是虚拟货币还是虚拟礼物,实质上均为直播平台数据库中的数据信息衍生物,这一阶段的"消费"过程并非传统意义上的消费行为,真正的消费行为于充值阶段已经完成,虚拟财产形式上的改变,并未产生新的价值或新的需要法律进行评价的法律关系。

(三)打赏行为的法律性质

1. 打赏行为是用户、直播平台与主播的三方法律关系

就打赏行为而言,虽然从表面上看,是用户向主播发送虚拟礼物的过程,但实质上,用户的打赏并无法直接转化为等值的货币甚至礼物,主播也无法即时

获得用户打赏的礼物,而必须经过一个平台与主播进行结算的过程。因此,要厘清打赏行为的法律性质,必须首先明确直播平台与主播之间的相互关系。

参考直播平台与主播间的协议,例如,斗鱼平台在《斗鱼平台直播协议》第1条第1款中约定,"你方根据我方注册要求及规则,在我方合法经营的斗鱼平台上申请成为我方的直播服务提供方,为我方平台用户提供在线解说视频内容的直播服务。"可见,就事实而言,主播是直播平台直播服务的内容提供者。

关于主播与直播平台间的法律关系,司法实践中存在一定争议,有观点认为双方之间构成劳动关系,[1]理由是主播的收入和工作内容依附直播平台,且二者之间具有较强的管理与被管理关系,具有一定人身附属性;另一种观点认为双方之间为普通合作关系,理由是主播的工作时间、工作性质和收入构成均不符合劳动关系的特征,尤其是近些年来大部分主播逐渐从自行与直播平台签订合同转为通过经纪公司间接与直播平台签订合同。笔者更认同后一种观点,主播与直播平台间建立合作关系,为直播平台的直播服务提供内容,并按照协议与直播平台进行收入分成。

可见,或许用户在打赏时的直接目标指向是主播,但该行为与直播平台和主播同时发生法律关系,在进行评价时就自然无法将直播平台从中割裂开来,必须予以整体评价。

2. 打赏行为不成立赠与合同

明确了打赏行为的相对方,回到打赏行为本身,对其法律性质,司法实践中通常有两种观点,即赠与合同说和服务合同说。赠与合同说认为,[2]用户的打赏本质上是一项赠与行为,双方成立赠与合同;服务合同说认为,[3]用户打赏行为的直接指向虽是主播,但本质仍是用户与直播平台间网络服务合同的组成部分,双方并未构成新的法律关系。笔者更认可后一种观点,笔者认为,打赏行为本身不构成赠与合同,而是前述用户与直播平台间网络服务合同的延续。理由如下:

首先,网络直播打赏行为,不符合赠与合同的财产性质,因而不是赠与合

---

[1] 邓颖:《网络直播中关于打赏的法律关系探析》,《法制博览》2020年第3期,第165—166页。
[2] 周熙莹、谭子恒:《法律视角下未成年人网络直播打赏行为研究》,《太原城市职业技术学院学报》2019年第5期,第201—204页。
[3] 刘勇华:《网络直播打赏返还纠纷之分析》,《中国集体经济》2020年第15期,第120—121页。

同。《民法典》第 657 条规定：赠与合同是赠与人将自己的财产无偿给予受赠人，受赠人表示接受赠与的合同。现实中，的确存在对于街头艺人的实物打赏或微信公众号文章的电子支付打赏，但上述打赏中均使用真实货币或通过电子支付方式支付，其本身就是或能够直接对应等值的、可直接提取的法定货币；但在网络直播打赏中，用户使用的是直播平台的虚拟礼物，虽然用户取得该虚拟礼物时付出了一定对价，但该对价不能直接体现虚拟礼物本身的价值，也不能直接对应等值的法定货币。一个常见的例子就是，直播平台通常会举办各种活动，用户支付一定的虚拟货币进行抽奖，有时可以获取比付出虚拟货币对价更高的虚拟奖品，有时则相反。这体现了虚拟礼物价值的不确定性。且虽然存在争议，但各大直播平台均以协议的形式明确了，用户对于该等虚拟礼物不具有所有权，而只具有使用权，这更加不符合赠与合同中"自己的财产"的定义。

其次，即使不考虑赠与的财产性，其仍不符合赠与合同单务、无偿的性质，因而不是赠与合同。一方面，用户在观看直播的同时，通过消费充值并打赏的行为，获取一些普通用户无法拥有的特权（如贵族、特效等），在此过程中取得了主播和其他用户的关注、羡慕乃至崇拜，在虚拟的世界中获得了满足感，这与我们玩网络游戏消费购买虚拟物品提升实力或装扮并无本质区别，因此不能说用户的打赏行为是一种完全的单务行为；另一方面，知识产权中表演者权的有偿性，也决定了作为直播打赏的对价，不可能是无偿的。《著作权法》第 39 条规定了表演者通过其现场直播和公开传送其现场表演并获取报酬的权利。结合主播对于直播平台是其直播服务的提供方，我们认为，在网络直播中，主播应认定为表演者，其表演具有一定的独创性，应当承认其经济价值。传统演出行业中，观众通过支付门票为对价换取表演者的表演服务，而在互联网时代，表演服务的载体由实体的线下表演转为线上直播行为，但这不能否认主播作为表演者的经济价值和用户打赏的付费性质（但是该付费行为的相对方我们将在后文中进行探讨）。虽然，实践中网络直播打赏具有非强制性，但表演者或出版者、录音录像制作者等其他邻接权人出于商业模式或长期商业利益考量而没有让用户支付费用，不代表用户没有支付费用的义务。

最后，探求用户打赏行为的真意，该行为不具有赠与的意思表示。意思表示由行为意思、表示意思和效果意思构成。就其效果意思而言，用户接受直播平台的网络服务，充值并消费虚拟礼物，其想要达到的效果是为了更好地享受直播平台提供的各项服务和权利,尤其是仅有打赏后才能够享有的内容。用户的行为意思和表示意思服务于该效果意思,具有明显的逻辑顺序,即先有接受网络直播服务的效果意思,再产生打赏的行为意思和表示意思。而在意思表示中,动机为何则在所不论,因此即使用户打赏的部分动机是为了获取主播和他人的关注,也不能推导出其具有赠与的意思表示。如果真如此,充值消费行为则成了手段,那么为何不直接通过私下转账的方式直接向主播进行赠与,还可绕过直播平台的高额分成。因此可见,将用户的打赏行为解释为赠与的意思表示无异于本末倒置。更将直播平台从打赏行为这一用户、直播平台与主播三方形成的法律关系中分离开来,这明显不符合直播平台在打赏过程中获取大额分成的现实情况。

(四)分成行为的法律性质

就分成行为而言,其发生在直播平台与主播之间,是主播真正获得其直播演出对价的阶段。考察此阶段的特征,有以下几点:① 用户的消费行为已经完成,此阶段并无用户参与,是完全的直播平台与主播间的合同关系;② 双方就约定好的收入分配比例进行分配时,并不与用户在此前阶段的打赏行为具有直接关联性。如前所述,用户打赏的虚拟礼物并非货币或其等价物,而仅是主播取得收益的一项凭证,但该项凭证在主播取得收益时并非唯一计算因素,与之类似的计算因素还有主播单月和全合同周期直播时长,直播过程中是否存在违规行为,是否有其他需要扣除项目等。经过上述结算过程并扣除直播平台与经纪公司的分成部分后,主播取得的实际收益往往已经与用户打赏的数量无明显的关联性。

(五)网络打赏行为的法律性质

分别分析了上述行为的法律性质后,因为打赏行为与充值和消费行为一以贯之,构成一个完整的消费过程,我们应该对其进行整体评价。具体而言,因用户与直播平台间成立网络服务合同关系,且网络直播打赏是用户与直播平台间网络服务合同的一部分,用户的支付行为和消费行为均发生于直播平台系统内,因此依据合同的相对性,直播平台天然成为该消费行为的指向对象;同时,直播平台为提供相应服务,付出了相应技术成本、物资成本和管理成本,甚至部分增值服务系直接通过直播平台进行提供,作为对价,这赋予了直播平台与主播进行分成的合理性。

而关于用户与主播之间,用户的打赏行为在用户与主播间并未构建全新的法律关系。一方面,主播为直播平台和用户提供直播内容,提升直播效果,并未突破原有用户与直播平台间网络服务合同的内容界限;另一方面,用户的打赏行为虽然表面上指向具体主播,但主播的收入构成由其与直播平台间的合作协议进行调整,该等打赏行为虽然从事实上产生了提升主播收入的效果,但从法律上并未产生新的需要法律予以评价的法律关系。打赏行为在主播直播过程中作为一种互动形式,因其有偿性虽与普通用户发送弹幕或发送免费礼物相比体验和效果更佳,但并无本质区别,因而不值得法律对其进行专属评价。

## 四、效力问题——网络直播打赏的效力认定和撤销权行使

如前所述,网络直播打赏本质上是用户与直播平台间的网络服务合同。根据我国《民法典》相关规定,依法成立的合同,对当事人具有法律约束力,当事人应当按照约定履行自己的义务,不得擅自变更或解除合同。因此,网络直播打赏行为的效力应结合我国《民法典》关于民事法律行为无效及可撤销可变更的相关规定,综合确定其效力,在无上述情形的前提下应当认定有效,在存在上述情形的前提下,再讨论其撤销权问题。

(一)限制民事行为能力人的网络直播打赏行为的效力认定

针对限制民事行为能力人尤其是未成年人的网络直播打赏行为,一直在网络直播打赏返还相关纠纷中占有较大比例。《民法典》第145条规定:限制民事行为能力人实施的纯获利益的民事法律行为或者与其年龄、智力、精神健康状况相适应的民事法律行为有效;实施的其他民事法律行为经法定代理人同意或者追认后有效。

结合实际发生的几起未成年人打赏事件,未成年人的网络打赏往往使用其父母的手机和银行账户,金额远远与其智力年龄不相适应。可见,限制民事行为能力人实施的网络直播打赏是效力待定的法律行为,其效力有待监护人予以追认。

随着近几年限制民事行为能力人打赏案件返还纠纷相关判例的增多,司法实践对该类案件裁判尺度已趋于一致,即限制民事行为能力人未经其监护人同意,参与网络直播平台打赏,支出与其年龄、智力不相适应的款项,应予返还。这一裁判尺度也得到最高院相关意见的支持。例如,《最高人民法院关于依法

妥善审理涉新冠肺炎疫情民事案件若干问题的指导意见(二)》,就对未成年人参与网络付费游戏和网络打赏纠纷提供了更为明确的规则指引,指出:"限制民事行为能力人未经其监护人同意,参与网络付费游戏或者网络直播平台'打赏'等方式支出与其年龄、智力不相适应的款项,监护人请求网络服务提供者返还该款项的,人民法院应予支持。"上述规定与《民法典》中关于限制民事行为能力人的民事法律行为效力规定相一致。

(二)针对完全民事行为能力人的网络打赏行为

针对完全民事行为能力人的网络直播打赏行为的效力认定,如无《民法典》关于无效民事法律行为的相关情形,应认定为有效。司法实践中,存在几种典型情况,在此分别予以评价。

1. 夫妻一方用夫妻共同财产进行直播打赏,另一方要求返还

首先,夫或妻一方与直播平台建立网络消费服务合同,其本身并不违反法律的强制性规定,应认定为有效。其次,司法实践中,大部分主张返还的理由基于夫或妻的打赏行为不符合对夫妻共同财产因日常生活需要进行处置的情形。《民法典》第1062条规定:夫妻双方对共同财产有平等处理权。该平等的处理权是指夫或妻在处理夫妻共同财产上的权利是平等的,因日常生活需要而处理夫妻共同财产的,任何一方均有权决定,但不能超过日常生活的必要限度。

针对这一诉情,法院在审理时通常会综合考虑整个打赏的过程,判断其是否不符合因日常生活需要对夫妻共同财产做重要处理决定的情形。具体而言,其一,单次打赏的金额和打赏的持续时间。如果单次打赏金额巨大且在短时间内多次发生打赏行为,则法院倾向于认为这一形式超过了夫妻正常生活的需要进而否认打赏行为的效力。但通常而言,许多打赏行为是于几个月甚至几年内持续发生的,且单笔的金额不会过大,少则几百元,多则也以几千元为主。这符合网络直播单次打赏的特征。在此情况下,如果夫或妻的另一方仍主张对夫妻内部长时间的金钱支出和打赏行为毫不知情,则显然有悖常理。其二,网络直播作为一项新兴的娱乐方式,在合法合规的前提下亦属于人民精神消费需求的一部分,不应直接予以否定评价。正如观赏演出、旅游、网络游戏等,同样需要支出一定的金钱,只要未超出明显的限度,一般应当认定为日常生活所需。

综上,司法实践中,法院通常会综合考虑充值金额、充值次数、充值时间、持续周期、平台义务等多种原因,综合判断网络直播打赏的行为效力。如上述行

为并未超过合理限度,则另一方不具有撤销权。

2. 基于违反公序良俗而主张撤销网络直播打赏行为

该等诉情的基础同样常见于夫或妻一方进行网络直播打赏,另一方主张撤销的情形。通常另一方会以用户与主播间存在不正当关系,进而以违反公序良俗为理由主张返还打赏。但事实上,如前所述,网络服务合同成立于用户与直播平台之间,而非用户与主播之间。故以用户与主播间存在不正当关系,违反公序良俗而否定用户与直播平台间的合同效力,从法律上不具有请求权基础。除非直播平台提供的服务内容存在明显违反公序良俗的内容,否则相关请求很难得到法院的支持。

3. 基于欺诈而主张撤销网络直播打赏行为

网络直播中,基于欺诈而主张撤销打赏的相关情形较少,比较典型的有两种,一是因用户对主播外貌存在认识偏差而打赏;二是因主播明示或暗示以与用户建立恋爱或婚姻关系为由骗取用户打赏。

针对第一种情形,通常而言不会存在明示的欺诈行为,相关证据取得较为困难,证明义务难以履行。况且,以一个基本的理性人而言,应当对上述情形有基本的判断能力,因而一般来说不具有撤销权基础。针对第二种情形,以建立恋爱关系或婚姻关系为由促使用户打赏已经涉及个人私生活领域,即使做出过类似的意思表示,也无法证明其具有欺诈的故意,法律无法也不应当对这类行为进行评价。因而也不具有撤销权。

综上,针对网络直播打赏的讨论,因存在用户、直播平台和主播间的多方主体并形成多重法律关系,故必须把握"网络服务合同"这条核心线索,围绕合同的相对方进行讨论,方能明确各方主体在此过程中的身份,厘清各方主体的权利义务关系,从而确定相关撤销权的行使。

在笔者对网络直播打赏相关案例进行检索的过程中,能够明显感受到相关审判尺度正在经历一个从不一致到逐渐统一的过程,这也折射了近些年我国互联网产业的发展路径。从早期将打赏视为"赠与合同"到当前以"服务合同"关系规范各方主体的权利义务,我国互联网相关法律问题也在不断适应新时期互联网治理的需求,不断增强对各方主体的保障,让网络直播这一不断拓展的全新领域同样置于法律规范的框架之中。

# 新政策下企业科创上市过程中的专利逻辑

项珍珍[①]

2021年4月16日,上海证券交易所(简称上交所)发布《上海证券交易所科创板企业发行上市申报及推荐暂行规定(2021年4月修订)》(简称《推荐指引》)[②],第6条指出:支持和鼓励形成与核心技术和主营业务收入相关的发明专利(含国防专利)合计50项以上的企业申报科创板。企业是技术创新的主体、技术创新的生力军,而知识产权制度的建立正是为了保护和激励创新,保障企业的创新权益。那么,对于科创企业的科创属性的认定指标是什么、科创板技术信息披露的注意要点是什么、在科创上市过程中有何内在专利逻辑?本文以专利逻辑思路为轴线,从科创板科创属性认定规则、专利布局与权属、专利风险三个方面进行阐释。

## 一、科创属性的认定规则

2020年3月20日,中国证监会公布《科创属性评价指引(试行)》,[③]明确规定了三项基本指标,五项例外指标。2021年4月16日,证监会发布《关于修订〈科创属性评价指引(试行)〉的决定》(简称《评价指引》),将原科创属性"3+5"指标升级为"4+5"指标。

---

[①] 项珍珍,上海融力天闻(杭州)律师事务所专利代理师。曾负责起草浙江省电子商务领域专利侵权判定咨询服务标准(地方标准),协助处理电商平台知识产权侵权纠纷案件7万余件,多次协助高新技术企业、上市公司进行知识产权维权。
[②] 《上海证券交易所科创板企业发行上市申报及推荐暂行规定(2021年4月修订)》,上海证券交易所网,http://www.sse.com.cn/aboutus/mediacenter/hotandd/c/c_20210416_5379990.shtml,2021年4月24日。
[③] 《科创属性评价指引(试行)》,中国证券监督管理委员会网,http://www.csrc.gov.cn/zjhpublic/zjh/202003/t20200320_372426.htm,2021年4月24日。

原先三项基本指标是指：① 最近三年研发投入占营业收入比例5%以上，或最近三年研发投入金额累计在6000万元以上；② 形成主营业务收入的发明专利5项以上；③ 最近三年营业收入复合增长率达到20%，或最近一年营业收入金额达到3亿元。修订后的科创属性新增研发人员占比超过10%的常规指标。

五项例外指标是指：① 发行人拥有的核心技术经国家主管部门认定具有国际领先、引领作用或者对于国家战略具有重大意义；② 发行人作为主要参与单位或者发行人的核心技术人员作为主要参与人员，获得国家科技进步奖，国家自然科学奖、国家技术发明奖，并将相关技术运用于公司主营业务；③ 发行人独立或者牵头承担与主营业务和核心技术相关的"国家重大科技专项"项目；④ 形成核心技术和主营业务收入的发明专利（含国防专利）合计50项以上；⑤ 发行人依靠核心技术形成的主要产品（服务），属于国家鼓励、支持和推动的关键设备、关键产品、关键零部件、关键材料等，并实现了进口替代。

《推荐指引》要求保荐机构重点推荐新一代信息技术领域、高端装备领域、新材料领域、新能源领域、节能环保领域、生物医药领域这六大领域的科技创新企业，以及符合科创板定位的其他领域。

综上可知，科创属性是指在国家鼓励的高新技术领域内的企业需要具备系统可持续性的研发能力及与该所研发的技术相关的营业收入，或者具备研发并运营国际或是对国家具有重要意义的核心技术能力。

## 二、专利布局与权属

根据《评价指引》和《推荐指引》，核心技术需要进行运营，且要成为主营业务收入。这个要求就需要企业对于与其核心技术相关的知识产权，尤其是发明专利要进行提前布局，而不能是临时凑数。根据目前我国现行有效的相关法律法规，核心技术的保护形式有多种，例如，商业秘密、专利、软件著作权、集成电路布图设计等（见表1）。涉及具体服务和商品的，还有商标、企业名称、域名等。企业在技术研发初期就需要技术部门与知识产权部门进行评估及知识产权布局。对于技术新创型企业，结合科创属性的规定，对核心技术进行挖掘，进行可专利性分析，加大专利布局，从而达到"形成核心技术和主营业务收入相关的发明专利(含国防专利)合计50项以上"申请科创上市的要求。从目前科创拟上市企业申请的情况来看,在企业内部设立知识产权部门的并不多,很多都是委托外部知识产权代理机构开展。

表1 主要的知识产权形式

| 权利类型 | 获得形式 | 保护期限 | 优 点 | 缺 点 |
|---|---|---|---|---|
| 专利 | 向国家知识产权局、专利局申请授权 | 发明为20年,实用新型为10年,外观设计为15年,保护期限起算时间:均自申请日起算 | 在保护期限内具有技术排他性 | 核心技术需要公开才能取得保护,且有保护期限 |
| 商业秘密 | 自主研发(具有秘密性、价值性、实用性) | 自行公开前都有效 | 核心技术不会被公开 | 一旦被泄漏后就很难进行维权 |
| 软件著作权 | 自作品完成时获得 | 公民作品的财产性著作权保护期为作者终生及其死亡后50年,职务作品的财产性著作权保护期为作品首次发表后50年 | 保护期限较长,且自作品完成获得,获得方式便利 | 保护力度较弱,例如一些程序代码易被篡改 |
| 集成电路布图设计 | 经登记产生 | 保护期为10年。保护期限起算时间为:自布图设计登记申请之日或者在世界任何地方首次投入商业利用之日起计算,以较前日期为准 | 在保护期限内具有技术排他性 | 具有保护期限限制 |

此次修订的《推荐指引》附件明确保荐机构需要核查的内容包括"核查发明专利权利归属、有效期限、有无权利受限或诉讼纠纷,以及在主要产品/服务中的应用"等。关于企业的核心技术获得,目前主要依靠自主研发、转让、许可等方式。面对不同的获得形式,权属认定的方式也存在区别。

(一)自主研发获得

从企业被上交所在有关技术信息披露的问询中了解到,其最为关注的是技术来源、技术归属、研发人员,以及技术的先进性问题。通过自主研发获得核心技术的,需要做好科研管理及核心技术人员管理。其中科研管理主要是研发管理制度的构建,技术研发全过程技术的可追踪性、核心技术人员对技术贡献度可评估性;核心技术人员管理主要是技术保密性制度管理及人员离职后的竞业限制相关规定。同时要厘清企业与核心技术人员对核心技术的权属问题,要注意相关法律对职务发明和非职务发明的区别规定。

(二)与第三方合作开发或委托开发

由于企业自身的技术储备不足、平台及市场需求渠道不通畅等问题,很多企业需要通过与第三方合作开发或者委托开发。关于与第三方合作开发或是委托开发,核心技术的归属应通过合同进行明确约定,不然根据相关法律法规的规定,很有可能核心技术的权利归属于受托方。同时在协议中也应对技术方案、技术资料、技术秘密等技术内容的管理及使用进行明确的约定,以免后期引起相关法律纠纷。

(三)第三方许可转让

有些企业也会采用受让第三方核心技术的方式获得技术使用权。关于主要技术来自控股股东、实际控制人的授权使用,《上海证券交易所科创板股票发行上市审核问答(二)》[①]对中介机构在核查时应该注意的几个方面也已进行了明确。

## 三、专利风险

(一)专利技术可自由实施 FTO

从企业被问询的情况及已披露的上市失败的企业情况看,知识产权风险主要为知识产权权属风险、核心产品专利侵权风险、著作权侵权风险、权利稳定性风险。虽然诉讼风险不能决定是否上市成功,但是会阻碍科创上市的进程。同时,有些企业即使已经上市成功了,也会被专利诉讼纠纷弄得焦头烂额。例如,

---

① 《关于发布〈上海证券交易所科创板股票发行上市审核问答(二)〉的通知》,上海证券交易所网,http://www.sse.com.cn/tib/marketrules/review/c/c_20190324_4743501.shtml,2021 年 4 月 24 日。

台达电子在光峰科技上市一周后起诉光峰科技专利侵权纠纷案[①]。幸运的是，光峰科技做出了及时应对，对台达电子的相关专利和产品分别提出无效申请和专利侵权诉讼。从专利逻辑角度看，光峰科技在上市前的专利布局、知识产权运营、对竞争对手相关专利的稳定性分析、核心产品专利FTO（Freedom To Operate，自由实施尽职调查）等方面都做了充分的准备，才能在遇到诉讼纠纷时及时做出应对。

所谓专利技术可自由实施调查，即FTO，是指企业在不侵犯他人专利权的情况下自由实施其技术。因此，在尽职调查中，加强对产品做好上市前的FTO及专利预警分析，有利于排除专利侵权风险，及时采取有效应对措施。例如，可以在申报上市前，对潜在的专利侵权风险产品收集不侵权抗辩的证据和理由或者无效目标专利的证据，以便做好后期应诉或是对目标专利提起无效宣告的准备，从而排除潜在风险。

（二）专利权稳定性

企业申报上市过程中遇阻，除了专利侵权诉讼外，还有核心专利被提起无效。获得专利权的前提是符合授予专利权的条件。一旦获得的专利权不符合授予专利权条件则会被无效，一旦被无效，则该技术的专利权利自始不存在。即已经获得授权的专利技术也存在被无效的可能。因此，申报科创板上市的企业很有必要对自身持有的重要核心技术专利进行稳定性评估，达到知己知彼。

科创上市是许多技术型中小企业实现技术换"资本"的重要渠道。科创属性评价指标的升级对科创企业知识产权的要求日益严格，因此，对于有上市计划的科创企业要时刻用专利创造、保护、管理、运营转换的思维去进行研发和管理，才能在科创上市过程少受阻碍。

---

[①] 《上市两月发四份涉诉公告！光峰科技再陷专利纠纷，涉案超3千万元》，南方都市报网，https://www.sohu.com/a/342737332_161795，2021年4月24日。

# 涉电子商务平台"反向行为保全"的审查要件和司法认定

丁 雷[①]

2021年2月26日,在最高人民法院知识产权法庭成立两周年新闻发布会上发布了《2020年十大技术类知识产权典型案例》,其中第九号案例[(2020)最高法知民终993号]就电商平台经营者删除、断开被控侵权产品销售链接后,被控侵权人如何通过"反向行为保全"程序恢复链接减少损失,结合"动态担保金"的适用,给出了一种新的司法解决路径。本文结合笔者代理该案一审、二审的过程,着重介绍最高法院对"反向行为保全"的审查要件及司法认定。

## 一、基本案情

本案一审原告慈溪市博生塑料制品有限公司(简称博生公司)于2019年10月11日向法院起诉一审被告永康市联悦工贸有限公司(简称联悦公司)侵犯其一项实用新型专利,请求判令联悦公司停止销售、许诺销售被控侵权产品并承担侵权赔偿责任、请求判令被告浙江天猫网络有限公司(简称天猫公司)删除、断开被诉侵权产品的销售链接。联悦公司在一审中以博生公司在实质审查中的另一项发明专利申请作为对比文件,提出"抵触申请抗辩",认为涉案专利的技术方案已被抵触申请专利记载的技术方案所公开,二者的区别技术特征也为惯用技术手段的直接置换,涉案专利相较于抵触申请的对比文件不具有新颖性,被控侵权产品未侵犯涉案专利的专利权。

---

[①] 丁雷,上海融力天闻律师事务所一级合伙人,擅长专利、不正当竞争等技术类案件的诉讼及非诉讼,代理的案件多次入选最高院典型案例,现任上海经贸商事调解中心知识产权调解员。

本案一审法院认为"被诉侵权技术方案并未被抵触申请完整公开,联悦公司以该抵触申请中的技术方案作为现有技术抗辩的主张不成立",判决联悦公司承担侵权责任,天猫公司也于收到一审判决书当日删除、断开被控侵权产品的销售链接。

在收到一审判决后,联悦公司向最高人民法院提起上诉,在二审审理过程中,国家知识产权局根据抵触申请抗辩专利记载的技术方案,认定涉案实用新型专利的大部分技术特征已被抵触申请专利文件公开,稍有区别也属于本领域惯用技术手段的直接置换,二者技术方案实质相同,涉案实用新型专利不具有新颖性,决定予以全部无效。

在收到无效决定书后,联悦公司立即向最高法院提出"反向行为保全"申请,请求法院责令天猫公司恢复被控侵权产品的销售链接,最高法院在收到联悦公司申请后进行听证,在26小时内作出裁定,采用"固定＋动态"担保金的形式,支持了其保全申请。该行为保全裁定作出后,各方当事人达成和解。

## 二、"反向行为保全"的定义

《民事诉讼法》中仅规定了诉中和诉前行为保全,并未明确对"反向行为保全"作出规定,但在我国台湾地区,"民事诉讼法"第538条将行为保全区分为:① 权利人申请的定暂时状态处分,禁止侵害人制造、销售行为(正向假处分);② 被控侵权人于受到权利人正向假处分后,向法院提起申请定暂时状态处分,请求法院命权利人必须容忍其继续制造或销售特定产品,且禁止权利人为妨碍、干扰行为(反向假处分)。[1]

"反向行为保全"是相较于一般意义上以权利人作为申请人,申请内容是针对被控侵权人的侵权行为所提出的行为保全措施而言的,那么,由被控侵权人提出申请,申请内容是通过责令被申请人停止、禁止实施某种使被控侵权人的利益面临不当损害之虞的行为所采取的行为保全措施,即"反向行为保全"。

---

[1] 参见胡泽斐、张荃:《专利案件定暂时状态处分之研究——以台湾地区知识产权审判程序为中心》,《广西政法管理干部学院学报》2016年第1期。

## 三、法院对"反向行为保全"措施的审查要件

（一）主体资格要件

首先，根据《民事诉讼法》第103条、第104条规定，采取行为保全的实质要件是"可能因当事人一方的行为或者其他原因，使判决难以执行或者造成当事人其他损害"。可见，法律并未将被告（即被控侵权人）排除行为保全申请人之列。

其次，根据《最高人民法院关于审理涉电子商务平台知识产权民事案件的指导意见》第9条第2款"因情况紧急，电子商务平台经营者不立即恢复商品链接、通知人不立即撤回通知或者停止发送通知等行为将会使其合法利益受到难以弥补的损害的，平台内经营者可以依据前款所述法律规定，向人民法院申请采取保全措施"、第3款"知识产权权利人、平台内经营者的申请符合法律规定的，人民法院应当依法予以支持"之规定，本案中的联悦公司作为平台内经营者，符合申请行为保全的主体要求。

（二）实质性要件

根据《最高人民法院关于审查知识产权纠纷行为保全案件适用法律若干问题的规定》（简称《规定》）的规定，人民法院审查行为保全申请，应当综合考量下列因素：① 申请人的请求是否具有事实基础和法律依据，包括请求保护的知识产权效力是否稳定；② 不采取行为保全措施是否会使申请人的合法权益受到难以弥补的损害或者造成案件裁决难以执行等损害；③ 不采取行为保全措施对申请人造成的损害是否超过采取行为保全措施对被申请人造成的损害；④ 采取行为保全措施是否损害社会公共利益；⑤ 其他应当考量的因素。具体到本案：

1. 联悦公司的请求是否具有事实基础和法律依据

首先，本案的涉案专利为实用新型专利，其授权并不经过实质性审查，且博生公司在一审中并未提交专利权评价报告以证明其专利权的稳定性较强。

其次，本案涉案专利在二审审理过程中已被国家知识产权局宣告全部无效，涉案专利已不具稳定性。当然本案也具有其特殊性，涉案专利无效决定依据的证据是抵触申请文件，无效的理由是缺乏新颖性。在专利无效行政程序中是按照"单独比对"的原则审查新颖性，这恰与专利侵权民事诉讼中对于现有技

术(抵触申请)的比对原则相同。也就是说,行政程序中以缺乏新颖性而宣告涉案专利无效的情况时,不但说明涉案专利权利不稳定,同时也间接说明联悦公司在诉讼程序中的现有技术(抵触申请)抗辩成功的概率较大,也即联悦公司构成侵权的可能性较小。

2. 不恢复链接是否会对申请人造成难以弥补的损害

在涉电商平台知识产权侵权纠纷中,删除、屏蔽、断开商品销售链接不仅将使该商品无法在电商平台上销售,而且还将影响该商品之前累积的访问量、搜索权重及账户评级,进而降低平台内经营者的市场竞争优势。因此,确定"难以弥补的损害"应考量是否存在以下情形之一:① 不采取行为保全措施是否会使申请人的商誉等人身性质的权利受到无法挽回的损害;② 不采取行为保全措施是否会导致申请人市场竞争优势或商业机会严重丧失,导致即使因错误删除链接等情况可以请求金钱赔偿,但损失非常大或者非常复杂以至于无法准确计算其数额。

本案中,被控侵权产品的销量较大,说明其累计的访问量及搜索权重较大,断开销售链接对其网络销售利益影响较大。特别是在"双十一"等特定销售时机,是否恢复链接将对被诉侵权人的商业利益产生巨大影响。在涉案专利权效力处于不确定状态的情况下,通过恢复链接行为保全措施使平台内经营者能够在"双十一"等特定销售时机正常上线经营,能够避免其利益受到不可弥补的损害。

3. 恢复链接对专利权人可能造成的损害是否会超过不恢复链接对被诉侵权人造成的损害

该问题需要考虑被控侵权产品销售链接恢复后是否会导致专利权人专利产品被完全替代,以及博生公司诉请赔偿的金额与不恢复被控侵权链接给被控侵权人合法的销售利益、竞争优势、交易机会等方面带来的损失的大小。

4. 恢复链接是否会损害社会公共利益

恢复链接时考量的重要因素是是否会对公众健康、环保造成影响,特别是需要考虑是否会对消费者的人身财产造成不应有的损害,而本案无证据表明被诉侵权产品存在上述可能损害公共利益的情形。

5. 采取"反向行为保全"措施的必要性

本案中,被控侵权产品链接被删除的原因并非一审法院依博生公司申请采取行为保全措施,联悦公司不能依据《民事诉讼法》第 108 条、《民诉法解释》第 166 条,以及《规定》第 16 条的规定以"因请求保护的知识产权被宣告无效等原因自始不当"的"申请有错误"为由申请解除行为保全措施。故采取"反向行为保全"措施确有其必要性。

## 四、对于"动态担保金"的适用

本案的"反向行为保全"中,最高法院为了平衡专利权人、平台内经营者和电商平台三方利益首次适用了"动态担保金,即联悦公司恢复链接后被诉侵权产品的销售总额的 50% 超过一定限额后,则应将超出部分的销售额的 50% 留存在其支付宝账户内,不得提取"。

在本案中,最高法院认为"行为保全担保金额的确定既要合理又要有效。既要考虑行为保全措施实施后对被申请人可能造成的损害,也要防止过高的担保金额对申请人的生产经营造成不合理影响。在涉电子商务平台专利侵权纠纷中,恢复链接行为保全措施担保金额的确定,一方面应考虑恢复链接后可能给权利人造成的损失,确保权利人就该损失另行主张赔偿的权利得到充分保障;另一方面也应合理确定申请人恢复链接后的可得利益,避免因冻结过多的销售收入不合理影响其资金回笼和后续经营"。

最高法院提出"动态保证金"的适用着眼于对专利权人、平台内经营者和电商平台三方利益的动态平衡,使"反向行为保全"措施更具有广泛的适用情形和价值。

## 五、对于"反向行为保全"的思考

通过本案,对于在专利侵权诉讼中是否能够适用、应该如何适用"反向行为保全"措施,最高法院已经给出了准确的审查标准。但是,笔者在代理联悦公司提出申请时,也检索到如南京市中级人民法院[(2019)苏 01 民初 687 号]民事裁定书以及杭州市余杭区人民法院[(2020)浙 0110 行保 1 号]案件中适用"反向行为保全"的条件均需要判断"因涉案权利不稳定或有瑕疵致使侵权可能性较小"的问题,而对于是否可以在涉案权利稳定性较强的情况下,根据"因被告的不侵权抗辩致使侵权可能性较小"作为判断是否采用"反向行为保全"的条件,仍是值得进一步思考的问题。特别是在专利侵权案件中,在现行专利民事侵权程序与行政无效程序二元分立体制下,如果需要通过无效行政程序先行认定涉案专利不具稳定性才可以适用"反向行为保全",无疑会影响"反向行为保全"措施的及时性。笔者认为,是否可以考虑将"反向行为保全"与"侵权事实部分先行判决"相结合,这样申请人既无需等待漫长的无效行政程序的结果,法院也可以进一步详细审查"反向行为保全"中"因被告的不侵权抗辩致使侵权可能性较小"的实体性审查要求,最大程度满足申请人通过"反向行为保全"获得救济的及时性要求。

# 从作家、编剧角度看知识产权案例

谭耀文　张梓恒[①]

**启示一：**编剧应严格按照合同约定的剧本大纲、人物小传、分集大纲、剧本初稿、定稿的创作顺序交付作品，否则跳过前一阶段直接进入下一阶段的创作，即便交付了作品，依然存在被解除合同的可能。不仅后续的报酬无法得到兑现，甚至已经收到的报酬也要退还给委托方。

在北京知识产权法院审理的朱睿诉吴毅委托创作合同纠纷一案中，双方在《编剧合同》中约定吴毅委托朱睿编剧创作电视剧剧本，该剧故事大纲、人物小传、分集梗概经吴毅认可后向其交付剧本，朱睿向吴毅提供的每一个创作阶段的剧本或剧本分集大纲均需在得到吴毅认可后，方可进行下一步创作，甲乙双方对该剧本的所有修改及调整均应经过双方的同意及认可，如双方在创作的任一阶段（剧本梗概、分集大纲、剧本初稿和剧本定稿）无法达成共识，或经过朱睿修改仍不符合吴毅要求的，吴毅有权终止合同，并无需向朱睿支付后期酬金。合同签订后吴毅向朱睿支付了部分酬金，朱睿先后向吴毅交付了故事大纲、分集大纲及1—5集剧本。后吴毅在审读意见中指出人物小传是剧本先期创作的重要一环，决定人物定位及故事基调，由于没有创作人物小传导致无法判断人物形象的最终展现，及基于特定人物设置和人物关系形成的故事走向，分集大纲及剧本中的人物设定直接改变了最初故事大纲中的人物设定，造成主人公的负面形象，人物负面价值突出，蕴含审批风险。为此双方就后续酬金的支付上产生纠纷。

---

[①] 张梓恒，中国政法大学法学硕士，主攻知识产权领域，尤其在著作权及商标权方面具备专业知识和研究经历。为央视、优酷、腾讯等国内外知名单位及个人提供专业法律服务。

法院认为《编剧合同》第3条第2款对于朱睿的创作顺序作出约定,即应以剧本大纲、人物小传、分集大纲、剧本初稿、定稿为创作的先后顺序,同时对付款时间、方式和金额进行了约定。根据《编剧合同》第1条第2款第1项的约定,朱睿向吴毅提供的每一个创作阶段的剧本或者剧本分集大纲均需要得到吴毅认可后,方可进行下一步创作。根据《编剧合同》第1条第2款第3项的约定,若双方在创作的任一阶段无法达成共识或经朱睿修改仍不符合吴毅要求的,吴毅有权终止合同,并无需向朱睿支付后期酬金。综合考虑以上合同条款,法院认为双方当事人在《编剧合同》中对于创作顺序及要求朱睿在吴毅对每一个创作阶段的成果认可后方能进行下一步创作的约定,符合影视剧剧本创作的行业惯例,对于确保剧本质量符合要求具有重要价值。本案中,朱睿在交付了剧本大纲后即进入分集大纲的创作,在交付1—5集剧本前始终未交付人物小传,违反了《编剧合同》对于创作顺序的约定,且分集大纲和1—5集剧本亦未得到吴毅的认可,故吴毅就该1—5集剧本向朱睿支付酬金的条件并未成熟。

特别指出的是朱睿在上诉中提出吴毅已经通过付款行为对自己的创作程序表示认可,且始终未提出任何异议。法院认为,根据《编剧合同》的约定,吴毅负有按时、按期向朱睿支付酬金的义务,吴毅履行该义务并不以其对前一阶段的创作成果的认可为前提,因此不能将吴毅的付款行为视为对创作顺序改变的认可。

**启示二:编剧不能以剧本已经通过了审查机关的审查为由不再就委托方对剧本提出的修改意见进行修改。审查机关对于剧本的审查主要限于是否符合国家的强制性规定,而对于剧本的艺术水准则较少涉及。委托方作为影视制作的投资主体,若要获得投资回报,必须要对剧本的艺术水准进行把控。**

在北京知识产权法院审理的上海世与影视文化传播投资有限公司(简称世与公司)与周七月委托创作合同纠纷一案中,世与公司委托周七月创作电影剧本,双方在《委托创作协议》中约定剧本交付后世与公司有权提出修改或补充要求,周七月应在收到世与公司明确修改或补充要求之日起10日内按照世与公司的要求修改剧本细节,直到世与公司满意为止。"如双方对交付剧本是否符合工作要求及修改要求是否合理存在异议,无法达成一致意见时,应按照以是否通过审查机关的审查为标准。"在周七月向世与公司交付剧本后,世与公司就剧本的修改发了两封主题分别为"剧本意见""阅读反馈"的邮件,其中"剧本意见"称:"剧本……与院线电影《倾城》极度重合……《倾城》上映距今只有两年多时间,此时同样以电影形式再拍几乎相同的故事,似有不妥……尚不具备电影拍摄的基础。""阅读反馈"既分析现有剧本优点,又针对剧情、人物、故事结构等方面分析了具体问题,最后还提出了修改建议。周七月回复了电子邮件,对"剧本意见"不认同,对"阅读反馈"总体认可,并表示按照此意见进行修改,同时还提出了自己针对"阅读反馈"的一些考虑。周七月在庭审中表示世与公司发送剧本修改意见都称作是"参考",并不是代表世与公司的正式意见,且两个意见之间有很大冲突,故没有必要完全按照该意见修改,同时,因世与公司一直没有提出正式的修改意见,且已经使用该剧本获得了广电总局的备案,应当视为世与公司已经认可了该剧本。世与公司则表示其员工史某发送的两版剧本意见就是代表世与公司向周七月提出的修改意见,且两个意见是统一的,均认为周七月提交的剧本没有达到拍摄要求,至于向广电总局报批一事,仅是为了应付行政审批而为,并不代表世与公司认可周七月的交付成果。

  法院认为,从双方交流沟通的过程及内容来看,周七月对于"阅读反馈"的总体认可及将按照此意见进行修改的意思表示,应当视为其认可该意见的修改方向,且认可该意见等同于世与公司提出的修改意见,而在史某多次沟通之后,周并未按照该意见的内容提交修改后的版本,因此并没有完成协议约定的交付义务,无权要求世与公司支付第三期稿酬。关于周七月提出世与公司已经使用其提交的剧本进行备案并且获得广电总局的审批,应当视为剧本质量符合约定一节,法院认为,首先,审查机关对于剧本的审查主要限于是否符合国家的强制性规定,而对于剧本的艺术水准则较少涉及。但是世与公司作为投资方,若要获得投资回报,必须要对剧本的艺术水准进行把控,这也是协议约定世与公司有权对周七月创作的剧本提出修改意见的前提。其次,《委托创作协议》中约定的"如双方对交付剧本是否符合工作要求及修改要求是否合理存在异议,无法达成一致意见时,应以是否通过审查机关的审查为标准",对此的理解应当是双方以剧本是否通过审查机关的审查为标准,本案中,周七月对于世与公司提出的两个修改意见中"剧本意见"予以否认,但对"阅读反馈"总体认可并同意按照其中的建议修改,应当视为周七月与世与公司对于目前剧本尚未符合质量要求及修改意见的合理性已经达成了一致,未达到适用"审查机关的审查"这一标准。故周七月以世与公司拿到目前剧本通过了备案审批的事实,来主张其剧本已经符合世与公司要求的质量和水准,与事实不符,法院不予支持。

启示三:作家将自己创作的小说授权给影视制作公司,即将小说改编成剧本,然后根据剧本拍摄成电影、电视剧,至少涉及小说的改编权、摄制权,影视行业统称为影视改编权。著作权许可的一个重要概念是授权期限,我国《著作权法》在第 26 条第 2 款第 3 项将其规定为"期间"。除非将著作权转让给他人,授权许可他人行使著作权存在授权期限的概念,被授权人必须在授权期限内行使著作权。如果被授权人超出授权期限行使权利即构成侵权。影视制作公司在获得作家授权后,必须在授权期限内将小说改编成剧本,并根据剧本拍摄成电影、电视剧。作家如果发现影视制作公司并不是在授权期限内将小说改编成剧本或者即便在授权期限内已经将小说改编成剧本,但未在授权期限完成拍摄包括后期制作行为的,可以积极维权。

由北京市东城区人民法院审理的北京记忆文化信息咨询有限公司(原告)诉北京紫晶泉文化传播有限公司等著作权权属、侵权纠纷一案,原告取得小说作家授权后,将小说《迷雾围城》的改编权、摄制权等权利再授权给被告,合同约定授权期限为五年(2011 年 3 月 15 日至 2016 年 3 月 14 日)。被告拍摄的电视剧《人生若如初相见》于 2016 年 3 月 12 日正式开机,于 2016 年 6 月 9 日拍摄完毕。原告认为该剧改编及拍摄工作在许可协议期满前未完成,被告在超过授权期限后未重新获得授权,其行为构成侵权。被告辩称获得影视改编权的期限应为 2011 年起至 2016 年 6 月止,自己在该期限内已完成了剧本改编行为,对改编完成的剧本进行拍摄即便超出授权期限也不构成侵权,摄制权仅涵盖拍摄行为,并不包括后期制作行为,自己已于 2016 年 6 月 9 日完成了全部拍摄工作,故已于该日前行使完毕摄制权。

法院认为,依据《著作权法》规定,改编权是改变作品,创作出具有独创性的新作品的权利。而摄制权是指摄制电影或者以类似摄制电影的方法将作品固定在载体上的权利。所谓改变作品一般是指在改变作品内容的前提下,将作品由一种类型变成另一种类型。而摄制权可以称之为一种特别改编权,因为其本质是将文字作品转换为电影作品或类电影作品这一形式。尽管改编权和摄制权是两个独立的选项,但摄制权与改编权还是有着最为密切的关系。摄制电影的整个过程,实际是对改编权和摄制权两个权利的行使,其包含了拍摄电影所涉及的一系列利用作品的行为,所以在影视行业中一般是对改编权和摄制权一并授权,业内将其统称为影视改编权,这种授权的核心在于摄制权,改编权仅是为实现摄制目的而必然包括的权利。从上述许可协议的订立目的看,被告通过支付使用费的方式获得涉案小说的改编权、摄制权,其目的就是为了将涉案小说拍摄成影视剧。这意味着协议所约定的改编权、摄制权控制着拍摄影视剧所涉及的一系列利用涉案小说的行为,如将小说改编为电视剧剧本、根据该电视剧剧本进行拍摄等行为。故被告需在协议约定的期限内完成改编剧本、拍摄电视剧等所有影视剧制作行为,否则即构成侵权。

需要说明的是,摄制权的行使不仅包括拍摄阶段,还包括了后期制作阶段。因此,即便被告在协议约定的期限内完成了拍摄,但未在协议约定期限内完成后期制作行为仍然侵犯了原告的摄制权。《著作权法》虽然规定摄制权是以摄制电影或者以类似摄制电影的方法将作品固定在载体上的权利,但不能将摄制权狭隘的理解为拍摄行为即通过拍摄的方式将剧本通过连续画面的形式固定在介质上。关于摄制权的含义及控制行为的范围,需结合电影作品及类电影作品的定义进行理解。如前所述摄制权的本质就是将文字作品转换为电影作品或类电影作品,故促使电影作品或类电影作品完成的所有行为均应是摄制权的控制范围。《著作权法实施条例》第4条第11项规定,电影作品和以类似摄制电影的方法创作的作品,是指摄制在一定介质上,由一系列有伴音或者无伴音的画面组成,并且借助适当装置放映或者以其他方式传播的作品。由此可见,电影作品及类电作品不仅是固定在一定介质上的连续画面,还要满足传播的需要。而进入公众视野用以公开传播的作品不仅要有画面,还要有对白(或旁白)和声音效果的帮助,这显然不是拍摄这一单一行为能够涵盖的,必然要进行剪接、配音、配乐、设计字幕等一系列后期制作行为。故被告关于摄制权仅涵盖拍摄行为,并不包括后期制作等行为的辩称本院不予采纳。

还需要说明的是,电视剧是依据剧本摄制而成的,剧本著作权人对其经合法授权改编而成的剧本当然享有摄制权,但这一摄制权并不能排斥小说著作权人对小说所享有的摄制权。从本质上说,改编自小说的电视剧是小说的再演绎作品,即剧本是小说的演绎作品,电视剧是剧本的演绎作品,从第三人角度而言,演绎作品著作权人与已有作品著作权人各自的权利形成对演绎作品的双重控制权。第三人要使用演绎作品,除了须取得演绎作品著作权人的许可外,还应取得已有作品著作权人的同意,否则将同时构成对演绎作品著作权和已有作品著作权的侵犯。综上,依据剧本拍摄电视剧需要征得小说著作权人及剧本著作权人两方的授权,被告关于摄制权由剧本著作权人单独享有,小说著作权人无权行使该项权利的辩称本院亦不予采纳。

**启示四**:作家呕心沥血创作的小说等文字作品公开出版发行后,网站及**App**未经作家授权以电子书的形式向公众提供在线阅读,严重侵害了作家的合法权益。作家维护自己合法权益的首要步骤就是固定侵权行为,进行公证。千万不能低估取证过程的专业性、复杂性,网络保全涉及诸多必要步骤、注意事项。在本案中原告只对电子书的目录等进行了固定,但可能取证量大,觉得没多大必要并没有对电子书的具体章节呈现内容进行点击,法院以举证不能为由,驳回了原告的诉讼请求,让维权功亏一篑,教训深刻。

在河北省高级人民法院审理的闫荣霞诉广州网易公司信息网络传播权纠纷一案中,闫荣霞系河北省作家协会会员,笔名凉月满天,是贵州人民出版社出版的《青春叛逆期,与女孩有效沟通》一书作者。在广州网易公司开设的网站"网易",其"网易云阅读"栏目的"出版图书＞亲子少儿＞家庭教育"页面,登载有《青春叛逆期,与女孩有效沟通》一书封面图片、书名、作者凉月满天及推荐语,该页面设置有"立即阅读""加入书架""手机阅读""目录(200 章)"、目录"青春叛逆期与女孩有效沟通 1"至"青春叛逆期与女孩有效沟通 24"等按钮。广州网易公司上诉称一审法院在无法确认被诉侵权图书是否可供阅读、是否与权利图书内容一致的情况下,依然认定侵权成立,存在严重事实认定错误和基本逻辑错误。本案在案证据根本无法证明被诉侵权图书可被公众获得,也无法证明被诉侵权图书与权利图书构成实质性相似,根据《著作权法》第 10 条,广州网易公司不构成侵犯权利作品信息网络传播权。闫荣霞在二审答辩称其虽然仅打开被诉侵权图书目录,并未打开图书比对,但仍应认定广州网易公司提供了全部内容。理由如下:

① 从视频显示,被诉侵权图书的售价为 6.99 元。广州网易公司作为一名专业的网络公司,从事电子书销售是其主要业务之一,权利图书早已经出版,既然广州网易公司在网站明码标价销售该书电子版,在极大的概率上广州网易公司提供了权利图书的全部内容。② 从阅读量来看,视频显示至取证的 2019 年 11 月,该书的点击人数为 2.7 万人。证明该书内容完整且受读者欢迎,从而才有较高的点击量。③ 被诉侵权图书的评分为 5 星,10 分,说明该书内容清楚、完整。④ 读者评价"很好",证明图书内容质量高,更重要的是完整,不然读者的阅读体验一定不是"很好"。⑤ 从广州网易公司对内容设置看,该图书的前 60 章是可以试读的,但是对 60 章以后的内容均加锁限制,说明读者需要付费方能阅读该图书的全部内容。这一点也证明了广州网易公司提供了权利图书的全部内容。根据以上事实,足以证明广州网易公司的该项主张不能成立,一审认定事实清楚。广州网易公司在二审中提出其中的"按钮"认定不实,理由为闫荣霞对上述标有"按钮"部分并未进行点击,所以不能证明是按钮。

河北省高级人民法院认为:关于广州网易公司是否侵害闫荣霞作品信息网络传播权的问题,根据《著作权法》第 10 条第 12 款"信息网络传播权,即以有线或无线方式向公众提供作品,使公众可以在其个人选定的时间和地点获得作品的权利"的规定,和《民事诉讼法》第 64 条"当事人对自己提出的主张,有责任提供证据"的规定,本案中,闫荣霞认为广州网易公司未经其同意,在网站上向公众提供了涉案图书的有偿在线服务,侵害了闫荣霞的作品信息网络传播权。为支持其诉讼主张,闫荣霞应当就其对权利图书拥有著作权,广州网易公司实施了提供侵害权利图书的行为,广州网易公司提供的被诉侵权图书的内容与闫荣霞权利图书的内容构成相同或实质性相似等问题提交证据予以证明。否则,应当承担举证不能的法律后果。闫荣霞认可保全的被诉侵权证据中仅显示权利图书的封面图片、书名,作者,未点击页面设置的"目录"项下的内容,即未点击并显示被诉侵权图书的具体内容。但从闫荣霞举证能力及常规来看,闫荣霞在打开广州网易公司所主办的网站,并逐步点击"网易云阅读"栏目至"出版图书＞亲子少儿＞家庭教育"页面,并点击了被诉侵权图书的目录之后,应当再进一步点击目录按钮,打开被诉侵权图书目录项下内容,该点击行为对于闫荣霞来讲并不存在举证障碍。且根据闫荣霞二审书面意见中的陈述,其亦认为被诉讼侵权图书的前 60 章可以试读,因此闫荣霞有举证义务也有举证能力证明广州网易公司是否在其网站提供了被诉侵权图书的内容。该举证责任并非属于闫荣霞举证困难的情形,应由其承担,否则闫荣霞应当承担举证不能的法律后果。再结合闫荣霞提交证据中广州网易公司网站所显示的登载被诉侵权图书的字数显示为"0"的事实,闫荣霞在本案中提交的现有证据不能证明广州网易公司在其网站未经闫荣霞允许向公众提供了其权利图书《青春叛逆期,与女孩有效沟通》的作品内容,也无法将被诉侵权图书与权利图书的内容进行比对,仅凭闫荣霞提交证据中显示的被诉侵权图书的封面图片、书名、作者及部分目录名称,不足以对被诉侵权图书与权利图书的内容是否相同或者实质性相似进行评判,因而无法作出是否构成著作权侵权的认定。一审法院关于"广州网易公司在未取得权利人合法有效授权的情况下,即与关联公司签署关于搭建电子书目录框架的协议书,缺乏对权利人创作成果及相关著作权的基本尊重,且对其行为是否存在侵权的可能性未给予必要的注意"的评价并无不妥,但一审法院认定广州网易公司登载权利图书封面及图书相关信息的情形构成侵害作品信息网络传播权,不符合《著作权法》所规定的侵害作品信息网络传播权的情形,该认定不当,应当予以纠正。广州网易公司关于不侵害闫荣霞信息网络传播权的上诉理由成立,本院予以支持。鉴于在本案中广州网易公司的行为并未侵害闫荣霞作品信息网络传播权,因此不应当承担民事责任。

**启示五:作家在对自己原创作品主动进行演绎开发时,对授权主体、交易模式要谨慎把握,对改编作品和委托作品的权利归属要有清晰的认知。作家选择通过成立公司或者工作室的方式对作品进行演绎开发时,一定要通过书面协议的方式明确自己与公司或工作室的法律关系,即便当时公司或工作室为自己所控制也非多此一举。**

在北京知识产权法院审理的北京信合精英文化发展有限公司(简称北京信合)诉安徽少年儿童出版社(简称安少社)、时代出版传媒股份有限公司、杨红樱侵害著作权纠纷一案中,2011年至2016年,作家杨红樱、北京信合分别同步与安少社签署数份《图书出版合同书》,先后出版《淘气包马小跳(漫画版)》(1—40册)及《淘气包马小跳(漫画升级版)》(1—24册)。2011年至2016年,北京信合先后与图德公司等签订数份委托合同,合同约定北京信合委托图德公司对杨红樱所著淘气包马小跳系列图书绘制漫画故事，北京信合支付全部委托创作费后，已完成作品版权归北京信合。2017年3月，北京信合、安少社、杨红樱签订《解除协议》，约定解除所有涉及《淘气包马小跳（漫画升级版）》的《图书出版合同》，并约定杨红樱与安少社就原《淘气包马小跳（漫画升级版）》（24册）五份《图书出版合同书》涉及的权利、义务另行约定。然后，杨红樱与安少社签订合同，再次出版上述图书。北京信合认为被告的行为构成侵权，遂起诉到法院。

关于涉案作品著作权归属，一审法院认为：首先，北京信合和杨红樱均确认涉案作品为图德公司受北京信合委托所创作，北京信合亦提交了图德公司创作涉案作品的相关电子底稿，且被诉图书亦载明"漫画绘制：图德艺术"，故一审法院确认涉案作品是由图德公司创作完成。杨红樱辩称其对涉案作品的形成起到了指导、审订的作用，故其是涉案作品的作者。对此，一审法院认为虽然杨红樱对于涉案作品曾提出修改意见，但《著作权法》保护的是"表达"而非"思想"，将修改意见以漫画的形式表达出来的创作并非杨红樱完成，杨红樱亦自认涉案作品不是由其绘制，故杨红樱辩称其是涉案作品作者的主张，缺乏事实与法律依据，一审法院对此不予支持。

其次，根据北京信合提交的其委托图德公司创作涉案作品的委托合同，涉案作品的著作权属于北京信合。杨红樱辩称北京信合与其是委托代理关系，北京信合的法定代表人周京是其经纪人，且涉案作品的报酬由其支付，故涉案作品的著作权应归其所有。对此，一审法院认为，杨红樱并未提交相应证据证明其与北京信合之间存在委托代理关系，现有证据仅说明杨红樱是北京信合的股东，两者之间是相互独立的法律主体，在无相关证据予以佐证的情况下，杨红樱提出的代理关系的主张，缺乏事实依据，一审法院不予支持。另外，涉案作品是漫画作品，委托创作涉案作品的费用由谁支付与涉案作品的著作权归属并无必然联系，故对于该主张一审法院不予支持。

最后，涉案作品是在《淘气包马小跳》文字作品基础上改编形成的新的作品，基于该改编作品亦产生出新的著作权和著作权人。在就改编作品无特别约定的情况下，原文字作品的著作权人并不当然享有改编作品的著作权，故杨红樱在未提交任何证据的情况下，仅依据其是《淘气包马小跳》文字作品的著作权人，即认为其享有涉案作品的著作权，缺乏事实和法律依据，一审法院对此亦不予支持。

二审法院同样认为杨红樱应当举证证明其与信合公司构成以委托合同为基础的代理关系。但杨红樱未能举证证明存在上述事实,故杨红樱的上述主张缺乏依据,不予采信。

这个案件对作家的教训是非常深刻的。本案作家主动组织对自己原创作品进行演绎开发,主观肯定不愿意让演绎作品的版权归属他方。但本案客观事实是文字作品的授权与漫画的授权采取了并行分别授权的方式,即作家杨红樱与出版社签订文字作品授权合同,北京信合与出版社签订漫画授权合同,此种授权交易模式对作家而言产生的弊端是漫画的版权与作家脱离,由于漫画的创作具体是由北京信合具体委托其他公司完成,而且委托合同明确约定了漫画的版权归北京信合所有。《著作权法》第19条规定:"受委托创作的作品,著作权的归属由委托人和受托人通过合同约定。合同未作明确约定或者没有订立合同的,著作权属于受托人。"作家在诉讼中抗辩称自己参与了漫画的创作,且自己与北京信合存在委托代理关系,因此漫画的版权归自己,但这些观点均没有得到法院的支持。作家与北京信合就文字作品改编成漫画并没有书面协议,造成双方之间到底属于何种法律关系不明确。作家在诉讼中表述北京信合将文字作品改编成漫画是基于自己的授意,但这种授意是委托代理还是著作权授权,由于缺乏书面协议很难判断,这对作家而言非常不利。笔者猜测作家未与北京信合签订书面协议时的想法是,其可以直接从出版社拿到文字作品改编权授权金,并且考虑到自己持有北京信合50%的股份,公司也是我的,有没有协议无所谓。殊不知作家与他人成立北京信合,彼此各占50%的股份,而对方是法定代表人,执行董事。这种股权架构设计,对作家而言,本身就存在重大隐患。本案看上去是著作权侵权纠纷,实质是作家与公司另一股东产生矛盾后,作家在失去对公司控制权的情况下,由另一股东发起的诉讼,实质是股东控制权之争。

**启示六**:他人创作同人作品(包括演绎和非演绎类)均需要取得原作品作者的授权,那么当原作品作者因转让等原因对原作品已经不享有著作权时,原作品作者是否可以继续创作非演绎类同人作品?作家,尤其是处于发展初期的作家在强势交易对方面前处于弱势地位,话语权不够,交易对方尽管只会对作品进行一种使用,如仅将小说改编摄制成影视作品,但交易对方会要求作家签订著作权转让或委托创作合同,让自己成为现有作品的著作权人,作家仅享有署名权。笔者对作家的建议是:① 尽量不要签订著作权转让或委托创作性质的合同,有期限的授权使用才应是合同的本意,要在一定程度上保留自己对作品的掌控;② 在万不得已签订著作权转让或委托创作合同的情况下,转让的范围最好仅限于现有已完成的作品,争取保留自己创作现有作品的"续集""前传""后传"等演绎类同人作品的权利;如果以上两点作家无法争取,至少也应在合同中不要明确放弃创作非演绎同人作品的权利。因为这种权利是一种民事权益,不属于著作权权利的范畴,不属于转让的范围,作者自己创作非演绎类同人作品也就不需要取得交易对方即现有著作权人的许可同意。此外《著作权法》第 1 条在规定保护著作权,以及与著作权有关权益的同时,强调"鼓励有益与社会主义精神文明、物质文明建设的作品的创作和传播"。原作品作者无疑是对原作品最为熟悉的人,是最有可能创作出非演绎同人作品的人,如果依然需要取得现有著作权人的许可同意,会在客观上阻碍原作品作者的再创作,可能一个脍炙人口的优秀作品在作者有生之年就戛然而止,粉丝读者对新作品的期盼从此落空。不正当地剥夺作者使用其原有作品中人物名称、人物关系等元素继续创作作品的权利,不仅损害作者的正当合法权益,还会影响社会公众整体利益。

广州市天河区人民法院审理的查良镛(笔名:金庸)诉杨治(笔名:江南)等著作权侵权及不正当竞争纠纷一案中,法院认定江南创作的小说《此间的少年》虽然使用了原告作品中大部分人物名称、部分人物的简单性格特征及角色之间的简单关系,但均属于小说类文字作品中的惯常表达,小说《此间的少年》并没有将情节建立在原告作品的基础上,基本没有提及、重述或以其他方式利用原告作品的具体情节,而是在不同的时代与空间背景下,围绕人物角色展开撰写故事的开端、发展、高潮、结局等全新的故事情节,创作出不同于原告作品的校园青春文学小说,且存在部分人物的性格特征缺失,部分人物的性格特征、人物关系及相应故事情节与原告作品截然不同,情节所展开的具体内容或表达的意义并不相同。在此情况下,《此间的少年》与原告作品的人物名称、人物关系、性格特征和故事情节在整体上仅存在抽象的形式近似性,不会导致读者产生相同或相似的欣赏体验,两者并不构成实质性相似。因此《此间的少年》是杨治重新创作的文字作品,并非根据原告作品改编的作品,无需署上原告的名字,相关读者因故事情节、时空背景的设定不同,不会对原告作品人物形象产生意识上的混乱,《此间的少年》并未侵害原告所享有的改编权、署名权、保护作品完整权。原告作品中的人物名称、人物关系等元素虽然不构成具有独创性的表达,不能作为著作权的客体进行保护,但并不意味着他人对上述元素可以自由、无偿、无限度地使用。原告作品及作品元素凝结了原告高度的智力劳动,具有极高的知名度和影响力,在读者群体中这些元素与作品之间已经建立了稳定的联系,具备了特定的指代和识别功能,具有较高的商业市场价值。原告作品元素在不受著作权保护的情况下,在整体上仍可能受我国反不正当竞争法的调整。

上海市浦东新区人民法院审理的上海玄霆娱乐信息科技有限公司(简称玄霆公司)诉北京新华先锋文化传媒有限公司、张牧野(笔名:天下霸唱)等著作权及不正当竞争纠纷一案中,张牧野在已经将《鬼吹灯》系列小说财产性权利转让给玄霆公司的情况下,创作了与《鬼吹灯》系列小说故事情节、故事内容完全不同,也无任何延续关系的小说《摸金校尉之九幽将军》,但其主要人物老胡(或胡爷)、雪梨杨和胖子的人物形象、人物背景、人物关系、人物性格与《鬼吹灯》系列小说中的胡八一、Shirley 杨和王胖子(胖子)完全一致。《摸金校尉之九幽将军》是《鬼吹灯》系列小说典型的非演绎类同人作品。法院在判决中指出允许作者使用自己作品中的人物等相关要素创作系列故事,符合《著作权法》鼓励文学艺术作品创作的宗旨,有利于增进广大读者福祉。在此情形之下,对合同条款的解释应首先基于严格的字面解释,任何超越上述合同约定内容的扩大解释必须具有充分的依据。否则,将会不正当地剥夺作者使用其原有作品中主要人物等要素继续创作作品的权利,从而损害作者的正当合法权益,影响社会公众整体利益。原告所主张的人物形象、盗墓规矩及禁忌等要素首先是由作者本人即被告张牧野创作,在这些要素不构成表达,不属于著作财产权保护范围的情况下,被告张牧野作为原著的作者,有权使用其在原著小说中创作的这些要素创作出新的作品。根据之前对双方合同约定的分析,被告张牧野与原告就《鬼吹灯Ⅱ》签订的协议第 4.1.3 条中虽然约定原告有权对该作品进行再创作等,但并不意味着被告张牧野就此放弃了自己再创作的权利。被告张牧野利用自己创造的这些要素创作出不同于权利作品表达的新作品的行为并无不当,原告主张被告使用其权利作品上述要素的行为构成不正当竞争,依据不足,本院不予支持。

这两个案例对非演绎类同人作品概念的界定及保护起到很好的示范作用。非演绎类同人作品并不是对原作品的改编,并不涉及原作品的署名权、保护作品完整权、改编权等著作权权利,但原作品中的人物名称、人物关系等元素仍然受《反不正当竞争法》的保护。原作品作者对原作品的人物名称、人物关系享有我国《民法典》第120条规定的民事权益。因此原作品作者在授权他人创作非演绎类同人作品时,并不是将改编权授权给他人。同时,修改权、保护作品完整权是专属于原作品作者的著作权人身权,不能转让或授权,所以也不涉及这两种权利。也就是说原作品作者授权他人创作非演绎类同人作品授予他人的权利是一种非著作权权利的民事权益。由于我国法律对这种民事权益的内涵与外延缺乏明确的规定,这就需要原作品作者与被授权人在授权合同中尽可能将这种民事权益的授权进行详细准确的描述。

# 论网络直播合作协议中的"优先续约权"

邱政谈　王宇扬[①]

网络直播合作协议中的"优先续约权",顾名思义,是指合作协议届满前,若签约主播决定不再与原合作平台续签,而是期望"跳槽"至第三方平台,此时主播方有义务将"与新平台草拟协议的特定条款"如实告知原合作方,合作方有权优先以相同条件请求主播方与其强制缔约。

近年来,"优先续约权"逐渐成为网络直播行业平台方维护自身利益的商业惯例,而这种惯例亦为法院既往判例所认可。直播平台对于各领域头部主播的培养和前期投入成本动辄上千万,而若合约期满后放任苦心培养的主播远走高飞,相当于为竞品平台做了嫁衣,亦导致平台流失大量用户,产生巨额损失。

然而在谈判中居于弱势地位的主播方及其 MCN 公司看来,"优先续约权"条款就如同"霸王条款""卖身契"一般,一个小小的条款便使得主播对平台方产生远高于债权拘束效果的"人身依附性"。考虑到直播行业瞬息万变,主播与平台前期达成合意所依据的事实(如主播人气、平台人气、行业发展情况等)至合约期届满时亦可能产生变局——"情势变更"在所难免,此时,一方依据实际情况变化不愿再续约也情有可原,而这恰恰是主播合作协议纠纷最大的根源和诱因之一。基于上述原因,"优先续约权"问题愈来愈成为网络直播行业平台方、主播双方均不可忽视、关乎自身权益的重要法律问题,而学界目前却尚未紧跟直播行业发展动向对这一问题采取翔实的研究。

---

[①] 王宇扬,上海融力天闻知识产权团队律师助理。擅长计算机网络技术,长期致力于著作权法及反不正当竞争领域的争议解决及技术交叉问题研究。

近期,将直播平台"优先续约权"问题带入公众视野的,便是广州虎牙信息科技有限公司与成都星锦玩家科技有限公司有关网络直播合作协议的违约纠纷,这场纠纷以虎牙胜诉、主播方被法院判赔1330万元人民币告终。星锦公司系王者荣耀AG超玩会电竞战队的拥有方,"虎牙诉AG超玩会案"胜诉被誉为直播平台"优先续约权"第一案。故笔者将对本案作简要分析,并以此为契机展开对"优先续约权"问题的系统性研究。

## 一、"虎牙诉AG超玩会案"评析——优先续约权第一案

(一)基本事实

2017年8月15日,虎牙公司与新锦公司订立《独家合作协议》,双方约定乙方AG战队队员在2017年9月1日—2018年8月31日于虎牙直播平台开展网络直播活动,直播时长规定为:每名战队成员月有效直播时长40小时,月有效直播天数8天;甲方虎牙公司以总价660万元人民币合作费用以及直播打赏分成作为对价。

另双方约定:① 优先续约权条款:合作期满后,甲方虎牙公司享有同等条件下的优先续约权,续约价格为双方认可的市场价的八折;② 根本违约情形下的赔偿数额:乙方擅自终止协议、在竞品平台直播或导致合同目的无法实现的,甲方有权收回乙方从甲方已经获取的所有收益,并要求乙方赔偿2880万元人民币或乙方在甲方平台已经获取的所有收益的3倍(以较高者为准)作为违约金。

协议期内,乙方星锦公司及AG战队队员直播时长连续数月远低于合同要求,协议期届满前双方就"续约问题"谈判破裂;后乙方人员于2018年9月下旬擅自入驻"企鹅电竞"平台直播,且自始至终未向甲方虎牙公司透露其与企鹅电竞达成的合作协议内容。

基于前述事实,虎牙以AG战队根本违约、同时违反"优先续约权条款"为由将其诉至法院,请求判令:① 要求AG战队履行"优先续约权"条款约定的义务;② AG战队赔偿违约金1000万元,返还受益330万元。

最终,法院基于星锦公司根本违约之事实,在违约金和返还受益方面全额支持1330万元判赔,但基于意思自治等理由未支持其强制缔约的

诉请。

（二）案例评析

1. "优先续约权第一案"——首次明确了"优先续约权"违约事实的举证责任分配

在广州中院既往判决中，法院早已多次认可主播合作协议中"优先续约权"条款的效力。而本案被誉为"优先续约权第一案"之原因在于，这是平台方与主播首次在庭审中就"优先续约权"问题展开激烈对抗，双方均提交大量证据以期证明违约事实是否存在。虽然虎牙未能就"AG 超玩会擅自与企鹅电竞缔约"之主张给予直接证明，但法院依据"AG 超玩会于合同届满后随即前往企鹅电竞直播、且自始至终拒不提供合同"之事实，运用优势证据原则认定 AG 超玩会违约具有"高度盖然性"。这一举证责任的分配无疑更有利于保障平台方的合法权益，为将来类案审理树立了一定示范作用。

遗憾的是，就虎牙"要求强制缔约"之诉请，一二审法院均认为，合作协议续约的本质仍系合同的订立，须遵循意思自治原则，而此时双方已不可能就续约达成合意，故法院没有支持虎牙依据"优先续约权"条款主张对方强制缔约的请求。

2. 1330 万元天价判赔来源于主播方"根本违约"，而非"优先续约权之违反"

由于 AG 战队成员直播时间远低于协议 4.1 条约定的最低要求，法院因此认定 AG 战队成员构成根本违约，符合双方约定的 9.3 根本违约条款之情形，最终全额支持了虎牙的诉请。

从虎牙主要的诉讼请求以及一二审法院审理过程看，"优先续约权"问题虽然成为争议焦点之一，但就最终判赔而言，法院支持的 1330 万元判赔却几乎和"优先续约权"没有任何关系。从公开判决中，并未见双方额外约定了针对"单纯违反优先续约权条款"情形下的违约金，与此同时虎牙也并未针对"优先续约权"问题提出独立的赔偿要求，而是将其作为 AG 超玩会构成根本违约的理由之一，这一主张未得到支持。因此，法院在此案中并没有机会就"仅违反优先续约权"这一单独存在的违约行为作进一步审理，进而无法讨论"优先续约权"之违反所导向的违约责任和违约金支持标准。

## 二、优先续约权的性质和效力

（一）"优先"效力的溯源——比照优先购买权

民法规范遵循普遍的意思自治原则，主播合作协议中的"优先续约权"条款却打破了人们的固有印象，"优先""续约"这几个字眼似乎天生就刻上了"摧毁债权相对性原则""赋予债权合意以物权排他效力"的基因。而提及"优先"二字，难免令人联想起我国现有法律规定的承租人、按份共有人、股东等所享有的租赁房屋、共有物、股权优先购买权。

通说认为，上述权利均基于特殊的政策考量，系法定、附条件的形成权，即先买权人得依单方意思表示在己方与特定财产出卖方之间形成与原合同条件相同的买卖合同。先买权人行使优先购买权并不当然导致出卖人与第三人订立之合同直接无效，而是事实上产生了"一物二卖"的权利冲突状态，出卖人无权处分的情形，除非第三人构成善意取得，此时先买权人享有优先缔约地位，宜认定第三人与出卖人之合同构成事实上履行不能，第三人进而可向恶意出卖人主张违约责任。

可见，优先购买权某种程度上显现出一定的物权属性，其效力显著高于一般的债权性权利，该项制度的确立对私法自治原则构成了冲击。

（二）优先续约权：难逃"意思表示不可强制"之限制

然而，对于"优先续约权"，则很难就其性质和效力做出同样的判断。

当主播方拒绝履行告知义务，或违反优先续约权条款直接与第三方展开合作时，正如"虎牙诉AG超玩会案"的判决结果，法院自始至终没有支持虎牙"要求对方强制缔约"的诉请，即使法院已然认定企鹅电竞很可能存在与主播方恶意串通的情形。

从这一案例中，我们发现优先续约权的实际效力显著低于法定的优先购买权，或者更准确地说，优先续约权非但不具有物权那样的强制、对世效力，反而连最基本的债权性拘束效果都难以做到名副其实——因为一旦主播强行与第三方签约，优先续约权便随即进入事实上履行不能的状态，平台方只得请求对方承担违约责任。即便受到该条款拘束的主播与第三人恶意串通、故意撕毁协议，优先续约权条款也完全无法得到有效保障，而仅仅沦为了平台方在诉讼中主张违约金的理由。

正因为优先续约权条款并不具有强大的实际震慑效果,平台方往往事先和签约主播约定高额违约金。在虎牙与 AG 超玩会的协议中,违约金数额高至2 880 万元人民币。而随着行业发展,约定违约金条款设计只会愈来愈精细和严谨,数额也会随着主播方的名气和身价抬升而逐步提高,根本违约条款和优先续约权违约条款最终实现分立是大势所趋。而正如前文所示,单纯违反"优先续约权"的违约责任和高额违约金的实际判赔,目前没有任何案例支持,但在可预见的未来,此类纠纷一定会再次出现在公众视野中,法院也将面临这一前所未有的挑战。

那么,倘若主播方已提供其与第三方的合作条件,而合同尚未实际缔结生效,直播平台能否强制以相同条件与主播缔约呢?法院在前案论证过程中的逻辑实际上同样可以适用于这种情形——意思表示不可强制,即强制依靠优先续约权条款把主播束缚在自己的平台违反了意思自治的原则。前文所述的"优先购买权"有特殊政策和法律规定背书,但优先续约权却出生于纯粹的债之关系中,其无论如何也不可能超出债权相对性的束缚而产生物权"基因"。

## 三、平台方优先续约权的实施

(一)实施条件:"相同条件"

优先续约权虽然系高度意思自治的债权合意,然而其"自治空间"并不体现在"优先缔约"这一固有权能之上,而是双方当事人就"相同条件"约定的范围发挥了核心作用,其也成为主播和平台方进行利益较量的主战场。

"相同条件"是平台方优先续约权得以实际落实的终极要件。而"相同条件"约定的多寡决定了该条款的利益偏向,具体表现为:限定条件越少越利于主播方,限制条件越多则平台更容易把握主动权。例如,若双方约定"相同条件"限于合作费用和合同期限,此时平台方便能更好地预见或控制未来交易条件变化的辐射范围,优先续约权的实施条件明确无争议、便于操作。相反,双方就"相同条件"达成的约定越少、范围越模糊,由此将留下无限的意思表示解释空间,而这种解释空间在未来产生纠纷时便极可能转化为有利于主播方的抗辩策略,无疑给平台方埋下重大隐患。

与此同时,网络直播合作协议的复杂性决定了"相同条件"的涉猎范围十分广阔,若不予以限定则严重影响权利实施的可操作性。对于特定物优先购买权而言,根据普遍公认的交易习惯,此时"相同条件"无外乎"标的""价款"等简单买卖合同的基本构成要素,双方就此产生争议的可能性不大。然而直播平台主播独家合作协议作为一种权利义务框架更为复杂的复合法律关系,其关涉双方核心利益的条款数不胜数,包括但不限于:① 合作形式及费用;② 礼物打赏分成方式和比例;③ 直播时长、有效天数之要求;④ 平台资源位刊例价(关乎主播推广行为的固有成本);⑤ 独家条款、排他性条款的具体要求等。

而倘若主播与平台方未就"相同条件"达成明确约定,那么,根据文义解释,在主播披露竞品平台合同内容时,平台方须完全复刻第三方合同中的全部条款作为交易条件才能强制缔约,这对于平台方而言是不可接受的。因此,在当前直播行业中,平台方往往主动预先划定"相同条件"的范围,同时为避免欲跳槽主播千方百计利用其他合同内容予以"条件不相同"之抗辩,因而将该行为拟制为恶意违反优先续约权条款的情形之一,迫使主播方不得不面临承担高额违约金的风险。

然而,平台方就"相同条件"作出的限制行为本身亦须受到第二重限制。

首先,通常的优先权不可能脱离"相同条件"而单独存在,其本质便是保障相对人之利益,防止其受困于"强迫交易"之中而丧失了更优质的第三方合作机会。如果说"优先续约权"是一种限制市场竞争的行为,那么"相同条件"便是维持潜在竞争的重要环节——平台方永远不能仅凭一纸合同便逃避激烈的市场竞争,永久地以不变价格占用主播资源,这将违反市场配置资源的基本规律,亦严重违反意思自治。

其次,对"相同条件"的限制不能排除特定合同类型所固有的典型契约义务。倘若在一段优先购买权法律关系中,先买权人将"交易价格""标的"排除"相同条件"的范围,将导致"相同条件"完全失去参考,其最终导致的结果便是:先买权人行使优先权无须受到任何交易条件的制约。

这不禁令我们回想起前文所述的"虎牙诉 AG 超玩会案",双方就"优先约权"作出了一个十分怪异的限定——"合作费用为双方认可的市场价的八折"。这一限定致使"合作费用"这一关键要素被排除"相同条件"限制范围,"相同条件"的设计目的便归于无效,"优先续约权"真的成了"强迫交易条款"。但遗憾的是,法院对这一违反"优先续约权"本意的约定,并未作出任何评价,使得我们不禁怀疑:平台是否真的能够完全不受限制地规划"相同条件"之范围,这在法理上解释不通。

(二) 行使方式

在直播行业的商业逻辑里,直播平台和签约主播(有时包含公会、MCN 公司等)本身是一种结盟关系,他们联合双方或三方的知名度共同规模化生产互联网流量,并依靠这种联合对由此带来的高额流量收入进行分账。因此,平台方设立"优先续约权"的本意是维持联合体的存续以期带来源源不断的收益,而远非产生纠纷时所主张的"高额违约金"——高额违约金终究只是用于联合体破裂后弥补前期投入损失的妥协方案之一。

因此,对于平台方而言,在面对试图跳槽的高价值主播时,双方友好协商是最通常的操作方式,此时"优先续约权"条款对于平台方而言是谈判筹码而非采取法律措施的武器,诉讼实际上是万不得已的破局方案。正如前文所述,平台方永远不能指望通过法律措施强制维持"优先续约权"字面上的"人身依附性",而是应当采取更加务实的策略,在设计"优先续约权"的主要行使方式时尽可能为双方营造友好协商的氛围和基础。

而在直播行业的通常商业模式中,平台方一般在合作协议届满前很长一段时间便开始试探签约主播一方的续签意愿,以此为后续签约,以及"优先续约权"的实现创造充足的谈判和周旋时间。在这段漫长的谈判期内,若主播已表现出不愿续约的迹象,那么双方的法律较量很可能在此时便将展开,这一问题留待下文第五部分阐述。

(三) 行使期限

对于具有"单方变动法律关系"之权能的权利,须对其作出一定限制。《民法典》不仅规定了各类法定形成权的除斥期间(如《民法典》第 199 条、第 541 条),亦对约定解除权作了限制(《民法典》第 564 条规定了 1 年除斥期间及催告后合理期限),以防权利人长期保留权利而不行使,致使相对人一方长期遭受权利不确定状态,影响交易安全和法律关系的稳定性。

对于优先续约权而言亦是如此。虽然优先续约权的强制效力名不副实,然而当它与高额约定违约金相捆绑时,仍能给主播带来重大影响,这一束缚甚至将延续至原合同届满后主播与新平台寻求交易机会的阶段。因此,有必要对优先续约权的行使规定适当的期限。

主播演艺事业的现实条件决定了其无法长期忍受合同谈判僵局,以及曝光真空期,直播、平台推广和曝光中断有可能导致其大量流失观众和粉丝,带来无法估量的预期利益损失。因此若平台方得到主播披露的合同条件后久久僵持而不发出"是否以相同条件缔约"的意思表示,无疑令主播难以推进其与第三方平台的交易进程,耽误了宝贵的演艺时机。而若对优先续约权的行使时间作了限定,则期限届满后平台方优先续约权归于消灭,不可再以任何条件要求强制缔约。

因此,优先续约权的行使期限设计能够有效限制平台方在面对第三方更高的合同条件时犹豫不决,而令主播在谈判时间上掌握一定主动,故主播在前述合作协议时应十分关注这一细节。

## 四、主播的告知义务

（一）告知义务之范围

主播告知平台方拟订立合同的主要条款,是后者正常实施优先续约权的前提条件。倘若前者拒不透露,那么,前文所述的"相同条件"便失去了参考依据,优先续约权亦不具有实施的现实可能性。学理上一般称主播的这种告知义务为从给付义务,其旨在满足主给付义务得以实现,即便合同未明确约定主播负有该项义务,相对方也可依诚实信用原则要求其履行。

主播的告知义务亦与双方约定的优先续约权"相同条件"直接关联,即前者必须与后者保持一致。例如,倘若平台与主播仅约定"合作费用"作为相同条件,那么,此时主播一方仅透露"合作期限"等无关事实均不能被认定为适当履行了告知义务。在"虎牙诉 AG 超玩会案"中,虽然 AG 超玩会提供了一系列聊天记录试图给法院营造其已履行告知义务的印象,但遗憾的是,从聊天记录内容来看,双方唯一沟通的所谓"PCU（Peak Concurrent Users,即峰值同时在线人数）条款"与虎牙合同中"相同条件"的约定并无关联,其亦是法院依据优势证据原则作出有利于虎牙一方判定的重要理由之一。

（二）主播陷入违约的两难困境

在主播寻求第三方竞品平台的交易机会时,由于新草拟的主播合作协议中通常事无巨细地列明平台对主播的培养方式、扶持资源、未披露的节目演出计划、资源刊例价格等内部资讯,其中许多资讯均可能涉及特定平台的商业秘密,若泄露相关信息将导致平台竞争利益严重受损,因此,双方在拟订立的合同中往往明确保密条款。而在合同签署前,主播方亦依据诚实信用原则而负有保守秘密的义务,即一种附属于"附随义务"的"先契约义务",保密义务之违反可能带来缔约过失责任。

此时我们终于发现,优先续约权异乎寻常的权利实现方式突破了债权相对性,由此引发了前述极具戏剧性的权利冲突,给主播造成了两难困境——即此时主播要么向原平台披露合同内容,因而不得不承担新合同缔约过失责任;要么拒不披露合同内容,而承担前合同"优先续约权"违约责任。

前述权利冲突问题仅表现在学理上,更现实的问题是,当主播合作协议双方已然开始就"优先续约权"条款展开较量时,便意味着主播方很可能早已下定决心跳槽至第三方平台,其一般倾向于对新合同恪尽职守,而对旧合同表现出"破罐破摔"的态度,因而采取"隐瞒合同内容""故意阻碍原合作方就续约问题进行商谈"的应对策略。从既往判例亦可见,产生纠纷时主播方就新合同内容进行披露的意愿极低,几无先例可循。

(三)告知义务的行使期限

与告知义务本身相关的另一个重要问题便是该义务的履行期限。正如前文所述,平台方本身可能怠于行使优先续约权,但主播方亦有可能消极履行、甚至拒不履行告知义务,致使优先续约权的实施条件迟迟无法满足。

在既往判例中,我们发现跳槽主播经常在原合同届满后不久便随即参与第三方平台的直播,甚至在原合同存续期间内直接突破独家条款的束缚前往竞品平台。因此,在"优先续约权"条款中,平台方通常限定其履行附随义务的期限,具体规定为"在与第三方实际缔约前"。然而,主播寻求交易机会时通常对平台方有所保留或隐瞒,因此,事实上这一期限之规定无法起到明确的限制作用。这便是为什么大部分判例显示,平台方直到主播已于第三方平台从事直播活动时才知晓其缔约情况,而此时再行使"优先缔约权"为时已晚。

或许,平台方能够结合前述"早期谈判"的商业惯例,设计出更加具有操作性的附随义务履行期限,例如,可明确约定:平台方在主动询问主播方的续约意愿后,若其明确或间接表露出不愿续约的意思表示,则需同步告知其寻求第三方交易机会的计划和即时进程,若其隐瞒事实导致优先续约权难以行使,则视为直接违反"优先续约权"条款。

(四)主播履行告知义务时作虚假陈述的违约责任

"相同条件"既是"优先续约权"条款的核心,亦是主播在整个合作协议中为数不多的、能掌握一定主动权的条款之一。"相同条件"的确认完全依赖于主播是否如实告知平台方,而若主播一方就拟订立合同内容作虚假陈述,恶意抬高合同条件直至平台方无法接受的程度,无疑损害了平台方的优先续约权。

针对主播方作虚假陈述的可能性,平台方亦于违约责任条款作了预防性规定,即将前述虚假陈述行为视为直接违反优先续约权条款的违约情形之一。但这种预防某种程度上也仅仅起到警告作用,因为平台方无论如何都不可能百分百正确判断主播是否与第三方平台恶意串通、签署阴阳合同,甚至由主播单方伪造合同,而只能根据通常的交易经验凭直觉判断。因此,正如前文所述,平台方在涉诉时依旧只能等待"东窗事发"——直至主播事实上于他方平台进行直播活动时,才能予以及时取证。

## 五、违约纠纷的诉讼策略

(一)举证责任分配

1. 违约事实

如前文所述,"虎牙诉 AG 超玩会案"的最大亮点便在于法官对举证责任分配——即优势证据原则的运用。由于 AG 战队事实上已于其他平台直播,但又拒绝披露其与竞品平台订立的合同内容,在虎牙主张"AG 战队早在合同期满前便已与其他平台签约"但又无法提供切实证据时,法院以虎牙主张具备高度盖然性为由,支持其主张。

这一举证责任分配无疑有利于平台方维权,并能够事实上改变平台方在面对主播隐瞒事实或作虚假陈述时的被动局面。而对于主播而言,这种举证责任分配规则无疑是一个严正警告——采取拖延、"扯皮"的诉讼应对策略对结局不仅没有利处,反而很可能加深法官对于主播恶意违约主观故意程度的判断。

2. 平台实际损失和预期利益损失

一般而言,平台方很难直接证明实际损失的具体数额或预期利益的损失,但可通过各种途径收集主播方的违约事实、后台用户数据降值等,采取取证、鉴定等措施形成一系列间接证据的结合体,通过适当的公式对损失进行大致计算,若计算结果基本符合合作协议中关于高额违约金的约定数额(未达到显然不合理的程度),则法院大概率支持前述高额违约金诉请。

而对于主播而言,此时举证责任则发生了转移。根据最高人民法院《关于当前形势下审理民商事合同纠纷案件若干问题的指导意见》,违约方应当对约定违约金高于守约方的实际损失承担举证责任。但此时主播往往很难提供能达到证明目的的材料。

(二)判赔的考量因素

1. 主播违约的主观故意

主播违反"优先续约权"条款的主观故意之判断是法官在审理全过程中一种综合的心证过程,其受到包括但不限于如下因素的影响:① 主播在合作协议存续期间的履约情况;② 主播是否存在恶意隐瞒、拒不履行附随义务之事实(若在合同届满前迫不及待前往竞品平台直播,会给法官造成极其恶劣的印象);③ 主播与平台之纠纷是否存在其他需考虑的因素,足以影响对主播违约故意的判断;④ 根据主播方的实际知名度,酌情提高其所需承担的社会责任,进而加重对涉案违约行为给社会带来消极影响的判断等。

自平台方试探主播续约意愿起,便是平台方启动诉讼准备的时机。如前所述,平台方会动用一切法律资源收集主播方可能的违约情况,包括但不限于主合同义务——即直播时长、有效天数、直播人气是否达标,亦包括其他双方约定之义务,例如,综艺节目和推广活动参加义务、视听作品素材提供义务,以及是否存在其他违反法律法规、违反公序良俗等消极行为。而这些都将成为日后"优先续约权"条款违约争议中法官酌定判赔数额的考量因素。因此平台方须做好及时取证、联系鉴定机构固定主播方的违约事实。

而在这段时期里,对于主播方而言,合同合规事宜亦相当关键。如有条件,最好主动对己方履约情况作即时公证,防止平台方刻意放大主播方的违约故意。相反,在合同终末期采取破罐破摔的态度是对待合规问题的大忌。

2. 其他因素

除前文所述的平台实际损失和预期利益损失的举证、主播违约主观故意等,另须考量的因素有:

（1）是否事先经优先续约权商谈。主播是否预先告知其不再续约之决定，关涉平台的推广资源倾斜策略，若早期告知，将使得平台最大程度避免用户流失，但若未经披露直接"撕毁"协议，主播方无疑最大限度掠夺了原本平台和主播方共有的用户和流量。

（2）主播在平台方积累的人气数据。若主播在前往平台从事直播活动前即积累大量人气，那么，此时主播违约给平台方造成的损失将远低于"从草根状态步步发展的"情形。在这一问题上，双方都可采取一定策略收集直播合作前主播人气值的变量，以此在"平台流量受损"方面进行周旋。

（3）直播行业的商业逻辑：主播关涉重大经济利益。平台为培养一个签约主播，通常要投入巨额资金，为主播提供推广资源、宽带资源、技术资源。用户流失将直接降低平台的市场竞争力，甚至可能会对平台的融资产生负面影响，减少公司的估值。

## 六、平台与主播的爱恨情仇

本文具体分析了网络直播行业中"优先续约权"条款所涉及的法律问题，以期使网络直播行业各方主体对该问题建立一定的法律认知，从而在实际合作中更好地维护各方权益，减少纠纷产生的可能。

总之，无论"优先续约权"能否实际达到"优先"之效果，主播与平台的持续合作终究要基于双向选择和互相谅解。从全文的分析中，我们不难敏锐地发现，倘若主播与平台的结盟符合双方利益，则"优先续约权"便不再是重要问题，而一旦"优先续约权"条款进入法律层面的较量，双方"结盟"关系的破裂也难以依靠该条款予以维持。

倘若平台和非签约主播的自由结合是一段恋爱，那么，平台和签约主播的结盟就好比一段婚姻，"优先续约权"事实上成了一种"婚前财产协议"——在各方关系健康和稳定时起到一定的"定心丸"作用，而当"爱恨情仇"转化为法律较量，直至纠纷难以避免之时，该条款亦成为双方关系破裂后尽可能维持利益平衡的折中方案之一。至于"优先续约权"的实际违约责任具体如何认定，大可不必操之过急，静待真正的"优先续约权判赔第一案"到来即可。

## 七、参考判例

本文诸多观点和论证参考了下述既往判决内容,包括但不限于:具体案情、当事人主张及论证、法院就争议焦点展开的论证及结论等。

列表中的17个案件均以各类平台方为原告,主播作为被告均遭受败诉结局,其中大部分案件与主播根本违约之事实相关联,例如,约定直播任务未达标、合同履行期间毁约、跳槽至竞品平台等。主播在合作协议法律问题处理上的缺陷和重大失误,使得平台方在具体个案中无论是法理,还是情理方面均同时取得绝对优势。因此,对主播而言,每一个败诉判决都是深刻的教训。

表1 参 考 案 例

| 序号 | 案 号 | 原告(平台、公会或MCN) | 主播(被告) | 违约金支持(万元) |
| --- | --- | --- | --- | --- |
| 1 | (2018)粤01民终13951号 | 虎牙 | 嗨氏(江海涛) | 4 900 |
| 2 | (2020)鄂01民终5967号 | 斗鱼 | 傅钰博 | 1 260 |
| 3 | (2020)粤0113民初1484号 | 虎牙 | 谭雅天 | 1 000 |
| 4 | (2020)粤01民终12447号 | 虎牙 | AG超玩会(成都星锦) | 1 000 |
| 5 | (2018)鄂01民终7276号 | 斗鱼 | 张潇(囚徒) | 720 |
| 6 | (2019)粤0113民初5554号 | 广州新娱加(虎牙) | 户外雨泽(刘宏伟) | 610 |
| 7 | (2020)沪0106民初11823号 | 香蕉计划公司(花椒直播) | 王昊 | 538 |
| 8 | (2018)粤03民终4623号 | 企鹅电竞 | 张宏发(张大仙) | 300 |
| 9 | (2018)粤0106民初27069号 | 博冠公司(网易CC直播) | 陈阳洋 | 300 |
| 10 | (2019)粤01民终3743号 | 虎牙 | CW-大瑶(王瑶) | 300 |

续 表

| 序号 | 案　号 | 原告(平台、公会或MCN) | 主播(被告) | 违约金支持(万元) |
|---|---|---|---|---|
| 11 | (2019)粤01民终5943号 | 虎牙 | 浪子断(余文炎) | 300 |
| 12 | (2019)粤01民终5942号 | 虎牙 | CW-流氓教授(周宇) | 300 |
| 13 | (2018)粤0106民初25709号 | 虎牙 | 梦蝶小公举(韩梦蝶) | 200 |
| 14 | (2020)粤0113民初2858号 | 虎牙 | 贺琼(RD-mc贝爷) | 180 |
| 15 | (2018)粤01民终13914号 | 虎牙 | 朱广维 | 70 |
| 16 | (2019)粤01民终11226号 | 艺尚公司(斗鱼直播) | 青夕 | 30 |
| 17 | (2017)苏0585民初3749号 | 游视公司(龙珠直播) | 骆雨婷 | 20 |

# 在网络世界"乘风破浪"
# 了解《民法典》"避风港"规则

谢佳佳

本文从"避风港"规则所涉三方主体的角度分析《民法典》所带来的变化与影响。

"避风港"规则滥觞于美国《数字千年版权法》(DMCA),是关于"网络服务提供者"(简称平台)在履行"通知—删除"义务后无需就平台用户(简称用户)侵权相关事宜承担责任的一套制度。这种"避风效应"抗辩的主体既包含对平台提出主张的权利人,也包含平台服务的对象——用户。针对权利人,这项制度是指:在不存在直接或者间接侵权的情况下,若平台遵循"通知—删除"规则,即便用户构成侵权,平台亦无需承担责任。针对用户,这项制度则是指,平台依据法律规定采取删除等必要措施的,不构成对用户的违约[①]或者侵权。

在我国的法律体系中,"避风港"制度始见于2000年针对"计算机网络著作权纠纷"的司法解释——《关于审理涉及计算机网络著作权纠纷案件适用法律若干问题的解释》[②](简称《原信网司法解释》)。彼时"通知—删除"规则有着更粗放的名号——"警告—删除",而有权避风的主体也仅限于"提供内容服务"的平台。2006年《信息网络传播权保护条例》[③](简称《信网条例》)颁布,由司法部门命名的颇有行政措施意味的"警告—删除"被行政机关亲自更名为更加中性的"通知—删除",而且整个"通知—删除"制度也被规定得更加具体完善——包含了

---

[①] 最高人民法院侵权责任法研究小组:《〈中华人民共和国侵权责任法〉条文理解与适用》,人民法院出版社2010年版,第264—265页。
[②] 本篇法规被《最高人民法院关于审理侵害信息网络传播权民事纠纷案件适用法律若干问题的规定》(2012年12月17日发布;2013年1月1日实施)废止。
[③] 本篇法规被《国务院关于修改〈信息网络传播权保护条例〉的决定》(2013年1月30日发布;2013年3月1日实施)修订,但对应内容并未调整。

"通知—采取措施—转送通知—反通知—恢复措施—转交反通知"一系列的具体流程,"通知—删除"规则初见雏形。

2010年《侵权责任法》将"通知—删除"规则上升到立法的层面,适用范围更是扩大到所有民事权益,而分别在2013年及2014年生效的《最高人民法院关于审理侵害信息网络传播权民事纠纷案件适用法律若干问题的规定》(简称《信网司法解释》)与《最高人民法院关于审理利用信息网络侵害人身权益民事纠纷案件适用法律若干问题的规定》(简称《人身权司法解释》)则针对信息网络传播权及人身权对"避风港制度"作出了更为细致的制度安排。近年来,随着电子商务的蓬勃发展,全国人民代表大会常务委员会则在2018年颁布了《电子商务法》,其着眼于互联网商品销售或服务行为,继续在立法层面"修缮"针对知识产权侵权行为的"避风港"。

2020年5月28日发布《民法典》并于2021年1月1日正式生效。《民法典》在第七编第三章"责任主体的特殊规定"项下以四条独立条文的篇幅将"避风港"规则推到了一个新的高度。以下从"避风港"规则所涉三方主体的角度分析《民法典》所带来的变化与影响。

## 一、权利人:"不战而屈人之兵"

《民法典》第1195条规定:"用户利用网络服务实施侵权行为的,权利人有权通知平台采取删除、屏蔽、断开链接等必要措施。通知应当包括构成侵权的初步证据及权利人的真实身份信息。"第1195条第3款规定:"权利人因错误通知造成网络用户或者网络服务提供者损害的,应当承担侵权责任。法律另有规定的,依照其规定。"

首先,从表述层面,《民法典》较之《侵权责任法》,规定发出通知的主体从"被侵权人"变为"权利人",在争议行为尚未经司法最终判定前,如此表述显然更加中立准确。其次,《侵权责任法》并未明确通知应当包含的内容,《民法典》在《电子商务法》规定的"初步证据"的基础上增加了"真实身份信息"。反溯过往的相关规定,对通知内容要求最高的是已被废止的《原信网司法解释》,其要求提供"身份证明",其后相关文件多仅要求姓名或名称,并要求权利人保证真实性。此次修订对"真实身份信息"的强调,有利于降低提交虚假证据材料的风险。最后,《民法典》进一步对"错误通知"相关规定进行完善。

一方面,《民法典》明确不仅用户有权因错误通知受偿,平台亦享有此项权利。此前《侵权责任法》对此未有着墨,而《电子商务法》仅提及用户受偿权,《民法典》这项规定大大提高了权利人错误通知的侵权风险,对促进权利人正当维权大有裨益。

另一方面,《民法典》为确保不同部门法之间的衔接,特别添加了"法律另有规定的,依照其规定"的但书条款。那么,针对"恶意通知"设置加倍赔偿责任的《电子商务法》第42条仍具效力,而若后续我国依据2020年年初发布的《中华人民共和国政府和美利坚合众国政府经济贸易协议》(简称《中美协议》)要求的"免除善意提交恶意通知的责任"制订相应法规的,该等法规也有其适用空间。

对权利人来说需要关注的要点是:① 确保递交有效通知;② 避免发送错误通知。

首先,通知的有效性是平台采取特定措施的前提,若通知不符合法定要求,平台即便未采取措施也无需承担责任。[①] 通知的有效性包含"内容"与"渠道"两方面的要求。从内容角度来说,在实务中,最容易引起争议的是投诉内容的明确性,即《人身权司法解释》所称的"网络地址或者足以准确定位侵权内容的相关信息"或表述为"能否使网络服务提供者准确识别权利人、准确快速定位侵权内容并易于对侵权行为作出判断的内容"。[②] 因此,若未写明主张权利的作品名称、也未指明侵权网址的,法院往往认为该通知无法构成有效通知。[③]

而对于前述明确性的要求,具体需要细致到什么层面,尚有争议。例如,若权利人仅提供了权利客体名称,未提供平台可直接操作的网址、编号等,平台是否有义务进一步检索并履行后续义务?

对此,部分法院认为通过名称及其他相关证据,平台只需简单查证即可准确定位侵权内容的,平台应当履行删除侵权内容的义务。[④] 而持相反意见的法院则认为用户众多,要求平台在未列明网址的情况下主动删除,于法无据。[⑤]

---

① 《最高人民法院关于审理利用信息网络侵害人身权益民事纠纷案件适用法律若干问题的规定》。
② 北京知识产权法院(2017)京73民终1194号民事判决书。
③ 北京市朝阳区人民法院(2009)朝民初字第22280号民事判决书。
④ 北京市第二中级人民法院(2010)二中民终字第04007号民事判决书、江苏省高级人民法院(2018)苏民终176号民事判决书。
⑤ 北京市第一中级人民法院(2011)一中民终字第2223号民事判决书。

对此,笔者认为,判断权利人仅提供名称是否满足通知准确性的要求还需根据平台具体需要承担的检索义务的轻重予以综合判断。具体说来,在前述两类案件中,得到法院支持的案例针对的是仅需作品名称即可简单定位的文学作品或电影作品,而若将场景转换至"淘宝"等电商平台,需要依据商品名称搜索销售该商品的店铺,需要平台进行大量的筛选与判断,就可能被认为是对平台的过高要求。

此外,需要注意的是,通知的内容仅需达到法定要求,若平台提出额外要求,权利人无需遵循。例如,在浙江省高级人民法院(2015)浙知终字第186号专利案中,平台以权利人未提供权利特征对比表为由不通过权利人通知的,法院认为平台不得适用"避风港"规则。

提交通知还需注意发送渠道的问题——若平台设置了较为简洁方便的投诉通道,权利人应当通过平台预置渠道进行投诉。首先,这点隐含的前提是平台有为权利人设置合理的通知途径的义务,[①]即明确的"通知—删除"程序为"避风港规则"适用的门槛。其次,若平台已根据法定的要求设置了相对便捷有效的维权投诉通道,权利人选择通过商务合作邮箱或其他通道进行投诉的,即便内容不存在问题也需要承担被认定为无效通知的风险。[②]

权利人需注意的第二项要点为"避免错误通知"。关于"错误通知"的内涵,可参考浙江省高级人民法院民三庭在2019年末发布的《涉电商平台知识产权案件审理指南》,其第25条规定:"错误通知是指通知人发出的通知错误从而对被通知人造成损害的行为。司法机关或行政机关最终认定被通知人不构成侵权的,应当属于通知人通知错误。"而从归责原则的角度分析,在现有的法律体系内,主流观点从文意解释及体系解释的角度出发,认为错误通知的归责原则为"无过错责任",也即错误通知责任与通知人的主观状态无关。

虽然,在《中美协议》的推动下,最高人民法院已在2020年4月15日《关于全面加强知识产权司法保护的意见》第6条明确指出:"完善电商平台侵权认定规则。……要依法免除错误下架通知善意提交者的责任……"但该意见属法院内部的规范性文件,并无直接的法律效力,错误通知需要承担的责任还是被认

---

① 上海市浦东新区人民法院(2013)浦民三(知)初字第643号民事判决书。
② 北京知识产权法院(2017)京73民终1194号民事判决书。

为是高于一般侵权责任的。鉴此,权利人应当更加审慎地发出维权通知,对侵权认定获得支持的可能性预先进行判断。

除前述注意要点外,需要提示的是"通知"与"诉讼"的关系。

首先,避风港规则的性质为平台对于侵权主张的抗辩事由,[①]对于权利人来说,通知并非维权的前提,也即权利人可不经通知向平台发起诉讼,[②]而在权利人起诉后,平台也无权要求权利人发送通知。[③] 同时,通知也不仅限于向平台发送的投诉通知,若权利人向法院提起诉讼后,平台即履行移除义务的,在无过错的前提下,也可援引"避风港规则"。其次,权利人与平台约定维权前必须发送通知的,权利人未经通知即起诉的,仍然可能获得法院的支持。理由在于,权利人与平台的约定仅属于权利人的合同义务,违背该合同义务,权利人也许需要因此承担违约责任,但并不影响权利人以侵权为基础对平台提出权利主张。[④]

## 二、用户:"明人不做暗事"

《民法典》第1196条第1款规定:"网络用户接到转送的通知后,可以向网络服务提供者提交不存在侵权行为的声明。声明应当包括不存在侵权行为的初步证据及网络用户的真实身份信息。"

用户的"反通知"权利在《信网条例》有所规定,之后该规定被《电子商务法》吸收。此次《民法典》则将用户的反通知权利的适用范围扩大到民事权益的范畴。在内容上反通知与通知的内容要求相同,即要求包含"初步证据"与"真实身份信息"。

前述"初步证据"所指具体内容与判断标准应根据涉及的不同侵权类型而有所不同。例如,在著作权侵权的情况下,初步证据一般是指著作权登记、授权书、底稿,而在人身权侵权的语境下,相关的事实与法律判断的难度都颇高,用户往往难以提供翔实的初步证据,此时对用户提供证据的要求则应相对降低。

要求用户提供"真实身份信息"的这项规定,笔者认为意义重大。2000年

---

① 《北京市高级人民法院审理涉及网络环境下著作权纠纷案件若干问题的指导意见(一)(试行)》。
② 北京市第一中级人民法院(2006)一中民初字第7251号民事判决书;北京市高级人民法院(2006)高民终字第1483号民事判决书。
③ 北京市海淀区人民法院(2013)海民初字第23623号民事判决书。
④ 北京市第一中级人民法院(2013)一中民终字第4396号民事判决书。

的《原信网司法解释》要求平台提供网络注册资料,否则由平台承担连带责任,这对平台在提供信息层面提出了极高的要求。但随着《信网司法解释》的出台,前述规定也被废止。而其他相关规定并未将平台提供信息的义务与侵权判定相关联——《信网条例》规定了仅著作权行政管理部门可要求平台提供用户信息,拒绝提供的后果为承担行政处罚责任而《人身权司法解释》出于对制止网络暴力的强烈需求,司法机关强调了权利人可要求平台提供用户信息,但需采取诉讼的方式,成本颇高。

回到《民法典》的相关规定,立法机关将提供信息的义务加诸在用户身上,显然更加合理。理由在于,获取用户真实信息对于维权至关重要而网络的匿名性使得获取用户真实身份信息难度颇高。若要求平台提供信息,平台多有被指责侵犯用户隐私进而损害产品声誉之虞而若将该义务转由用户承担并作为反通知的内容,用户为抗辩权利人的侵权控诉主动提供,既避免了平台被陷于尴尬之境,也更大程度保证了信息的真实性,对于提高维权效率作用极大。

## 三、平台:"诗意的安居"

《民法典》第 1195 条第 2 款规定:"网络服务提供者接到通知后,应当及时将该通知转送相关网络用户,并根据构成侵权的初步证据和服务类型采取必要措施;未及时采取必要措施的,对损害的扩大部分与该网络用户承担连带责任。"第 1196 条第 2 款规定:"网络服务提供者接到声明后,应当将该声明转送发出通知的权利人,并告知其可以向有关部门投诉或者向人民法院提起诉讼。网络服务提供者在转送声明到达权利人后的合理期限内,未收到权利人已经投诉或者提起诉讼通知的,应当及时终止所采取的措施。"第 1197 条规定:"网络服务提供者知道或者应当知道网络用户利用其网络服务侵害他人民事权益,未采取必要措施的,与该网络用户承担连带责任。"

首先,《民法典》的前述规定强调了平台作为权利人与用户之间"中性"的"桥梁"作用,这点也与此前司法实践体现的"网络服务提供者应当保证有效投诉信息传递的顺畅"[1]要求相同。

---

① 浙江省高级人民法院(2015)浙知终字第 00186 号民事判决书。

平台的"桥梁"作用主要体现在转送"通知"与"反通知"上。此前,转送"通知"与"反通知"的义务在《信网条例》中被提及而后在《电子商务法》中被上升为法定义务,但囿于《电子商务法》的适用范围,其他民事权益,例如,人身权,平台并无法定的双向转送义务,根据《人身权司法解释》,权利人或用户获得对方通知内容还需依赖诉讼。而《民法典》统摄范围为民事权益整体,这使得"通知—删除"完整流程的适用性大大增强。

平台的"桥梁"作用是中性的,也就是说平台不应偏袒权利人或用户任一方。这点体现在了制度设计上对"采取措施"与"终止措施"规定上的大体统一。

一方面,平台在流程上不论是收到通知还是反通知,要做的都是向相对方转送通知并在规定时间节点后"及时"采取措施或终止措施。而之前,针对转递通知与必要措施的先后顺序,《信网条例》规定的是"同时",但也有判决指出,客观上,通常是网络服务提供者先删除、断开链接,然后在较短时间或合理时间内转送通知。[①] 而此次《民法典》对采取措施与终止措施的表述均是先强调"转递通知",后要求"并采取或终止措施",这一顺序的调整也被认为平台应当更注重通路的作用,不应过分依赖主观判断采取或终止措施。当然,这种用语顺序上的调整,在没有明示两个行为具有先后顺序的情况下,多少都有些玩文字游戏的意味。但对于"终止措施"时间节点规定的调整则明显体现了立法者强调平台中性作用的立法倾向。

在《信网条例》中,平台被要求在收到反通知后"立即"终止措施,而《民法典》则将终止措施的时间节点放在未收到权利人反馈后。这点实际上是优化了《信网条例》所规定的"反通知启动型"终止机制,避免了因用户仅以反通知即可直接恢复侵权内容,导致"通知—删除"制度流于形式。

另一方面,在时间的要求上,采取措施与终止的措施都是"及时",当然这不意味着采取措施与终止措施所花费的时间应当相同。对于采取措施的"及时",相关司法解释认为"应当根据网络服务的性质、有效通知的形式和准确程度,网络信息侵害权益的类型和程度等因素综合判断",例如,已有判决认为热门的电视剧或者电影,很短的侵权时间就可能给权利人造成巨大的损失,对于热门作品,其合理删除期限应当较短,对于非热门作品,期限可以适当放宽。

---

① 北京知识产权法院(2017)京 73 民终 1194 号民事判决书。

而对于终止措施的"及时"实际上考虑的是平台需要等待权利人反馈的合理期间是多久。在《民法典》四审稿前,关于权利人反馈的时间是 15 天,最终的规定为更具灵活性的"合理期限"。当然,对于用户而言,若认为等待期过长也可向法院提起错误通知或确认不侵权之诉,要求法院启动诉前行为保全以终止措施。①

其次,更为引人注目的是,《民法典》明确了平台可根据规定标准采取多元化的必要措施。具体标准是立法机关先后在《民法典》三审稿及四审稿中添加的"服务类型"与"构成侵权的初步证据"。此前,关于必要措施的具体类型相关规定采取列举式的立法方法——《侵权责任法》规定为"删除""屏蔽""断开链接"等而《电子商务法》在此基础上增添了"终止交易和服务"。而司法实践也表现出了对平台采取"禁言""封号"等新型措施的保守态度。②《民法典》通过增加必要措施的判断标准,给新类型的网络侵权处理预留了空间。

具体说来,根据"服务类型"采取必要措施的含义是考虑"制止侵权行为所需要的必要限度",而非"一刀切"的对所有侵权行为都采取"删除"或同等措施。例如,对于对用户本身有管理权限的天猫等电商平台,除删除侵权商品链接外,还应当根据平台管理规定对用户进行进一步的处罚,③而对于提供小程序服务的平台,即便小程序上的侵权作品依然存在,删除小程序的措施也被认为超出了必要的限度,并不适当。④

正如全国人大常委会法制工作委员会在《中华人民共和国侵权责任法释义》中指出的:"不同类型的网络服务提供者在接到侵权通知后所承担的义务也应有所区别。"⑤

根据"构成侵权的初步证据"采取必要措施则是指根据权利人提供的通知内容、"所侵害权利的性质、侵权的具体情形等"⑥加以综合判定。例如,对于专利侵权而言,侵权判断所需的技术及法律要求都极高,平台并无义务也无能力

---

① 江苏省南京市中级人民法院(2019)苏 01 民初 687 号民事判决书。
② 北京市第一中级人民法院(2018)京 01 民终 9870 号民事判决书;北京互联网法院(2019)京 0491 民初 16058 号民事判决书。
③ 浙江省高级人民法院(2015)浙知终字第 00186 号民事判决书。
④ 杭州市中级人民法院(2019)浙 01 民终 4268 号民事判决书。
⑤ 王胜明主编:《中华人民共和国侵权责任法释义》(第 2 版),法律出版社 2013 年版,第 215 页。
⑥ 北京知识产权法院(2017)京 73 民终 1194 号民事判决书。

进行侵权判断,在此基础上,法院判定"转送通知"自身可以构成一种必要措施,①也算是依据侵权的具体类型为必要措施"量身裁衣"了。

最后,此次《民法典》的重大变化是在民事权益立法层面明确引入"红旗规则"。"红旗规则"是指若侵权行为像飘扬在平台上的一面"红旗"一样明显,平台就"应知"存在侵权行为,若不采取任何措施,它将无法适用"避风港规则"。我们知道在《侵权责任法》中,关于平台过错的相关表述为"知道","知道"是否包含司法实践所称的"应知"争议很大。虽然全国人大法工委民法研究室表示"从法解释学的角度来讲,知道可以包括明知和应知两种主观状态",《信网司法解释》及《电子商务法》均明确采用了"应知"的表述,学界仍对此持异见者众。《民法典》此次明确平台担责的主观状态包含了"知道"与"应当知道"则弥补了因《侵权责任法》"语焉不详"带来的立法缺失。

具体说来,对"知道"的理解首先需要明确的是,平台对平台内的侵权行为并无普遍的主动审查义务。② 但若被证明平台明知侵权行为存在而不采取措施的,平台需承担连带责任。《信网司法解释》曾明确规定权利人通知为证明平台明知侵权行为存在的一种方式,司法实践也多以此标准认定平台责任。③ 而除权利人通知外,有法官认为淘宝等电商平台若在接到投诉后,没有依据既定的管理标准对用户后续的侵权行为进行控制,④或者被投诉的用户直接在其主页上明示其销售侵权商品的,⑤也被视作证明平台明知侵权行为存在的证据。与前述诸例不同的是,若平台为应对行政审查进行关键词过滤,因不涉及人为选择与编辑,并不能被认定"明知"或"应知"侵权行为存在。⑥

对于如何判断"应知",《信网司法解释》第 9 条作了概括性的解释;2020 年发布的《广东省高级人民法院关于网络游戏知识产权民事纠纷案件的审批指引(试行)》也为此提供了有益的参考。司法实践认为:"认定网络服务提供者对于网络用户利用其网络服务实施的侵权行为是否应知,其核心在于确定网络服务

---

① 浙江省高级人民法院(2015)浙知终字第 00186 号民事判决书。
② "崔亚斌诉普联软件(济南)有限责任公司网络侵权案",《人民司法·案例》2009 年第 6 期。
③ "殷某诉北京百度网讯科技有限公司网络侵权责任纠纷案",《人民司法·案例》2013 年第 6 期。
④ 上海市浦东新区人民法院(2010)浦民三(知)初字第 426 号民事判决书。
⑤ 北京知识产权法院(2017)京 73 民终 1194 号民事判决书。
⑥ 北京市海淀区人民法院(2013)海民初字第 21922 号民事判决书。

提供者是否尽到应尽的合理注意义务。"[1]而合理注意义务的判断标准则随平台、业务、权利客体等差异而存在不同。举例说来,短视频平台因其侵权成本低、侵权后果严重且平台采取"激励金"等方式措施鼓励用户发布内容,其注意义务较高;[2]对搜索引擎而言,其"定向设链"[3]时比实施全网抓取时需要承担的注意义务更高。[4] 而不同的下载量[5]、是否处于"热映期"[6]均会对注意义务的高低产生影响。

需要特别注意的是,权利人与平台就相同或相关内容有过交涉的,很可能会对平台注意义务的认定产生影响。前述交涉既包含了双方曾就相同内容发生过诉讼[7]也包括平台曾就相同内容获得过权利人授权。[8] 而"避风港"规则本身包含的"通知程序"也与平台的注意义务息息相关。例如,若用户提供内容因权利人通知被平台删除后,用户仍就同一内容持续侵权的,法院可能认为平台有义务进一步采取措施制止侵权,[9]而若权利人主动多次通知的,平台也应格外注意。[10]

---

[1] 最高人民法院(2018)最高法民再 385 号民事判决书。
[2] 北京互联网法院挂牌成立后开门受理的第一案——短视频 App 抖音诉互联网科技巨头百度旗下伙拍小视频信息网络传播权侵权,北京市海淀区人民法院宣判北京字节跳动科技有限公司诉北京爱奇艺科技有限公司犯信息网络传播权系列案。
[3] 与特定来源网站设立链接。
[4] 最高人民法院(2018)最高法民再 385 号民事判决书。
[5] 最高人民法院(2018)最高法民再 385 号民事判决书。
[6] 北京市海淀区人民法院(2015)海民初字第 02333 号民事判决书。
[7] 最高人民法院(2018)最高法民再 385 号民事判决书。
[8] 北京市海淀区人民法院(2013)海民初字第 21922 号民事判决书。
[9] 上海市浦东新区人民法院(2010)浦民三(知)初字第 426 号民事判决书。
[10] 北京市高级人民法院(2007)高民终字第 1189 号民事判决书。

# 《中美贸易协议》地理标志相关条款的解读

## 马云涛

知识产权是中美贸易争端中一个较为突出的焦点，颇为有趣的是，在中美达成的第一阶段经贸协议第一章知识产权部分，地理标志部分用独立的第六节罗列，其与第二节的商业秘密和保密商务信息、第四节的专利等内容并列，足以看出美国对待地理标志的重视程度不亚于前者。中美将地理标志纳入经贸协议并将其置于如此重要的地位，其背后的意图何在，以及这些协议内容对中国在地理标志立法及司法保护方面会产生哪些影响，笔者尝试对地理标志重点条文进行解读。

一、"双方应确保地理标志的保护实现完全透明和程序公平，包括保护通用名称[①]（即常用名称）、尊重在先的商标权、明确的允许提出异议和撤销的程序，以及为依赖商标或使用通用名称的对方的出口产品提供公平的市场准入。"

本条是针对地理标志在实体和程序方面的整体保护要求，透明和程序公平要求双方在地理标志申请、审查、批准等过程中透明和公平，同时在撤销、异议程序中也能够得到权利保障，以及在贸易中实现公平的市场准入。不可否认，在地理标志的保护方面美国要远远早于中国，而国际社会对地理标志的保护有着长达一百多年的历史，美国早在《兰哈姆法》中就对地理标志进行了较为便捷有效的保护模式，在之后的世界贸易组织通过的《与贸易有关的知识产权协议》（又称《TRIPS协议》）中，地理标志成为世界各国知识产权保护的共识。由于我国对地理标志的认识不足，起步较晚，我国关于地理标志的保护也是在借鉴美国，以及世界其他国家的经验后形成的自己的保护制度。在此背景下，中美

---

[①] 一方可将"通用"这一术语视为与"在通用语言中，惯用于相关货物的常用名称"同义。

两国在地理标志保护上势必存在制度设计、立法、司法等方面的不平衡。

在地理标志的保护上,美国《兰哈姆法》规定了具有识别不同商品来源的地理标志才能受到法律保护,地理标志注册为商标后,他人使用该地理标志描述源自该地理来源的产品或服务的,商标权人不得禁止他人使用。中国《国外地理标志产品保护办法》明确了国外地理标志产品的申请、受理、审查、批准、专用标志使用、监督管理和变更撤销等具体细节;新《商标法》规定了禁止误导性注册并使用包含有地理标志的商标;《商标法实施条例》规定地理标志可以作为集体商标或证明商标予以申请注册。中美两国均给予了"具有区分商品来源"的地理标志的保护,这也是地理标志作为商标最本质的特征。

由于中国的地理标志制度目前还处于不断完善阶段,《中美贸易协议》要求双方给予地理标志完全透明和程序公平的保护,实则是美方利用其成熟的保护模式,要求中方给予同等的保护。在地理标志保护的透明度上,国家知识产权局于2018年8月8日首次发布地理标志产品保护公告,[1]逐步公告受保护信息;在管理主体上从国家质量监督检验检疫总局(简称国家质检总局)统管全国的地理标志产品保护工作变为现在由国家知识产权局统管;在法律规定方面,国家质检总局2016年颁发的《国外地理标志产品保护办法》经国家知识产权局第三三八号公告进行了修订,更加完善了对国外地理标志产品的程序性保护。整体而言,中国对地理标志的保护随着时代的发展在不断地调整和完善,美国则希望中国加快步伐,进一步加大对美国地理标志的保护,简化申请、受理、审查、批准等要求,以适应两国贸易需求。中国近年来不断加大对知识产权的保护力度,也正是适应时代发展、不断扩大对外开放的需要,至于如何平衡国外权利人在中国的权利保护也一直是立法与司法实践的重要课题。

**二、"中国应确保针对其他贸易伙伴依据一项国际协定已提出或将要提出的关于承认或保护地理标志的请求所采取的任何措施,不会减损使用商标和通用名称出口至中国的美国货物和服务的市场准入。"**

本条是美国为保障其自身利益,要求中国与其他贸易伙伴因涉及地理标志

---

[1] 李铎:《国家知识产权局首次发布地理标志产品保护公告》,《中国知识产权报》,2018年8月8日,https://www.cnipa.gov.cn/art/2018/8/8/art_53_117660.html。

保护问题而影响到美国利益时,能够确保不得损害美国的利益的条款。举个例子,2017年中国与欧盟达成一份地理标志协议,正式公布200个欧盟和中国地理标志(各100个)产品将得到双方的保护,但美国行业组织通用食品名称联合会(CCFN)提出反对意见,其认为协议中涉及的普通肉类和奶酪的通用术语在中国或世界各地都不是新名称,没有理由认为这些名称仅属于欧盟,在该协议中将"feta"(羊乳酪)"asiago"(阿齐亚戈干酪)和"gorgonzola"(戈贡佐拉干酪)列入保护名单。上述事件仅仅只是国际贸易中的一个小插曲,但足以反映出地理标志在贸易争端中具有举足轻重的地位和作用。试想如果中国与欧盟达成的协议中保护了欧盟的100个地理标志,而这些地理标志产品中有部分是美国已经成为通用名称的产品,那么,势必将导致美国的产品在中国受到排挤(基于保护欧盟的地理标志),导致因通用名称出口至中国的美国货物难以进入中国市场,从而对美国的产品造成损害。

中国将此条纳入协议中意味着,在今后与第三方贸易伙伴签订的涉及地理标志保护协议中,凡是涉及美国出口至中国的产品拥有在先的商标权或已沦为通用名称的,如与中国签订协议的第三方贸易伙伴所要求予以保护的地理标志产生重叠时,则应当予以美国产品公平的市场准入。也就是说在中国立法、执法及司法等方面均会产生一定影响,但具体如何落实则需进一步细化。

**三、"中国应给予包括美国在内的贸易伙伴必要机会,以对中国与其他贸易伙伴协议的清单、附录、附件或附函中所列举的地理标志提出异议。"**

本条是给予美国准予提出异议的程序性权利。中国《国外地理标志产品保护办法》只规定了对于国内外申请人向国家知识产权局提出的地理标志申请,在公告受理之日起60日内的公告异议期有权提出异议,但对中国与第三方贸易伙伴在协议的清单、附录、附件或附函中未明确可以提出异议申请。早在《TRIPS协议》第23条中就提出过关于建立葡萄酒地理标志通知和注册的多边制度,也即协议方在向WTO的有关机构进行通知后,经过18个月的异议期,则获得注册资格,从而在协议各方享有行政及司法程序对该地理标志提供法律保护,而美国则认为通知和注册后的地理标志对各国只有参考作用,最终能否取得协议方的法律保护取决于各成员国的国内法规定。在双边和多边条约中,各国之间达成协议的条件不同,则地理标志认可的方式和保护的力度也不尽相同。

本条针对中国与第三方贸易伙伴签订的双边或多边条约,如依照通知和注册规则,或者条约方相互承认获得保护的地理标志的清单、附录、附件或附函名单,美国可以提出异议,从而扩大了美国异议第三方地理标志的资格。但对于异议期限、异议理由、异议受理机构、异议救济程序等一系列实体和程序性条件协议并未详细规定,需要后续相关配套规定予以完善。

**四、"中国应确保:(一)主管部门在确定某一名称在中国是否为通用名称时,考虑中国消费者如何理解这一名称,包括以下因素:1. 字典、报纸和相关网站等可信来源;2. 该名称所指的货物在中国营销和在贸易中如何使用;3. 该名称是否在合适的情况下,在相关标准中被使用以对应中国的一种类型或类别的货物,例如根据食品法典委员会颁布的标准;4. 有关货物是否从申请书或请求书中所表明地域之外的地方大量进口至中国,且不会以在货物原产地方面误导公众的方式进行,以及这些进口货物是否以该名称命名。(二)任何地理标志,无论是否根据国际协议或其他方式被授予或承认,都可能随时间推移而变成通用名称,并可能因此被撤销。"**

本条是关于通用名称认定所要考虑的因素,以及地理标志与通用名称相互转化的问题。在通用名称的认定和保护方面,中国《国外地理标志产品保护办法》《商标法》等都明确排除了"仅有本商品的通用名称、图形、型号的"标志作为商标进行保护的情形。而对通用名称的认定,条约明确了应当以"消费者"的理解为基准,这也是美国法院通行的认定标准,较为经典的案例则是联邦巡回法院审理的"Chablis案","Chablis"在当时具有地理意义,同时指代某一种或一类葡萄酒的名称,在认定"Chablis"是否属于通用名称还是地理标志时,法院从消费者的三个角度去分析:一是消费者是如何理解该词的;二是消费者是否认为该商标标识的是来源于法国Chablis地区申请人的葡萄酒产品;三是消费者购买产品决定中的关键因素是什么或不是什么。中国对通用名称的认定,主要依据《最高人民法院关于审理商标授权确权行政案件若干问题的意见》第7条规定,依据法律规定或者国家标准、行业标准属于商品通用名称的,应当认定为通用名称。相关公众普遍认为某一名称能够指代一类商品的,应当认定该名称为约定俗成的通用名称。被专业工具书、辞典列为商品名称的,可以作为认定约定俗成的通用名称的参考。结合两国不同的司法认定标准,此条既考虑了美国司法实践中的"消费者"视角和中国司法实践中的"相关公众"视角,又综合了其他因素如相关标准、工具书等。

通用名称和地理标志往往存在相互演变的过程,地理标志演变成通用名称往往是因为权利人未能够积极维护自己的权利,从而出现滥用的情形,最终丧失了地理标志的识别功能,其本质是地理标志产品背后依附的产品质量特性、自然地理特征等为消费者所识别的内容的淡化和丧失。早在《TRIPS 协议》第 24 条第 6 款就规定了,对于已经演变为通用名称的地理标志,成员国无义务对该通用名称进行保护。而本条的规定是针对已经沦为通用名称的地理标志,双方享有明确的撤销权,可撤销的范围包括以国际条约进行保护的地理标志,也包括其他被授权或承认的途径获得批准的地理标志,涵盖了所有可撤销的地理标志的范围。

**五、"双方应确保,如果受到一方地理标志保护的复合名称中的单独组成部分是通用名称,该部分应不受该方地理标志保护。""当中国向复合名称提供地理标志保护时,如该复合名称中有不予保护的单独组成部分,应公开列明。"**

此两条均是关于地理标志中的"复合名称"的保护问题,一是明确地理标志中含有的通用名称不受保护,二是要求公开列明。复合名称之所以被纳入协议,笔者认为主要还是为了防止因受保护的地理标志包含的通用名称,从而限制通用名称产品的市场准入,这也是呼应了上述第 1 条中保护通用名称的整体要求。例如,中欧地理标志协议中曾将"Prosciutto di Parma(帕尔玛火腿)"纳入地理标志保护名单,但美国行业组织通用食品名称联合会(CCFN)提出反对意见称中国必须明确相关名称中的通用术语[例如"prosciutto(火腿)"]仍可供所有人免费使用,以确保公平的市场准入,但中欧的地理标志保护协议针对此点并不明确,从而使美方处于不利地位。中国《国外地理标志产品保护办法》规定了国外地理标志在华保护名称包括中文名称,此处的中文名称是指由具有地理指示功能的名称和反映产品真实属性的通用名称构成,上文已经阐述了中国对于通用名称的保护态度,可以说"复合名称"中的单独部分构成通用名称的保护规则与中国的《商标法》保护的规则是一致的。本条文的重点在于应当公开列明"复合名称"中不予保护的单独组成部分,避免双方因理解而产生歧义。

因部分条文未完全罗列在本文,但综合整个地理标志部分的条款分析,中美双方在地理标志部分的协议内容几乎是平等的,虽然中国在地理标志保护方面与美国存在一些差异,但不可否认条约的内容有利于中国加强对地理标志的保护力度,促进中国地理标志产品走出国门,使中国的地理标志产品能在美国获得平等保护;从长远角度来说,也会不断完善中国地理标志的保护体系。

# 《中美贸易协议》文娱行业相关条款解读

## 谢佳佳

2020年1月15日,中美双方在美国华盛顿签署《中华人民共和国政府和美利坚合众国政府经济贸易协议》(简称《中美贸易协议》),预示旷日持久的"中美贸易战"迎来了转机。本文将对《中美贸易协议》中与文娱行业相关的条款解读一二。

《中美贸易协议》中与文娱行业相关的条款主要集中在"第一章:知识产权"的第五、七、八节,主要涉及的是"盗版与假冒的规制",以及"知识产权案件的执行与程序"。具体内容如下:

## 一、加大对盗版与假冒的打击力度

《中美贸易协议》分别在第五节与第七节从"电子商务平台上的盗版与假冒"与"盗版与假冒产品的生产和出口"两个角度体现了双方对盗版与假冒问题的关注。

(一)打击网络侵权——"完善'通知—下架'规则"

我国《电子商务法》第42条对"通知与下架"规则已有规定,[①]但《中美贸易协议》对知识产权权利人的保护提出了更高的要求。

首先,《中美贸易协议》强调下架的时效性。《电子商务法》对平台收到权利人通知后下架的时限要求表达为"及时"。根据《最高人民法院关于审理侵害信

---

① 知识产权权利人认为其知识产权受到侵害的,有权通知电子商务平台经营者采取删除、屏蔽、断开链接、终止交易和服务等必要措施。通知应当包括构成侵权的初步证据。电子商务平台经营者接到通知后,应当及时采取必要措施,并将该通知转送平台内经营者;未及时采取必要措施的,对损害的扩大部分与平台内经营者承担连带责任。因通知错误造成平台内经营者损害的,依法承担民事责任。恶意发出错误通知,造成平台内经营者损失的,加倍承担赔偿责任。

息网络传播权民事纠纷案件适用法律若干问题的规定》对于下架是否及时"应当根据权利人提交通知的形式,通知的准确程度,采取措施的难易程度,网络服务的性质,所涉作品、表演、录音录像制品的类型、知名度、数量等因素综合判断",而《中美贸易协议》"要求迅速下架"。从语义表达上看"迅速"自然是比"及时"更加强调时效性,但具体的标准及参考因素还有赖通过后续立法及司法执法进行进一步阐明。

其次,《中美贸易协议》在要求平台更快地对权利人通知作出反应的同时,则给了权利人对涉嫌侵权人提供的不侵权通知(即反通知)更长的反应时间(法律要求权利人在收到反通知后一段期限内采取投诉或起诉等正式措施,否则平台应重新上架涉嫌侵权商品)。根据《电子商务法》,电子商务平台经营者在转送声明到达知识产权权利人后15日内,未收到权利人已经投诉或者起诉通知的,应当及时终止所采取的措施。根据美国的《数字千年版权法》,权利人在对应情境中起诉时间为10到14个工作日。而在《中美贸易协议》中,前述最后期限延长至"20个工作日",这无疑对权利人是个好消息。

更重大的是,《中美贸易协议》要求对"提交错误下架通知"的侵权行为归责原则适用"过错责任",具体表述为"免除善意提交错误下架通知的责任"。"平台下架"为电子商务平台执行的一项停止侵权措施,可算作一种民间救济手段,其实施效果实际上与官方救济手段——诉讼中的行为保全是相同的。结合行为保全的相关内容,一方面,关于如何认定"错误通知",可以参考诉讼经验,若权利人最终败诉,应当认定为错误通知;另一方面,关于归责原则,《中美贸易协议》的规定与行为保全项下的错误申请并不相同。司法实践中,错误提交行为保全申请适用的是无过错原则。例如,在2008年的公报案例"许赞有案"中,法官认为:"许赞有在其申请财产保全和先行责令拜特公司、康拜特公司立即停止侵犯专利权时,应充分意识到其提出该申请的风险(即专利可能最终无效)。许赞有关于其申请没有过错因而不应承担相应赔偿责任的主张没有法律依据。"而在2018年浙江省高级人民法院作出的"骑客智能科技案"中,法院同样驳回了被告主张其申请不存在恶意的主张:"申请人明知风险而为之的主观状态,受当时侵权结果未定的客观情况所限往往不能预先作出是否具有过错的判定,但当最终其侵权的主张未被法定程序支持时,即可确认当时的申请人具有主观过错。"在前述两个案件中,无论是"许赞有案"中直接表示为"没有过错无法主张免责"还是"骑客智能科技案"中表达的"错误的结果可以推定存在过错",所谓的善意申请并无法成为免责的理由。而在立法层面,2019年颁布的《电子商务法》规定"因通知错误造成平台内经营者损害的,依法承担民事责任",显然,立法者对错误通知主张适用无过错责任的归责原则。因此,《中美贸易协议》这一规定,无疑会对现有规则产生重大的影响。此外,从成功申请的前提考虑,平台下架仅要求权利人提交初步证据,而行为保全通常要求申请人证明其具有较大的胜诉可能性、如不立即采取禁令将对申请人利益造成难以弥补的损害并提供担保,其实施难度显然远远大于平台下架。从这一角度说,进一步地将"通知—移除"规则向权利人倾斜,某种程度上可能架空诉前禁令制度,并导致对平台内经营者利益的不合理压迫。

最后,比较《电子商务法》,《中美贸易协议》新增了"对恶意提交反通知进行处罚"的规定,进一步保障了权利人的权益。

(二)加重平台行政责任

《协议》第1.14条规定:"屡次未能遏制假冒或盗版商品销售的电子商务平台可能被吊销网络经营许可。"现行《电子商务法》并未将"吊销营业许可"纳入平台侵权的法律责任。但回溯《电子商务法》修订过程,"吊销营业许可"的处罚曾在《电子商务法草案》中出现,但在《电子商务法草案(二次修订稿)》中被删除,同时罚金的区间从"10万元—50万元"提高到了"20万元—50万元",最终,在《电子商务法》生效版本中,新增了"责令停业整顿"的处罚,同时,罚金进一步的提至"50万元—200万元"。从前述修法历程来看,立法者最终放弃了"吊销营业执照"这一直接导致经营者无法继续营业的行政措施,取而代之的是"责令停业整顿"这样更另有灵活性的措施,同时,以提高罚金的方式来加强打击力度,可以说是考虑了各方利益平衡的一个结果。毫无疑问,《中美贸易协议》的规定则更能对平台起到震慑作用。

(三)盗版与假冒商品处理

为降低进一步侵权的风险,《中美贸易协议》要求除特殊情况下,在边境措施、民事及刑事程序中均以"销毁"的方式处理盗版与假冒商品。

就边境措施而言,我国目前在《中华人民共和国知识产权海关保护条例》第

27条中规定采用梯度式的措施处理海关程序中的盗版与假冒商品。① 海关没收的相关物品优先用于公益事业或在一定条件下,由权利人回购,否则则由海关消除侵权特征(进口商品除外)后拍卖,"销毁"这一措施仅在前述选择都无法实现且侵权特征无法消除时,方采取。

民事措施涉及《商标法》《著作权法》的相关规定。2019年修订的《商标法》在第63条新增之内容与《中美贸易协议》要求基本一致。需要厘清的是,笔者认为《中美贸易协议》中,假冒商品是指侵犯他人商标专用权的商品且为使用相同商标的侵权商品。理由在于,在《商标法》第63条中采用用语为"假冒注册商标的商品"而非"侵犯注册商标专用权的商品",前者同时出现在《商标法》第67条第3款中,即"销售明知是假冒注册商标的商品,构成犯罪的,除赔偿被侵权人的损失外,依法追究刑事责任。"很显然,"销售明知是假冒注册商标的商品"这一行为指向的罪名为《刑法》规定的"假冒注册商标罪",而该罪规制之行为为"在同一种商品上使用与他人注册商标相同的商标"。因此,从体系解释的角度出发,《商标法》第63条规定的"假冒注册商品"与第67条第3款相同用语应具有一致含义,均指使用相同商标的侵权商品。即便《中美贸易协议》并未明确假冒商品内涵,笔者仍认为应尊重目前国内法的法律体系,严格限定假冒商品的含义。

盗版商品则是《著作权法》意义下的侵权复制品,即侵犯他人复制权的商品。根据我国《著作权法》规定,"销毁"这一措施适用前提为"侵犯公共利益"。但从《著作权法》最新修订稿来看,这一前提已被删除,著作权行政管理部门可采用包括销毁在内的多种手段打击侵权,从这个角度来说,《中美贸易协议》对应内容的落实障碍不大。

盗版与假冒商品在一定条件下可被《刑法》所规制,在《中美贸易协议》中也提到了刑事程序下盗版与假冒商品的处理,除因权利人提起民事诉讼需要保留证据,对侵权商品不予销毁的情形外,其具体内容与民事程序的要求基本一致。

(四)加强执法活动

《中美贸易协议》针对盗版与假冒商品的执法活动提出了诸多细节要求。一方面,针对边境活动,中国应采取的措施包括:① 在《中美贸易协议》生效后

---

① 江苏省高级人民法院(2008)苏民三终字第0071号民事判决书。

9个月内,显著增加对海关执法相关人员的培训;② 在《协议》生效后 3 个月内,显著增加执法行动数量;③ 每季度在网上更新执法行动信息。另一方面,针对实体市场,中国应采取的措施则包括:① 在《协议》生效后 4 个月内,显著增加执法行动数量;② 每季度在网上更新针对实体市场执法行动的信息。

《中美贸易协议》这一要求与目前我国的执法要求与趋势相符。我国在知识产权执法领域进行了诸多有益的尝试,例如,以打击侵权假冒为主题的海关"龙腾行动2019"专项行动便战果丰硕,共扣留侵权嫌疑货物 4.5 万批,涉及货物 1745 万件,价值 1.07 亿元。可以想见,《中美贸易协议》将极大促进相关执法活动的进一步开展。

## 二、完善知识产权案件司法执行和程序

(一)健全行政执法与刑事司法衔接机制

在《中美贸易协议》第 1.26 条中,美方要求:"如依据客观标准,存在基于清晰事实的对于知识产权刑事违法行为的'合理嫌疑',中国应要求行政部门将案件移交刑事执法。"即确保行政执法向刑事执法的移交。

首先,该条款与我国"刑事优先"的司法执法趋势相统一。早在 2001 年 7 月国务院《行政执法机关移送涉嫌犯罪案件的规定》,明确执法机关在发现涉嫌构成犯罪行为的,必须向公安机关进行移送。2006 年最高人民检察院等多个部门联合发布《关于在行政执法中及时移送涉嫌犯罪案件的意见》进一步明确了案件移送的程序。2017 年《行政处罚法》则规定:"违法行为构成犯罪,应当依法追究刑事责任,不得以行政处罚代替刑事处罚。"2019 年 11 月,中共中央办公厅、国务院办公厅颁布的《关于强化知识产权保护的意见》重申"推进行政执法和刑事司法立案标准协调衔接,完善案件移送要求和证据标准",力求顺利推进行政执法与刑事司法的衔接。

需要注意的是,《中美贸易协议》引入"合理怀疑"作为移送标准。合理怀疑是一个刑法上的概念,从文意理解的角度便是合理性的怀疑。在执法或司法领域,相关人员不免需要对事实进行判断,而在被认定的事实与客观真实之间是存在偏差的,而在二者之间需要多大程度的接近才能促使有关人员作出决定或判决,这便是事实证明标准的问题。《中美贸易协议》所涉"合理怀疑"即主张采

用较低的证明标准,即存在被认定的事实为客观真实的可能性时就应当移交。比"合理怀疑"更高的标准是民法所采用的"高度盖然性"标准,即大概率被认定的事实即为客观真实。而最高的证明标准则为刑法意义下有罪判决需达到的标准——"排除合理怀疑",即根据《刑事诉讼法》第55条所述的有罪判决的标准之一:"综合全案证据,对所认定事实已排除合理怀疑。"这一标准也被进一步总结为"疑罪从无"。

关于"合理怀疑"的具体含义,笔者试以2010年10月14日《中国工商报》刊登的一件真实案例为例进行说明。该案案情为工商局查处一销售假冒五粮液等名酒的分销商陈某,截至案发,陈某共销售假冒茅台等名酒金额达72 720元,非法经营额325 700元。若考虑金额,陈某的行为毫无疑问构成销售假冒注册商标的商品罪,但工商局认为由于陈某不存在伪造、涂改商标注册人授权文件的行为并结合陈某的自述(每次进货时都会按照包装上标注的防伪电话查询真伪,查询结果均提示为真品),根据《关于办理侵犯知识产权刑事案件具体应用法律若干问题的解释》的规定,陈某对售假行为不存在"明知",因此不构成该罪,无需对该案进行移送。彼时,便有专业学者指出:"当事人无固定经营场所,在仓库存放大量假冒名酒,销售金额较大、货值金额巨大,并有用于销售假冒名酒的电脑和车辆,其主观上明知的嫌疑是非常大的;其有关自己每次进货时都按商品包装上所标的防伪电话进行过查询且均提示为真品的陈述,结合常识推断其可信度并不高。"[①]前述专业人士的推断即为"合理怀疑",若以《中美贸易协议》的标准考虑该案,理应向公安机关进行移送。

(二)从立法与司法层面加大知识产权侵权行为打击力度

《中美贸易协议》第1.27条要求中国采取能够有效遏制侵权行为的措施,具体包含:① 在现有法律框架内对知识产权侵权行为从重处罚;② 嗣后启动立法程序,以提高法定赔偿金、监禁刑和罚金的最低和最高限度的方式制止侵权行为。该项规定要求我国从民法、刑法、行政法规各个角度全面提高知识产权侵权行为的处罚力度,与我国目前的司法执法趋势并无二致。《关于强化知识产权保护的意见》表示:"应大幅提高侵权法定赔偿额上限,加大损害赔偿力度并加大刑事打击力度,研究降低侵犯知识产权犯罪入罪标准,提高量刑处罚

---

① 浙江省高级人民法院(2017)浙民终213号民事判决书。

力度。"实际上,我国各个相关部门法的修订已切实贯彻了这一精神。在2019年11月生效的新《商标法》中,惩罚性赔偿的最高额从3倍提高到5倍,而法定赔偿额的最高额也从300万元提高至500万元。最新版本的《著作权法》及《专利法》修改草案也均体现了加重处罚的立法倾向:《著作权法》引入了2~3倍的惩罚性赔偿,而法定赔偿最高额翻倍增长为100万元,侵犯专利的行为则可能面临1~5倍的惩罚性赔偿,以及10万元—500万元的法定赔偿。

(三)著作权和相关权的执行

《中美贸易协议》第1.29条为针对著作权的制度设计要求。首先,《中美贸易协议》要求"如果没有相反的证据,以通常方式署名显示作品的作者、出版者、表演的表演者或录音制品的表演者、制作人,就是该作品、表演或录音制品的著作权人或相关权利人",即在著作权权属上遵循署名优先的原则,该要求与我国《著作权法》第11条的规定相同。此外,在"署名优先"原则的基础上,《中美贸易协议》进一步明确简化权利人的举证责任,即在无相反证据存在的基础之上,免除署名人提交其享有著作权的其他文书证据。在我国司法实践中,权利人出于提高证明效力的需要,往往会提交包括署名、著作权登记证书、作品底稿等相关证据证明权属,《中美贸易协议》的该项规定则为权利人减负,使得署名本身单独具有证明权属的效力。在此基础上,权利人,特别是类电作品的著作权人,应当更加重视署名规范,以确保权属的有效性并降低之后的举证负担。

除署名推定外,《中美贸易协议》还明确了"创造性推定",具体表述为:"著作权或相关权利存在于上述作品、表演、录音制品中。"在我国现有法律关键内,"独创性"为作品的要件之一,即仅有原创且具有一定创造性的成果才能作为作品获得著作权的保护。例如,创造性较高的成果可以作为类电作品保护,享有完整著作权,而创造性较低的成果则被认定为录像制品,无法享有完整的广播权、放映权、表演权等权项,这便导致一些极具商业价值的成果,如赛事画面无法作为作品获得保护,由此引起了广泛的争议。与我国不同的是,美国版权法对于"创造性"仍采取的是较低标准。正如,美国联邦高级法院在"Feist案"中所指出的"创造性的要求是极端低的,即使一点点也就足够了"。《中美贸易协议》这部分规定则体现了美国试图在我国法律体系内准用低标准创造性,以最大化地扩大著作权权利客体范围。当然,这一需求对我国也并非揠苗助长,关于降低甚至于取消作品创造性要求的呼声近年来一直不绝于耳,而《中华人民共和国著作权法(修订草案送审稿)》将"电影作品和以类似摄制电影的方法创作的作品"更名为"视听作品",取消相关权利客体"录像制品"的规定,则从立法层面体现了这一趋势。

《中美贸易协议》在降低权利人举证责任的同时,加重了涉嫌侵权人的举证责任,要求"被诉侵权人承担提供证据的责任或举证责任,证明其对受著作权或相关权保护的作品的使用是经过授权的包括被诉侵权人声称已经从权利人获得使用作品的准许的情况,例如许可"。关于这项规定,部分学者认为,此项规定对应我国《著作权法》第 53 条——针对出版者、制作者、出租者的合法来源抗辩的条款,并进一步认为《中美贸易协议》的规定加重了被控侵权人的举证责任。笔者认同该分析的结论,但其理由却有待商榷。《著作权法》第 53 条的确要求出版者、制作者、出租者提供其获得授权或其产品具有合法来源的证据,但此项规定的性质为抗辩事由,即若被控侵权人提供了前述证据,导向的结果是仅需停止侵权但不承担赔偿责任,笔者认为这是法律针对并非侵权作品原始侵权人的"出版者""制作者"或"出租者"的一项责任豁免条款。若《中美贸易协议》中该项规定是导致适用《著作权法》第 53 条的主体扩大,则意味着所有被控侵权人在证明了其获得授权后,均无需承担赔偿责任,这样的结果显然不利于权利人,与《中美贸易协议》加强知识产权保护的初衷背道而驰。依笔者看来,《中美贸易协议》中该项规定更多的应该理解为举证责任倒置,若被诉侵权人无法证明其合法来源的,无需由原告证明侵权成立,而是由被告直接承担败诉的不利后果。

(四) 简化境外证据程序要求与加强证人证言运用

《中美贸易协议》第 1.30 条规定可通过当事人之间认可或以接受伪证处罚为前提保障效力的证据,我国不应提出包括领事认证的要求,而对无法实现前述前提的证据,应简化公证程序。根据我国最高人民法院《民事诉讼证据的若干规定》,境外形成的证据均需经公证认证程序并进行公证转递后,方可被法院采纳。前述规定并未区分证据类型,对境外形成的证据一刀切的要求履行费时费力的公证程序,但根据《领事认证办法》第 31 条,领事认证并不对文书内容本身的真实性、合法性负责,因此在我国国内要求简化境外证据公证程序的呼吁一直存在。而《最高人民法院关于民事诉讼证据的若干规定》也已回应了这一需求。在前述规定中,仅"涉及身份关系"的证据需履行原有规定中的繁复程

303

序,对于"公文书证"则取消了进行领事认证的要求。可以预见,经《中美贸易协议》要求后,境外诉讼证据所需程序将进一步简化。

《中美贸易协议》第1.31条则聚焦了"证人证言"这一证据类型,要求"在民事司法程序中,中国应给予当事方在案件中邀请证人或专家,并在庭审中对证人证言进行交叉质询的合理机会"。从"提供当事人邀请证人或专家出庭合理机会"的角度来说,《最高人民法院关于民事诉讼证据的若干规定》已经满足了这项要求,其第68条规定:"人民法院应当要求证人出庭作证。"该规定是对我国庭审中过分倚重书证的状况的一个反思。同时,该规定还致力于完善当事人、证人具结制度(第65、66、71条);加大对当事人、证人虚假证据行为的制裁力度(第63、78条);规范妨害作证制度(第73条),以便最大化地发挥证人证言证据的运用效率。而需要我国考虑如何落实的是,《中美贸易协议》特别强调了"交叉质询"之一质证方式的运用。"交叉质询(cross-examination)"是指在当事人对其邀请的证人进行询问后,对方当事人可对同一证人进行盘问的制度。"交叉质询"为英美法系对抗制的庭审制度的集中体现,在交叉询问的过程中,对方当事人往往使出浑身解数试图抓出证人言辞的破绽或引导证人披露对其有利的内容。而在中国纠问制庭审制度的要求下,当事人及诉讼代理人发言是严格受到法官限制的,在最新的《关于民事诉讼证据的若干规定》第74条也进一步确认了"当事人及其诉讼代理人经审判人员许可后可以询问证人",因此《中美贸易协议》关于"交叉询问"的要求应该如何在我国国内诉讼程序中落实,十分令人期待。

**参考文献:**

[1] 黄璞琳:《也谈销售假冒注册商标商品的涉刑移送标准》,《威科先行》,https://law.wkinfo.com.cn/professional-articles/detail/NjAwMDAwMTE1MTM%3D?searchId=fc70692c6c-654c9083597d5c5619ba82&index=1&q=&module=,2010年11月4日。

[2] Feist Publications, Inc. v. Rural Telephone Service Co., 499 U.S. 340(1991).

# "偷梗"算"偷"吗?

谢佳佳

2019年10月份上映的大热电影《少年的你》在收获赞誉无数的同时,也引起了影片及剧本侵权的争议。部分网友表示《少年的你》融合了《白夜行》《嫌疑人X的献身》等日本作家东野圭吾多部名作当中的元素,并以此主张《少年的你》"融梗"或"抄袭"。

## 一、"融梗""抄袭"含义

"融梗"并非法律用语,而是网络流行词。梗,来源于"哏",本指艺术作品中的笑点,也指故事的情节、片段及创意等。融梗,即把别人精彩的情节、片段及创意等融进自己的作品中。[1]

"抄袭"也非《著作权法》中载明的词语,但《国家版权局版权管理司一九九九年关于如何认定抄袭行为给某市版权局的答复》(简称《答复》)指出,"抄袭"与"剽窃"为同一概念,而"剽窃"则是《著作权法》第52条明确规定侵权行为之一,也就是说"抄袭"是一种明确的侵权行为。实际上《答复》不仅说明了"抄袭"与"剽窃"的同义关系,还进一步对两个词的内涵进行了说明:"抄袭是指将他人作品或者作品的片段窃为己有。从抄袭的形式看,有原封不动或者基本原封不动地复制他人的作品的行为,也有经改头换面后将他人受著作权保护的独创成分窃为己有的行为,前者在著作权执法领域被称为低级抄袭,后者被称为高级抄袭。"

通过厘清词义,我们至少明白了两点:第一,"融梗"与"抄袭"并非同一概

---

[1] 融梗.载百度百科:https://baike.baidu.com/item/融梗/20803869? fr=aladdin,2019年12月8日。

念;第二,"融梗"不属于"低级抄袭",若构成了"将他人受著作权保护的独创成分窃为己有的行为",则属于应当被《著作权法》所规制的"高级抄袭"。

## 二、如何判断是否构成"高级抄袭"

"接触+实质性相似"是判断是否构成"高级抄袭"的方法,业内人士也多称之为"侵权判断公式"。方法看似简单,但实际操作起来却不似数学公式那样答案明确。

(一)"接触"标准的认定

著作权自作品产生之日即由作者天然获得,因此,若两位作者各自独立创作了相同的作品,均可获得《著作权法》的保护。如此一来,为排除各自独立创作的可能,若需主张诉争作品侵权,第一步便是证明被诉侵权人与权利作品存在"接触",即存在"剽窃"的可能。司法实践中,"接触"标准多无需权利人直接举证被诉侵权人真实的接触过作品,除非被诉侵权人提出反证,若权利作品在诉争作品创作前已公开发表的,即推定"接触"要件成立。[①] 而在本文的情境中,若大众已自发声讨某一作品构成"融梗",权利作品想必已是极具知名度了,作为大众一员的侵权人大概率也接触过权利作品,因此,"接触"要件不是本文讨论的重点。

(二)"实质性相似"的认定

"实质性相似"的判断过程是:首先,提取两部作品相似的部分;其次,评估相似的部分是否满足两项要件,一为"相似部分构成作品的表达",二为"相似部分具有独创性(originality)"。

1."思想与表达的二分法"

(1)来源、含义与判断方法。要件一脱胎于"思想与表达二分法",该方法来源于1879年的"Baker案"[②],意为"著作权法不保护'思想',仅保护'表达'"。在时隔50年的"Nichols案"[③]中,美国汉德法官为文字作品的思想与表达的划分提供了一套具体的操作方法,即"抽象概括法",并一直沿用至今。"抽象概括

---

[①] 北京市高级人民法院(2015)高民(知)终字第1039号民事判决书。
[②] The baker v. Seldon,101 U,S 99 (1879)。
[③] Nichols v.Universal Pictures Corp.,45 F. 2d 119(2d Cir. 1930)。

法"是指将一部文学作品中的内容比作一个金字塔,金字塔的底端是由最为具体的表达构成,然后逐级对具体的表达进行概括,最终达到金字塔的顶端,即最为概括抽象的思想。在该金字塔的中间部位,存在一个分界,其上为思想,其下为表达。

(2)"金字塔"的清晰地带。思想与表达的金字塔存在部分泾渭分明的区域,诸如,作品的"题材"①"模式"②"构思/语言风格"③"创作元素"④"脱离了具体情节的人物名称或关系"⑤。前述部分均处于"金字塔"的顶端,归于思想,不可垄断。而作品未经抽象概括的具体表达(语言文字)则构成"金字塔"的底部,若基本一致,则满足"相似部分构成作品的表达"这一要件。⑥

(3)模糊的中间地带——单个情节比较。对于叙述性文字作品的"高级抄袭"来说,大量的相似性并非体现在金字塔的两端,而是存在于金字塔的中间部分,也就是由下至上逐步抽象后,两部作品的情节会在提炼到某一程度后,呈现出一致性。若这样的一致性体现在人物设置及关系、故事前后衔接、具体细节设计上,则属于相似的表达。例如,在"《锦绣未央》案"⑦中,权利作品《一世为臣》描写了福康安的母亲服毒后摔进儿子怀里,攥着福康安的衣角表示,自己的死是和珅所害。福康安双目赤红……福康安的母亲死在福康安的怀里,福康安痛苦不安,仰天长啸。福康安下定决心,为了得到和珅,唯有坐拥江山等情节。而诉争作品《锦绣未央》的相关情节描写的是拓跋玉的母亲吞金后,攥着拓跋玉

---

① 《最高人民法院关于审理著作权民事纠纷案件适用法律若干问题的解释》第 15 条规定:由不同作者就同一题材创作的作品,作品的表达系独立完成并且有创造性的,应当认定作者各自享有独立著作权。
② 北京市海淀区人民法院(2005)海民初字第 15050 号民事判决书。
③ 北京市高级人民法院(2005)高民终字第 539 号民事判决书。
④ 周浩晖诉余征、周静、芒果影视文化有限公司等侵害作品改编权、摄制权纠纷案。
⑤ 该情形既然包括用相同的人物名称及关系发展出全新的故事,如"金庸诉江南《此间的少年》案"[广州市天河区人民法院(2016)粤 0106 民初 12068 号民事判决书],也包括在不同的作品类型中单纯使用人物名称及关系,如在游戏中使用小说人物名称或关系,如"完美世界(北京)软件有限公司与上海野火网络科技有限公司、福建博瑞网络科技有限公司、广州爱九游信息技术有限公司、福建游龙网络科技有限公司侵害作品改编权纠纷、虚假宣传纠纷、其他不正当竞争纠纷案"[上海市杨浦区人民法院(2015)杨民三(知)初字第 55 号民事判决书]。
⑥ 在"《锦绣未央》案"[北京市朝阳区人民法院(2017)京 0105 民初 987 号民事判决书]中,《一世为臣》(权利作品)有部分语句为"守门的家丁原本半靠着门要睡不睡,被这番人嘶马叫的动静惊醒,揉着眼睛刚起身,忽然齐齐地瞠目结舌,而后一气儿向内府奔去,狂喜着喊:'少主子回来了——少主子回来了!'福康安翻身下马,随手将马鞭丢给下人,紧抿着唇大步流星地往里走,众人纷纷让路"。而《锦绣未央》(诉争作品)相似的表达为"守着后门的家丁突然被一匹快马惊住,看清了马上的人,忽然齐齐地瞠目结舌,而后一气儿向内府奔去,狂喜着喊:'五少爷回来了——五少爷回来了!'蒋天翻身下马,随手将马鞭丢给下人,紧抿着唇大步流星地往里走,众人纷纷让路"。
⑦ 北京市朝阳区人民法院(2017)京 0105 民初 987 号民事判决书。

的衣角表示，自己的死是李未央所害。拓跋玉双目赤红……拓跋玉的母亲死在拓跋玉怀里，拓跋玉下定决心，为了得到李未央，唯有坐拥江山。法官在判决中对两部作品的相似性进一步说明："两书在上述情节中，均塑造了'自杀的母亲''痛苦的独子''爱而不得的爱人'等非常具体的人物，设计了'母亲笃定自己是儿子爱人所害''儿子内心替爱人辩解''儿子是母亲的独子''儿子下定决心夺取帝位'等具体的矛盾冲突和细节，两情节构成相似"。

(4) 模糊的中间地带——多个情节比较。除单个情节可能构成实质性相似外，若情节之间的相互关系，即"两部作品在整体上的情节排布及推演过程基本一致"，则两部作品同样构成实质性相似。[①] 在"《宫锁连城》案"中，法院最终认定两部作品在"偷龙转凤""女婴被拾，并被收为女儿""凤还巢""告密"等21个情节在整体的情节排布及推演过程基本一致，故被告构成侵权。这种"排布与推演过程"在英国著名法官休拉迪的论述[②]中被称为"一个被充分描述的结构"，当一个作者创作出这样的"结构"时，就构成受保护的表达。[③] 反之，则如"《胭脂盒》案"[④]的情形一般，因原告主张的相似之处"仅能抽象到身份地位不同的两人相遇，冲破家庭阻挠相爱，爱情历经曲折，最终一方殉情一方独自存活"，这样的结构因"过于抽象和普通"而无法获得《著作权法》的保护。

需要注意的是，前文所述值得保护的结构是指情节顺序的安排与内在的逻辑关系，并不包含情节的常用的行文顺序，如倒叙、顺叙、插叙。[⑤]

(5) "人物及主题塑造"对思想与表达划分的意义。思想与表达的区分一直是著作权法司法判定的难点之一，除考虑情节自身及其相互关系外，情节所体现出的人物特征与主题也对思想与表达的区分具有一定的辅助作用。理由在于"往往越具体的情节越能体现人物的塑造、主题的表达，而越抽象的情节则越不涉及人物与主题"，若两部作品在人物的塑造与主题或者人物与情节的关系上存在一致性，则被使用部分为表达的可能性便越高，反之亦然。"庄羽诉郭敬明案"[⑥]从正面印证了这点。"在权利作品中，男主人公高源出车祸受伤昏迷，住进医院，

---

[①] 北京市高级人民法院(2015)高民(知)终字第1039号民事判决书。
[②] Hugh Laddie etc., The Modern Law of Copyright and Designs (3rd edition), Butterworths (2000), section 3.85. 转引自王迁：《著作权法》，中国人民大学出版社2015年版。
[③] 上海市徐汇区人民法院(2012)徐民三(知)初字第4号民事判决书。
[④] 杭州市余杭区人民法院(2016)浙0110民初315号民事判决书。
[⑤] 北京市高级人民法院(2005)高民终字第539号民事判决书。
[⑥] 上海市徐汇区人民法院(2012)徐民三(知)初字第4号民事判决书。

女主人公初晓来看望,高源苏醒,两人开玩笑,初晓推了高源脑袋一下,导致高源昏迷。这一情节既将人物的个性表现出来,同时也将二人的恋人关系以独特的方式表现出来。而在诉争作品中,在男女主人公之间也有几乎相同的情节,只是结果稍有不同。"法官认为相同人物关系的相似情节进一步证明了表达存在相似。"《胭脂盒》案"①则是这一思想的反向体现,在该案中,法官将两部作品主人公分别表现出了"优柔寡断、缺乏独立精神"以及"酷爱评弹、勇敢果断的人"两种不同的性格特征,视为不存在实质性相似的理由之一,以此拒绝认定侵权。

（6）混同原则。此外,在有些情况下,存在着特定事项仅有有限的几种表达的情况,思想与表达无法区分,此时,思想与表达即发生了混同,这就是"Morrissey案"②提及的"混同原则",发生混同的情况下,若限制表达势必限制思想,因此,权利人无权对这样的表达主张权利。

2. 相似的部分具有"独创性"

独创性包含两项含义:"独"(表达来源于权利人)与"创"(表达具有一定的创造性)。

"独"的要求衍生了"场景原则"以及"公有领域内容排除"的规则。"场景原则"是指对针对某一场景,通常会添加的元素,作者无权阻止他人使用。例如,美国西部牛仔电影中牛仔的牛仔帽、皮衣、靴子,以及对牛仔在夕阳下策马扬鞭过程的刻画。"公有领域内容排除"则是指,若一些内容已进入公有领域,如超过著作权保护期的作品,或作品并非来自权利人,权利人则无权主张垄断。同时,从"独"本身的应有之意出发,如果被告能够证明相似之处源于第三方,则侵权指控无法成立。如在"霍炬案"③中法官指出:"原告主张的内容均出自媒体报道,属于公知素材。而原告在权利作品中并未对此类情节进行显著的独创性设计和安排,故不受著作权的保护。"

"创"是指"源于本人的表达是智力创作成果,具有一定的智力创造性"。④在我国的司法实践中,"创造性"即要求作品"所表现的内涵是作者思想的独特表现,或反映了作者的全部思想或思想的实质部分"。⑤ 在《最高人民法院指导

---

① 杭州市余杭区人民法院(2016)浙0110民初315号民事判决书。
② Morrissey v. Procter & Gamble Co., 379 F. 2d 675(1[st] Cir. 1967).
③ 上海市第二中级人民法院(1998)沪二中知初字第5号民事判决书。
④ 王迁:《著作权法》,中国人民大学出版社2015年版,第27页。
⑤ 山东省高级人民法院(2011)鲁民三终字第194号民事判决书;最高人民法院(2013)民申字第1049号民事判决书。

案例》第 81 号①中,可以看到这样的例子:权利作品有一句台词为"草原为家,以马为伴,做个牧马人",在诉争作品中则有一处类似的表达为:"以草原为家,以马为伴,你看过电影《牧马人》吗?做个自由的牧马人。"相似的表达本身因不具有足够的"创造性",抄袭主张无法成立。

关于"创造性"特别需要提示的是:"创造性"与字数并无绝对的关联,典型的例子是唐诗宋词,往往寥寥数笔,便可以独特的笔触描述极为宏大与丰富的场景与事件,对于这类作品,"创造性"并不因字数少而被排除。而从这点延伸开来,笔者注意到,许多学者与司法判决中都提到了"比例原则",即需要考虑相似的部分在权利作品或者诉争作品当中的比例,对此,笔者是持怀疑态度的。若相似部分本身具有独创性,虽然只是权利作品的一部分,其自身也是满足《著作权法》上关于"作品"的要求的,不因存在于一部作品当中,而使得他人能够任意使用。例如,在《红楼梦》当中存在着大量诗句与判词,若论比例,其在《红楼梦》洋洋洒洒 61 万字中比例何其微小,(不考虑著作权保护期的问题)如果他人可以任意使用这些诗句或判词,那劳心费力写鸿篇巨制的小说家们恐怕都会考虑直接转作诗人了吧。

## 三、《少年的你,如此美丽》是否构成抄袭

《少年的你,如此美丽》是否构成侵权的判断需要大量周严的侵权比对工作,具体可见表 1。

表 1 《少年的你,如此美丽》和《嫌疑人 X 的献身》的片段对比

| 片段对比 | 《少年的你,如此美丽》 | 《嫌疑人 X 的献身》 |
| --- | --- | --- |
| 男、女主角第一次见面时,女主角都拯救了男主角 | 北野(男主角)想要和欺凌者同归于尽,陈念(女主角)帮助了北野,让他对生活充满了希望。<br>那群人不知道,他随身带着一把尖刀。下一秒,他会把刀刺进他 | 石神哲哉(男主角)试图自杀,花岗靖子(女主角)和她女儿送给他一份亲手做的糕点,让对人生不抱希望的石神哲哉,重拾生的希望。 |

---

① 北京市第二中级人民法院(2014)二中民终字第 6934 号民事判决书。

续　表

| 片段对比 | 《少年的你，如此美丽》 | 《嫌疑人X的献身》 |
| --- | --- | --- |
|  | 们的心脏，同归于尽。可下一秒，她出现了。要为他报警，还吻了他。 | 他站上台子，正要把脖子套进绳索时，门铃响了。是扭转命运方向的门铃。邂逅花岗母女后，石神的生活从此改变了。自杀的念头烟消云散，他重获生命的喜悦，单是想象母女俩的生活就令人开心。（第十九章） |
| 命案发生 | 经过多次的校园欺凌后，陈念感到很绝望，一次意外她将霸凌者从台阶上推了下去。<br>"我反抗，推她……我知道要见她，带了刀，想着万一，可以吓到她不要再打我了，可她不怕，我让她不要过来，但她不……她和我扯在一起……在草地里滚，我不知道发生了什么，我什么也没想，真的没有想，她就……我错了，我不该自己去的。" | 前夫多次上门纠缠花岗靖子，花岗靖子最终不堪忍受，和女儿一起杀了前夫。<br>富樫呜地闷哼一声，往后一倒双手拼命拉扯电线。靖子死命地拉。如果现在松手就是死路一条。这个浑蛋肯定会像瘟神一样，阴魂不散，永远缠着她们。（第二章） |
| 男主角替女主角善后，女主角对计划并不知情 | 北野知道后安抚陈念，迅速想了一个计划，将自己伪装成雨衣人。他到后山的时候，魏莱已经死了。<br>……<br>他迅速想到一个计划，伪装成雨衣人。 | 石神哲哉分析了报警后花岗靖子的劣势，并在看到花岗靖子前夫的尸体时，在脑中拟好了计划。<br>看到富樫尸体时，石神的脑中已经拟好了一个计划……（第十九章） |
| 男主角替女主角制造不在场证明 | 北野安排陈念去看电影，制造不在场证明。<br>"你一整天都在学校？"<br>"嗯"应该无法撒谎，去学校一查就知道。<br>"晚上呢？"<br>"看电影。" | 石神哲哉安排花岗靖子母女俩在案发的第二天去看电影。<br>"十一号我一早就去工作，晚上下班回来后和我女儿一起出门。"靖子回答。<br>"你们去了哪里？"<br>"去看电影，在锦系町的乐天地。" |

续　表

| 片段对比 | 《少年的你，如此美丽》 | 《嫌疑人X的献身》 |
| --- | --- | --- |
|  | "看电影？"老杨眼里闪过一道光，"你选在那个时候看电影？复习和时间不重要了？"他咄咄逼人。她慢慢吞吞："因为很经……典。" | "几点出的门？说个大概时间就可以。另外，如果能把影片名告诉我，最好不过。""我们六点半左右出门，影片……"（第四章） |
| 为了蒙骗警察，男、女主角装作不认识 | 北野和陈念装作不认识。她的书本全部搬回来了，和她的衣服一起。她不能再去他那里了。他们必须是陌生人。 | 石神哲哉和花岗靖子装作是普通邻居。说不定警察正在某处监视，就算碰到了，请务必表现得只是邻里关系——这也是石神给靖子的叮嘱之一。他怀疑警察正在哪里监视，绝不能让他们看到他和靖子相熟的样子。（第十八章） |
| 男主角故意留下残缺的证据，引起警方的注意 | 故意留下没有烧完的衬衫和雨衣让警察产生怀疑，继而引导警察查出他就是雨衣人。他们在北野家附近的垃圾堆找到关键的物证：烧毁但未烧尽的雨衣，带有魏莱血迹的男生衬衫，但作为凶器的刀没找到。可郑易仍觉得奇怪，总认为他烧东西也应该烧的渣儿都不剩，而不是留下细小却致命的证据。 | 故意让警察找到未烧完的衣物，查出受害人身份，使得教授对此产生怀疑。另外，警方在距离现场一百米处，发现了疑似被害人的衣物。衣物塞在一斗深的桶里，遭到部分焚烧，包括外套、毛衣、长裤、袜子和内衣。（第三章）"警方在一斗高的罐中找到未烧完的衣服，推断是凶手所为。我刚听说时就想，凶手为何不等衣服完全烧毁再走？"……"所以呢？""凶手为何连短短五分钟都不肯等？"（第十五章） |

续　表

| 片段对比 | 《少年的你，如此美丽》 | 《嫌疑人X的献身》 |
| --- | --- | --- |
| 男主角为了撇清跟女主角的关系，假扮成骚扰跟踪狂，而女主角对此一无所知。男主角故意让情敌发现自己 | 北野告诉警察自己是在跟踪和骚扰陈念，并故意撞上情敌李想，让李想发现自己在跟踪陈念。<br>郑易问："只有两次同路而已，为什么你能察觉到有人在跟踪陈念？"<br>李想一愣，过了几瞬，说："因为有一次我和他不小心撞到了。" | 石神哲哉假装跟踪花岗靖子和情敌，并且电话骚扰花岗靖子，故意殴打情敌，引起情敌和警察的注意，让警察和情敌认为自己是跟踪狂。<br>"对。不过现在我们还是会被警察投以异样的眼光。刚才我来这里的路上，也遭到跟踪。"<br>"跟踪？"（第十一章） |
| 男主角为了证明凶手是自己，向警方说出了外界不知道的信息 | 北野为了向警察证明自己是凶手，向警察说出了外界不可能获得的关键信息。<br>这一刻，他说出了关键的讯息，全是外界不可能获得的信息。<br>老杨："你说一下那通电话的内容。"北野大致复述了，和他们掌握的分毫不差。 | 石神哲哉主动向警察自首，自首内容和警察掌握的信息完全吻合，并且不被外界所知，说是编造的不太可能。<br>他的叙述没有太大的疑点，尸体、现场情况和警方掌握的内容完全吻合。这些事多半未经媒体披露，若说是编造的不太可能。（第十六章） |
| 男主角自首，并否认女主角是凶手 | 北野没有翻供。<br>少年的北野只是轻轻摇了摇头，说："她没有杀人。"<br>"你唯独算错了这一点——她没杀人。"<br>他说，"郑警官，这一点，我很确定。" | 石神哲哉没有上诉。<br>"我根本听不到你在说什么。"石神露出笑容，"那个人好像没有家人吧？就算还有别的方法，要查明遗体身份也得花上庞大的人力和时间。到那时，我的官司早已结束。当然，无论法官做出什么判决我都不会上诉。只要一结案就盖棺论定了。富坚慎二命案就此了结。警方再也无法插手。难道说——"他看着草薙，"警方听了汤川的话，会改变态度？不过那样的话，就得先释放我。理由是什么？因为我不是凶手？但我明明是凶手，这份自白又要怎么处理？"（第十九章） |

首先,从叙事的结构上,两者相似之处可以简单概括为"女主拯救男主后陷入危机,男主为救女主以身替罪,但最终被识破",这样的叙事结构被认定为充分表达的结构的可能性不高,尚属思想的范畴。其次,从情节本身的表达来说,表格中所反映的情节具有高度概括性,更偏向思想层面。最后,从细节考虑,两部作品均使用了"看电影(不在场证明)"与"烧衣服"的情节,从戏剧目的的角度来说,为了达到相同的戏剧效果,可选择的方式很多,例如,不在场证明可以是去游乐场或者吃饭,这两处细节的相似无疑会让侵权判断的天平朝认定抄袭的那边稍许倾斜,然而,若单单只论两处细节,一般无法被认定为表达,也无法作为"不合理的巧合"[①]来佐证抄袭的存在。当然,抄袭的判定并非割裂地对细节、情节等进行单独判定,需从整体进行综合考虑,而最终的判断也与法官个人的自由心证息息相关。

在这次事件中,除了原作《少年的你,如此美丽》还有电影《少年的你》,若《少年的你,如此美丽》抄袭成立,是否意味着电影《少年的你》一定侵权?答案是还需具体情况具体分析。虽然《少年的你》来源于原作,但若需评估电影《少年的你》是否侵权,则需要进行独立的"实质性相似"的判定。这是因为,一方面,原作与权利作品均为文字作品,而与电影《少年的你》为不同的艺术形式,本身艺术表达形式的差异,会带来相似性判断上的不同。另一方面,电影作品在拍摄时常常会融入大量主创人员的再创造,最终成品与原作势必存在不同,也就是电影内容的相关判断不能直接以原作为准。

此外,在这次"融梗事件"中,有个让人啼笑皆非的"梗":有网友对比童话故事《白雪公主与七个小矮人》及动画故事《葫芦娃》,竟也得出了设定架构上的惊人"一致"。这也从侧面反映了若僵化地以调色盘为标准进行抄袭判断,结果可能有失偏颇。

## 四、那些"意不在酒的醉翁"

在前文"是什么""怎么样"的论述之后,应该讨论"怎么做"了。毫无疑问,版权瑕疵对影视项目的杀伤力无法忽视,行业从业者对拟购买的作品进行"版

---

[①] 审核作品的版权链文件是否完整、是否存在著作权侵权风险等。

权清洁性评估"①、在与原作方的合同中加入"版权瑕疵责任条款"都是十分有必要的防范措施。

正如东野圭吾在《虚无的十字架》中指出的:"人始终无法做出完美的审判。"那我们能做的也许就是心怀善意,努力让我们的判断离完美更近一点。

---

① 要求原作方担保其作品未侵权。

# 以"江小白商标无效案"为例，浅谈《商标法》第 15 条的适用

李淑娟

"我是江小白，生活很简单"——江小白在互联网成功推出白酒品牌与用户进行互动沟通的新型营销模式。产品宣传最大的亮点就是迎合了都市年轻人追求简单、勇于表达、菜鸟小白式无压力的价值观。当听到"江小白"商标被无效的消息时，众人吃了一惊，同时也引发了本人一探究竟的兴致。

## 一、"江小白商标无效案"概览

我们从北京市高级人民法院的二审判决书中了解到第 10325554 号"江小白"商标无效案件的大概过程：2011 年 12 月 19 日诉争商标第 10325554 号"江小白"商标申请注册，申请人成都格尚广告有限责任公司（简称格尚公司），2013 年 2 月 21 日被核准注册，核定使用在第 33 类"果酒（含酒精）、茴香酒（茴芹）、开胃酒、烧酒、蒸馏酒精饮料、苹果酒、酒（利口酒）、酒（饮料）、酒精饮料（啤酒除外）、含水果的酒精饮料"商品上，专用期限至 2023 年 2 月 20 日，2012 年 12 月 6 日，申请中的诉争商标转让至四川新蓝图商贸有限公司（简称新蓝图公司），2016 年 6 月 6 日，诉争商标转让至重庆江小白公司，2016 年 5 月 30 日，江津酒厂针对诉争商标向商标评审委员会（简称商评委）提出无效宣告请求。

2016 年 12 月 27 日商评委认为诉争商标的注册已构成 2001 年修正的《商标法》第 15 条所指的不予注册并禁止使用之情形，该商标被无效。此后重庆江小白公司不服无效裁定向北京知产法院提起行政诉讼，北京知产法院认为在诉争商标申请日前，"江小白"商标并非江津酒厂的商标，新蓝图公司对诉争商标的申请注册并未侵害江津酒厂的合法权益，未构成 2001 年修正的《商标法》第

15条之情形。二审北京高级法院认为商标评审委员会认定诉争商标的注册已构成2001年修正的《商标法》第15条所指不予注册并禁止使用之情形并无不当,撤销了一审判决。

纵观争议商标走过的这些程序无一不是围绕《商标法》第15条适用展开的。笔者就该案件中涉及《商标法》第15条的相关规定及法律适用问题展开分析。

## 二、2001年修正的《商标法》第15条规定

第15条规定:未经授权,代理人或代表人以自己的名义将被代理人或被代表人的商标进行注册,被代理人或者被代表人提出异议的,不予注册并禁止使用。

(一)设置目的和依据

代理人或者代表人未经授权,擅自注册被代理人或者被代表人商标的行为违反了诚实信用原则,侵害了被代理人、被代表人或者利害关系人的合法权益,第15条就是为了禁止代理人或者代表人恶意抢注他人商标的行为。

我国是《保护工业产权巴黎公约》的成员国,《商标法》第15条来源于《巴黎公约》的相关规定。《保护工业产权巴黎公约》第6条之7规定:① 如果本联盟中一个国家的商标所有人的代理人或代表人,未经该所有人授权而以自己的名义向本联盟中一个或一个以上的国家申请该商标的注册,该所有人有权反对所申请的注册或要求取消注册,或者,如该国法律允许,所有人可以要求将该项注册转让给自己,除非该代理人或代表人能证明其行为是正当的;② 商标所有人如未授权使用,以适用上述第①款的规定为条件,有权反对其代理人或代表人使用其商标;③ 各国立法可以规定商标所有人行使本条规定的权利的合理期限。

(二)适用要件

① 系争商标注册申请人是商标所有人的代理人或者代表人;② 系争商标指定使用在与被代理人、被代表人的商标使用的商品/服务相同或者类似;③ 系争商标与被代理人、被代表人商标相同或者近似;④ 代理人或者代表人不能证明其申请注册行为已取得被代理人或者被代表人的授权。

### (三) 对代理人的理解

该条所述的代理人不仅包括《民法典》中规定的代理人,也包括基于商事业务往来而可以知悉被代理人商标的经销商。"江小白"商标无效案,一审中原告江小白公司认为新蓝图公司与江津酒厂公司并非经销关系,而是贴牌加工关系。第三人江津公司述称认为江小白公司与江津酒厂公司存在经销关系,一审法院认为不能直接证明江津酒厂公司、新蓝图公司于诉争商标申请日前已经建立了代理经销、业务往来等关系。二审法院认为诉争商标虽由格尚公司申请注册,但诉争商标在申请注册过程中由格尚公司转让至江津酒厂的经销商新蓝图公司名下了,符合代理关系的认定。笔者认为江津公司与新蓝图公司对于"江小白"白酒的合作是代理经销的代理人关系,还是贴牌加工的委托关系将直接决定是否适用第15条的规定。

### (四) 对被代理人商标的理解

审理标准把被代理人的商标归纳包括如下:① 在合同或者授权委托文件中载明的被代理人商标;② 如当事人无约定,在代理关系已经确定时,被代理人在其被代理经销的商品/服务上,已经在先使用的商标视为被代理人商标;③ 如当事人无约定,代理人在其所代理经销的商品/服务上所使用的商标,若因代理人自己的广告宣传等使用行为,已足以导致相关公众认为该商标是表示被代理人的商品/服务与他人商品/服务相区别的标志,则在被代理人的商品/服务上视为被代理人的商标。一审中江小白公司认为江津酒厂公司无任何有效证据证明其在诉争商标申请日之前使用过"江小白"商标;江津公司认为诉争商标系江小白公司的法定代表人征询江津酒厂公司法定代表人的意见后,由江津酒厂公司的法定代表人最终确定。设计创意归江小白公司所有并不意味着诉争商标归其所有。一审法院认为:江津酒厂公司提交的证据不能真实、有效地证明其在诉争商标申请日前对"江小白"商标享有在先权利,即使参照诉争商标申请日之后的证据,在首次体现双方就"江小白"进行沟通的邮件中,系由时任新蓝图公司的法定代表人的陶石泉提出"江小白"的设计文稿;而在江津糖酒公司与新蓝图公司签订的《定制产品销售合同》中,明确约定江津酒厂公司授权新蓝图公司销售的产品为"几江"牌系列酒定制产品,其中并未涉及"江小白"商标,而合同约定产品概念、包装设计、广告图案、广告用语、市场推广策划方案用于江津酒厂公司或其他客户销售的产品须经新蓝图公司授权,说明江津酒厂公司对除"几江"外的上述内容不享有知识产权。二审法院认为：在诉争商标申请日前，江津酒厂已经为实际使用"江小白"做准备，并已经实际在先使用"江小白"品牌。笔者认为适用2001年《商标法》第15条首先要满足双方是代理关系，然后再谈系争商标是否是被代理人或被代表人的在先使用商标。

## 三、2013年修正的《商标法》第15条规定

未经授权，代理人或者代表人以自己的名义将被代理人或者被代表人的商标进行注册，被代理人或者被代表人提出异议的，不予注册并禁止使用。

"就同一种商品或者类似商品注册申请的商标与他人在先使用的未注册商标相同或者近似，申请人与该他人具有前款规定以外的合同、业务往来关系或者其他关系而明知该他人商标存在，该他人提出异议的，不予注册。"

2013修正的《商标法》第15条，在2001年修正的《商标法》基础上，增加了第2款的规定，目的是为了规制和应对在除了存在代理或代表关系之外的合同、业务往来或其他关系时，出现抢注商标的行为，以维护公平有序的市场竞争秩序。

第2款的适用要件：① 系争商标的申请人为与在先使用人存在代理或代表以外的合同、业务往来或其他关系而明知在先使用人商标存在的；② 系争商标与在先使用人的商标相同或者近似；③ 系争商标注册的商品与在先使用人使用的商品相同或类似；④ 系争商标在申请人申请之前，在先使用人已先于申请人进行了商标使用。

"江小白商标无效案"法律适用是2001年《商标法》第15条。适用要件：首先，新蓝图公司与江津公司是否是代理与被代理的关系；其次，江津公司能否证明在系争"江小白"商标申请日之前"江小白"就是江津公司的商标；最后，是否满足代理人未经许可注册系争商标。笔者认为本案只有满足新蓝图公司与江津公司是代理关系，且系争商标是江津公司的商标，新蓝图公司未经授权抢注了系争商标，该案才能适用2001年《商标法》第15条。由于案件一审和二审判决结果不同，重庆江小白向最高人民法院提起了再审。再审的结果再次明确了《商标法》第15条适用的条件，最终支持了重庆江小白的再审申请，撤销二审判决，维持一审判决。经过8年多的诉讼，江湖未失去"江小白"！

# 博物馆馆藏资源艺术 IP 授权面面观

李亚熙　许　超

在文化创意引领知识经济的时代,博物馆纷纷开始寻找自身艺术 IP 营运之路。博物馆利用信息传播、科技,以及知识产权的特点,突破历史与文化体验的藩篱,让博物馆的藏品焕发新生。自 2014 年,一篇名为《雍正:感觉自己萌萌哒》的文章刷爆朋友圈后,掀起了博物馆艺术 IP[①] 的衍生品热和文创热。

以故宫博物院为例,根据故宫博物院官网"首页——文创"的显示[②],目前其开发的文创类型已经涵盖故宫出版(即刊物、书籍类)、文创产品(如马克杯、茶具、摆件等)、故宫壁纸、故宫输入法皮肤、故宫动漫、故宫游戏、故宫 App 等多种产品与服务。故宫博物院授权的"故宫文创"在营电商渠道粉丝数均破 260 万,5 年间故宫文创产品销售额达到 9 亿元。[③] 可见对博物馆艺术 IP 授权、开发、利用,博物馆文化创意品牌建设和保护,已成为中国博物馆创新发展最前沿、最具挑战性的重要工作。

国家文物局组织编制的《博物馆馆藏资源著作权、商标权和品牌授权操作指引》(简称《指引》)可以视为国家文物局对博物馆艺术 IP 授权商业活动的官方反馈,是国家文物局尝试为各博物馆在艺术 IP 授权、运营过程中提供可参考的交易制度、交易规则的官方指导。那么,究竟《指引》对博物馆艺术 IP 授权具有什么样的指导作用,以及它设定的规则、制度是否可以解决目前行业存在的问题呢?

---

[①] 博物馆艺术 IP 授权,是指博物馆将拥有的商标、品牌、藏品形象的图像及内容授予被授权方进行艺术产品的开发、创制等创作设计、开发、制作及售卖使用的行为。
[②] 故宫博物院官网,https://www.dpm.org.cn/Creative.html,2019 年 5 月 14 日。
[③] 许轩语:《博物馆文创不甘落后在营电商渠道粉丝均破 260 万》,载人民网,http://xiaofei.people.com.cn/n1/2019/0401/c425315-31007051.html,2019 年 4 月 1 日。

**图 1　故宫博物院官网**

## 一、《指引》仅供参考，而非强制性规定

回望过去 5 年，博物馆艺术 IP 给大众带来了众多惊喜，也给博物馆带去利益洪流。但在利益洪流下，也暴露出博物馆艺术 IP 授权管理方面存在的问题。如，2019 年初的"两家故宫文创网店的嫡庶之争""故宫彩妆停产"事件。

因此，《指引》的编制和发布对于博物馆来说，无疑是具有重要意义的。它不仅体现了博物馆管理机构——国家文物局鼓励开发博物馆艺术 IP，优化博物馆结构，将文化资源转化为文创衍生品，发展博物馆文化创意产业的方针；也体现了国家文物局对规范博物馆艺术 IP 授权、开发所做出的努力和尝试，即通过规范开发、弘扬中华传统文化的途径和方式，提升博物馆公共文化服务和社会教育功能，践行社会效益为首、社会效益和经济效益相统一的原则。

新编制的《指引》，分为五章。

第一章：总则，主要是对制定目的、依据、适用范围、授权原则等进行指导性规定。

第二章：授权内容，主要是对博物馆馆藏资源的著作权、商标权、品牌，以及其他授权的参考规定。

第三章：授权模式，主要是对授权方式、授权性质、授权期限的参考规定。

第四章：授权流程，包括授权的基础：明确可授权内容、发布授权信息、选择授权方、合作洽谈、签订合同、跟踪反馈与监督管理和保密、授权档案管理与纠纷解决等指导性内容。

第五章：主要是对权利与义务、质量控制、产权确权与归属、违约行为及其相关责任的参考规定。除此之外，《指引》后还附直接授权和委托授权的合同范例供参考。

从《指引》的编制，发布主体是国家文物局，《指引》的名称，《指引》全文出现多达4次的"参考"、多达7次的"指导"用词，以及全文规定来看，该《指引》并非强制性规定，属于指导性文件，旨在为博物馆文创授权以及操作过程提供参考做法。也正是由于《指引》仅具有指导意义，如博物馆授权过程中产生授权、质量等问题，或者博物馆存在管理不当、监管失利等问题时，对于守约方，仅能寻求一般纠纷解决方式如民事诉讼维护权益。

## 二、《指引》规定的授权内容概述

（一）授权的构成要素

1. 授权主体

根据《指引》的规定，由博物馆自身充当艺术IP的授权主体，即博物馆作为上游的授权内容提供者，将拥有知识产权的馆藏资源，与博物馆相关的图像或者商标、品牌等以合同的形式授予被授权方使用；博物馆将授权内容授权给中游的企业或个人进行开发，使产品或服务有了艺术和文化价值，提升了附加值；完成艺术IP的开发后，将所开发的产品或服务授权给处于下游的博物馆商店、博物馆授权的经销商，以及品牌厂商自有销售渠道。[1]

博物馆直接对外统一负责授权工作的优点是博物馆工作人员对本馆馆藏资源、文化特点较为熟悉，与藏品部门、科研部门和展览部门等进行沟通协商更加便捷。但值得注意的是，当对外授权需要明确授权的专门机构、委派专门人员组建授权窗口时，最好以一个窗口对外授权或将每个窗口的授权内容完全细分，避免不同窗口的授权内容产生交叉，防止出现故宫文化中心授权的"故

---

[1] 李乘：《博物馆艺术授权模式剖析——以台北故宫博物院为例》，《美术研究》2014年第4期。

宫淘宝"和故宫博物院经营管理处授权的"故宫文创旗舰店"之间的"嫡庶之争"。①

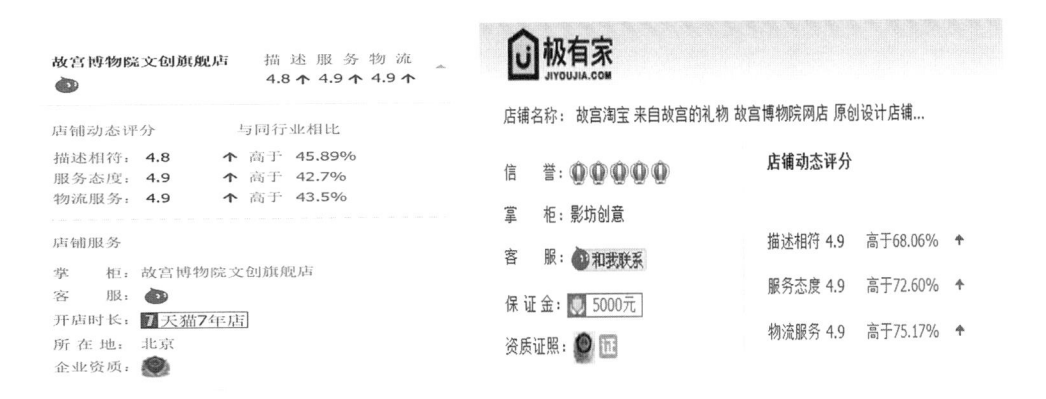

图 2  故宫文创

图 3  "故宫淘宝"店铺信息

2. 授权对象

《指引》中规定的可以进行艺术 IP 授权的对象是馆藏资源的著作权、商标权、品牌,以及其他权利。《指引》在第 1.5 条"术语与定义"明确规定"馆藏资源"是指博物馆登记备案的所收藏、管理、保护的不可移动和可移动文物、艺术品等,以及在此基础上二次加工得到的,以语言、文字、声像等不同形式记载的藏品状态、变化特征及其与客观环境之间的联系特征等藏品本身蕴含的原始信息,或者经过加工处理并通过各种载体表现出来的信息,包括与之相关的文件、资料、数据、图像、视频等信息资源,包括实物和数字化信息。

(1) 馆藏资源的著作权。《指引》规定的博物馆可授权的馆藏资源著作权,包括仍在保护期内且博物馆拥有处置权的馆藏资源作品的著作权(简称原作品著作权)和以摄影、录像、数字化扫描等方式二次创作馆藏资源所获得作品的著作权(简称二次作品著作权)。

① 获得原作品著作权人的授权。对于仍处于著作权保护期内的馆藏资源,著作权归属著作权人,博物馆需要先取得著作权人或其继承人的授权后,方可对外授权。

值得关注的是,馆藏资源著作权是已经转移至博物馆,还是仍然归属于作

---

① 陶淘:《大而博的故宫 IP 该"瘦身"了》,载微信公众号"钛媒体"2019 年 2 月 2 日。

者或作者的继承人？这是博物馆藏品授权首先需要解决的问题，也是被授权方在寻求授权时首先应该确认的问题。

② 二次作品的著作权。博物馆的大部分馆藏资源，已经超过著作权保护期，进入公有领域，对于该类馆藏资源来说，博物馆对外授权的客体是利用摄影、录像、数字化扫描等方式拍摄、制作的数字化形式的二次作品的著作权，而不是馆藏资源本身的著作权。当然，尚未超过著作权保护期的作品，博物馆在获得著作权人同意后也可以拍摄、制作馆藏资源的二次作品。

利用摄影、录像、数字化扫描等方式产生的摄影作品、视听作品等需要满足著作权规定的"独创性"要求，属于受《著作权法》保护的二次作品。随之而来的问题是，因摄影、录像、数字化扫描等技术的发展，以及馆藏资源的对外开放，几乎可以人人都可以拍摄、制作馆藏资源的二次作品，博物院如何排除这些二次作品"搭便车"获利？

对于不满足"独创性"要求的，属于《著作权法》上的复制行为。因此形成的复制品所面临的问题是，博物馆制作的复制品不受《著作权法》保护，维权受到限制，如2008年，故宫博物院曾委托图文制作公司扫描仿真作品，但该公司擅自对故宫仿真画进行复制、销售，故宫博物院提出著作权侵权诉讼时，因复制品不具备著作权而撤诉。此时，博物馆对外授权的对象其实不是产生的复制品，而是博物馆的品牌。

利用摄影、录像、数字化扫描等方式进行作品处理时需要注意的是要尊重作者依法享有的人身权利，例如，保持原有作者署名、不得修改作品，更不能破坏作品的完整性。对于仍在著作权保护期的作品，在进行数字化处理时，除了尊重作者的人身权利之外，还要注意不侵犯作者依法享有的财产权利，如复制权、改编权，须获得著作权人的授权才具有合法性。[①]

(2) 博物馆和馆藏资源的商标权。《指引》规定虽然采用的是"馆藏资源商标权"的表达，但可用于博物馆对外授权的商标专有权包括：博物馆本身商标（如名称全称、简称及其标志图形）和馆藏资源商标（如名称及其他商标构成要素）两类。无论哪种商标均须在国家知识产权局商标局申请商标注册，成为"注册商标"后才能行使商标专用权。商标注册作为商标授权的前置行政程序，需

---

[①] 刘明江：《图书馆馆藏作品数字化版权问题探析》，《电子知识产权》2016年第1期。

要博物馆以发展的眼光,提前进行商标申请、使用的战略布局。值得注意的是,馆藏资源众多,如果社会公众将馆藏资源的名称或特殊图案先行申请商标,博物馆馆藏资源的品牌资源会陷入混乱的困境。

商标注册和管理需要特别注意的是保持一致性,在国家知识产权局商标局官网综合检索"故宫"[1],检索结果显示在申请包含"故宫"要素标志的主体中,与故宫博物馆相关就有"故宫博物院""北京故宫文化服务中心"(隶属于故宫博物院)、"北京故宫文化传播有限公司"(故宫出版社全资子公司)、"北京故宫观唐文化发展有限公司"(由北京故宫文化服务中心投资设立)。申请主体存在多个,同样会导致在商标战略布局、申请注册,以及使用管理方面不统一、甚至混乱的困境。

(3) 博物馆品牌。博物馆品牌授权包括对博物馆名称、相关标记、符号或图案等载体的无形资产进行授权(如台北故宫博物院以清康熙帝真迹设计的"朕知道了"纸胶带、故宫口红系列),以及利用博物馆的社会知名度和文化效应与被授权方达成品牌合作(如故宫博物院与华为签署战略合作协议共同打造"5G 智慧故宫"[2]、与小米集团品牌联名合作小米 MIX3 手机[3])。

博物馆品牌作为文化品牌,是博物馆及其传播的文化在社会公众意识中的综合反映,是文化精神价值与经济价值的双重凝聚,其独特性在于除了与普通商业品牌具有同质性外,还具有意识形态属性,更注重品格与个性色彩,强调感情投入和精神因素,具有垄断性和唯一性,[4]如故宫博物院宣传营销的"反差萌"品牌形象。

知名品牌当然能够带来高附加值,最终外化为社会公众对博物馆品牌的熟悉、忠诚和感知程度,以及由此产生的市场购买行为所带来的品牌的特殊收益。[5]但博物馆在品牌授权后需要特别关注对品牌合作方的监督、对消费者的质量承诺,以及传播过程中如何维持品牌效应。如多次出现的,"故宫淘宝彩妆

---

[1] 国家知识产权局商标局 中国商标网,http://sbj.cnipa.gov.cn/sbj/index.html,2019 年 5 月 14 日。
[2] 《故宫博物院和华为签署战略合作协议 共同打造"5G 智慧故宫"》,载故宫博物院官网,https://www.dpm.org.cn/classify_detail/248949.html,2019 年 5 月 14 日。
[3] 《故宫博物院和小米集团合作推出小米 MIX3 手机故宫特别版》,载故宫博物院官网,https://www.dpm.org.cn/classify_detail/247927.html? tdsourcetag=s_pcqq_aiomsg,2019 年 5 月 14 日。
[4] 刘文俭:《城市文化品牌建设对策研究》,《城市》2009 年第 1 期。
[5] 谢京辉:《品牌价值创造和价值实现的循环机制研究》,《社会科学》2017 年第 4 期。

质量质疑"[1]"故宫文创俏格格娃娃侵权"[2]等问题,对作为承诺和质量保证的品牌本身来说,会严重降低其在社会公众间的认同度,甚至产生排斥。

此外,品牌的价值形成及市场转换需要品牌形成统一的营销战略选择和同质的文化内涵,否则,可能导致社会公众产生"傻傻分不清"的错觉,还可能导致仿冒品牌乘虚而入,从而影响品牌效应。

2. 授权客体

根据《指引》的规定,馆藏资源的授权客体包括三类:一是设计、开发、制作、销售馆藏资源艺术IP产品或服务的法人或自然人;二是第三方代理机构。博物馆向第三方代理机构授权经纪,由第三方代理机构负责向法人和自然人进行馆藏资源与品牌的授权;三是具有公益性的非营利组织或机构,如,为教育、研究目的的被授权方。

(二)授权模式

1. 直接授权

直接授权是指博物馆直接与不同的被授权方接洽、谈判、签约,并监督被授权方执行,直接向被授权方收取授权费。由于博物馆具有强烈的通过提升产品和服务附加值而获取更多收益的意愿,其更愿意选择具有较强授权费反馈能力的被授权方达成合作。[3]

2. 委托授权

委托授权是指博物馆委托第三方代理机构进行馆藏资源与品牌的授权,由对市场交易和法律监督经营更为熟悉的代理机构参与各项工作,博物馆从第三方代理机构处获得授权费。对于博物馆来说,这样的方式无须投入大量精力进行授权管理,更为简便;对于整个授权流程来说,由于代理机构对授权业务的熟悉,操作会更为顺畅。

博物馆可以根据自身实际情况选择具体使用哪一种授权方式,当然也可以根据授权对象或授权权利的不同同时采取两种方式,对部分馆藏资源或权利采

---

[1]《故宫淘宝停产彩妆因质量欠佳?其背后是一场"嫡庶之争"》,载《中国商报》https://baijiahao.baidu.com/s?id=16219710475918718618&wfr=spider&for=pc,2019年5月14日。
[2]《故宫"俏格格娃娃"或许侵权,但他们的知识产权保护你也需要了解一下!》,https://www.sohu.com/a/226788569_791278,2019年5月14日。
[3] 杨晓琳:《新常态下博物馆文创授权研究——以中国国家博物馆为例》,《经济师》2017年第7期。

取直接授权,其他采取委托授权的方式。

（三）授权流程

授权环节是博物馆艺术 IP 授权的实现方式,通过授权促成知识产权的主体转移与价值溢出。

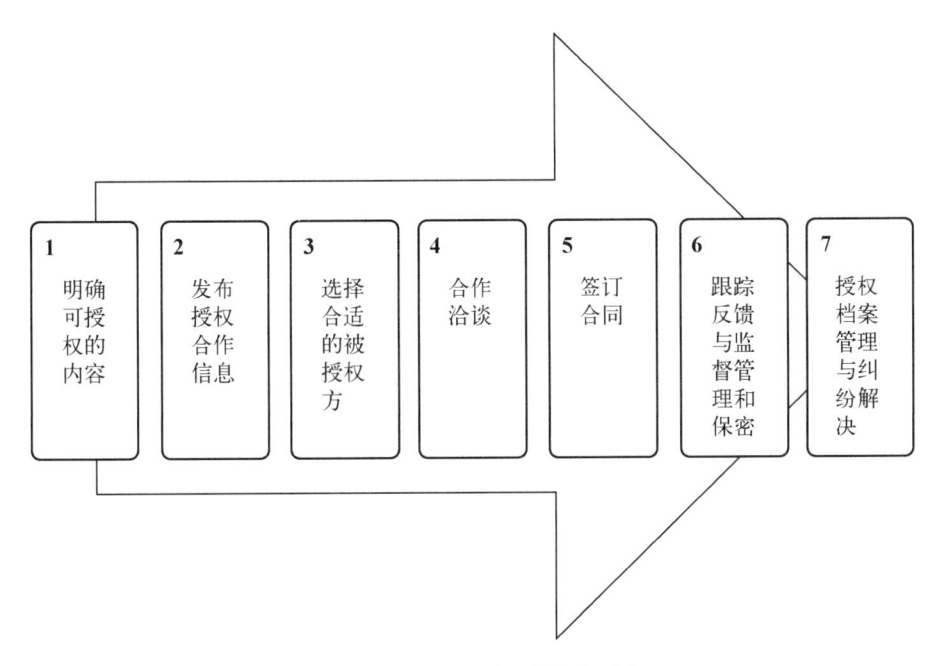

```
1 明确可授权的内容 → 2 发布授权合作信息 → 3 选择合适的被授权方 → 4 合作洽谈 → 5 签订合同 → 6 跟踪反馈与监督管理和保密 → 7 授权档案管理与纠纷解决
```

**图 4 《指引》规定的具体授权过程**

无论是哪一种授权方式,在授权流程中,博物馆进行艺术 IP 授权的基础是明确可授权内容,即馆藏资源。博物馆艺术 IP 产品的开发不是馆藏资源、元素与生活物件的简单结合,而是强调历史性、科学性、艺术性、趣味性的有机融合,讲求创意的巧妙连接。[①] 因此,对博物馆来说需要在授权之前组织专家对馆藏资源、博物馆建筑等有形资产,以及博物馆品牌、文化内涵等无形资产进行深入挖掘,找到能与观众产生情感共鸣,激发观众认同感,满足观众情感需求的内容资源进行整合、评估与筛选。

完成筛选后,需及时对选出的馆藏资源进行知识产权权利化,包括:① 对

---

① 胡卫萍、刘靓夏:《博物馆文化资源开发的产权确认与授权思考》,《重庆大学学报》(社会科学版)2017 年第 4 期。

本馆的 IP 进行全面的资产清查和记录,梳理厘清自有知识产权、使用权、权利限制和隐含的原作者权利等信息,建立起 IP 数据库;①② 主动向尚未过著作权保护期的著作权人取得艺术 IP 授权;③ 对数字化处理产生的二次作品办理著作权作品登记;④对重要标识、要素等标志申请商标注册;⑤ 做好前述 IP 资源的分类归档、数据化处理,建立高清电子图像资料库,丰富 IP 数据库。

（四）授权后的监督、管理

博物馆与被授权方签订合同后,还应对授权进行监督、管理,主动进行风险防范。在《指引》第五章"权利与义务"中体现为:明确权利与义务,尽力监督、保证博物馆的艺术 IP 产品或服务不改变文化内涵、不损害民族精神与社会公共利益;设置质量控制条款,保证产品或服务的质量符合博物馆要求,不应降低产品或服务的艺术价值,损害博物馆名誉或品牌;对于在授权过程中产生的添附产权的情况,在合同中明确约定权利与归属;设置违约行为的处理办法及其相关责任。

## 三、《指引》的可完善性建议和思考

《指引》所规制的交易过程可以概括为,博物馆将拥有的知识产权与馆藏资源或博物馆相关的图像、商标、品牌等以合同的形式授予被授权方使用;被授权方按合同规定从事经营活动(通常是生产、复制、销售某种产品或者提供某种服务),并向博物馆支付相应的费用——授权费;同时博物馆给予被授权方相应的指导与协助,并在此过程中监督、考察被授权方。

《指引》作为指导性文件,不具有强制性,对授权过程中可能存在的问题提供了建设性意见,试图为博物馆艺术 IP 授权的交易过程设定交易规则、交易制度。结合目前已有的博物馆对外授权案例,博物馆行业应当重视授权前的基础准备、合作方的筛选,以及授权后的监管。②

首先,博物馆授权前要厘清授权数据库,制定明确、规范、具体的操作规程,避免授权过程中的随意操作,有条件的博物馆最好成立专门的授权合作部门,

---

① 姜璐:《"IP"经营——博物馆提供公共文化产品与服务的新思路探索》,《中国博物馆》2017 年第 1 期。
② 杨晓琳:《新常态下博物馆文创授权研究——以中国国家博物馆为例》,《经济师》2017 年第 7 期。

统一负责授权合作的各项工作,协调好相关部门的关系,如保管部、展览部、学术部、网络部等,共同做好馆藏资源的授权工作,对各个环节进行把控,防止法律风险。

其次,授权合作方的选择尤其需要慎重,尽量选择品牌影响力大、有稳定市场渠道和受众群的专业合作方(如故宫博物院选择华为、小米作为合作方,中国国家博物馆选择阿里巴巴、佰草集、稻香村作为合作方),当然合作方对博物馆品牌的认同度,以及融合能力也是需要特别注意的。

最后,博物馆要做好授权后的管理与监管,这不仅有利于当次授权或合作的顺利进行,对后续博物馆的艺术 IP 授权也具有重要意义。

虽然《指引》中的部分规定对于博物馆行业可以起到适当规范的作用,但对于授权的核心,即博物馆可以授权的内容,如著作权、商标、品牌等只是粗略地提供建议,没有提供授权管理、权利保护、艺术 IP 运营等方面的实际操作建议,也没有提供授权风险防范的相关规定,但随着博物馆艺术 IP 授权的不断探索,以及文创产业的逐步发展,未来相关行业一定会从实践中总结出更有效的交易规则和制度,促进博物馆艺术 IP 授权、运营的精细化、成熟化。

# 影视综艺宣发时的艺人肖像，你用对了吗

许 超 李亚熙

在这个"注意力经济"的时代，品牌商正在穷尽一切可能将自己的产品或品牌绑上"注意力"，而自带万千"流量"的影视剧、综艺节目无疑是最有效的方式之一，于品牌商，流量为王；于制作方，资金为王；于艺人，热度为王。三者本应如胶似漆，奈何常会"相爱相杀"。

2018年，云南白药集团股份有限公司（简称云南白药）因使用含有"杨洋"肖像的《三生三世十里桃花》电影剧照，被杨洋以侵犯肖像权为由诉至法院，要求支付侵权赔偿金人民币300万元，而云南白药声称其与电影关联方签订了《联合宣传合作合同》，使用包含"杨洋"肖像的剧照合理合法。

2014年，北辰购物中心、广州市羽西化妆品有限公司（简称羽西化妆品公司）、欧莱雅也因使用含有"吴奇隆"肖像的《步步惊情》电视剧剧照，被吴奇隆以肖像权侵权为由，诉至北京市朝阳区人民法院，要求支付侵权赔偿金人民币211万元。而羽西化妆品公司抗辩声称其已经与电视剧《步步惊情》著作权人上海唐人电影制作有限公司签署协议，涉案剧照均已获得著作权人的授权。

类似因影视剧、综艺节目制片方授权品牌商联合宣传推广，品牌商使用影视剧、综艺节目艺人肖像素材所产生的肖像权侵权纠纷案例不胜枚举，曝光或涉诉的案例仅冰山一角，更多的是因制片公司的居间调和，未曾公开。

## 一、纠纷的本质及根源

此类侵权纠纷的本质在于，艺人参与影视剧、综艺节目的拍摄，本身让渡的部分肖像权、形象权与影视剧、综艺节目出品方的版权或基于版权所产生的商

业权利的冲突。同时,也是影视剧、综艺节目在播出收益之外商业利益主动扩张与艺人品牌商业代言被动挤压的冲突。

根据艺人与影视剧、综艺节目的制片方或出品方签订的表演合同或演员聘用合同,以及表演服务的性质,艺人参演影视剧、综艺节目视为该艺人已经同意制作方使用其肖像,其已经将肖像权部分让渡制作方或出品方。

而影视剧、综艺节目的制作方、出品方,出于作品商业价值提高、商业变现的考虑,一般除了作品本身的发行(传播),也会以定妆照、剧照、花絮、宣传片等任何可能的方式进行作品的宣传、推广。且除了自己或委托宣推公司进行专业的宣传推广外,还会与第三方公司(赞助商)联合宣传推广,此时第三方不仅愿意支付赞助费、提供资源支持,还会进行大范围的联合宣传推广。一旦涉及第三方公司的宣传推广,单纯的作品宣传推广掺杂了赞助商的产品或品牌宣传,而产品或品牌宣传推广又是艺人在参演作品之外的另一块"蛋糕",两个不同渠道的"商业代言"被压缩在一块,冲突便会立显。

要缓解或解决这一冲突,我们首先需要厘清艺人在影视剧、综艺节目中让渡了哪些肖像权,或者说影视剧、综艺节目的制片方、出品方购买了艺人的哪些权利?

## 二、交易的权利标的

根据常见的表演合同或演员聘用合同,艺人与影视剧、综艺节目的制片方、出品方交换的首要标的是以肖像、形象为载体的"表演服务"或"演出服务",外在的体现是包含定妆照、剧照,以及其他含有艺人肖像、形象的镜头、花絮、正片等(简称艺人肖像素材)。

(一)定妆照。即造型照,是指演员为扮演某一角色经过化妆、造型后拍摄的照片。通常是影片开拍之前,根据剧本对人物形象的描写和导演的意图,由摄影师会同美术、化妆、服装、照明等部门对人物造型进行探索和研究的结果。

(二)正片和宣传片。艺人参与影视剧、综艺节目演出过程中因形象、形体、声音等表演而产生的包含艺人肖像、形象的正片镜头、花絮视频,以及宣传片素材。

(三)剧照。是戏剧、影视作品一个场景的定格再现,用于介绍电影,和电影摄制同步拍摄完成的"忠实于电影本身"的电影"新闻图片"。剧照所体现的效果是由导演、美工、化装、灯光等各部门进行艺术加工,再由演员演绎出来的结果,符合剧中人物的剧的记录,通过静态镜头展现剧情。

(四)海报。是影片上映前、节目播出前推出的一种招贴形式,用于介绍推广影视剧、节目。海报中含有项目的简单文字内容介绍,影视剧或节目的图片,制作的导演,上映、播出的日期,参与艺人,影片片名等内容。

不可否认且愈演愈烈的是,交易的标的除了表演和演出本身,还包括艺人的品牌(或称为"流量"),该等价值对于出品方来说,依然需要通过上述四种外在的载体来变现。而"流量"所包含的价值,已经远远突破了传统的艺术表演所涵盖的价值范围。

## 三、艺人肖像素材的权利归属及使用限制

艺人肖像素材形成的美术作品、电影作品等,即正片、定妆照、剧照、花絮、宣传片等是受《著作权法》保护的作品,其著作权归属于摄影师、摄像师等或者制片方(摄影师、摄像师、制片方等一般通过合同约定将其享有的对应著作权转移至出品方),因此包含艺人肖像素材的影视剧、综艺节目的素材一般由出品方享有并行使。

且一般艺人与制片方或出品方签订的《表演合同》或《演员聘用合同》中也明确约定制片方或出品方对于定妆照、剧照、海报、人物造型等所有含有艺人肖像的素材的著作权等知识产权、商业权益均归制片方或出品方所有。

但即使著作权归属非常明确,作品的著作权中包含的艺人肖像、形象,以及基于肖像、形象的人身权利——肖像权、形象权并不因艺人参与电视剧的演出或相关艺人肖像素材版权归属制片方或出品方而发生转移。法律之所以保护肖像权,是因为肖像中所体现的精神和财产利益与人格密不可分,而当某一肖像、形象能够充分反映出个人的相貌、体貌特征,公众通过该肖像、形象直接能够与该个人建立一一对应的关系时,该肖像、形象所体现的尊严和价值,就是该自然人肖像权所蕴含的人格利益。

艺人作为自然人享有的肖像权在未获得艺人明确许可的情况下,如果制片方将包含艺人肖像、形象的素材进行非《表演合同》《演员聘用合同》使用之目的

独立使用,并获取商业利益,则很有可能构成对艺人肖像权的侵权,从而导致艺人追究品牌商的侵权责任,或进一步追究制片方的侵权责任。[1]

因此,影视剧、综艺节目的制片方、出品方如何拿捏、把握上述素材的使用范围,尤为关键。

## 四、使用界限与出品方权利的扩展

基于《表演合同》《演员聘用合同》的目的、性质及影视行业的惯例,影视剧、综艺节目的制片公司、出品公司对艺人肖像素材的使用范围限于影视剧的发行、传播和影视剧的宣传、推广。即制片方、出品方与艺人签署的演员聘用合同中会涉及正片、宣传片、定妆照、组照等宣传资料中对艺人肖像/形象的使用。制片方、出品方有权将影视剧、综艺节目在电视台、影院、网络平台等其他可能的平台播放,并制作花絮、预告片、宣传短片用于影视剧的宣传推广。同时也会约定制片方、出品方不得将任何含有艺人形象或声音的素材(包括但不限于剧照、片断、底片、胶片、录像带及录音带等)以有偿或无偿的方式用于播放或宣传以外的其他商业用途。

事实上基于影视剧和综艺节目的发行、播出本身产生的肖像权使用冲突基本没有,更多的冲突发生在"宣传推广"中,尤其是由第三方主导的,并给出品方带来直接商业收益的"联合宣传推广"。常见的形式包括品牌商在微博等新媒体发布艺人的单独定妆照,或品牌商通过线下、电子商务平台悬挂艺人的单独定妆照、海报等。而赞助商发布或传播艺人肖像素材时,并未直接推广对应的影视剧或综艺节目,或者宣传推广影视剧或综艺节目的意思不明显,而是把赞助商的品牌或产品作为宣传推广的重心,让消费者或社会公众误以为该演员是赞助商的产品代言人或品牌代言人。这种情况下,就会导致涉嫌侵犯艺人商业代言的权益。

## 五、合同违约及肖像权侵权的风险控制

根据多年的影视公司和影视、综艺项目的服务经验,笔者认为无论是影视

---

[1] 王军、司若:《中国影视法律实务与商务宝典》,中国电影出版社2017年版,第307页。

剧、综艺节目的出品方、制作方,还是艺人,在签订《表演合同》《演员聘用合同》时,均应该在协议里明确双方的交易标的,根据交易标的针对性地就艺人肖像素材的使用做具体且个性化的约定。

（1）明确约定艺人肖像素材能否用于影视剧本身的发行传播、宣传推广。

（2）明确约定艺人肖像素材是否可以用于影视剧续集、衍生作品（舞台剧、游戏、电影版、电视剧版等）、衍生产品（道具、实体产品）本身或宣传推广中。

（3）明确宣传推广的界限,尤其是涉及第三方产品或品牌的联合宣传推广,具体细化到:① 是否可以使用单个演员的定妆照、剧照,抑或只能使用超过两名以上演员集体出现的定妆照、剧照;② 艺人肖像素材中是否必须标注影视剧的出品信息和艺人真实姓名、饰演角色信息;③ 首次发表时,品牌商的发布不应先于影视剧、综艺节目的出品方;④ 发布宣传推广素材前是否需要艺人或其经纪公司的确认;⑤ 艺人的商业代言竞品冲突审核,列举或排除艺人在签约前已经代言的产品或品牌。

影视剧、综艺节目制片方或出品方与品牌赞助商的赞助合同中也应明确上述情况。因一般情况下广告招商在前,演员聘用合同签订在后,影视剧、综艺节目制片方或出品方应保证艺人给到的授权或使用范围与给到品牌商的授权和使用范围一致,无缝衔接,必要时候根据品牌商的要求与艺人签订补充协议,或者根据演员聘用合同对品牌商"看菜下饭"。此外,影视剧、综艺节目制片方或出品方还应在赞助合同中明确的是:① 艺人是否愿意参加品牌商赞助的影视剧、综艺节目宣传活动;② 涉及新媒体平台（如新浪微博）宣传推广时,是否需要艺人发布或转发含有品牌商信息的艺人肖像素材;③ 是否允许赞助商自行截取、选择影视剧、综艺节目的剧照等;④ 是否允许赞助商将艺人素材用于产品的包装。

除此之外,为避免侵权纠纷,品牌商不应盲目相信制片方、出品方的权利保证,必要时可以要求制片方、出品方及时提供艺人的《表演合同》《演员聘用合同》或者《肖像权授权书》,主动审核权利来源的完整性,避免受到艺人肖像权侵权的律师函或诉讼主张,否则,本应皆大欢喜的借势营销可能演变成为双输的"口水战",对品牌宣传产生未知的负面影响。

# 互联网广告规范与市场竞争

杨 阳

改革开放 40 多年,我们已经有了一套符合国情、运行良好的市场秩序,并制定了许多法律和规范以鼓励和保护市场公平竞争,制止不正当竞争行为,保护经营者和消费者的合法权益。经济发展离不开良好有序的市场秩序和公平竞争的市场环境。只有市场经济所有参与者的合法权益都能够得到有效保护,才能实现公平竞争,保障市场秩序的良好有序,进而促进经济发展。

经营者和消费者的关联在于服务、产品,引发关联最有效、直接的方式即是广告。互联网广告实际就是广告投放的渠道不同,但因其传播的速度更快,范围更广,无论好与坏,相较于非互联网广告都能够极快地影响更多人。当有效的信息传播方式出现了"好"与"坏",必然要有对应的规范将其导向"好",这也就是《广告法》第 44 条和《互联网广告管理暂行办法》出现的基础。

《广告法》第 2 条规定,广告发布者,是指为广告主或者广告主委托的广告经营者发布广告的自然人、法人或者其他组织。第 44 条规定,利用互联网从事广告活动,适用本法的各项规定。利用互联网发布、发送广告,不得影响用户正常使用网络。在互联网页面以弹出等形式发布的广告,应当显著标明关闭标志,确保一键关闭。

《互联网广告管理暂行办法》第 3 条规定,本办法所称互联网广告,是指通过网站、网页、互联网应用程序等互联网媒介,以文字、图片、音频、视频或者其他形式,直接或者间接地推销商品或者服务的商业广告。第 8 条规定,利用互联网发布、发送广告,不得影响用户正常使用网络。在互联网页面以弹出等形式发布的广告,应当显著标明关闭标志,确保一键关闭。第 16 条规定,互联网广告活动中不得有下列行为:① 提供或者利用应用程序、硬件等对他人正当经营的广告采取拦截、过滤、覆盖、快进等限制措施;② 利用网络通路、网络设备、应用程序等破坏正常广告数据传输,篡改或者遮挡他人正当经营的广告,擅自加载广告;③ 利用虚假的统计数据、传播效果或者互联网媒介价值,诱导错误报价,谋取不正当利益或者损害他人利益。

这些法律和规范都在将互联网广告这种信息传播方式导向好的方向,并为《反不正当竞争法》规范市场经济中互联网行业从业者的竞争行为确定了规则,与之相辅相成。

《反不正当竞争法》第12条规定:经营者利用网络从事生产经营活动,应当遵守本法的各项规定。经营者不得利用技术手段,通过影响用户选择或者其他方式,实施下列妨碍、破坏其他经营者合法提供的网络产品或者服务正常运行的行为:① 未经其他经营者同意,在其合法提供的网络产品或者服务中,插入链接、强制进行目标跳转;② 误导、欺骗、强迫用户修改、关闭、卸载其他经营者合法提供的网络产品或者服务;③ 恶意对其他经营者合法提供的网络产品或者服务实施不兼容;④ 其他妨碍、破坏其他经营者合法提供的网络产品或者服务正常运行的行为。

回到目前争议较大的视频网站广告和广告屏蔽软件中,我们这里不讨论如何引导和培养用户习惯,也不考虑视频网站难以为继,需要以广告收入来支撑其正版化。我们只将视频网站作为互联网中的经营者来看待,亏损或营利并非是法律法规需要衡量和规范的问题。我们只分析这一经营者的广告经营行为是否合法,这应该从以下方面来确认:① 经营者是否依法设立;② 经营者发布的广告内容是否合法;③ 经营者发布的广告流程是否合法;④ 经营者发布的广告是否影响用户使用网络(注意,这里是网络而非网络服务或网络产品);⑤ 经营者是否有妨碍、破坏其他经营者合法提供的网络产品或网络服务正常运行的行为。如果都符合,那么,视频网站的广告经营行为就是合法的。

根据《反不正当竞争法》的规定,违反自愿、平等、公平、诚信的原则,不遵守法律和商业道德,利用技术手段,通过影响用户选择或者其他方式,实施妨碍、破坏其他经营者合法提供的网络产品或者服务正常运行的行为属于互联网之中的不正当竞争。广告屏蔽软件的经营者,利用技术手段,通过诱导、帮助、影响用户选择等方式,屏蔽视频网站的播放前广告。不符合《反不正当竞争法》和《互联网广告管理暂行办法》的规定,属于明显的不正当竞争行为。好比一个商场全是合法展示的广告橱窗,突然来了一个人,他认为这些广告浪费了消费者的时间,不符合消费者的利益,消费者路过与不看效果一致,就自行将所有广告橱窗进行了覆盖或撤除,这必然是违法行为,不仅商场经营者有权要求其赔偿损失,广告主也可以因其覆盖或撤除广告的行为导致交易机会减少要求其赔偿,更有《治安管理处罚法》来约束其行为。总不能仅仅因为屏蔽、过滤广告行为发生在互联网之中,其不正当竞争或是侵权的行为性质就发生了改变。法律规范适用应该平等,不能将合法的经营方式以公众利益的名义破坏之,再以保护公众利益的名义来获取利益。双标,可不是法律精神。

# 从"南肖墙案"浅谈商标在第 30 类商品与 43 类服务的界线

李淑娟　马云涛

徐勇是第 8740560 号注册商标"南肖墙"的专用权人,商品核定使用类别为第 30 类调味品、茶、蜂蜜、糕点、糖、谷类制品、面粉制品、馒头、以谷物为主的零食小吃上,商标专用期限为 2011 年 10 月 21 日—2021 年 10 月 20 日;郑变弟是第 4732189 号注册商标"南肖墙"的专用权人,商品核定使用在第 43 类餐馆、饭店、快餐店、流动饮食供应、咖啡、茶馆上,商标专用期限为 2009 年 2 月 7 日—2019 年 2 月 6 日。2014 年 11 月 1 日郑变弟与德阳野阳公司签订《加工合同》,委托其加工"南肖墙丸子汤专用鸡味调味料"。郑变弟在其开设的"南肖墙丸子店"摆放标有"南肖墙丸子汤鸡味调味料"供消费者食用。徐勇认为郑变弟未经其许可,擅自在同一种商品上使用与徐勇注册商标相同的商标,属于侵犯注册商标专用权的行为,遂向法院提起诉讼。

上述事实引出一类常见的商标纠纷类型,即当商品商标与服务商标在使用上产生边界模糊时,如何判断是否构成侵犯注册商标专用权。由于商品具有有形性,在批量化、规模化生产的商品上使用商标一般认定为商品商标的使用;而服务商标相对来说比较特殊,服务的无形性使得服务商标无法直接在服务上标明,而必须附着在一定的物品上,如果服务商标使用的载体或者提供服务的结果表现为商品时,且商品商标与服务商标构成相同或近似,二者就可能产生侵权纠纷。

本案的争议焦点之一是郑变弟委托德阳公司生产,并在自己经营的丸子汤店使用标有"南肖墙丸子汤鸡味调味料"是否属于在自己注册的服务商标权利范围内使用商标的行为。

《国家工商行政管理总局商标局关于保护服务商标的若干问题的意见》(简

称《意见》)第七条列举了服务商标的使用形式:"下列情形中使用服务商标,视为服务商标的使用:① 服务场所;② 服务招牌;③ 服务工具;④ 带有服务商标的名片、明信片、赠品等服务用品;⑤ 带有服务商标的账册、发票、合同等商业交易文书;⑥ 广告及其他宣传用品;⑦ 为提供服务所使用的其他物品。"在本案中,郑变弟在自己经营的丸子汤店使用"南肖墙丸子汤鸡味调味料",一方面是自己在制作丸子汤过程中使用该调味料,另一方面是放置在餐桌台上供消费者自行添加食用,也就是说,"南肖墙丸子汤鸡味调味料"仅仅只是提供餐饮服务过程中的辅助添加调味品,属于服务的辅助内容,则不应当被视为在调味品上使用了"南肖墙"商标。另外,郑变弟在委托德阳公司批量生产的调味料上使用"南肖墙"商标,法院认为徐勇不能证明该调味品存在店外销售的行为,最终认定该行为仍然是在服务商标的权利范围内使用商标。

另外,二审法院从经营模式和行为发生场域上进行了分析。从经营模式上看,商品提供行为主要表现为批量化、规模化的生产和销售。根据产品的生产经营模式,一般是企业根据商品产生的"标准"(如形状、数量、质量、重量等)进行规模生产,然后是消费者根据企业生产好的"标准"购买;而服务提供行为主要表现为个体化的现做现卖,一般是先有消费者的购买要约,才有服务的提供。例如,面条企业的生产、销售与面馆的面条制作、销售。从行为发生的场域看,商品提供行为主要表现为跨时空的市场流通,生产、销售、消费是分离的,商品从生产最终到达消费者,往往要经过诸多的流通环节;而服务提供行为则具有地域性,主要发生在经营者的场所内,同时服务提供的过程也是消费者消费的过程,例如,茶饮制品生产、销售与茶馆的泡茶服务。

根据本案情况,笔者认为在处理类似案件时首先要确定商标的使用方式,辩明在提供的服务时,商标的使用是否属于上述《意见》中服务商标的使用形式,如果仅仅是在作为服务内容的辅助商品上使用商标,那么,该辅助商品只是作为主服务内容的一部分,该商标不属于在商品上的单独使用,而应当认定为在服务上的使用;如果该商品并非是提供服务的组成部分而对外进行销售的,则在该商品包装上的使用行为则是在商品上的使用。另外,从服务的经营模式和场所来看,服务的包装行为往往是在消费者提出要求后,在提供服务的过程中进行包装,这才是服务内容的辅助行为,如果服务提供者为了节省时间,事先批量制作商品并进行封口包装,在包装上使用商标,该时间远远早于消费者购买的时间,则不能视为在服务上使用商标,而应当是商品商标的使用行为。在确定商标分属不同的类别后,再根据《最高人民法院关于审理商标民事纠纷案件适用法律若干问题的解释》第 11、12 条来认定商品与服务的类似。

笔者认为造成商品商标和服务商标之间纠纷产生的原因,还和在商标授权环节对两者商标近似判断的标准有关。商品与服务之间存在特定联系,容易使相关公众混淆,判定商品与服务类似。比如,重光产业株式会社注册了"味千拉面"的第 43 类服务商标,那么,如果第三人申请"味千拉面"在第 30 类面条上也授权通过的话,势必会造成消费者的混淆和误认,当然,以尼斯分类表作为审查工具书,在相关联类别申请的商标,商标近似判断视具体情况而不同。但是笔者提出建议,希望在商标授权的审查环节尽量做到不要授权近似商标,以避免商标纠纷的发生。

# 对假冒注册商标罪中"同一种商品"认定的认识

李淑娟

## 一、假冒注册商标罪的刑法释义

《刑法》第213条规定:假冒注册商标罪是未经注册商标所有人许可,在同一种商品上使用与其注册商标相同的商标,情节严重的,处三年以下有期徒刑或者拘役,并处或者单处罚金;情节特别严重的,处三年以上七年以下有期徒刑,并处罚金。

本条是关于假冒注册商标罪的罪状与刑罚的规定,根据本条的规定,构成假冒注册商标罪须具备如下条件:

(一)行为人使用的商标未经注册商标所有人的许可,这是构成该罪的前提条件。注册商标所有人也就是指商标的注册权利人。如果行为人使用商标是有商标所有人的授权,行为人使用他人商标就有来源依据。该罪规制的就是未经注册商标所有人的许可擅自使用的行为。

(二)行为人使用的是未经注册商标所有人许可的注册商标。注册商标是经过国家工商总局商标局核准,已经颁发商标注册证书的商标。《商标法》赋予商标权人的商标专有权就是针对已经获准注册的注册商标。未注册或未核准注册的商标均不享有商标专有权。假冒注册商标罪中的商标指的就是注册商标。

(三)行为人实施了在同一种商品上与他人注册商标相同商标的行为,即指商标相同且使用在同一种类的商品上。《商标法》第57条规定,侵犯注册商标专用权的行为包括四种情况:① 在同一种商品上使用与他人注册商标相同的商标;② 在同一种商品上使用与他人注册商标相近似的商标;③ 在类似商上使用与他人注册商标相同的商标;④ 在类似商品上使用与他人注册商标近似的商标。但是,只有在同一种商品上使用与他人注册商标相同的商标才触犯《刑法》第 213 条假冒注册商标罪。其他三种类型均是商标侵权民事行为。

(四)未经注册商标所有人许可,在同一种商品上使用其注册商标相同的商标,达到情节严重的,才构成本罪,这是区别罪与非罪的界限。根据《最高人民检察院、公安部关于经济犯罪案件追诉标准》的规定,个人假冒他人注册商标,非法经营额在 10 万元以上;单位假冒他人注册商标,非法经营额在 20 万元以上的,应当追诉。

## 二、假冒注册商标罪中"同一种商品"的解读

对该罪的量刑部分,不是本文讨论的重点,笔者主要讨论一下关于假冒注册商标罪中"同一种商品"的认定问题。司法实践中,因为《刑法》第 213 条对"同一种商品"的界定不明确,给办案和工作带来了疑问和分歧。为此《最高人民法院、最高人民检察院、公安部关于办理侵犯知识产权刑事案件适用法律若干问题的意见》(简称《意见》)(法发〔2011〕3 号)第 5 条指出:关于刑法第 213 条规定的"同一种商品"的认定问题,名称相同的商品,以及名称不同但指同一事物的商品,可以认定为"同一种商品"。"名称"是指国家工商行政管理总局商标局在商标注册工作中对商品使用的名称,通常即《商标注册用商品和服务国际分类》中规定的商品名称。"名称不同但指同一事物的商品"是指在功能、用途、主要原料、消费对象、销售渠道等方面相同或者基本相同,相关公众一般认为是同一种事物的商品。认定"同一种商品",应当在权利人注册商标核定使用的商品和行为人实际生产销售的商品之间进行比较。《意见》为司法工作带来了可操作性依据。

笔者认为《意见》第 5 条明确指出的"名称相同的商品"及"名称不同但指同一事物的商品"可以认定为"同一种商品"。仔细分析为什么该条会如此明确规定,依据在于:

(一)在我国商标注册须依据《类似商品和服务区分表》即尼斯分类中对商品和服务的类别区分及具体纳入分类表中的商品和服务项目进行核定注册,分类表类别划分的依据是相关公众的一般认识。分类表是为了商标主管部门进

行商标检索、审查及管理工作的需要而制定的,工作需要人为划分类别,命名商品或服务名称,本身就存在一定的人为性。同时商品和服务项目均不断更新和发展,市场交易状况也不断发生变化,商品或服务的类似关系是固定不变的,分类表本身又存在一定的滞后性。另外,还存在商品或服务名称在分类表中的命名与实际使用时相关公众的称呼不一致等情况。《意见》第5条中的"名称"原则上是参考分类表中规定的商品或服务项目名称。所以,当名称不同时,在功能、用途、主要原料、消费对象、销售渠道等方面相同或者基本相同,相关公众一般认为是同一种事物的商品,也可以认定为是同一种商品。

(二)国家工商总局商标局、商标评审委员会在《商标审查标准》中也明确指出:同一种商品或服务包括名称相同或名称不同但指同一事物或者内容的商品或者服务。这也是为了保证行政审查和刑事司法标准的统一。

(三)结合商标保护的立法原意,在国家加大知识产权保护的力度的同时,如果过于苛刻地理解"同一种商品"的定义,有违商标刑事保护的初衷,不利于打击商标犯罪行为。认定"同一种商品"要回归相关公众的检验,即以"相关公众的一般注意力"为主,在功能、用途、主要原料、消费对象、销售渠道等方面进行比对和分析,对于相同或者基本相同,且相关公众一般认为是同一种事物的商品应视为"同一种商品"。

需要说明的是,按照上述要素判断同一种商品时,并不要求两种商品的各个要素全部相同。例如,两种商品的功能、用途和主要原料等相同,相关公众也认为其实质是指同一事物时,就可判定为同一种商品。相反,如果两种商品的功能、用途和主要原料等相同,但相关公众能够将二者区分开来,就不应判定为相同。①

## 三、"同一种商品"的案例论证

在司法实践中,法院对"同一种商品"的认定基本形成一致的意见。在下列销售假冒注册商标的商品罪中,一、二审法院判定名称不同但指同一种事物的商品构成同一种商品。

---

① 逄锦温、刘福谦、王志广、丛嫒:《最高人民法院、最高人民检察院、公安部〈关于办理侵犯知识产权刑事案件适用法律若干问题的意见〉的理解与适用》,《人民司法》2011年5月。

（一）案情

被告人于2011年8月在淘宝网上开设"木木时尚廊"网店,对外销售以几十元的价格购入的假冒爱马仕、卡地亚等注册商标的项链、手镯等饰品。经审查,自2011年8月起至2012年6月,被告人通过该网店销售假冒爱马仕、卡地亚等饰品,扣除虚假交易后的销售金额共计人民币246 890.96元。2012年6月8日,公安人员将被告人抓获,并查获爱马仕、卡地亚等饰品共272件,经确认均为假冒爱马仕、卡地亚注册商标的商品。

公诉机关指控,被告人的行为已构成销售假冒注册商标的商品罪,销售金额数额巨大,提请依法惩处。被告人对起诉书指控的事实无异议,但表示其不知道卖的是假货,也无证据证明其卖的是假货。

（二）审判

一审法院认为,被告人销售明知是假冒注册商标的商品,销售金额数额较大,其行为已构成销售假冒注册商标的商品罪,公诉机关指控的罪名成立,对被告人依法应予惩处。为严肃国法,维护社会主义市场经济秩序,保护知识产权不受侵犯,根据被告人的犯罪情节、社会危害性、认罪悔罪态度等,依照《刑法》第214条、第53条、第64条,以及《最高人民法院、最高人民检察院关于办理侵犯知识产权刑事案件具体应用法律若干问题的解释》第2条第1款规定,以销售假冒注册商标的商品罪判处被告人有期徒刑2年6个月,罚金人民币3万元;扣押在案的违法所得人民币5 000元及查获的假冒注册商标的商品均予以没收;责令被告人继续归还违法所得。一审判决后,被告人不服,提起上诉。

被告人在上诉理由中提出,涉案卡地亚注册商标核定使用的商品范围不包括戒指、耳环等,因此,自己销售的商品与卡地亚注册商标核定使用的商品不相同,并不构成销售假冒注册商标的商品罪。

二审法院经审理查明,卡地亚英文商标（第202386号）、图形商标（第202381号）核定使用的商品均为商品国际分类第14类,包括贵金属或镀有贵金属的珠宝、珠宝、宝石或次等宝石、玉石、琥珀、珍珠、象牙、奖章、贵金属和它们的合金或镀有贵金属的物品,例如,碟子和餐桌用品、盒子、箱子、首饰盒、粉盒、连镜小粉盒、钱包、纽扣、链口、领带夹针、皮带扣、物品架和底座、烛台、托盘、餐巾环、小件饰物、小雕像、相框、钟表、表、手表表带、闹钟、钟、精密记时计。二审法院查明的其他事实、证据与原审判决相同。

图1　卡地亚英文商标　　　　图2　卡地亚图形商标

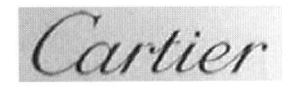

二审法院认为,根据《最高人民法院、最高人民检察院、公安部关于办理侵犯知识产权刑事案件适用法律若干问题的意见》第5条的规定,名称相同的商品以及名称不同但指同一种事物的商品,可以认定为"同一种商品"。虽然卡地亚注册商标核定商品范围没有戒指、耳环等,但上诉人销售的戒指、耳环等商品与卡地亚注册商标核定使用的商品"小件饰物"在功能、用途、主要原料、消费对象、销售渠道等方面基本相同,相关公众一般认为是同一种事物,可以认定为同一种商品。故法院对于上诉人的相关上诉意见,不予采信。据此,二审法院依照《刑事诉讼法》第225条第1款第1项的规定,裁定驳回上诉,维持原判。

对同一种商品的认定包括三种情况:名称完全相同、名称实质相同、名称不同但指同一事物的商品。如果说前两种类型在实践中的认定相对较为容易,那么,名称不同但指同一事物的商品则是司法认定的难题。关键在于"同一事物"应当如何判定。笔者认为,对事物或者概念的界定通常包括内涵和外延,侵犯商标权犯罪中同一事物应指内涵相同的事物。内涵和外延都相同的事物当然属于同一事物,但内涵相同,外延不同的事物也应属于相同的事物。因为世界上事物的种类繁多,有些事物尚无法形成统一的名称,而《商标注册用商品和服务国际分类》也不可能将所有的商品都予以穷尽规定。为了最大限度地囊括更多的商品,《商标注册用商品和服务国际分类》中的商品名称有时并不是具体的,而是相对上位的概念。例如,本案中的卡地亚注册商标核定使用的商品中就包含"小件饰物"。能够起到装饰和美化作用的小件物品都可以被称为小件饰物,戒指、耳环明显也属于具有装饰作用的小件物品,虽然小件饰物并不仅仅限于戒指和耳环,但二者在内涵上相同,法院据此认定两者属于名称不同但指同一事物的商品。[1]

---

[1] 上海市第二中级人民法院民五庭助理审判员凌宗亮:《销售假冒注册商标的商品罪中"同一种商品"的认定》,上海市第二中级人民法院网。

# 评新修《著作权法》广播电视行业相关条款

陈翠萍[①]

自 2010 年启动《著作权法》第三次修订以来,多次向社会各界公开征求意见,草案数易其稿,修正案终于在 2020 年"双十一"之际落下帷幕。

多年以来,著作权制度与广播电视产业的发展紧密联系、相辅相成,广播电视产业的发展推动了著作权制度发展,而著作权制度也反映了产业的利益,成就了行业的繁荣,是其发展的重要保障。2020 年修正案中,与广播电视行业相关修改亦是其亮点体现,将对广播电视行业产生重大影响。

## 一、"视听作品"替代"电影作品和类电作品"

新修《著作权法》将"电影作品和以类似摄制电影的方法创作的作品"修改为"视听作品",许多学者对此修改呼吁已久,但对于这一新概念,修正案中未给出明确定义。不过至少从字面意义上看,"视听作品"更明确强调以视听方式来表达,不论作品形成的手段和技术,对于广电行业以往具有争议的体育赛事节目、综艺节目等电视节目无疑是重大利好。但是,新修《著作权法》中仍保留了"录像制品"的概念,使得实践中可能仍存在因两者界限不清晰的问题,而将除电影作品、电视剧作品之外的其他视听作品归入"录像制品"。目前看来仍不完全明朗,还期待相关配套法规进一步明确。

关于视听作品的权属方面,本次修改还规定了"视听作品中的电影作品、电

---

[①] 陈翠萍,上海融力天闻律师事务所律师。致力于著作权、商标及不正当竞争领域的实务和研究。主要服务客户:央视国际、爱奇艺、优酷、翡翠东方、米哈游、新创华等知名企业。

视剧作品的著作权由制作者享有,但编剧、导演、摄影、作词、作曲等作者享有署名权,并有权按照与制作者签订的合同获得报酬",没有采用二审稿时曾提出的复杂烦琐的描述,而是使用了较为宽泛的原则性描述,给予行业操作的空间,也提示了相关从业者在版权管理中应当注意在合同中对于权利归属作明确约定。此外,笔者建议在实务中还应当注意作相关署名标示,最大化避免权属纠纷。

## 二、"作品类型法定原则"的突破

相较于2010版《著作权法》,新修《著作权法》将作品的定义进一步明确为"指文学、艺术和科学领域内具有独创性并能以一定形式表现的智力成果",作品类型也从封闭走向了开放,将"法律、行政法规规定的其他作品"修改为"符合作品特征的其他智力成果"的兜底性描述。以往我国司法实践中,均坚守作品类型法定原则,禁止对该条款进行扩大解释,而此次修改后的开放模式更具包容性,为新类型作品寻求保护提供了可能的路径,也为司法适用预留了自由裁量的空间。对于既是传播者亦是创作者的广电企业而言,这样的修改也具有极大激励作用和积极影响。当然,这也不意味着是一种随意扩张,这种作品其实是非常少见的,类比现行法著作权兜底权利条款,每一次适用事实上都将是极为谨慎和困难的。

## 三、播放录音制品需付酬

新修《著作权法》新增了第45条"将录音制品用于有线或者无线公开传播,或者通过传送声音的技术设备向公众公开播送的,应当向录音制作者支付报酬"。虽然没有直接赋予录音制作者"广播权"及"机械表演权",但录音制作者却获得了对应的获酬权。关于是否赋予录音制作者更多获酬权的问题,其必要性和紧迫性,以音乐行业和广播电视行业为利益相对方代表已争论多年。立法关于利益的分配,而修法则是利益的再分配,其难度不亚于立法。此次修法既然已尘埃落定,再作争论意义不大。对于广播电视行业而言,应做好进一步应对和具体落实的准备以免纷争。

## 四、广播组织权的扩张

为填补广播权和信息网络传播权项之间的空白地带,广播权延及互联网的修改,可谓众望所归。然而,相比较而言,赋予广播组织信息网络传播权却仍争议不止,如王迁教授对此就一直持批判态度,他认为"载有节目的信号"是流动的,不可能被固定,更不可能被上传到网络服务器中供公众点播或下载,因此信息网络传播权针对的不可能是"载有节目的信号",只可能是节目本身。信号是不可固定和后续利用的,不存在录制、复制,更不能进行交互式传播。[①] 笔者认为,"信号"并非指飘在空中的、物理的信号,信号是可以被复制和二次利用的。修正案草案曾将广播组织权的客体修改为"播放的载有节目的信号",而后的二审稿和正式修正案又改回了"播放的广播、电视"。事实上两种表述并无实质差异,关键在于如何理解。信号的二次利用基于信号的"相对固定","相对固定"的含义可以参考 WIPO[②] 拟议《保护广播组织公约》中对于"已存储的载有节目的信号"的理解,系指通过电子手段生成、以最初以及任何后续技术格式播送的载有节目的载体,被广播组织或代表其行事的实体保存在检索系统中以供公众接收。[③]

广播组织的信息网络传播权其实在多国已有实践,也是现今国际立法方向。早在 2001 年《欧盟信息社会版权指令》第 3 条就提出成员国应规定广播组织,就其广播的固定,无论这些广播是以有线还是无线方式传输的,包括通过电缆或卫星传输,有权授权或禁止通过有线或无线的方式向公众提供,使公众中的成员在其个人选择的地点和时间可获得的专有权。WIPO 版权及相关权常设委员会主持拟议的《保护广播组织条约》也早就提出了赋予信息网络传播权的建议,各国对此已基本达成共识,在 2019 年最新合并案文 SCCR/39/7 中亦有体现。[④] 此条约至今尚未缔结,各方利益的谈判悬而未决,但可以看出各国

---

[①] 王迁:《对〈著作权法修正案(草案)(二次审议稿)〉的四点意见》,《知识产权》2020 年第 9 期。
[②] WIPO:世界知识产权组织(World Intellectual Property Organization),是联合国保护知识产权的一个专门机构。
[③] SCCR/39/7, Revised Consolidated Text On Definitions, Object Of Protection, Rights To Be Granted And Other Issues, page 5.
[④] SCCR/39/7, Revised Consolidated Text On Definitions, Object Of Protection, Rights To Be Granted And Other Issues, page 6.

在技术融合新问题上的积极磋商与尝试。虽然我国目前加入的国际条约暂未有广播组织者信息网络传播权的规定,但此次修法亮点就是为迎合发展拥抱未来所作的主动式修改,而不是达标式地履行国际条约义务,关键在于本国国情和产业结构利益是否有调整的必要。

此外,值得注意的是,广播组织的"信息网络传播权"区别于其他邻接权人享有的"许可权"。修正案草案曾将"禁止权"修改为"许可权",而后的二审稿和正式修正案又改回了"禁止权",且规定了不得影响、限制或者侵害他人行使著作权或者与著作权有关的权利。笔者认为,这本是法律应有之义,邻接权只保护邻接权人自己的权利,不涉及著作权,两者是不冲突的。广播组织对于信息网络传播的禁止权,主要是一种防御性权利,承认广播组织的信息网络传播权,反而加强了保护,不会造成和著作权的混乱。赋予广播组织信息网络传播权意义重大,可以有效打击各式各样的侵权行为。

## 五、媒体人"职务作品"的权利归属

修改后的《著作权法》将"报社、期刊社、通讯社、广播电台、电视台的工作人员创作的职务作品"明确为"特殊职务作品"之一,创作者仅享有署名权。有观点认为,《著作权法》的修改专门明确这一内容,一方面是因为实务中发生了大量有关媒体机构工作人员创作的职务作品的著作权归属纠纷,另一方面是媒体行业中的机构认为自己投入了大量的人力物力,对外承担责任,应当获得职务作品的著作权权益。[1] 广电行业通常以签订协议的形式约定职务作品著作权归单位享有,而此次修法将其直接上升为法律,正是对此现状回应的结果,加强了对传媒企业的保障,也更有利于单位进行相关交易和维权工作。

## 六、完善赔偿制度

此次修正案完善了赔偿规则,新增了侵权损害赔偿计算方式,可按照许可

---

[1] 姚欢庆:《法定赔偿上限提升至500万!新〈著作权法〉对媒体有哪些影响?》,载微信公众号"传媒茶话会",2020年11月14日。

使用费的倍数确定赔偿数额,并遵循权利人的实际损失、侵权人的违法所得、许可使用费的倍数、法定赔偿的递进适用路径。同时,法定赔偿额上限大幅提升至五百万元,还增加了惩罚性赔偿的相关规定,对故意侵犯著作权或者情节严重的行为,可以适用赔偿数额一倍以上五倍以下的惩罚性赔偿。这意味着,未来部分著作权侵权诉讼的判赔有望大幅提高,对于手握高版权价值作品的广播电视企业机构来说,在侵权诉讼中也有望获得更高的赔偿额,与其巨额的版权投入相适应。

# 不我信兮

## ——论学大观当仁不让

# 电竞内容传播端的知识产权保护

邱政谈　王宇扬

电子竞技运动颠覆了传统体育项目固有的公共属性,其凭借建立在计算机软件作品和活动画面之上的双重权利,首次在人类体育器材上附加排他性知识产权。当传统体育赛事画面的可版权性问题遭遇重重困境时,游戏连续画面著作权整体保护模式受到司法实践认可,电竞赛事得以凭借"游戏画面"和"赛事画面"同一性的先天优势完成对后者可版权性问题的论证。而在游戏传播端,对游戏直播的知识产权保护须考量其作为电子竞技运动项目的公共属性,妥善安排私权及合理使用的界限,从而更好地实现电竞产业的良性循环。

在知识产权概念尚未诞生之时,人类体育运动传统便已延绵数千年之久。[①] 这不禁令我们产生疑问:古老的体育运动是如何与15世纪才逐渐形成的知识产权制度产生交融与碰撞的?当具有划时代意义的电子竞技运动兴起时,又产生了哪些新的知识产权问题?本文旨在以传统体育运动及赛事为起点,研究电竞赛事与其前者的差异,从电竞内容传播的角度研讨涉及游戏赛事、直播、用户电竞、游戏衍生物等元素的知识产权保护问题。

## 一、体育运动本身的可版权性——探索电子竞技运动的特殊性

体育赛事的基础是体育运动本身。对于"体育运动"这一抽象概念而言,我们恐怕无法直接对其作具体的知识产权法分析,而应当将构成体育运动及赛事的诸多要素条分缕析地解构出来分别予以讨论。因而,我们不妨对体育运动及

---

① 第一届古代奥林匹克运动会举办于公元前776年,而最早的知识产权概念却发源于15世纪以后(威尼斯于1474年颁布世界上第一部《专利法》)。

赛事的起源作一番回顾,以此为起点展开本文主题。

(一)传统体育运动及赛事:从整体分析到诸要素分解

早期人类体育活动发源于宗教、狩猎及军事活动,随后,人们在实践中学会自发地通过主导自己的身体或使用器材,并基于特定方法,探索和发展出一系列全新的体育活动。[①] 而当以强身健体、娱乐休闲为主要目的的体育运动逐渐发展为组织者规模化开展的、具有"竞技性质"的体育赛事时,便产生了为判定运动员比赛胜负而制定竞技规则的需要。

由此,我们得以清楚地看到:人、身体或器材、特定方法构成了一项体育活动所必需的基础元素;就专业体育赛事而言,还须包括赛事组织者、运动员和竞技规则。

就体育运动的可版权性而言,将体育运动本身排除出知识产权的保护范围是学界早已达成的共识。学者通常基于体育运动的目的与知识产权立法宗旨的比较而展开论证,即体育运动和赛事是以娱乐休闲、强身健体或在竞技中取得胜利为目的的,它与《著作权法》所保护的文学、艺术和科学领域智力成果之创造截然不同。[②] 事实上这种解释在极少数情况下仍存在漏洞,如花样滑冰、跳水、体操等运动形式均有追求艺术美感的成分。但是,只要我们从整个人类体育运动的发展脉络来看,便恍然大悟:体育运动事实上是全体人类通过漫长的社会实践探索出来的成果,其最终逐渐演化成一种生活娱乐方式,而每个人都有权通过实施体育活动以享受其带来的益处——体育运动毫无疑问处于不受《著作权法》保护的广义"思想"范畴。

以往我们一般将体育运动作为一个整体进行可版权性分析,但正如前文所述,"体育运动"是一个内涵十分丰富的概念。例如,当我们谈及踢足球时,"足球运动"就同时包含:作为运动器材的足球、踢足球的人、踢足球的方法、足球赛胜负规则等。

当我们将"体育运动"这个词在具体的语境中解构后,便能发掘出传统体育赛事和电竞赛事的差异。一个最显而易见的区别是:传统体育赛事所依赖的器材或设施始终系有体物范畴;电子竞技运动赖以实施的器材似乎是计算机软

---

① Michael P. Lombardo, On the Evolution of Sport, *Evolutionary psychology: an international journal of evolutionary approaches to psychology and behavior*, 2012, p.1.
② 参见《著作权法》第3条对于作品的定义。

件作品,后者本质上是一种附加了知识产权的无体物。

一个经过精心雕琢的篮球,其表面可以印制炫酷图案从而被作为美术作品予以保护;当篮球内部使用了一种全新的技术方案以改进现存性能问题时,方案设计者得以通过申请专利权获得保护;当世界杯赛事中比赛用球被刻上了主办方LOGO时,商标权似乎也被附着在了足球之上。但需注意:前述列举的所有知识产权专有权利事实上并未对运动员本身形成任何制约——无论是精美的足球所享有的美术作品著作权、因技术方案而享有的专利权还是LOGO所对应的商标权,均无法排除他人将这只足球作为器材进行使用;或者反过来说,人们实施前述足球活动时,不必苛求足球多么精美、性能多么强大、品牌多么驰名——塞内加尔足球运动员萨迪奥·马内(Sadio Mane)就自述其小时候甚至将柚子当作足球踢。[1]

(二)电子竞技运动的转折:具有公共属性的体育器材被首次附加私权印记

一项体育运动得以在地区乃至全球范围内传播和发展,除了其本身具有趣味性、竞技性和普适性之外,更为关键的是这种体育活动所依赖的器材或设施的经济性和易获得性。例如,相较纯粹使用身体控制的跑步而言,依赖专业设备的帆船运动的传播范围一定大不如前者。倘若只有价格昂贵的足球才能使运动员顺利地用脚控制,恐怕前文提及的马内不一定能在贫困的童年里接触足球运动从而为后续的职业生涯打下坚实基础。而更长远地看,足球也不一定能发展为一项世界性的运动项目。

既然体育运动被附加了社会公共属性,作为其实施必要条件的体育设施和器材也必将继承"公共属性"的印记——恐怕没有任何一项运动赖以实施的体育器材能够被直接附加私有财产权并排除他人使用,这种制度将严重阻碍人们自由地实施体育活动,亦不利于运动传播。

但是,以计算机软件和活动画面为基础的电子竞技运动很快打破了人们的固有印象。业界时常讨论电竞体育运动的"电子形态"多么具有划时代意义。[2]

---

[1] 《儿时用柚子当球踢 现在他是人尽皆知的"黑金刚"》,载搜狐网,https://www.sohu.com/a/388912236_609144,2020年4月17日。
[2] 李宗浩、王健、李柏:《电子竞技运动的概念、分类及其发展脉络研究》,《天津体育学院学报》2004年第1期,第2页。

但事实上,当我们将电子竞技和传统体育运动作横向比较时,才发现真正颠覆人们认知的地方:全人类共同享有的体育器材在电子竞技领域变成了游戏开发者的私产,体育运动不再具有纯粹的公共性,而是被体育运动的首次发明者、创始人附加大量知识产权限制。由此,作为无体物的知识产权客体①与作为有体物的物权客体在体育运动领域首次发生融合,且难以分离。玩家在利用"英雄联盟"游戏进行竞技比赛时,本质上是在利用游戏开发商制作的计算机软件、设计师绘制的游戏画面元素,而这两者皆可成为受《著作权法》保护的作品。坦率地说,人们在踢球时或许不需要一颗多么精美的足球,但玩家玩电子游戏时却不得不使用游戏厂商提供的精美画面、复杂的计算机程序代码。因此,从事电子竞技的玩家,与其说是在以运动员的身份从事一项运动,不如说是在实施一项受作品专有权利控制的行为。

电竞体育运动与传统项目的前述差异,将对两种赛事画面内容定性的分化产生至关重要的影响,后文将具体阐述。

## 二、体育赛事的知识产权制度

体育赛事是体育运动项目发展至高级阶段的表现,赛事传统及产业的形成需要特定运动项目覆盖足够多的社会群体,当越来越多的人开始实施一项体育运动并乐于以观看比赛作为娱乐消遣方式时,赛事规模化运作便具备了观众基础。举办一场体育赛事需要消耗不小的人力和物力,赛事组织者只需通过控制比赛场地,向观众收取门票便可获得收益,这是体育比赛得以顺利发起的基础。当社会条件发生变化后,赛事组织者越来越期望著作权法对他们的利益保护诉求予以积极回应。

(一)传统体育赛事的权源——场所权、广播组织权、章程性文件设权

在录音录像、无线电传输等信息传播技术成熟之前,体育赛事主办者很大程度上只需通过控制比赛场地、收取门票及签订合同等便可不受侵扰地获取收益,这便是最早基于物权的"场所权"(houserights),此时这种商业模式尚未与知识产权发生交织。②

---

① 吴汉东:《财产的非物质化革命与革命的非物质财产法》,《中国社会科学》2003年第4期,第124页。
② 胡开忠:《广播组织权保护研究》,华中科技大学出版社2011年版,第12页。

然而,电磁波、光学存储介质的出现使得载有比赛画面的信息得以被高效地传播至世界的各个角落,而赛事主办方对这种信息的流动束手无策。当赛事信号被盗用后,进入比赛场地观看比赛的人数将大幅降低,与此同时正版体育赛事节目信号的观众亦大量流失,这将导致赛事主办者的商业利益大幅减损。[1] 随后,包括广播组织权在内的邻接权被创设,前述信号盗播问题得以缓解。[2] 但事实上,广播组织权的主体限于电台、电视台,当赛事组织者并不具有广播组织的地位时,除非赛事主办方通过合同从广播组织处受让画面权利,且对体育赛事节目信号(或画面)本身将不享有任何排他性邻接权利。因此,即便广播组织权的权能范围在新法修订后得以大幅扩张,[3]赛事组织者依旧对这种保护方式不甚满意。

在赛事主办方的利益需求暂时无法通过知识产权制度满足时,体育行业已经通过一系列自治组织制定的章程性文件[4]设置自我保护机制,它们起草了关于体育赛事画面涉及知识产权保护的条款。虽然迄今为止,仍然有许多法院以体育运动项目相关协会自行订立的章程确定赛事画面的原始权利归属,但这种做法事实上是一种无奈的妥协,因与民法和立法法理论相背——任何排他的绝对权只能通过法律创设。或许在未来,立法者得以通过进一步修订著作权法以及体育法使得体育赛事权利得以被妥善地安排,促进体育赛事产业发展。

(二)传统体育赛事可版权性的讨论

如前文所述,体育赛事组织者通常将商业利益的维护寄希望于"场所权"、行业自律组织章程、广播组织权;而这种局限是建立在"赛事主办者在开展活动全过程中确未从事过任何创作活动"的假定之上。但当众多制度安排均无法满足体育赛事组织者的利益保护需要时,便出现了"将赛事画面作为作品进行保护"的诉求。体育赛事活动画面可版权性的论证路径通常有二:一是针对所拍摄的比赛本身,其可否构成具有独创性的作品;二是从拍摄手法看,摄影师、录

---

[1] 祝建军:《体育赛事节目的性质及保护方法》,《知识产权》2015年第11期,第29页。
[2] 王辉:《著作邻接权初论》,《牡丹江教育学院学报》2005年第3期,第114页。
[3] 参见新修订《著作权法》第47条,对广播组织节目(信号)的网络实时转播和交互式传播均被纳入广播组织权的控制范围。
[4] 如《中国足球协会章程》第49条规定:根据《国际足联章程》和《中华人民共和国体育法》规定,本会为中国足球运动的管理机构,是本会管辖的各项赛事所产生的所有权利的最初所有者。这些权利包括各种财务权利,视听和广播录制、复制和播放版权,多媒体版权,市场开发和推广权利以及无形资产如徽章和版权等。

制者对比赛画面的选取是否满足独创性要求。

在传统体育赛事可版权性议题中,学者能够清晰地就比赛本身和拍摄手法这两个问题进行区分。就体育赛事本身而言,除少数支持将其认定为知识产权客体的观点之外,[①]学界早已达成共识:体育赛事无论如何都不可能被解释为一种知识产品[②]——运动员开展体育活动的唯一目的是身体机能的展现与竞技技巧的拼搏,其实施过程是"执行赛事项目既定规则、为决胜负而实施的既定流程",[③]显然不是任何意义上的文学、艺术及科学领域的创造。至于体育赛事画面的拍摄是否具有独创性,则存在极大争议。

1. 赛事画面的"固定性"要件

在《著作权法》修订前,受作品类型法定的限制,体育赛事画面一般被置于类电影作品(简称类电作品)的范畴。而一旦要从类电作品的认定出发,便难逃另一组学界疑难问题:"摄制在一定介质"("固定性"要件)是不是构成电影和类电作品(视听作品),或是其受到保护的前提;如果是,赛事画面是否满足"固定性"要件。

由于"固定于介质"这一概念的不确定,学界存在许多截然不同的解释,包括但不限于"已固定""正在被固定"和"可固定",甚至有观点认为"摄制在一定介质"是"可以有形形式复制"的另一种阐述。当有学者翻出《著作权法实施条例》送交世界知识产权组织的官方译本,找到其对应的译文"recorded on some material"时,[④]我们恐怕很难再否认:只有"已固定"才是最符合立法原意的解释。[⑤] 但此时亦有反对者认为该条款只是对电影和类电作品概念的具体阐述,并不具有规制作品构成要件的意图。[⑥] 但无论反对将"固定性"作为电影类作品构成要件的学者如何论证,均无法否认,现行司法实践在个案论证过程中将"摄制在一定介质"纳入作品构成的分析中。

---

[①] 刘宇晖:《论体育赛事的可知识产权性》,《知识产权》2015年第10期,第103页。
[②] 卢海君:《论体育赛事节目的著作权法地位》,《社会科学》2015年第2期,第102页。
[③] 王迁:《知识产权法教程(第六版)》,中国人民大学出版社2019年版,第65页。
[④] 转引自王迁:《论现场直播的"固定"》,《华东政法大学学报》2019年第3期,第42—54页;参见《著作权法实施条例》第4条第11款,WIPO接收的英文官方译本链接:https://www.wipo.int/edocs/lexdocs/laws/en/cn/cn020en.pdf,2021.03.21。
[⑤] recorded on material 的解释空间极小,适用被动语态时一般仅能解释为完成时态。而"可固定"或"将来已固定"的通常译为 can be recorded,后者须使用虚拟语气;"正在被固定"则应译为 being recorded。
[⑥] 熊文聪:《论"已经固定"不是电影作品的可版权要件》,《山东科技大学学报》(社会科学版)2019年第2期,第53—54页。

## 2. 赛事画面的"独创性"要件

在针对"固定性"要件的讨论僵持不下的同时,赛事画面独创性论证亦遭遇不小的困境。由于体育赛事本身不可能构成作品,便只剩下了拍摄手法这一仅存的讨论路径。争议不仅在于拍摄手法可否成立《著作权法》意义上的"独创性",更在于我国立法规定的"独创性"究竟是指"独创性的有无"还是"独创性的高低"。

(1)"独创性"标准解释路径的选择。"凤凰网赛事转播案"再审判决代表了独创性标准争论的一个典型观点,[①]主审法官认为,能否构成作品取决于独创性的"有无"而非"高低",著作权和邻接权二分体系是以独创性的有无作为分界线的。法院认为录制者对体育赛事的实时拍摄方式具有充分的个性化选择和判断的空间,而对比赛的抓拍、机位设置确实富有"创造性",因此满足了构成作品的条件。但事实上,这种分析方式存在显著矛盾或双重标准。对于"比赛画面的选取有着充分的创作空间",按照前述观点,只要在拍摄方面具备一定的创造性便可构成作品,那么适用相同逻辑,录像制品也可以像拍摄体育赛事那样具备创造空间、富有一定的创造性,为何前者可以成为作品,后者却只能作为邻接权客体进行保护呢?法院就此给出的论证如下:"邻接权尤其是录像制品的'个性化选择'主要是为更好地录制影像所作的技术性加工,而不涉及对作品表达层面的个性化选择和安排,因而不具有独创性。"但显然,无论是视听作品的录制,还是录像制品的形成过程,机位设置、画面选取均能直接对最终形成的表达构成重大影响,远非所谓的"技术性加工";[②]一模一样的操作方式和步骤,为何在体育赛事和除体育赛事以外的录制上会产生两种适用标准,法官自始至终无法就此给出解答。因此笔者认为,"独创性有无"标准并不符合客观事实。

(2)基于"独创性高度"的分析。《著作权法》修订后,对于活动画面的保护事实上仍以独创性高度为依据,划分为视听作品和录像制品,只有将"独创性的有无"解释为对独创性高度的要求,则前述二分体系才有比较合理的解释。基于此,作品的创造性包括两方面:① 存在个性化判断和选择的空间(具有最低限度的创造性);② 达到某特定类型作品所要求的创造性高度。

---

① 北京新浪互联信息服务有限公司与北京天盈九州网络技术有限公司不正当竞争纠纷再审民事判决书,(2020)京民再 128 号。
② 王迁:《体育赛事现场直播画面著作权保护若干问题——评"凤凰网赛事转播案"再审判决》,《知识产权》2020 年第 11 期,第 33—34 页。

就前者而言，如果一个内容在思想和条件相同，创作者不同的情况下，创造的内容具有一致性，就排除了实施者发挥聪明才智的空间，也完全失去了个性化的可能性，因而不具有最基本的创造性。另外，当活动画面的创造性高度尚不满足视听作品的要求时，则可适用录像制品的规定享有邻接权的保护。

在司法实践中，认定体育赛事录制者的拍摄手法满足类电作品创造性高度的判例不在少数，但早期亦有观点完全相反的判决。反对者认为，虽然表面上看摄像机位的设置、镜头远近、焦距的选择，以及慢动作回放等选择上均存在无限可能性，但事实上，这种选择依然受到录制规则以及比赛实际进展的严重制约，例如，比赛不同时刻的不同流程要求录制者于规定时间内作既定运镜操作：当足球运动员传球时镜头必须时刻对准传球的运动员、射门时则以远景拍下完整的足球射门轨迹、没有进球时拍下运动员失望的神情……这些依据比赛进展而变化的镜头某种程度上是为了满足观众时刻聚焦比赛的期待，远非一种创作行为。前述因素大大降低了摄影师进行个性化选择的可能性，极有可能使体育赛事画面无法满足类电作品（视听作品）的独创性高度，因而只能适用录像制品的保护模式。

（三）电子竞技赛事的可版权性问题

在新《著作权法》颁布后，许多制约"将体育赛事画面作为作品予以保护"的反对意见将失去实体法论证基础，包括但不限于：① 作品类型法定原则被抛弃，任何形态的知识产品只要符合作品构成要件均可成为受《著作权法》保护的客体，这使得体育赛事画面本身无须附属于某项法定列举的作品类型；② 以摄制方法为划分依据的"电影作品—类电作品"体系被抛弃，两者一并纳入"视听作品"概念的外延，使得活动画面可版权性问题不再受技术条件和形成过程的束缚，满足了技术中立的需要。①

修订后的《著作权法》持包容开放的态度，体现了扩大作品保护范围的法律政策趋向，这也为游戏画面的著作权认定创造了良好的机遇。与此同时，电竞赛事的版权认定相较于传统体育赛事亦存在诸多特殊性。

1. 游戏画面与电竞赛事画面的混同

---

① 就《著作权法实施条例》第4条第11款而言，"摄制在一定介质上"并未因本次修法的技术中立价值取向而被直接废除；当然，对于"摄制"而言，法院一般根据《伯尔尼公约》第2条第1项对"类电影作品"的描述，认定"摄制"意在描述类电作品与电影作品表现形式相同或类似，而非对创作方法的限制。参见广州硕星信息科技股份有限公司、广州维动网络科技有限公司与上海壮游信息科技有限公司、上海哈网信息技术有限公司著作权权属、侵权纠纷二审民事判决书["奇迹MU案"，(2016)沪73民终190号]。

学界和司法实践通常认为,游戏作品本身是一种计算机软件作品,其目标程序在执行时生成的画面元素亦可单独拆分成美术作品和文字作品;[①]但整体活动画面可否成为类电作品尚有不小争议。当学者试图将传统体育赛事"画面"与"拍摄手法"议题二分的模式移植到以电竞赛事为对象的讨论时,便产生了极为戏剧性的混淆,这种混淆是由电子竞技的两个特殊性引起的:

(1) 对于电竞玩家而言,竞技的过程是基于游戏规则而产生的对抗,比赛本身不可能构成受《著作权法》保护的作品,这一点和传统赛事并无二致。然而,如前所述,电竞游戏的运行完全依赖于相应的计算机软件运行时生成的活动画面,这些画面体现的诸多创作元素(或依据前文阐述构成作品的游戏整体画面)又无疑是附有版权的。

(2) 电竞赛事画面并不需要光学设备的录制拍摄,一切比赛进展都直接在计算机软硬件层面产生和即时固定,自然可以直接通过自动的数字化录制完成互联网转播。

因此,我们以往对于体育比赛竞技性、公共属性的直觉,很有可能在电子竞技运动的研究中错用在游戏画面的著作权分析之上。但事实上,这两个问题已然发生了混同,在电子竞技领域不再需要分析比赛本身的可版权性,因为构成赛事画面的全部主要内容事实上就是游戏画面本身,而一旦游戏画面可版权性问题解决后,电竞赛事画面便无须再单独予以分析,直接对游戏画面进行著作权保护即可。

游戏画面与电竞赛事画面的混同恰恰是传统体育赛事梦寐以求却永远无法企及的先天优势。正因为体育比赛本身不可能直接构成作品,因而对赛事实时画面的版权分析必须经过"赛事信号随录随播""是否已经满足固定性要件"等繁杂论证,同时面临"拍摄手法是否具有独创性"的考验,而两者恰恰是学界遗留的"老大难"问题。

电竞赛事版权问题面临的阻碍则小得多,学界只需将重点放在游戏画面本身的讨论之上。电竞赛事和体育赛事在活动画面可版权性分析方面存在许多相通之处,如仍须面临独创性的检验,但这种独创性的论证路径不限于拍摄手法,亦包括玩家操作游戏本身的影响。

---

① 李颖怡、梁栩瑜:《我国网络游戏画面版权问题研究》,《政法学刊》2017年第3期,第15页。

## 2. 电竞赛事游戏画面的分析及玩家地位的讨论

游戏画面的可版权性疑难从来不在于画面诸元素的独创性认定。事实上，当前电子游戏包括地图、人物角色、道具、技能释放等单项美术作品设计早已做到极为精巧的程度，以至于压根无须讨论其是否具备最低限度的创造性要求。但游戏画面的作品认定面临的是两个全新的问题：

（1）游戏运行时的连续画面是计算机运行的结果，且富有随机性，其是否能以有形形式复制并满足"固定性"要求？

（2）游戏画面本身是否独属于游戏内容商的智力成果？玩家与计算机软件间的交互是否对画面的独创性产生实质性影响？

经过多年讨论，学界就第一个问题产生的争议愈来愈小，技术中立的要求迫使大家不再过分关注游戏画面本身的原理及其存储时适用的技术方案，[1]而是倾向于从外在表现形式直接将其与类电作品相比较。虽然游戏连续画面的触发依赖计算机软件的运行，此时画面对应的数字信号驻留在内存和显卡内存之中，通过屏线才得以转化为模拟信号为人眼所感知，但我国立法以及相关国际条约从未对展现作品所依赖的具体技术方案做出限制，因而当游戏画面所依赖的计算机程序代码及数据库本身以数字化形式存储在计算机存储介质中时，我们便承认"程序一经运行即可在未来任意时间地点再现"的"游戏画面"已然被固定。[2]而就游戏画面显示的随机性问题，学者们想到了十分聪明的解释路径，即无论画面元素如何变化，计算机程序执行时显现的连续画面实际上均是设计者事先的创造性安排，"一切画面组合"早已在游戏开发者的预料范围之内——游戏玩家在游戏过程中体验到的"自由"只是游戏开发者巧妙设计的"镜花水月"而已。[3]

对于游戏玩家交互的对版权分析的影响，学界一般认为，那些单纯以竞技

---

[1] 事实上游戏画面的形成过程极为复杂，相较于传统电子化存储的视频文件，在技术上具有颠覆性，同时其所使用的技术方案亦不一定对《著作权法》分析毫无影响，例如，学者一般认为游戏画面元素完全源于开发者本身的贡献，但少有学者指出许多游戏画面形成过程依赖第三方商用游戏引擎与一系列开源函数库、运行库。参见笔者文章：《"电子游戏连续画面可版权性问题研究"系列——连续画面的计算机图形学原理（一）》，https://mp.weixin.qq.com/s/CgH-s2OuGyG4m4pBieO2WQ，2021年3月22日。

[2] 事实上，笔者曾认为，以游戏元素和数据库本身的固定，论证"游戏画面"的固定是一种极为隐蔽的偷换概念，但这种浅见仍忽视了技术中立原则，游戏元素和游戏画面的关系就好比电影胶卷和电影连续画面、数字化视频文件与视频画面的关系。总而言之，作品的认定分析不应延及存储和播放技术。

[3] 郝其昌、陈绍玲：《论我国著作权法中表演者的内涵——兼论电子游戏玩家表演者地位之否定》，《河南财经政法大学学报》2019年第5期，第107—108页。

或实用为主要目的的游戏,玩家基本上没有个性化判断和选择的空间,但对于一些创造性较高、富有美学趣味的游戏,①则玩家很可能是在从事一项创造性活动。② 就前一种游戏(即本文探讨的电子竞技类游戏)而言,虽然游戏连续画面的逐帧变化完全基于玩家本身的操作,但玩家操作并未给游戏画面本身增添任何具有独创性的新元素,而依旧没有脱离游戏作者原先的个性化选择和安排。③

进一步分析玩家的地位,以往我们可能会误将策略性对抗游戏的比赛进展当作双方玩家对游戏角色的表演,从表面来看,欣赏一场电竞赛事确实如同在欣赏一部具有比赛情节的表演。但事实上,当我们结合前文对游戏画面可版权性的论证方式便可见,游戏画面著作权意义上的"创造性"完全来源于游戏开发者,此时我们已然将玩家本身的贡献排除了。

而前文提及的"比赛剧情"恐怕更是无法成立。一般而言,视听作品的构成并不以"具有情节"为必要条件,当我们在探讨游戏构成作品的可能性时,便已经默认了前述观点——虽然游戏本身可能没有剧情,但仅仅因为程序运行显现的活动图片使人们得以感受"画面动起来"的美感,④便足以构成类电作品。客观上,游戏直播画面的公开播送更符合机械表演的特征,整个画面是由计算机程序代码、指令、硬件计算实时生成的,其中并没有任何"表演者"意义上的人参与作品的再现,因此,游戏玩家很难被认定为"表演者"。主观上,游戏玩家没有演绎游戏作品的目的,其实际上是为了展现游戏技巧并取得胜利。而亦有学者指出,不赋予玩家表演者权,并不会打击玩家进行游戏的积极性。⑤

至此,游戏画面可版权性问题所面临的大部分阻碍已经被排除。而正是由于游戏画面获得了事实上的版权保护,相较于传统体育赛事组织者在协会章程的"设权行动",游戏开发商和赛事主办方在服务合同和行业自治组织章程中加

---

① 此类游戏的开放性来源一般有两种:① 基于游戏程序代码本身的开放性,玩家可以实际参与游戏功能的开发或元素的创建;② 近乎"绘画软件"般的艺术创造可能性,如基于 Minecraft 方块搭建"虚拟建筑作品",使用红石、音乐盒功能制作各种原创、非原创的音乐等。详见笔者文章:《游戏版权问题类型化分析的重要性——兼论即时策略游戏直播画面"转换性使用"的构成可能性》,链接:https://mp.weixin.qq.com/s/VIsuKIyj3KdHGRTE6ovr2Q,2021 年 3 月 22 日。
② 崔国斌:《认真对待游戏著作权》,《知识产权》2016 年第 2 期,第 3—4 页。
③ 王迁、袁锋:《论网络游戏整体画面的作品定性》,《中国版权》2016 年第 4 期,第 20 页。
④ 陈绍玲:《论网络游戏整体画面独创性判定方法》,《中国出版》2020 年第 9 期,第 47 页。
⑤ 郝其昌、陈绍玲:《论我国著作权法中表演者的内涵——兼论电子游戏玩家表演者地位之否定》,《河南财经政法大学学报》2019 年第 5 期,第 107—108 页。

入知识产权条款时便有了更加坚实的底气。

3. 游戏镜头导播以及比赛解说

（1）游戏导播。当游戏画面本身的版权问题迎刃而解之后，与传统体育赛事录制者处在相同地位的游戏导播便几乎无人问津——人们不再需要通过"游戏镜头的选取和安排"论证画面的创造性。这一"惨淡"情境与传统体育赛事设解说者为比赛录制者"摇旗呐喊"的景象相比，不禁令人啼笑皆非。但事实上，导播对游戏镜头的控制是十分有趣的问题。

任何人只要亲自打开游戏《英雄联盟》，进入某一场的对局的 OB 系统（Observer System，即旁观模式）便可发现，游戏本身自带了"导播镜头"功能，可根据比赛进展并依托赛事实时数据，智能选取整幅游戏地图中任意时间节点最具观赏价值，或最可能影响比赛进程的局部游戏画面进行对决。传统体育赛事主办方需尽力展现录制机位、镜头和画面选取的高度自由空间，而在电竞赛事领域就是如前文所述的那样，可直接交由"人工智能"系统完成而无需人工干预。而事实上，这种电脑自动切换镜头的效果远超出人们的想象，在大部分时间里，镜头对焦的地方确实满足了笔者作为一个观众的预期。由此，当我们从电竞赛事导播镜头的讨论回到传统赛事录制的议题时，便很容易对所谓的比赛拍摄技巧和画面选取的独创性论证产生质疑。而当我们单纯检视电竞赛事时亦感到，如将游戏画面和对游戏画面的导播镜头同时分别认定为赛事画面可版权性的有效论证路径，恐怕会使得对同一类"作品"创造性高度要求显得过分悬殊。

当然，实际的电竞赛事镜头控制必须由真人操作，这并不是因为真人相较于计算机多么具有创造能力，而是因为现有技术的制约之下，计算机导播系统还远无法满足观众对瞬息万变的电竞赛事进展进行即时聚焦的需求，但专业导播能够更加聪明地掌握不同情况下观众的关注点，并能实际根据解说的需要随机应变地展示比赛数据。

而更有意思的一点是，旁观模式的数据是可以轻松存储并在日后重复加载和使用的。传统体育赛事的导播镜头一经选取，便随机固定为一段录像——企图回到比赛现场画面寻找别的、与原录像不同的导播视角是绝不可能的。但是，在电竞赛事领域，玩家的竞技操作均可轻松以一段段代码被实时存储，后续只需要通过游戏程序加载，结合代码和被调用的游戏数据，便可达到以下效果：

观赛者在比赛结束后可随时回到旁观模式，自由调整时间轴，并选取和比赛当天导播镜头截然不同的视角观看比赛全貌。我们发现，游戏赛事甚至无需录制便可随时调用原始比赛数据进行活动画面的再现。从这个角度看，OB数据也很有可能具备《著作权法》上的意义。

（2）赛事解说。解说系主播的即兴口头表达，通常结合了个人的游戏及生活经验和感悟，会在一定程度上体现主播的个性和解说风格，从而吸引不同的观众。解说风格和精彩程度之不同，也往往直接影响观众数量。由此，在特定情形下，解说可能符合独创性的要求从而构成作品。[1]

笔者凭借多年的电竞赛事观看经历，时常感到电竞赛事解说相较于传统体育比赛具有十分显著的特殊性：电竞解说节奏、发言的语速和密集程度要远超足球、羽毛球等传统赛事解说——一般而言，只要游戏解说超过5秒未进行发言，观众就会疑惑是否出了直播事故。而相关统计也显示，MOBA（多人在线竞技游戏）类电竞赛事的比赛中，游戏解说的场均语速可达到284—313字/分钟。[2] 基于直播效果的要求，对比赛实时进展的简单描述远远不足以抵消MOBA游戏中所谓的"平稳发育期"时间，故而游戏解说有机会凭借自己对游戏的理解进行赛事分析，或将话题引申至某位选手或整个战队近阶段的发挥情况。

在"创造性"方面，游戏解说的自由空间似乎也比传统广播电视节目解说大得多。如，英雄联盟游戏解说王多多，经常使用临时自编的"打油诗"在比赛关键时刻挑起观众的情绪，达到极佳的直播效果，而这种打油诗无疑是一种创作行为。而当赛事出现中断或因技术问题推迟比赛时，亦要求解说在这段空白期内保证持续语言输出。

简言之，从解说节奏和实际创造性空间看，电竞赛事游戏的解说内容或许更有机会被认定为口述作品而得到《著作权法》的保护。

4. 赛事直播分销：多路游戏OB系统、"二路流"解说及选手个人OB

赛事节目信号的分销在传统体育赛事中早有先例，但基于OB系统实时传

---

[1] 武汉鱼趣网络科技有限公司与上海炫魔网络科技有限公司、上海脉淼信息科技有限公司等著作权权属、侵权纠纷二审民事判决书，(2017)鄂01民终4950号。
[2] 参见张双燕、余嘉兴：《互联网时代下电子竞技解说的现状与思考——以〈英雄联盟〉解说为例》，《今传媒》2017年第12期，第53页。

送游戏画面的电竞赛事似乎开创了形式更加多样的赛事分销方式。赛事主办方可以同时将游戏画面授权给多个网络直播平台。在对授权内容的设计中,常可见到所谓"OB制作权"这一行业术语。OB信号是指游戏本身的原始画面和声音,不包含官方赛事解说音频及相应赛事节目信号,所以,被授权平台得以自行组建解说阵容并开展不同于官方风格的独特直播节目。在一些授权模式中,赛事主办方甚至同时赋予一个平台两条线路的OB制作权,[①]此时,平台便可安排两个独立的团队同时进行解说,以满足观众多样化的需求。事实上,这种富有创造性的版权授权设计确实最大限度利用了游戏直播的技术优势,产出了丰富的电竞赛事文化成果。

除了受导播镜头控制的游戏画面之外,随着游戏计算机程序和互联网传播条件的革新,游戏赛事逐渐具备了同时输出游戏选手个人视角游戏画面的技术能力,行业内俗称"选手个人OB",而这显然是传统体育赛事难以做到的。选手视角的电竞赛事直播能够使观众更加身临其境地参与到比赛中,更清楚地观察电竞选手的操作细节,而这些细节是无法在主路OB中轻易观察到的。个人OB游戏画面同样属于赛事的一部分,也使得赛事版权体系更加完备和丰满。

## 三、电子竞技游戏直播的版权与"合理使用"的界限

由于游戏画面本身被附加了版权,那么,对游戏画面的直播以及基于游戏画面的二次创作必然踏入了受游戏作品专有权利控制的范围,具体而言可能侵犯作品复制权、广播权以及信息网络传播权。2019年底的"梦幻西游案"二审判决[②]便是一个游戏直播领域的典型判例。

笔者认为,对于非竞技类的电子游戏,尤其是近乎以电影为表现形式的游戏而言,未经授权对游戏进行直播当然会导致游戏用户的分流,不仅从理论上侵害作品权利,事实上也使游戏内容开发商的商业利益严重减损。但是这种论

---

[①] 《企鹅电竞获得LPL S级直播版权,拥有德云色、小智等二路流解说》,载新浪网 http://k.sina.com.cn/article_7070034918_1a5682be600100o2dr.html,2020年1月11日。

[②] 广州网易计算机系统有限公司与上诉人广州华多网络科技有限公司侵害著作权及不正当竞争纠纷二审民事判决书,(2018)粤民终137号。

证到电子竞技类游戏中便完全不同了。

一直以来,我们是把电子竞技当成一种具有公共属性的体育运动来看待的,但近年来游戏内容商针对内容传播端的知识产权维权行动使我们产生了一种事实上的"错乱感"。2020年底的"王者荣耀"短视频信网权纠纷一审判决,[①]系电子竞技游戏内容商首次对未经授权直播游戏内容的视频平台发起起诉并最终获得胜诉。而将这种维权行动放到传统体育赛事的语境下,人们通常会感到闻所未闻,这相当于第一个发明足球这项运动的个人或组织,在足球运动传遍世界后便开始诉诸版权法的保护,禁止人们于互联网平台交互式传播"足球"运动的活动画面。

一方面,电竞赛事的公共性和电竞器材(游戏画面)的排他属性交织在一起,使得对电竞赛事游戏画面可版权性问题的讨论简化成对游戏画面本身的讨论;另一方面也令人产生隐忧,当电子竞技产业的游戏内容商大肆鼓吹"电竞入奥"的趋势,并宣传"电子竞技逐渐成为人人都可参与的公有体育项目"时,实际上使人潜意识里误以为一个享有知识产权的私有无体物之上是可以建立具有纯粹公共属性的体育运动的。但事实上,游戏厂商对商业利益的追逐早已打破了为保障社会公益而须维持的利益平衡。当然,后者本不应成为本文讨论的主题,但这种价值冲突却实实在在地影响着《知识产权法》的具体分析。

我们应当如何论证一项知识产权的成立?知识产权是一项人为创设的排他性权利,它与自然法学派范畴下的古典财产权存在明显不同。有体物财产权作为一项管理"稀缺"的制度性安排,旨在保护稀缺商品、高效分配资源,[②]前述稀缺不是人为的,而是特定空间和时间中资源要素和禀赋的结构性特征,因此,财产权是自然而然诞生的。但知识产权却是被人为创造的稀缺——其尤为重视的知识产品表现为具有非物质性特征的信息,因而可以在不受任何物理条件制约的情况下被无限复制和传播。[③] 从这个意义上说,作为无体物的"信息"本身并不具有稀缺性,人们珍视的往往是"创造知识"这一过程行为。只有当知识产权制度被各国立法者转化为具有强制效力的法律时,原先可被"无限盗用"的

---

[①] 深圳市腾讯计算机系统有限公司与运城市阳光文化传媒有限公司、北京字节跳动科技有限公司侵害作品信息网络传播权纠纷一审民事判决书,(2019)粤0192民初1756号。
[②] Bouckaert B.,*What is property*,Harv. JL & Pub. Pol'y, 1990, NO. 33, p. 775.
[③] Barlow J P.,*The economy of ideas*,1994.

知识产品的"稀缺性"才得以维持。① 而创造这种稀缺的理由主要基于洛克的劳动财产权理论以及边沁的功利主义思想：通过将知识产品拟制为创造者的私有财产，借此激励人们不断地创造和传播知识产品，最终使整个社会受益。② 因此，创设知识产权这项排他性权利的根本目的在于社会公益，而远非以"保护私产"为终极目的。

本文无意具体分析《著作权法》对"合理使用"的规定如何落实在游戏直播的知识产权保护中，而是意在探讨私有财产权的维护与公共领域的平衡，尤其对电子竞技体育运动而言，其公共属性更加显著。事实上，不同于付费或订阅制的角色扮演游戏或电影类游戏，③电竞领域的游戏多向公众免费提供，其逐渐成为玩家进行竞技的公共平台。在专业电竞赛事领域，应当允许内容上收取授权费以获得版权收入，但在内容传播环节，是否应当就"普通玩家对游戏画面的利用"进行版权制约则是一个值得商榷的问题。

在游戏画面作品权利的论证中，为了保障"游戏连续画面"可版权性不受游戏本身交互性特征的影响，学者们排除了"玩家操作""竞技情节"的《著作权法》上的意义，甚至剥夺了游戏玩家享有邻接权的资格。这不是因为玩家的操作对于游戏本身不重要，而在于上述元素对于被剥离出来的"游戏画面"来说，并不存在"版权"上的价值。

但是，在电子竞技的语境下讨论游戏画面时，我们又经常发现画面本身的重要性名不副实。无论游戏画面如何精美，当特定游戏发展为电子竞技项目时，人们反而不再关注游戏画面本身了——因为大家已然在漫长的游戏发展过程中习惯了这项事物。在实际的比赛中，游戏画面相较于比赛而言，就好比球赛中一颗定制的、精美的足球，但无论足球多么精美，对于观赛者来说，几乎毫无意义。一般来说，大家关心的始终是比赛进展，这也是电子竞技之魅力的本

---

① Stephan Kinsella：IP and Artificial Scarcity，载米塞斯研究所官网 https://mises.org/wire/ip-and-artificial-scarcity，2009 年 3 月 12 日。
② 如果一国不通过法律强制性地将发明创造成果规定为创造者在法律上的财产，仍然听任其"自由"地被他人仿制、使用，发明人就无法从发明创造成果中获得报酬，等于是将其聪明才智无偿地贡献了出去。这样一来，一方面不会有更多人愿意进行可能具有巨大社会利益和经济价值的发明创造，另一方面可能导致大量人才离开本国。因此，法律需要通过赋予发明人对其发明创造的财产权以换取他们实施发明创造活动的积极性，从而造福本国社会。
③ 此类游戏具有极强的观赏价值，一般游戏实际体验和游戏直播的观赏相互间具有可替代性，只要欣赏了画面观众便不再渴望亲自玩游戏了，这种游戏类似于真正的电影作品。

质来源。

从另一个角度看,表演者再现作品之时,越是将作品原来的美感体现得栩栩如生,越是受到观众、听众的欢迎。但对于电子竞技游戏直播来说却正好相反——越是添加"与游戏画面元素本身毫无关系"的其他元素,这样的直播节目越是受到欢迎;①相反,纯粹公开播送游戏画面,几乎毫无吸引力,这是不争的事实。②

事实上,玩家虽然不具有版权法上的意义,但却是游戏实现版权价值的基础——一个无人问津的游戏是不具备任何市场价值的。而从体育运动视角看,自由分享体育文化产品始终是一项体育运动不可或缺的部分。一项游戏能够发展成为电子竞技运动,游戏内容商的贡献是不可或缺的,但伴随着游戏的发展,整个电竞产业和游戏文化的茁壮成长最终皆要依赖广大玩家,以及活跃在电竞内容传播端各个环节的工作者。

十多年前,众多电子游戏被刚刚开发出来之时,游戏内容商恐怕也难以想象——在不久的将来,小小的游戏竟然能够衍生出如此灿烂的游戏文化、电竞赛事文化,甚至有许多专属于某个游戏的新词汇在社会中广泛流行。此时,难道我们能说那些游戏内容商曾始料未及的东西是独属于游戏画面本身的贡献吗?③

通过将电竞赛事与传统体育赛事作对比,我们发现前者具有大量的特殊性,这些特殊问题使得知识产权法的讨论面临全新的挑战和困难。但好在电竞赛事兴起之时,我国著作权法理论及实际保护水平已趋于成熟,足以应对涉及电子游戏内容传播过程中的大部分知识产权保护问题。例如,理论和实务界成功就游戏画面可版权性达成共识,进而使得游戏产业能够获得著作权法的全面保护,这一良好环境将促进更多投资注入游戏行业,最终使体育赛事产

---

① 包括但不限于游戏画面可版权性问题排除的玩家对游戏技巧的探索和展现等。
② 只需要做一个简单的基于控制变量的思想实验:打开英雄联盟游戏,选择自定义模式,设置4个蓝色方AI玩家、5个红色方AI玩家,运行游戏,玩家不做任何操作,此时游戏画面的运行不受任何人的干涉。但将上述电脑之间的对决放置于游戏直播平台,相信几乎没有人愿意点击观看。但问题在于,前述直播方式,反而是最大程度再现了游戏画面本身的美感,完全没有受到外来的干涉(如调低游戏音量、偶然切出游戏画面等)。
③ Rogers J., Crafting an Industry: An Analysis of Korean Starcraft And Intellectual Properties Law, *Harvard Journal of Law & Technology*, 2012.

业获得进一步发展。而与此同时，对电竞内容端的保护应始终关注体育赛事的公共属性，在妥善维护游戏开发者商业利益的同时防止知识产权对公有领域的侵入。

# 论"服务器标准"裁判标准下的利益平衡与举证责任分配

王宇扬

## 一、"服务器标准"下举证责任分配不平衡现状

在涉及"深度链接"作品信息网络传播权纠纷案件中,作品"提供"行为的判断标准往往决定案件审理走向。在长期的司法实践中,部分法院曾短暂尝试过在个案中适用"用户感知标准"或"实质性替代标准"来判定被告的侵权行为性质,后来"服务器标准"成为主流裁判标准。在该种路径下,只有将作品上传至向公众开放的服务器的行为,才是受信息网络传播权控制的"网络传播行为"。然而,这一标准事实上造成作品维权方在实务中遭遇不小的困境,其中首要的问题便是:侵权方事实上控制着涉案行为所对应的后端服务器,原告难以判断视频聚合服务供应商等侵权主体在实施作品展示行为过程中究竟是否将作品数据实际存储在其控制的服务器中,从而判定其是否符合作品"提供"之要件。

考察影视行业盗版乱象,人们发现越来越多的视频聚合平台开始诉诸非法的自有或第三方视频网站解析接口,即通过避开或破坏主流视频网站技术保护措施(一般表现为对视频数据绝对地址的加密、混淆、访问鉴权等方式)来获取视频原始地址,从而直接在自己的网站或客户端设立播放器对作品提供在线点播服务,该方式使得侵权方无需在自有服务器存储影视资源,因而结合"服务器标准",这一行为系一种"链接"行为,而非对作品的直接利用。

从实施侵权行为的成本角度看,前述盗版平台没有理由再额外购买服务器自己存储视频文件,这是以理性人视角所作的推定,但这种推定经常与实际情况不符。实务中,许多侵权方将多种视频播放技术融合进同一客户端,例如,某客户端中部分视频源于本地服务器、部分视频源于盗链行为,两者难以从外观

上进行分辨。同时,亦存在大量直接"提供"作品的侵权主体,开始通过将网站或客户端的前端页面伪装成"链接"服务,如故意编造视频的来源地址及平台、虚标权利管理信息、制造虚假的跳转画面等,以期弱化相应法律风险,在此情形之下,"避风港原则"事实上沦为侵权行为的保护伞。

根据既往诉讼经验,笔者发现,在该类案件中,作为维权方的原告往往被苛以过重的证明责任,因而承担较大的败诉风险。

(1) 原告虽然提交被告涉案网站"提供作品在线点播服务"的初步证据,但法院认为原告提供之证据难以进一步佐证被告行为究竟属"提供"还是"链接",再结合被告网站或客户端表面所呈现的外观推定被告实施的系"链接"服务,从而判定原告败诉;

(2) 原告虽然提交被告涉案网站"提供作品在线点播服务"的初步证据,被告以其与第三方视频网站解析接口供应商的合作协议作为抗辩的间接证据,即合作协议中指明服务内容包括"视频链接解析服务",在无其他直接证据的情况下,法院以"优势证据原则"推定被告实施的系"链接"服务;

(3) 原告期望通过抓包等技术手段排查被告展示作品过程中的数据包收发情况,但被告为其视频在线点播客户端设立了反抓包的技术措施(例如,对传输数据过程设置 https 加密连接、检测 http 代理服务器、设置 ssl-pinning 反中间人攻击等手段),致使原告抓包取证遭遇阻碍,极大增加原告败诉风险。吊诡的是,此后,被告采取回溯版本抓包之方式(开放反抓包限制的前提下),以证明数据包收发来源于第三方服务器,却能够得到法官自由心证的认可。

就第一种情形而言,法院未考虑实务中大量将作品"提供"行为伪装成"链接"行为的情况,而这种举证责任分配亦违反了《最高人民法院关于审理侵害信息网络传播权民事纠纷案件适用法律若干问题的规定》第 6 条:原告有初步证据证明网络服务提供者提供了相关作品、表演、录音录像制品,但网络服务提供者能够证明其仅提供网络服务,且无过错的,人民法院不应认定为构成侵权。该规定事实上要求被告以"无过错之链接行为"为由作抗辩的,就此应当承担相应的举证责任,而这种证明责任的严苛程度应当与原告就"提供"行为所承担的证明责任相当,两者不应过分悬殊。

第二项中,法院未考虑到侵权主体客户端中的侵权形式呈现多元化的趋势,所谓合作协议只能间接证明合同履行期内被告有使用第三人解析服务的可能性,并不能直接证明被告展示涉案作品的行为本身一定或大概率通过前述合同约定之服务实现,而这种间接证据无法达到前述司法解释为网络服务提供者附加的证明责任所对应的证明标准。

就第三种情况而言,如前所述,被告本身掌握和控制了实施侵权行为的证据,在此基础之上甚至对相关维权方的案情分析和证据保全施加阻挠(无论是有意或无意),这两项因素均造成原告仅能提供被告展示作品的前端业务逻辑,而无法事实上提供被告展示作品过程中究竟是否于本地服务器存储数据。因而笔者认为,在优势证据规则的运用过程中,原告提供的涉案侵权行为表征虽然不能揭示被告行为的内在机理,但这种举证已然达到原告举证能力范围之极限。在此情形下,纵使被告提供大量间接证据,如提供涉案行为实施期间的技术合同和聊天记录、提供与涉案行为实施时间相隔甚远的其他阶段的服务器证据保全和抓包取证,与其本身对服务器后端数据控制的优势地位相比,恐怕难以认定被告在举证方面达到与原告同样"力所能及"之程度,进而不能仅凭这些间接证据推定被告实施的系链接行为,否则将导致原、被告双方在同类案件中存在事实上的举证责任不平衡。与此同时,既然侵权方对服务器享有完全的控制权,因而可以事先对后端服务进行任意修改;被告通过回溯版本的方式获得的取证结果显然难以满足证据"三性"的要求。

## 二、"服务器标准"外的迂回保护路径——破坏技术措施构成著作权侵权

诚然,在前述"服务器标准"的裁判标准下,存在大量权利人权利无法得到保护的情形,我们注意到部分判决已突破性地适用"破坏技术措施"构成著作权侵权之条款予权利人以司法保护。

根据《著作权法》第 49 条第 3 款规定,技术措施是指用于防止、限制未经权利人许可浏览、欣赏作品、表演、录音录像制品或者通过信息网络向公众提供作品、表演、录音录像制品的有效技术、装置或者部件。结合《著作权法》第 52 条、第 53 条第 6 项以及《信息网络传播权保护条例》的相关规定,"破坏技术措施"本身俨然成为法律明文规定的独立侵权行为种类,且明确规定了侵权责任。

在学界,"服务器标准"的支持者通常认为,在盗链行为案件中,虽然"盗链"

系链接行为（司法实践中亦有例外，如"腾讯公司与千杉公司侵害作品信息网络传播权纠纷案"，[1]法院认为通过破坏技术措施获得的视频绝对地址，不属于链接行为，因为链接的前提是，被链地址必须满足公开性特点），无法被认定为直接侵权，但由于"盗链"本身系对视频网站技术措施的破坏，因而同样属于侵权行为。如此看来，笔者在前文的担忧似乎有些"杞人忧天"——既然"提供"行为本身存在认定风险，那么不妨改变诉讼策略，即同时诉请"著作权直接侵权""破坏作品技术措施""不正当竞争"三项案由，从最有利于维护原告利益的角度作优先劣后排列。而由于此三者在认定难度上逐级降低，因此一旦前一项诉请无法得到支持，原告即可采取迂回策略，转而主张后一项。这种策略看似能够达到全面保护原告利益的愿望，但事实上，一旦原告本应受《著作权法》直接保护的利益无法被满足，其他的补救方法或许也只是"饮鸩止渴"。

（一）侵权人破坏视频网站的技术措施，作品原始权利人是否享有诉权并有权单独获得救济？

第一个疑难问题在于原告诉讼资格和重复起诉的判断。互联网影视行业中，作品权利人一般将著作权财产权利授权各大主流视频分发网站行使，而盗链的侵权方是通过破解"视频网站"对作品采取的技术措施从而实现链接行为的。

换言之，既然侵权人破坏的技术措施系视频网站运营者的劳动，那么，在著作权普通许可或排他许可的模式下，此时的疑问便是：① 倘若视频网站怠于维权，原权利人可否以侵权方破坏视频网站设立的技术措施为由展开针对特定作品的诉讼？② 当视频网站已然对某侵权人的前述行为以破坏技术措施或不正当竞争为由整体诉讼，那么，此时盗链行为背后作品的原权利人可否针对特定作品再采取维权手段？

第一个问题在于破坏技术措施侵权纠纷中的原告与技术措施设立者非同一人时的诉讼资格的判断；而第二项并非技术措施本身所致，而是著作权普通许可模式下重复起诉及管辖不确定的固有问题。[2] 这两个悬而未决的问题，促使同类案件中的维权原告更倾向于诉诸著作权直接侵权的诉讼策略，而以技术

---

[1] 深圳市中级人民法院（2018）民终 8807 号民事判决书。
[2] 钟磊：《著作权侵权案件中普通被许可人的诉权研究》，载微信公众号"知产力"，2019 年 11 月 19 日。

措施破坏为由起诉将导致原告遭受极大的不确定风险。

(二)"破坏技术措施"的主张给原告施加了更重的证明责任

在常规的著作权直接侵权案件中,作为维权方的原告只需证明作品权利链条完备、被告侵权行为实际存在即可。然而,在原告就被告"破坏技术措施"之行为进行举证时,则存在"技术措施事实存在""技术措施可有效发挥作用""侵权人破坏了技术措施"三项构成要件,时常给原告造成困扰。在技术措施本身的证明之上,原告一般须对自身作品或相关产品采取技术分析,乃至直接申请技术鉴定,极大耗费人力、物力。而对于侵权人"破坏"行为本身,又经常涉及专业的计算机技术问题,极大提高了维权方采取证据保全的难度,从而增加举证难度。

(三)诉诸"技术措施"及竞争法的保护导致权利人受保护之利益不确定

如前所述,"技术措施"是《著作权法》《信息网络传播权保护条例》规定的独立民事权利,而非受《著作权法》保护的作品专有权利。既然如此,侵权方建立在破坏技术措施之上的行为倘若无法被认定为"提供",则将事实上导致在这一侵权法律关系中,完全不涉及作品著作权本身。而与此同时,实务界极少存在作品权利人单独以"破坏技术措施"的行为主张侵权责任的判例,因此,法院在审理和确定判赔时,难以像常规的著作权直接侵权纠纷那样,依据法律规定及惯例确立侵权责任和赔偿数额。

尤其在法定赔偿数额范围的酌定方面,在无法实际计算侵权人因侵权所得利益时,法院一般会综合考量涉案作品知名度、侵权行为性质、持续时间、权利人维权实际情况等方面。但须强调,这种考量是建立在直接侵权的模式下;相反,如果"破坏技术措施"本身不是侵权方对作品的利用,此时原告在主张赔偿时能否享受与直接侵权案件同样的"待遇"便不得而知了。

亦有学者提出,权利人诉诸竞争法是不错的选择。然而,如前所述,侵权人实施受作品专有权利控制的行为,其给权利人造成的利益损害一般与作品本身具有高度关联性,因而侵权行为损害的计算具有相当程度的确定性。正因此,《著作权法》始终是作品权利人维护自身权益的第一位阶法律,而只有在《著作权法》难以保护权利人利益时,《反不正当竞争法》才成为后备选项。不同于《著作权法》重视的"作品"价值,《反不正当竞争法》在价值位阶上强调的是"竞争利益"和"公平竞争市场秩序"的维系,这是比《著作权法》更为宏观的视角,因而,不可避免地导致法院审理过程中,在利益损害的计算上标准不明确、利益点模糊等问题。同时,在适用《反不正当竞争法》时,实务界通常也持审慎态度,难以像著作权直接侵权案件那样"施展拳脚"。

## 三、"服务器标准"弱化了盗链等新型侵权模式的法律责任

学界和司法实践对于"服务器标准"的青睐来源于对法律条文文义解释,以及著作权保护基本原理的恪守,然而实务界的质疑亦贯穿前述概念争议始终,这种争议的存在是必然的。

关于"服务器标准"本身的缺陷,学界已有详细阐述,在此不再赘述。相反,笔者想从一个十分新颖的角度——即以侵权人视角,指出"服务器标准"带来的负面影响。

传统意义上,要设立一个盗版视频在线点播平台,在技术层面分为业务前端+后端,首先需要架设后端服务器(包含视频存储服务器,或租用第三方CDN分发服务),接着利用各种手段收集影视作品盗版片源,存储于后端服务器空间中,后端框架及盗版资源搭建完备后,进而架设业务前端(如网站、App等),为终端用户直接提供视频在线点播服务。在此过程中,盗版平台运营方为实施侵权行为至少需要在两个方面下血本:一是为视频数据支付大量的存储费用;二是在用户实际点播视频时,平台支付由此产生的高昂带宽成本。

以非法解析主流视频网站播放地址为首的"加框链接"播放平台事实上是盗版影视行业的一次"伟大"技术革新,原因有二:① 通过直接破坏现有大型视频网站播放地址的鉴权机制、referer 反盗链措施坐享其成——由于该方案系直接窃取视频网站服务器数据的绝对路径,因而省去了原本应由自己负担的存储服务成本;② 通过直接将用户本地播放请求引向视频网站耗费极大成本建立的服务器或 CDN 分发网络,不仅节约了本应由盗版平台负担的带宽费用,反而能做到不费吹灰之力,使得盗版平台业务端的实际体验(视频连接速度、码率等)毫不逊色主流视频网站。

那么,技术革新后,盗版视频平台为此付出了怎样的法律代价呢?我们看到,在"服务器标准"大行其道的现状下,盗版平台不仅没有被加重侵权法律责任,反而戏剧性地获得了"链接服务提供者"的身份,进而得以挥舞"避风港原

则"的大棒,规避其本应承担的著作权侵权责任。

　　通过这一案例,笔者并非意在为"实质性替代标准"申冤,而是要反思一个问题:当我们竭尽全力追求法条文义解释的"严谨"时,这种追求究竟能否实现这些条文本身"维护作品权利人利益""缓解作品侵权行为泛滥趋势"的基本功能?而这些功能,才是条文制定者最初的立法目的。在平台经济的逻辑下,我们看到,盗版平台无论是采取作品提供行为,还是以破坏技术措施的手段加框链接作品,均意在通过未经授权利用作品而谋取利益。许多盗版平台更是建立了完善的盗版内容双边市场,不费任何版权成本便坐拥大量用户和广告主,获得极高收益。遗憾的是,"服务器标准"支持者对加框链接法律定性的判断,事实上促使视频盗版行业弥漫着一种诡异的心态:既然把影视作品数据存储在自己服务器要耗费如此大的经济成本,为何不转向"盗链"模式?既节约了成本,又降低了法律风险,可谓是一举两得。

　　倘若盗链行为不是一种对作品的"提供",进而难以将其界定为受作品专有权利控制的行为,那么,在《著作权法》的价值评价上,我们可以直观地感受到:"盗链"相较于"直接提供作品"反而成了情节更轻、主观恶意更小的侵权形态。但事实上,在盗版行业,通过破坏技术措施窃取视频链接,以正常理性人视角看,又往往是成本更小、手段及影响更加恶劣的行为。因此,与其说"服务器标准"弱化盗链行为的法律责任,不如说是这种标准在帮助或鼓励盗版运营商进行技术改革以规避法律责任,而这种价值导向在责任负担层面背离了比例原则的基本法理,违反《著作权法》的根本目的,亦不符合技术中立的基本要求。

## 四、案例直击"服务器标准"下的利益平衡和举证责任分配

　　上海融力天闻律师事务所的知识产权律师团队代理的一起侵害作品信息网络传播权纠纷案在上海知识产权法院获得二审胜诉判决。[①] 该判决明确:在原告初步证明被告视频在线点播客户端从外观上符合"实施作品提供行为"的特征时,被告以仅提供"链接"服务为由主张免责的,须承担充分的证明责任;而

---

[①] "北京清奇科技有限公司与上海新创华文化发展有限公司侵害作品信息网络传播权纠纷案",上海知识产权法院(2021)民终 427 号民事判决书。

在事实认定不清的情形下,应当由被告承担举证不能的败诉风险。

在该案中,原告依据下述事实主张被告行为系作品提供行为:① 播放原告作品时页面未发生跳转;② 被告客户端播放的视频与其主张的"原始网站"视频相比较,未显示"原始网站"的权利管理信息(LOGO 标识)、未显示片头广告(或片头广告时长及内容与"原始网站"不符)。

被告抗辩如下:① 提供与案外人订立的视频网站解析接口服务协议及相关聊天记录,以期证明涉案作品展示时采用的具体技术手段;② 提供技术说明,辩称其"链接行为"无需跳转页面,而权利管理信息及广告与原始视频网站不符的原因在于技术限制。

一审法院认为,被告提供的《技术服务合作协议书》及相关聊天记录可以作为"链接"的事实依据,由于该证据的证明力高于原告提交的外观证据,进而依据优势证据规则判定被告行为属于"链接",但由于该链接行为建立在破坏技术措施的基础上,因而应认定构成信息网络传播权直接侵权,由此判令原告胜诉。

二审维持原判,但在证据判断方面发表不同见解:其认为被告提供的技术合作协议及其他证据难以直接证明其仅提供链接服务,因而直接判定该行为属提供行为。笔者认为,在该类案件的判断中,应当严格遵循前文所提及的相关司法解释对原、被告证明责任的要求。其中网络服务提供者对于"仅提供网络服务"之证据的证明标准,依然需遵循通常的民事证据规则,即达到高度盖然之程度,而不能凭借间接证据草率予以认定。

进一步,原、被告双方对相关待证事实的本证及反证均无法达到较高证明力时,应当依据优势证据规则,比较原、被告提供证据的证明力大小综合做出推定。而更为关键的是,这种证明力大小的比较与分析并不限于对各方证据与待证事实的逻辑关联程度的判定,而应当额外考量原、被告对于待证事实的证据持有情况及举证能力。

在类似案件中,被告实施的涉案行为通常完全位于其自己控制的服务器后端,原告难以触及被告提供作品在线点播服务过程中实际适用的技术,此时,被告相较原告而言客观上享有更优的举证能力或提供证据的便利条件。因而,被告主张其仅提供链接服务时,依据《最高人民法院关于知识产权民事诉讼证据的若干规定》第 2 条第 2 句之规定,即"根据案件审理情况,人民法院可以适用《民事诉讼法》第 65 条第 2 款的规定,根据当事人的主张及待证事实、当事人的证据持有情况、举证能力等,要求当事人提供有关证据",被告此时应当被苛以更高的证明责任,原告一方可请求法院责令被告提供直接证据,例如,提供涉案行为实施期间的服务器后台日志等。而若被告无法提供直接证据,则应当承担举证不能之后果。

笔者认为,本案二审判决对于"服务器标准"路径下侵害作品信息网络传播权纠纷中的证明责任分配及证明力大小的评估方面具有示范作用,亦在能一定程度上反映上海法院针对服务器标准认定及举证责任分配时利益平衡之考量态度。

"服务器标准"占据核心地位已然成为暂时无法改变的事实,但面对实务中存在的问题,我们依然应当保留审慎之态度。在现有"服务器标准"路径下,本文从原告举证难度、技术措施和竞争法保护力度不足、"服务器标准"促使"盗链"泛滥这三个方面,论证了权利人在涉链接行为判断的信息网络传播权纠纷中处于事实上的弱势地位,进而提倡法院在审理相关案件时应适当赋予被告更重的证明责任,以实现权利人和侵权人之间利益的平衡。

# 国内网盘服务商的法律责任争论

杨 阳

2019年末,对百度网盘来说,算是个重要的节点。此前,影视权利人在投入巨大成本阻断侵权的同时,发现百度网盘成了网络黑产的集散地,由此而起,在连续多年发现投诉链接复杂低效后,影视权利人揭竿而起,先后以搜狐和优酷为代表,向法院起诉百度网盘,理由是在向百度发送了要求屏蔽删除侵权文件的通知函后,百度置之不理,而在这些通知函中,都提供了大量文件的MD5值。

法院受理后,案件的焦点很快转移为通知函中指明侵权文件的 MD5 值是否可以构成有效通知。不同的法院,对此作出了截然不同的判断。例如,南京市中级人民法院(简称南京中院)(2017)苏 01 民初 2340 号、北京市海淀区人民法院(简称海淀法院)(2017)京 0108 民初 15648 号两案的民事判决书中,认可了其作为基础的服务器定位技术,MD5 值可以定位文件,是业内广泛使用的常规技术。而江苏省高级人民法院(简称江苏高院)(2018)苏民终 1514 号民事判决书中的看法却不同,认为此种通知函内容实际要求对百度网盘内所有文件进行完全排查或进行相应技术改造才能实现快速定位,加重了百度网盘的负担,有可能损害网盘用户合法使用作品而享有的权益。

笔者认为,造成上述完全不同的判决结果的原因,还是在于对网盘的运营模式、性质存在认知误区。网盘,首先是网,其次才是盘,网盘是个人物理存储空间的网络延伸,并非是单纯的网络存储空间。根据公开的判决书描述,百度网盘实际上对相同文件仅仅在自己的服务器存储一份,用户所发起的上传,实际是网盘的前后端校验文件一致性的过程,校验结果如果显示用户上传的文件和服务器中存储的某一文件相同,就无须上传文件,由百度网盘在后台将该文件的读取权限开放给用户,在前端显示为秒传。而后,分享、下载文件,均无须对文件有任何操作，只是百度网盘在不停地开放读取权限，这也导致了一个问题，文件并非掌握在用户手中，完全的控制权在于百度网盘，文件不因用户的删除而删除，也不会因为用户的所谓合理使用而完全开放特定文件，这也就是色情视频无法从百度网盘下载到本地，也无法分享，在线观看只会显示 8 秒的原因。

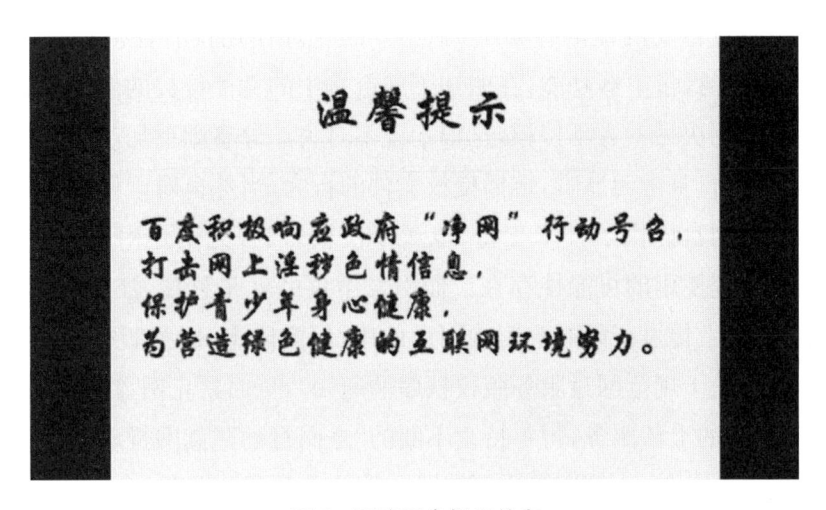

**图 1　百度网盘提示信息**

从百度网盘描述的上传过程来看，百度对于文件的校验是毫秒级别就可以完成的，如果说校验文件的过程是比对前后端文件 MD5 值的过程，那么，江苏高院所谓的加重负担一说显然无法成立。随时可以通过比对文件 MD5 值进行秒传，收到 MD5 值的告知函就会加重负担，这种看法就好比，一个人的工作职责是在前台进行电话转接，同事要求转接到指定人员的电话是正常工作量，客户要求转接到指定人员的电话就成了加重前台工作负担。这种逻辑丝毫经不起推敲，说白了，就是双标。也正是基于上述的原因，网盘实际并非是用户物理存储空间的延伸，因为用户无法对文件进行控制。所以说，海淀法院和南京中院认可告知函的有效性并非是无的放矢，而是对"避风港"通知规则的正确理解，通知的目的就是告诉对方侵权的东西在哪里，能凭通知内容找到，就是有效通知。

在江苏高院和海淀法院的判决中，还有一个重要的看法，就是合理使用，也正是基于这个理由，两个法院都判决了百度网盘无需从服务器中删除文件，可是这种看法不仅不合法，也和目前的版权保护政策不相符。根据上述判决书中的描述，百度网盘三大功能特性为秒传、离线下载和分享。结合百度网盘的运作原理，我们可以很清楚地看出，离线下载是基于下载链接从百度网盘服务器获取对应链接文件的读取权限，就行为本身来说，用户合理使用、下载文件是说得过去的，但百度网盘在知道这个下载链接是侵权文件的前提下，还提供文件给用户，这就是百度网盘的行为了，和用户的合理使用没有任何关系，换个角度，就好比同样提供下载功能，在明知下载链接中的文件侵权的前提下，法院判决一方侵权，判决另一方不侵权，这根本说不过去。分享则更加不算合理使用，这是用户跳出自身学习欣赏，传播侵权文件的行为，当然也属于侵权行为，而在分享中，百度网盘提供了技术支持，也属于侵权行为，无论是用户还是百度网盘，都没有合理使用的可能性存在。而引发争议的就是秒传，江苏高院和海淀法院都认为对上传进行限制会影响用户使用，但实际上，国家版权局早在 2015 年就发布了《关于规范网盘服务版权秩序的通知》，全面禁止网盘服务商为用户提供侵权文件的上传服务，每年持续不断的“净网行动”“剑网行动”也是同样的要求，比较讽刺的是，百度网盘也明确禁止用户上传侵权文件。

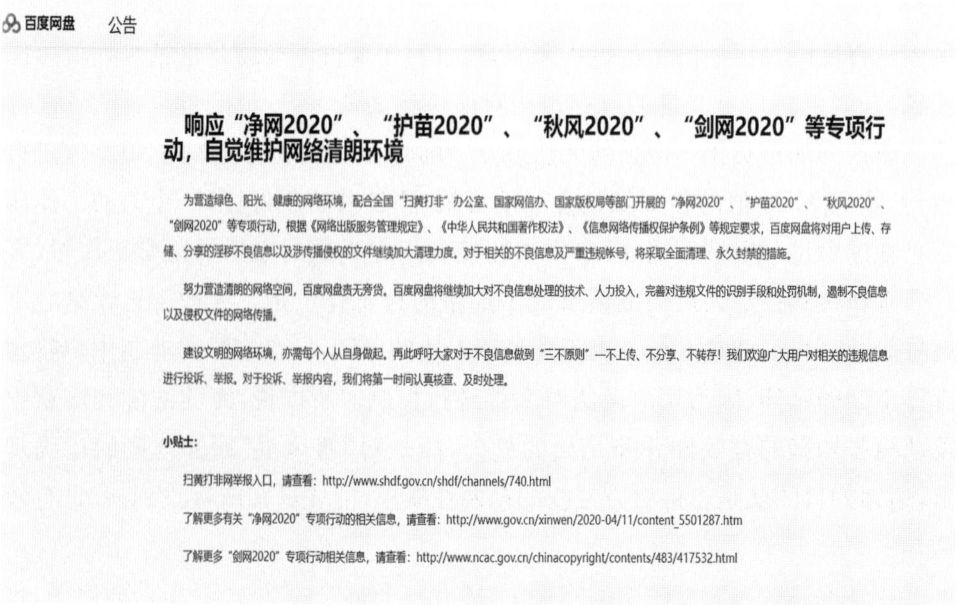

百度网盘　公告

**响应“净网2020”、“护苗2020”、“秋风2020”、“剑网2020”等专项行动，自觉维护网络清朗环境**

为营造绿色、阳光、健康的网络环境，配合全国“扫黄打非”办公室、国家网信办、国家版权局等部门开展的“净网2020”、“护苗2020”、“秋风2020”、“剑网2020”等专项行动，根据《网络出版服务管理规定》、《中华人民共和国著作权法》、《信息网络传播权保护条例》等规定要求，百度网盘将对用户上传、存储、分享的淫秽不良信息以及涉传播侵权的文件继续加大清理力度。对于相关的不良信息及严重违规帐号，将采取全面清理、永久封禁的措施。

努力营造清朗的网络空间，百度网盘责无旁贷。百度网盘将继续加大对不良信息处理的技术、人力投入，完善对违规文件的识别手段和处罚机制，遏制不良信息以及侵权文件的网络传播。

建设文明的网络环境，亦需每个人从自身做起。再此呼吁大家对于不良信息做到“三不原则”—不上传、不分享、不转存！我们欢迎广大用户对相关的违规信息进行投诉、举报。对于投诉、举报内容，我们将第一时间认真核查、及时处理。

**小贴士：**

扫黄打非网举报入口，请查看：http://www.shdf.gov.cn/shdf/channels/740.html

了解更多有关“净网2020”专项行动的相关信息，请查看：http://www.gov.cn/xinwen/2020-04/11/content_5501287.htm

了解更多“剑网2020”专项行动相关信息，请查看：http://www.ncac.gov.cn/chinacopyright/contents/483/417532.html

**图 2　百度网盘公告**

而于 2017 年 6 月生效的《网络安全法》第 47 条规定：网络运营者应当加强对其用户发布的信息的管理，发现法律、行政法规禁止发布或者传输的信息的，应当立即停止传输该信息，采取消除等处置措施，防止信息扩散，保存有关记录，并向有关主管部门报告。其实就是一句话，网盘，首先是网，是需要遵守法律法规的网，侵权文件同样属于法律法规禁止发布、传输的信息。这也正是百度网盘发布公告禁止用户上传侵权文件原因所在，放任用户上传侵权内容，不仅违规违法，也和政策导向相悖。

但实际上，笔者认为法院过于扩大了合理使用的含义，把网盘服务商节约成本的运营模式强加到权利人身上，要求权利人接受这个模式，并认可这个模式的正义性。权利人要求删除侵权文件，是《著作权法》和《最高人民法院关于审理侵害信息网络传播权民事纠纷案件适用法律若干问题的规定》明确赋予权利人的法律权利，对于因网盘用户是否有权合理使用造成的争论和影响，是网盘服务商运营模式导致的，不是权利人，甚至是法律的问题。

最后，我们再回头来看这几份判决书，影视权利人为何会不约而同地发函要求百度网盘屏蔽删除对应 MD5 值的文件，理由很简单，相同文件、相同用户可以随时随地生成完全不同的链接来传播，搜集阻断这些链接，对于阻断侵权传播来说，杯水车薪，甚至是毫无作用的。百度网盘的功能就是通过网络存取文件，而发生于百度网盘之中的侵权现象，必然以侵权文件在百度网盘中的传播为侵权形式，所以阻断文件就成了阻断网盘中侵权现象的关键所在。在网盘侵权呈现产业化的当下，如果我们的司法机关，不能适时地适应、理解新技术，不仅仅不会成为权利人的保护神，反而有可能成为侵权者的挡箭牌。在当年对于二级域名侵权与否的争论中，北京法院认为合作分工的二级域名点播，属于侵权行为，江苏高院则持相反意见。

在如今侵权流行趋势下，笔者认为，国内的网盘服务商在做好屏蔽侵权文件的同时，应该严格删除侵权文件，这是国家政策、法律法规的要求，是行业的要求，也是网盘服务商履行自己承诺诚信经营的要求。

# 钓鱼世界知识产权小觑

邱政谈

"仁者,乐山,渔者,乐水,每一个钓鱼人心理都藏着一片江湖……"这画外音一响起,就不由引起一个钓鱼人的无限期待。那么,我们不妨试试,以钓鱼人和知识产权从业者的双重身份来窥探一番钓鱼世界的知识产权。

## 一、李大毛(钓鱼明星)姓名的商业权益

李大毛何许人也,每一个钓鱼人都应该对他熟知,国家级竞钓大师,《游钓中国》四季特约嘉宾,他的游钓足迹遍布中国的江河湖海、名山大川,由于其高超的钓鱼技巧和丰富的游钓经验而成为钓鱼界的明星人物,人称"李大盆"。

**图 1　李大毛擒获巨物照片**

李大毛作为钓鱼界的名人，理所当然地受到很多钓具、钓饵商家的追捧，钓鱼大师的代言成为钓鱼商品界的金字招牌，"李大毛同款饵料""李大毛坐过的钓椅"已属普遍的招揽用户的宣传口径。也不乏"李大毛用了都说好""李大毛对它赞不绝口""李大毛对它爱不释手"等此类难以言说的攀附广告，让人对其贩卖商品的性质难免想入非非。

钓鱼名人人红是非多，借此引出钓鱼世界知产问题第一话，李大毛姓名的商业权益问题。

（一）姓名商业权益法律简述

在我国的立法框架下，对于姓名的保护，实行的是姓名权和姓名的商业权益双轨保护制度。

姓名权的法律保护条款体现在《民法典》第991条：人格权是民事主体享有的生命权、身体权、健康权、姓名权、名称权、肖像权、名誉权、荣誉权、隐私权等权利。明确规定姓名权为一项人身权。

姓名权的核心是自然人针对其特定的具有身份、人格信息的名称标识享有绝对、专有之权利。而姓名权的保护核心在于，规制使用他人姓名造成误认进而使得自然人在人格意义上混同的行为。举例而言，姓名权规制的是，他人冒名自称是李大毛而代言商业广告的行为，此时公众会误认盗用者即为李大毛。由于此类易造成自然人人格混同的侵权行为较为少见，故而以人格权为角度出发进行姓名权的保护在实务中也比较少见。

而姓名的商业权益保护条款体现在《反不正当竞争法》第6条第2款：经营者不得实施下列混淆行为，引人误认是他人商品或者与他人存在特定联系：擅自使用他人有一定影响的企业名称（包括简称、字号等）、社会组织名称（包括简称等）、姓名（包括笔名、艺名、译名等）中，该条款隐述了姓名的商业权益保护的要件。

姓名权的商业权益不同于姓名权，属于一种独立于人格权外的财产性权益，而姓名的商业权益保护要件就是该姓名必须享有一定的知名度和商业价值。在此要件前提下，普通民众的姓名商业权益便无法满足保护之要求，换言之，普通民众的姓名由于不具有知名度故而不具有相应的商业使用、代言许可等特定联系之价值，亦不存在使用普通民众姓名而造成误认混淆商品来源之可能，所以无法针对其进行专门的保护。而名人的姓名有助于提升商品的品质竞争力或有利于商品的销售,而这种商业价值产生的原因源于名人本身的知名度,同时商业价值也能反面印证其知名度,名人姓名知名度背后蕴含的市场价值和商业价值是其姓名的商业权益保护的核心。

(二)李大毛姓名侵权现状

打开淘宝以"李大毛"为关键词进行简单搜索,就出现不计其数的钓鱼商品冠以李大毛之名进行宣传推广,其中确有合法代言之产品,但也存在很多未经授权即以李大毛姓名作攀附宣传之用的侵权产品。

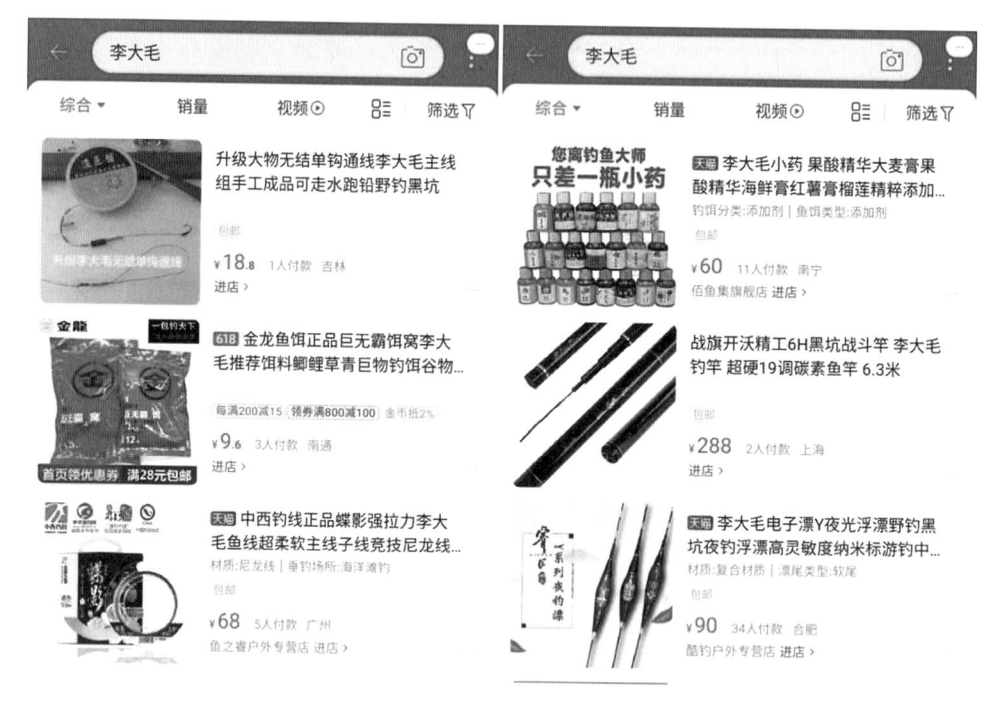

**图 2　淘宝与李大毛相关的部分商品**

由于李大毛作为钓鱼人的国民偶像,如图 2 冠以"升级大物无结单钩通线李大毛主线"的标题,同时在预览图辅以加粗黄字"升级李大毛无结单钩通线"的字样,极易使单纯善良的钓鱼人产生购买冲动。"这可是李大毛用的主线,他用这个单钩通线无结线组在《游钓中国》里可是干了不少大鱼,线拉得呜呜响,结实!我搞一个,也能干 150 斤的巨物",类似这样的心理反应在看见商品上"李大毛"三个字的时候就轻易产生了。这也印证了上一标题中论述的,名人姓名的知名度背后带来的商业价值,有利于商品的销售或提高商品竞争力。显然

图 3　淘宝某钓饵宣传页

上述使用情形不属于姓名权的权利范围,但亦当属一项值得保护的合法权益。

值得一提的是,钓鱼商品除了简单利用李大毛姓名作为宣传外,在商品介绍的详情页也经常附上李大毛的"擒巨物"照片作为附加宣传手段,此类行为在此不作法律评述,权利人可以以肖像权侵权(李大毛本人)或《反不正当竞争法》(李大毛独家授权方)分别进行规制。

(三)姓名的商业权益维权路径

具体到维权路径,首先需明确维权的法条基础,即为上述《反不正当竞争法》第 6 条第 2 款。此类权益维权主体一般为名人明星姓名商业权益的独家权益方,由于名人明星较少直接参与市场经营,所以,较难直接以《反不正当竞争法》作为维权手段。

第一种较为常见的现象是名人明星的经纪公司,经授权取得名人明星姓名商业权益的独家权益及维权权利后,再以不正当竞争纠纷提起诉讼,提诉对象不限行业。

案例:"佛山市顺德区孔雀廊娱乐唱片有限公司诉福建省鼎尊卫浴发展有限公司虚假宣传纠纷案",(2018)粤06民终2509号。

案情简介:佛山市顺德区孔雀廊娱乐唱片有限公司(简称孔雀廊公司)独家全权享有(包括使用)和转授权艺人曾毅、杨魏玲花的表演权,形象、姓名、肖像、照片、自传材料及声音或其他一切版权或其他权利。"凤凰传奇"是曾毅、杨魏玲花组合的艺名,孔雀廊公司认为福建省鼎尊卫浴发展有限公司在其官方网站上使用"凤凰传奇"的名称和形象的行为损害了孔雀廊公司的利益,构成不正当竞争。

裁判要旨:基于艺人名称、形象产生的财产性权利,依法受到保护,经营者对相关名称、形象进行商业性广告利用,需要经权利人授权许可。未经许可使用艺人名称、形象构成不正当竞争。

在上述案例中孔雀廊公司经"凤凰传奇"独家授权,享有相关艺人形象、姓名、肖像、照片、自传材料及声音或其他一切版权或其他权利,得以成为案件适格原告,取得该案请求权基础。法院判决也肯定了作为经纪公司经合法授权取得相关名人明星商业权益后诉讼的维权方式。该案原告诉称侵权行为为《反不正当竞争法》中规定的虚假宣传,是针对不同类型案件中不同的侵权表象的案由选择,核心价值仍是名人明星姓名、形象等商业权益是一种值得保护的民事权益,可由《反不正当竞争法》进行保护。2019年来针对《反不正当竞争法》保护中的"竞争关系"认定,司法实践中宽进的态度较为明显,是否构成不正当竞争多以值得保护的"商业利益""不正当性""损害利益(竞争者和消费者)"为主要标准,此处仅提供维权操作思路,不再赘述。

第二种较为常见的情形是经独家授权取得名人明星姓名商业权益的独家权益及维权权利的被代言企业,以不正当竞争向其他经营者提起诉讼。

案例:"袁隆平农业高科技股份有限公司、湖北农华农业科技有限公司姓名权纠纷、商业贿赂不正当竞争纠纷案",(2017)鄂民终3252号。

案情简介:袁隆平农业高科技股份有限公司(简称袁隆平公司)经授权独

占取得使用袁隆平姓名权利,许可的内容包括"袁隆平""隆平"及相应的中英文名称,且袁隆平及其他第三方均无权使用袁隆平姓名进行经营活动。袁隆平公司认为湖北农华公司在产品外包装上以题字落款形式使用"袁隆平"字样侵犯其合法权益,构成不正当竞争。

裁判要旨:袁隆平院士因其在杂交水稻研究领域的成就和知名度,其姓名不仅仅具有人身属性,还蕴含财产性利益。袁隆平公司获得的对"袁隆平"姓名独占商业使用的财产性权益,既体现了企业对科技人才的尊重,也体现了市场对"袁隆平"姓名商业价值的认可,并且独占姓名中的财产性权益能够为企业带来现实经济利益,此种民事权益的正当性和经济属性应当得到法律保护。湖北农华公司在涉案产品外包装上以题字落款形式使用"袁隆平"字样属于商业使用,将会产生袁隆平院士对其所销售的水稻杂交种产品进行权威推荐或代言的商业效果,足以引起消费者的混淆、误认,构成不正当竞争。

该案中亦充分肯定姓名的商业利益的保护机制,且明确以《反不正当竞争法》第 5 条第 3 款(旧法:经营者不得采用下列不正当手段从事市场交易,损害竞争对手(三)擅自使用他人的企业名称或姓名,引人误认为是他人商品)进行规制,上述旧法法条在法律适用过程中内涵已逐渐丰富,现《反不正当竞争法》第 6 条第 2 款即是针对旧法混淆误认条款经司法实践后的归纳和明确。

有意思的是,该案中原告袁隆平公司独占取得相关权利的授权金额达 5 151 万元,但其诉讼请求仅针对被告主张 1 元的象征性赔偿。最终法院在明确权利基础、侵权事实的情况下支持了原告 1 元的赔偿主张,极大丰富了名人明星姓名商业权益维权司法实践的经验。

具体到李大毛而言,经过初步市场调查发现,李大毛代言商家数量、种类较多。如开沃精工钓竿、中西钓线、华美钓台、空钩悟道钓椅、睿目浮漂等,鉴于此种商业情形,第二种维权路径似乎难以走通,但第一种以经纪公司或独家授权代理方进行维权之路径尚可操作。希冀能够早日肃清以"李大毛"等知名钓鱼明星为噱头宣传的渔具市场,还朴素善良的钓鱼人一个朴素的渔具购买选择(笔者作为一个钓鱼人在看到"李大毛"字样的渔具时也常难以遏制购买欲望,但却在湖库实战中失望而归)。

## 二、钓鱼世界的商业秘密

在每一个钓鱼人的钓箱中,可能都藏着一瓶陪伴你征战钓场的诱鱼小药,或者常备着一款你独爱的钓饵。钓饵,是钓鱼世界承载着各方手段与秘密的标志物。不同的钓饵应用在不同的钓场、不同的天气、不同的季节都有着差异悬殊的表现,故而真正的钓鱼大师一定有着自己独特的钓饵味型、状态的搭配,这就是每一个钓鱼人各自享有的垂钓"商业秘密"。理所当然地,钓饵生产厂商在制作钓饵配方、制作方法上也当然有着应予法律保护的商业秘密。

图 4 《游钓中国》第三季第 31 集片段

(一)商业秘密法律简述

《反不正当竞争法》第 9 条规定:本法所称的商业秘密,是指不为公众所知悉、具有商业价值并经权利人采取相应保密措施的技术信息、经营信息等商业信息。其不仅将商业秘密的内涵明确,也在其他条款中规定了几种类型化的侵犯商业秘密的行为,给商业秘密受侵害后的维权提供明确的思路。根据上述规定的内涵,我们可以明确以下几个商业秘密的特定条件。

1. 秘密性(不为公众知悉)

此处不为公众知悉中"公众"的内涵应与其他法规中公众的内涵相区别,市场经营者从事市场经营活动必然有其特殊的行业,那么,其持有的商业秘密也显然具有很强的行业色彩。商业秘密保护的条件中不为公众知悉的"公众"也应具有行业限定性,即该商业秘密应不为同行业的从业人员所知悉。虽然"商业秘密"不为社会大众知悉,但已是相关行业从业人员通识的技术方案、方法,那么,其也无法达到法律规定的商业秘密受保护的特定条件。如钓饵配料加入维生素 C 和维生素 $B_2$,可以促进鱼的活性,增强饵料诱鱼效果,这一方法显然不为社会公众所知悉,但却是钓饵厂商通识的技术方法,当然不属于受保护的"商业秘密"。

2. 保密性(经过权利人采取保密措施保护)

企业内部建立完善的商业秘密保护的管理制度有助于增强保密性,但仅与员工签订了保密协议或者竞业限制协议在司法实务中越来越难以被认定为具有保护商业秘密的主观意愿和客观需求。所以,要满足"经过权利人采取保密措施",应当在人事保密管理的基础上给予更多的保密管理资源投入。如龙王恨公司在与研发员工签订保密协议或者竞业限制协议后,研制新一代"野战蓝鲫 X10",同时钓饵研发实验室实行严格的监控管理制度,每一条实验数据都经过管理系统加密存储,最终得出的饵料配比秘方也以数据加密形式存储在公司离线服务器中。

3. 价值性(具有商业价值的技术信息、经营信息等商业信息)

在新《反不正当竞争法》将原来的"技术信息和经营信息"修订为"技术信息、经营信息等商业信息",在法律条款上可解读为扩展了商业秘密范围,实质上对于商业秘密保护范围进行了扩展,虽然之前的相关规定及司法实践中也进行了相应的扩展先验实践。新法修订的立法意图很清晰,就是要扩展商业秘密保护范围,增加商业秘密的保护手段和保护力度。回归价值性本身,商业信息之所以成为值得保护的商业秘密,正是因为该商业信息本身具有相应的商业价值。如龙纹鲤钓竿厂商发现用高碳钢筋做钓竿,钓竿的顶钓值超过 100 千克,钓竿具有狂拉不断的优良特性,唯一的缺点就是太重了,显然这一商业信息不具有商业利用的价值,也不应成为值得保护的商业秘密。

《反不正当竞争法》第 9 条中关于具体的侵犯商业秘密类型化的行为此处

图 5　网络调侃

不多论述,具体的类型化行为条款规定是给侵权后的诉讼提供思路和举证引导,不同条款在适用时权利人可适用不同的举证方式,后续可在他文具体案例中结合论述。

(二) 企业商业秘密保护策略

1. 内部管理制度

(1) 完善企业知识产权制度,建立综合性的知识产权保护制度、专项的商业秘密保护规定。将商业秘密的管理纳入企业管理体系,加强组织领导工作。

(2) 建立完备的人事管理制度。涉密岗位员工入职前进行背景调查;签订完整的含保密条款和竞业限制条款的劳动合同;将商业秘密的保护记载在员工手册中,定期对员工进行培训,提高员工商业秘密保护意识;严格调岗、轮岗及工作交接制度等,从人事管理层面对商业秘密予以高度保护。

(3) 建立专门的商业秘密管理系统,企业的商业秘密是动态变化的,实施定期核查,筛选潜在商业秘密,确保其处于被保护之中。同时,针对商业秘密进行合理分级保护,将其控制和保护的层级与效能充分结合,以实现低管理成本下的商业秘密价值最大化。

2. 侵权、维权、救济

（1）日常侵权监测。商业秘密权益的对外保护，有赖于日常侵权监测，对钓饵厂商而言，针对同行业的其他钓饵生产商公开销售产品进行实时监测，有利于及时发现侵权，及时止损。日常侵权监测的工作内容除了针对商业秘密转化成的竞品、服务等外，还应当包括对商业秘密泄露渠道，以及泄露人员监测。

（2）企业启动商业秘密违法调查。针对侵权线索，在企业内部进行违法调查，约谈涉事人员，确定最优解决方案。

（3）民事法律救济。包括对泄密员工违反竞业限制条款、保密条款提起劳动仲裁；对侵权企业提起不正当竞争之诉（必要时可申请诉讼保全及时止损）等。

（4）刑事法律救济。对于侵犯商业秘密造成重大损失的，企业可以向法院提出刑事自诉或向公安机关控告，要求立案侦查，追究相关侵权人员的刑事责任，此时也提起刑事附带民事诉讼，以求获得相应经济赔偿。

上述侵权维权救济的核心在于做好证据保全工作（内部工作留痕、侵权监测录音录像、内部调查记录、侵权证据保全等），企业在针对不同类型的商业秘密侵权事件中应及时调查侵权范围、侵权方式、侵权影响以灵活选择上述维权救济途径，同时应及时采取措施防止商业秘密二次泄露或出现证据灭失的情形，并做好商业秘密泄露的企业公关。

## 三、钓鱼资讯平台的数据信息

外出钓鱼看钓场，在家无事学钓技。钓鱼资讯平台已经成为钓鱼人不可或缺的信息获取平台，在应用市场上有着数十上百个大大小小的钓鱼资讯平台，里面都有各自的钓场资讯、钓技分享、钓获发布、钓具商城等功能，五花八门，颇有当年短视频大热时百家争鸣的热闹感觉。但不可避免的是，此类钓鱼资讯平台除了头部几个大平台拥有大量的自有内容和原创内容外，相当多的小平台都靠着数据腾挪之术维持其平台内容。由于钓鱼资讯平台大部分都内嵌有钓具商城，以及有着流量带来的广告收益，所以，数据盗取现象的发生也就有了其内生的利益动力。而此类数据盗取行为，我们又该用什么法律进行规制呢？

图 6　五花八门的钓鱼资讯平台

（一）数据信息与《著作权法》

笔者认为钓鱼资讯平台某些数据信息可以构成《著作权法》意义上的作品，具有相当高的独创性，能够以《著作权法》进行保护，如钓鱼资讯分享文章、实战教学视频、钓获照片等；扩展至其他类型资讯平台，如空间日志、博客文章、马蜂窝游记、摄影图片、商业分析文章等类型的"数据信息"均可成为《著作权法》意义上的作品。部分钓场点评信息也可以达到《著作权法》的独创性标准从而构成《著作权法》意义上的作品。

笔者截取了知名钓鱼资讯平台"钓鱼人"App 中一名网友分享的钓鱼经历的文章。文章文笔优美，照片技艺精湛，整篇文章具有极高的独创性，堪称一篇图文并茂的优秀抒情散文。当然，短时间内我们无法在数量繁多的钓鱼资讯平台准确找到盗取这一数据信息的实例，但是如果存在其他平台盗用之情形，此类即可以《著作权法》进行维权保护。然而，该钓鱼经历文章著作权当然归属于上传网友，作为自然人显然难以实施有效的维权。

再看"钓鱼人"App 用户协议的约定：4.3 用户承诺对其发表或者上传于本站的所有信息（即属于《中华人民共和国著作权法》规定的作品，包括但不限于文字、图片、音乐、视频、电影、表演和录音录像制品和电脑程序等）均为原创或已受合法授权，一经上传、发布的任何内容的知识产权归钓鱼人 App 所有。

图7 "钓鱼人"App中网友上传的钓鱼经历分享文章

嘀,想得挺美!(与当年的美图秀秀对画师亿光桑的侵权事件十分相似。)

此处涉及格式条款无效的问题,可以参考《合同法》第39条、第40条条款分析论证,不多论述,我们认为该格式协议条款约定的著作权归属无效,钓鱼经历文章著作权仍应归发布上传者所有。

### 用户使用协议-钓鱼人

(11)含有法律、行政法规禁止的其他内容的。

4.3 用户承诺对其发表或者上传于本站的所有信息(即属于《中华人民共和国著作权法》规定的作品,包括但不限于文字、图片、音乐、视频、电影、表演和录音录像制品和电脑程序等)均为原创或已受合法授权,一经上传、发布的任何内容的知识产权归钓鱼人APP所有。

4.4 针对用户发布的视频或音频内容,钓鱼人APP可自行或授权其他公司主体使用,使用范围包括但不限于应用程序、网站等。同时钓鱼人APP有权以自己的名义或委托专业第三方对侵犯用户上传发布的内容进行法律维权。

图8 "钓鱼人"App用户使用协议

那么，就要谈维权操作层面的问题了，显然上传者独立针对单篇文章进行维权的成本过高而收益过低。那么，如果发现其他钓鱼资讯平台存在大批量盗用"钓鱼人"平台内数据信息（构成作品的）的情况，笔者推荐适用2016年"知乎诉知乎大神案件"的维权思路。由相关作品的权利人将作品著作权独家授权钓鱼人平台，再由钓鱼人平台统一针对侵权平台发起诉讼，最终取得维权成果后再由钓鱼人平台分发给单独的原始权利人。当然，此类批量盗取数据信息的行为，平台之间亦可以直接以不正当竞争纠纷提诉，下一小节也会重点论述。

图9 "知乎诉知乎大神案"新闻报道

（二）数据信息与商业秘密保护

钓鱼资讯平台的部分数据信息亦可归属于商业秘密，如用户注册信息、用户文章偏好信息、阶段性钓具购买偏好分析等，此类信息是基于平台与用户之间的隐私协议和个人数据使用协议而取得的具有商业价值的数据信息，在使用上也会受到行政和强制性法规的严格限制。但不可否认，不同资讯平台之间盗取上述数据信息的可能还是存在的，此时可以以《反不正当竞争法》中商业秘密保护条款进行保护，在前述章节已针对商业秘密进行过重点论述。

### (三) 数据信息与《反不正当竞争法》(原则条款)

除了上述类型的数据信息外,钓鱼资讯平台还存在大量的碎片化数据信息,如钓场信息、钓场用户点评信息、渔具店信息等。此类信息不具有独创性无法受《著作权法》保护,同时由于此类信息属于公开信息也无法用商业秘密条款进行保护。所以,如若发生钓鱼资讯平台盗取此类信息的情形,可利用《反不正当竞争法》第 2 条来处理此类数据信息盗取行为。

**案例:**"上海汉涛信息咨询有限公司诉北京百度网讯科技有限公司、上海杰图软件技术有限公司不正当竞争纠纷案",(2016)沪 73 民终 242 号。

**案情简介:** 上海汉涛信息咨询有限公司(简称汉涛公司)系大众点评网的经营者,大众点评网上积累有大量消费者对商户的评价信息。在北京百度网讯科技有限公司(简称百度公司)运营的百度地图中搜索某一商户,页面会显示用户对该商户的评价信息,其中部分信息来自大众点评网,另有来自其他网站的评论信息。百度地图使用涉案信息时提供了"来自大众点评"的提示链接,但百度地图有部分商户中搭载有百度公司运营的百度糯米的团购业务,点击该团购链接,可跳转至百度糯米网站。在百度公司运营的另一产品百度知道中,当用户在相应的搜索框中输入某一商家名称,搜索结果显示的评论信息虽标明了来源,但所有评论信息均来自大众点评网且全文展示。上海杰图软件技术有限公司(简称杰图公司)运营的城市吧街景地图向网络用户提供实景地图,该地图未向用户提供来自大众点评网的信息,但通过 API 调用了百度地图或腾讯地图。汉涛公司认为百度公司、杰图公司的行为构成了不正当竞争,遂向上海市浦东新区人民法院提起诉讼,请求判令百度公司、杰图公司停止侵害,赔偿汉涛公司损失 9 000 万元。

**裁判要旨:** 首先,百度公司在其产品中使用大众点评网信息的数量和比例、使用方式,已对大众点评网的相关服务构成实质性替代,必然会使汉涛公司的利益受到损害。其次,百度公司的行为已经违反诚实信用原则和公认的商业道德。涉案的评论信息只是汉涛公司的劳动成果,对于未经许可使用或利用他人劳动成果的行为,不能当然地认定其构成不正当竞争。但这并不意味着市场主体在使用他人所获取的信息时没有边界,而是仍要遵循公认的商业道德,在相对合理的范围内使用。在行为是否违反商业道德的判断上,要兼顾信息获取者、信息使用者和社会公众三方的利益,同时要考虑产业发展和互联网所具有的互联互通的特点,在综合考量各种因素的基础上进行判断。百度公司的行为虽在一定程度上丰富了消费者的选择,但大量全文使用信息的行为已经超出必要的限度,不仅严重损害了汉涛公司的利益,也破坏了公平竞争的市场秩序。

上述案例中法院认定百度地图对大众点评相关服务构成实质性替代,使得大众点评利益受到损害,同时认定百度公司的行为违反了诚实信用原则和商业道德(《反不正当竞争法》第2条),涉案的数据信息获取是基于大众点评公司的经营付出而得到的成果,而百度地图对于相关数据信息的取得、使用已经超出了必要的限度,严重损害了大众点评的利益,破坏了公平竞争的秩序,所以最终认定构成不正当竞争。

具体到钓鱼资讯平台的数据信息(钓场信息、钓场用户点评信息、渔具店信息等)的盗取行为,与上述案例侵权方式基本一致。不论是实质性替代的利益损害(钓鱼资讯平台均是满足用户获取资讯需求),还是使用必要的合理限度(大量盗取数据信息而自有信息数量稀少),抑或是违反诚实信用原则和公认的商业道德,均符合法院认定的标准,所以,以此为维权思路针对此类数据信息盗取行为应是合理而有效的。

行文及此,钓鱼世界知识产权小觑才刚开了个小头,作为一个钓鱼人以知产眼光看钓鱼世界却也只是刚刚探出个头,钓鱼世界极其广阔而知识产权充盈其中。钓鱼世界的版权(如钓具涂装图案的版权、钓鱼视频的版权)、商标(钓具企业商标体系构建、商标维权路径)、专利(钓具的外观专利、钓台的实用新型、鱼竿碳布的发明专利)等都是钓鱼世界知识产权观需要经历的重要部分。

# 从比较法角度研究广播组织权是否延及互联网

翁才林　于松杰

2018年12月,"山东广电网络有限公司(简称山东广电)诉中国联合网络通信有限公司山东省分公司(简称山东联通)和山东海看网络科技有限公司(原山东广电新媒体有限责任公司,简称海看公司)案"二审终审[山东省高级人民法院(2018)鲁民终937号民事判决书]结果出炉。山东广电诉称山东联通和海看公司盗播其在山东地区拥有独家授权的中央电视台三套、五套、六套、八套频道长达四年之久。山东省高级人民法院作出终审判决,山东联通、海看公司盗播构成不正当竞争,山东联通赔偿山东广电人民币5 000万元,海看公司对其中四千七百万元承担连带赔偿责任。该案被称为国内第一起广播组织起诉新媒体网络盗版侵权并获得重大胜利的案件。这个案件引出笔者希望探讨的话题,即在互联网时代,法律如何保护广播电台电视台的合法权利不受侵犯。

这个问题是伴随着信息技术革命而产生的。曾几何时,信息只能通过纸质印刷品的形式传播,后来出现了无线广播信号,进而出现了广播组织。从此,著作权人拥有了广播权,广播组织也拥有了相应的广播组织权,这也是《罗马公约》诞生的时代。而后,信息可以通过有线的方式传播,一根同轴线连接起了广播电台电视台和千千万万的家庭。到了信息时代,几乎所有信息都可以通过一根网线进行传播。信息传播方式的转变给传统媒体的传播渠道带来了极大的挑战。传统媒体面临着各种各样被盗播的问题,其中最主要的就是非法网络转播。

毫无疑问,非法网络转播曾经是一个困扰全世界广播电台、电视台的问题。例如,各内容提供方将内容提供给获得合法授权的广播电视播控平台,播控平台再通过各地运营商将广播电视节目传递到千家万户。在传输的过程当中,信号是被加密的,尽管如此,网络世界并没有物理的阻隔,一些未经许可的运营商或者视频网站仍然可以通过解密信号编码或者其他技术手段窃取视频流。毫无疑问,直播流对广播组织至关重要,尤其是体育比赛或者颁奖晚会之类的直播,如果被盗播必然导致观众流失。英国广播协会就曾向议会提出:"未经授权而录制广播节目的行为给广播公司带来了巨大的损害,以至于表演者不愿意授权电视直播其表演,体育比赛经常被他人盗播以至于比赛主办方不愿授权广播组织直播其比赛。"①

另一种常见的盗播行为就是交互式非实时网络转播。这分为两种情况,一种是提供限定时间回看功能的转播,例如,目前常见的 72 小时回看或者 168 小时回看;另一种是将广播组织的信号固定下来之后,提供互动式的点播服务。

针对前述非法转播现象,各国的法律又是如何解决的呢?根据各国的版权法或相关法律,以及关于广播组织权的国际公约《罗马公约》,广播电台、电视台当然享有禁止或许可他人转播自己播出的广播电视信号的权利。但是由于《罗马公约》在 1961 年签订时,互联网尚未诞生,更不用说被应用到广播电视领域了,所以该公约中的"转播"这一词语定义的外延范围是否可以被进一步理解为,包括通过后来才出现的信号传输手段——互联网进行转播的行为,在学界一直存在着巨大的争议。其实,存在类似争议的,还有著作权人对其作品享有的"广播权",是否能够延及互联网传播。

其实,仅从法理而言,这本不应该成为一个问题。"法律对一种行为进行界定时,不能以实施该行为的技术手段作为根据,而必须审视行为人的目的和行为结果。正如只要制作了作品的复制件,无论使用何种技术手段,例如将作品存储于电话机芯片中、上传到网络上等,都属于复制作品的行为。同理,通过传统的无线电波、有线电缆转播作品与通过互联网转播作品,只存在技术手段的区别,行为人的目的和行为的后果完全相同,在法律上对其加以区别对待是缺乏正当性的。"②

但是,毕竟对这一问题,不同的人从不同的角度和立场出发,产生各自不同

---

① 胡开忠:《网络环境下广播组织权利内容立法的反思与重构——以修正的信号说为基础》,载《法律科学》2019 年第 2 期。
② 王迁:《论广播组织"转播权"的扩张——兼评〈著作权法修订草案(送审稿)〉第 42 条》,载《法商研究》2016 年第 1 期。

的理解,也属正常,尤其是司法界的法官们,为了使自己的判决不受质疑,往往更倾向于按照法律的明文规定,而不是有一定主观理解空间的法理或者情理去判案。这就使这一问题成了一个亟须解决的现实问题。我国已经发展成为一个互联网大国,互联网已经成为人们不可或缺的一种生活环境,到现在还把互联网理解成法外之地,认定网络盗播不受法律规制,实在是令人难以理解和接受的。那么,世界各国是如何解决这一问题的呢?在此,参考国际立法经验是十分必要的。

首先,在世界知识产权组织 SCCR 27/2《保护广播组织条约工作文件》的 5(d)条中,关于转播的定义是"指原广播组织以外的任何人以任何方式进行供公众接收的播送,无论是同时播送还是或滞后播送"。这里的"播送"没有作任何的传输手段限制,譬如"无线""有线"等,而且强调是"以任何方式进行供公众接收的播送"。由于该《保护广播组织条约工作文件》又是在互联网传播已经成为最平常的一种信息传输手段的 2014 年公布的,所以,对于广播组织享有的转播权是否延及互联网这一问题,答案是不言而喻的。

当然有人会说,这毕竟只是 WIPO 关于广播组织权保护的国际公约的一个工作文件,国际公约本身至今尚未达成。然而,我们需要知道的是,WIPO 各成员国的确对公约内容尚有许多问题仍未达成一致,但这并不意味着大家对转播的定义还有争议。上述关于转播的定义被写进工作文件,足见国际社会,包括中国政府在内,对这一基本问题早已达成共识。

再来看各主要国家和地区的相关立法现状。在讨论各国立法现状之前,我们先来了解一下公众传播权(the right of communication to the public)和提供权(the right of making available)。目前国际社会各界,包括学术界、司法界以及产业界都公认公众传播权,即向公众传播权,是包含互联网传播的。《国际版权公约》(WCT)第 8 条明确规定,成员国的版权人应享有许可他人以无线或者有线的方式向公众传播作品的权利,包括许可他人以使公众在其选定的时间和地点获得作品的方式传播作品的权利,而公众提供权(the right of making available to the public)就是在我国被称为信息网络传播权的权项了。在了解了这两种权利之后,我们就来看看各国广播组织所享有的权利。

其一,《英国版权法》第 1 章第 1 条就规定:"著作权是一种财产权利,如下作品受著作权保护:……(2)录音、录像(或广播)……"第 20 条规定:"将下列作品向公众传播的权利是受到限制的:……(c)广播"。正如上文所说,公众传播权是典型的包含互联网传播的版权权利,而英国是将广播组织播出的广播电视内容作为作品来加以保护的,广播组织作为广播作品的版权人,享有完整的向公众传播权,所以在英国,广播电台、电视台所享有的版权权利,自然延及互联网。

在英国"ITV电视广播有限公司诉TVCatchup有限公司(ITV Broadcasting Ltd v TVCatchup Ltd)案"中,TVCatchup有限公司运营一家网站,截取地面频道和卫星频道的信号,通过网络转播的方式使用户能够在其电脑、平板电脑、手机及其他设备上享受几乎同步的直播服务。多家英国商业广播组织向英国高等法院提起诉讼,指控TVCatchup有限公司侵犯他们享有的"向公众传播"的权利。被告的行为最终被法庭判定构成侵权。

同时,也是就上述同一案件,欧盟法院在给英国法院的一份答复意见中明确表示,像TVCatchup有限公司这种通过互联网给用户提供直播服务的行为,构成对广播组织享有的向公众传播权利的侵犯,"向公众传播"应当包含任何非原始广播制作者通过互联网流媒体的形式将广播电视转播提供给用户的行为。欧盟法院的这份答复,一方面说明了向公众传播权确实包含互联网传播行为,另一方面也证明了在欧洲广播组织所享有的版权权利毫无争议是延及互联网的。

欧盟认定广播组织权延及互联网的态度,不仅仅体现在对个案的答复中,其实早在2001年,欧盟通过《信息社会指令》的颁布,就出台了广播组织享有的版权权利延及互联网的法律规定,该法案第3条明确规定,针对被固定下来的广播内容,权利人享有禁止或许可他人向公众提供,即使公众在选定的时间和地点获得广播内容的权利,也就是我们国家所谓的信息网络传播权。

其二,法国《著作权法》第216—1条明确规定视听传播企业[①]享有"向公众传播权"。针对该条的实施问题,法国巴黎上诉法院在France Television vs. Playmedia一案中称对第216—1条的解释应当依据欧盟信息社会指令第3条第(2)款[②][③]以及前言第(24)段[④]的内容,该条法律给予了广播组织限制其广播

---

① 在法国广播组织被称为视听传播企业(audiovisual communication enterprises)。
② 欧盟2001/29指令又称"信息社会指令"(Info Soc Doctrine)。
③ 信息社会指令第3条第(2)款:成员国应当给予下列主体独家授权或者禁止通过有线或者无线的方式向公众提供,使公众可以在其个人选定的时间和地点获得的权利:(d)广播组织,载有其广播的固定载体,无论之前的广播是有线或在空中,包括有线和卫星。
④ 第3条第(2)款中向公众传播权的客体应当理解为包含所有将该客体提供给不在最初提供该客体的场所的行为。

通过互联网传播的权利。因此,在法国视听传播企业,也就是我们所谓的广播组织,毫无疑问是有权授权或者禁止第三方将其广播通过互联网向公众传播的。

其三,在德国广播组织权作为一种邻接权,也包含向公众提供权,即信息网络传播权的。德国《著作权法》第87条第1款第1项规定:广播组织拥有独家的权利转播其广播以及向公众提供其广播。

其四,印度《版权法》第Ⅷ章第37条第3款规定:"在广播组织的广播复制权存续期间,任何人不得未经授权实施以下任何行为:(a)转播其广播……"而印度《著作权法》对广播的定义为:"通过以下方式向公众传播:(i)通过无线传播信号、声音或视觉图像的一种或多种形式;(ii)通过线缆,同时包括转播。"对"向公众传播"的定义为:"通过任何方式将作品或表演提供给公众,使公众能够直接收看、收听,或通过其他方式享受,或者通过除提供复制件之外的其他方式实时或者是在其选定的时间和地点展示或者传播,无论公众是否事实上看到、听到或者通过其他方式接触到提供的表演。"从印度的法律上可以看出,印度的广播组织是享有向公众传播的权利的。而这里的向公众传播的权利,既包括实时的互联网转播,也包括交互式互联网点播行为。可以说,印度《版权法》在这方面作出的规定十分明确而全面。

其五,在日本,广播组织享有转播权和向公众提供权,日本《著作权法》第99(1)条规定:"广播组织有独家权利授权他人转播或者基于接收到的广播有线传播其广播。"第99—2(1)条规定:"广播组织有独家权利授权他人向公众提供其接收到的广播或者提供其接收到的基于收到的广播形成的有线传播。"

其六,澳大利亚与英国一样广播组织享有向公众传播权。澳大利亚《著作权法》法第87条规定:"除非著作权的相关条款另有规定,本法的电视广播和音频广播应当享有以下专有权利:……(c)与广播(broadcasting)不同的转播或向公众传播的权利。"在上述这些国家,广播组织权的保护范围无一例外均延及互联网。

纵观我国《著作权法》的发展历程,1991年诞生的我国第一部《著作权法》,规定了"广播电台、电视台对其制作的广播、电视节目拥有(一)播放;(二)许可他人播放并获得报酬……"2001年《著作权法》中,规定"广播电台、电视台有权禁止未经其许可的下列行为:(一)将其播放的广播、电视转播……"2010年的

《著作权法》对该条款没有做修改。

由于我国《著作权法》到了互联网作为一种信息传输手段已经非常普及的2010年,对广播权和广播组织权的条款仍然未加修改,所以,开始有大量专业人士推测,立法机构是有意限制著作权人和广播电台电视台通过互联网行使广播权,至少是拒绝明确赋予著作权人和广播组织这项权利。

笔者对此观点不敢苟同。我国的立法机构没有任何动机与理由,逆世界潮流而动,罔顾中国自身早已成为互联网大国的国情与事实,有意去限制广播组织权延及互联网,或者拒绝赋予广播组织这项权利。我国的立法机构之所以没有修改这条法律,笔者个人认为最有可能的原因是,当时立法机构认为这条法律具有足够的解释空间去适应互联网环境,还没有到需要马上修订的时候。由于我国《著作权法》赋予广播组织禁止或许可他人转播的权利,而在"转播"之前未加任何途径、手段限定,所以,完全可以理解为广播组织有权禁止或许可他人通过互联网转播其播出的广播电视。由于"互联网"仅仅是一种技术手段,所以,完全不必要也不应该进入《著作权法》的法律用语,正如《著作权法》赋予著作权人复制权的相关法条规定,不可能因为我们常用的作品复制载体,从纸质发展到磁盘、U盘、硬盘,直至今天的云盘,就一次次地去做出修改一样。

当然,笔者注意到有一种观点,认为通过对我国《著作权法》修法历史和渊源进行深入分析,可以推断出此处的"转播"不应包括互联网转播。笔者对这种观点表示部分认同,但是可以肯定的是,当初我国的立法机构在作出相关的立法或修法决定时,绝无可能经过如此复杂的分析考虑后,刻意将互联网传播行为从广播权和广播组织权控制的范围内排除出去。

相比于英文词汇中的重播(rebroadcasting)和重放(retransmission),中文的"转播"含义显然可以更加广泛。区别于英文语言体系,往往需要新增一个词汇才能容纳更加广泛的含义,中文的词汇往往可以具有更广泛的外延和更丰富的内涵。譬如,中文中的"杯子",即可以指英文中的"cup",也可以指"glass",还可以指任何新创造发明出来的盛放供人饮用的液体的容器。所以我国《著作权法》中的"转播"一词,即使当初的确是根据某部国际公约直接翻译而来,是不是就意味着这个词的内涵与外延,就只能一成不变,而不能容纳下任何技术的变化了呢?

更何况就连国际条约本身,其所用词汇的内涵与外延,也在与时俱进。2003年《世界知识产权组织管理的版权与相关权利条约指南》CT.8.18段在论述"出口"问题时说道:"……但如果由于新技术的出现(如通过'网络广播''同步网播''流媒体传播'或其他任何已有或未来技术的一些变形),发生任何一种可视为被《伯尔尼公约》第 11 条之二(即广播权及有线和无线转播权)所涵盖的遍及全球数字网络的非交互式向公众传播的行为……",[①]这一段虽然是关于广播权的论述,但是明白无误地点明"'网络广播''同步网播''流媒体传播'或其他任何已有或未来技术的一些变形"属于《伯尔尼公约》中广播权覆盖的范围。可见,古老的《伯尔尼公约》中关于广播权的内涵和外延,也是在不断变化,紧跟互联网时代的发展的。

那些认为如果将广播组织权保护范围延及互联网,就会使得广播组织权作为一种邻接权的保护水平,超越著作权中的广播权的保护范围的观点是完全错误的。因为无论是《伯尔尼公约》还是《世界版权公约》,都将"广播权",或者说涵盖广播权和表演权的向"公众传播权",明确无误地延及互联网传播。

尽管《国际广播组织公约》尚未签订,但我们不能因此就搁置现实问题不去解决,就拒绝保护我们国家自己的广播电台、电视台的合法权利。毕竟,国际公约只是各国达成的最低版权保护水平,取最大公约数的结果。作为立志成为文化强国的中国,没有理由一定要向这世界上保全保护水平最低的国家看齐。换言之,如果该条约最终无法签订,我们总不至于就永远不去解决自己面临的问题了。

从世界范围内的立法潮流来看,技术中立是基本原则。《著作权法》的修订,并未明确增加"互联网传播权"这一概念,而是通过扩张对原有法条的理解与解释来解决这一问题,正如 WIPO 对《伯尔尼公约》所做的那样。既然法律并未发生变化,而把理解和解释的空间留给我们的司法者和执法者,那么,我们为何不能就此做出正确的理解与解释呢?

综上所述,笔者认为,我国《著作权法》第 47 条中"转播"的含义实际上已经延及互联网。这样的理解和解释,才真正符合立法机构的本意,符合我国互联网大国的实际国情,符合世界上版权法和相关国际公约的立法发展趋势。也只有做这样的理解和解释,才能切实解决现实中的诸多问题。

---

① WIPO, *Guide to the Copyright and Related Rights Treaties Administered by WIPO*, P. 211. CT-8.18. ...If, however, as a result of new technologies-such as through some variants of "webcasting" "simul-casting" "streaming" or any other existing or future techniques-any kind of non-interactive communication to the public took place through the global digital network which might be regarded as being covered by Article 11bis...

# 说起"基础商标"延伸注册，你会想到什么？

王培慧

这篇文章源于我们团队处理的一起商标无效案件。在基础商标专有权存续期间，标样相同、注册项目相同的延伸注册商标获准注册，当基础商标到期未续展，延伸商标被提出无效，在引证商标与争议的延伸商标之间的博弈中，势必提起了基础商标。类似商标纠纷并不罕见，所以，我们有必要认真理一理这档子事儿。

## 一、基础商标延伸注册为何被频繁提出

在企业的品牌经营策略上，常见有"统一商标策略"，即商标的延伸注册，此举一来可以借助企业已积攒的商标信誉推出新产品或形成规模经济，无需另起炉灶从零开始；二来在满足消费者多样化需求的同时，又能够减少开支，降低产品销售成本。例如，海尔集团公司最初以生产电冰箱闻名，后来兼并了一家空调厂，推出"海尔牌"空调器，凭借这块牌子，海尔空调迅速地占领了国内市场；又如，波司登股份有限公司原来是生产"波司登"羽绒服的厂家，在"波司登"扬名后，该公司便相继推出了"波司登"牌运动鞋、牛仔裤、衬衫等系列产品。

然而，"统一商标策略"在商标注册申请过程中并不全是一帆风顺，在"蜘蛛王案"中，由于引证商标的存在，使得诉争商标无法在第25类的服装、领带、帽、围巾等类别上被核准注册。在由此而引发的商标异议复审、商标异议复审行政案件中，当事人往往会基于其所拥有的基础商标提出"基础商标延伸注册"主张。

基础商标　　　　　引证商标　　　　　诉争商标

**图1　涉案商标**

商标延伸注册类型在实务中常见的有以下三种：① 商标标样的延伸注册，即在相同商品类别上申请注册与基础商标近似的商标。② 商品使用范围上的延伸注册，即在类似商品范围上，申请注册与基础商标相同的商标。③ 新旧商标之间的延伸注册，即基础商标由于期满未续展或其他合法原因被注销导致注册状态中断后，在后申请注册的商标与失效的基础商标相同且核定使用在同一种商品范围。上述"蜘蛛王案"即属于第一种类型。

## 二、基础商标延伸注册——基于商誉延续的正当性

（一）区分商誉的延续与商标的延续

最高人民法院在"蜘蛛王案"的判决书[①]中认为：应当区分商誉的延续与商标的延续。市场主体在经营过程中积累的商誉，可以一定方式在不同的商誉载体上进行转移、延续，商誉的载体包括市场主体的字号、商标、产品的包装装潢等可以区分商品或服务来源的标识。但是，市场主体以转移、延续商誉为目的的市场经营行为，并不因其目的上的正当性而当然具有结果上的合法性，仍然应当符合法律相关规定。关于商标的延续，2001年《商标法》第38条规定了注册商标的续展，除此之外，未规定其他形式的商标延续。可见，最高人民法院虽然认为"基础商标延伸注册"并无相应的法律依据，但认可了在先基础商标可以作为商誉延续的载体。这一观点与2014年《北京市高级人民法院关于商标授权确权行政案件的审理指南》（简称《审理指南》）中的第7、8、9条并不相悖。[②]

---

[①] 最高人民法院（2017）最高法民申3297号行政判决书。
[②] 《审理指南》第7条规定：商标注册人对其注册的不同商标享有各自独立的商标专用权，其先后注册的商标之间不当然具有延续关系。第8条规定：商标注册人的基础注册商标经过使用获得一定知（转下页）

《商标法》保护的是商标背后凝结了创造性智力活动的商誉而非单纯的商业标记,[①]虽然不同的商标专用权是相互独立的,但商标的商誉却是具有延续性的,不同商标之间的商誉会存在承继关系,因此需要将注册商标专用权与商誉作为不同的客体区别开来,分别加以对待。[②] 基于商誉延续的正当性,也使得司法实践中"在后申请的争议商标可以基于在先基础商标获得注册"得以存在。当然,商誉延续的载体有许多,商誉延续还应注重考察商标的实际使用情况,不能机械地认定商誉之间的传导。[③]

(二)基础商标延伸注册争议探析

讨论基础商标延伸注册的合理性首先要回答两个问题。

1. 基础商标延伸注册是否违反了《商标法》第 31 条规定的申请在先原则

笔者认为这一观点对申请在先原则的理解过于片面,在先申请原则保护的不仅是在先申请的商标本身,更应当保护凝结于在先商标上的商誉。在申请时间上,基础商标早于引证商标,引证商标早于诉争商标。如果诉争商标能够继承凝结于基础商标上的商誉,那么,核准诉争商标的注册,本质上并未违反《商标法》规定的申请在先原则。

2. 基础商标延伸注册是否违反了商标个案审查原则

商标个案审查原则的存在是由于前案与后案中的申请商标和引证商标,其形成时间、元素组成、显著性部分均可能存在不同,在行业特点、实际使用,以及知名度等方面可能存在更大差异,此种情况下将前案的结论类比后案,很有可能会偏离客观事实。[④] 最高人民法院在既往判决中也明确了:商标注册实行个案审查制度,在其他商品上相关商标被核准注册的情况,并不是该案系争商标是否能够获得注册的法律依据。[⑤] 在基础商标延伸注册中,对争议商标的审

---

(接上页)名度,从而导致相关公众将其在同一种或者类似商品上在后申请注册的相同或者近似商标与其基础注册商标联系在一起,并认为使用两商标的商品均来自该商标注册人或与其存在特定联系的,基础注册商标的商业信誉可以在后申请注册的商标上延伸。第 9 条规定:基础商标注册后、在后商标申请前,他人在同一种或者类似商品上注册与在后商标相同或者近似的商标并持续使用且产生一定知名度,在基础商标未使用或者虽然使用但未产生知名度、相关公众容易将在后申请的商标与他人之前申请注册并有一定知名度的商标相混淆的情况下,在后商标申请人主张其系基础商标的延续的,不予支持。

① 李阁霞:《论商标与商誉》,中国社会科学院博士学位论文,2013 年。
② 周波:《注册商标专用权的独立性与商誉的延续性》,《电子知识产权》2013 年第 7 期。
③ 孔祥俊:《驰名商标司法保护的回顾与展望》,《人民司法》2013 年第 1 期。
④ 高天乐:《如何理解与适用商标个案审查原则》,《中国知识产权报》2017 年 4 月 24 日。
⑤ 最高人民法院(2013)知行字第 19 号行政判决书。

查看似类推适用了基础商标的显著性与知名度,实则不然,诉争商标能够被核准注册并非由于基础商标已被核准注册,而是由于其继承了基础商标所具有的商誉,使得诉争商标本身在申请时就具备能够不与引证商标相混淆的显著性。

综上所述,基于商誉延续的正当性,基础商标延伸注册的存在是合理的。

## 三、基础商标延伸注册的适用规则

根据《审理指南》第 7 条的规定,商标注册人对其注册的不同商标享有各自独立的商标专用权,其先后注册的商标之间不当然具有延续关系。那么,应当符合哪些条件,才能够主张"基础商标延伸注册"呢?笔者搜集、分析了部分最高人民法院与北京市高级人民法院关于"基础商标延伸注册"的既有案例,虽然对于诉争商标是否应当予以注册的结论各不相同,但是关于"基础商标延伸注册"的适用规则却保持了基本一致。

首先,诉争商标申请人应当是善意的。《商标法》第 7 条规定:申请注册和使用商标,应当遵循诚实信用原则。由于诉争商标的申请晚于引证商标,因此在基础商标延伸注册的适用时需要考察诉争商标申请人是否出于恶意,意图攀附引证商标的商誉。如"徽皖酒案"商标之争中,最高人民法院做出的终审判决提道:结合安徽省蚌皖酒酿造有限公司(简称"蚌皖酒公司")更改企业名称、抢先注册安徽皖酒制造集团有限公司(简称皖酒公司)的"安徽皖酒集团"通用网址等一系列证据可以表明,蚌皖酒公司具有借用皖酒公司商誉之故意。依法不予核准该案系争商标之注册,符合我国《商标法》关于申请商标必须遵循的诚实信用原则,有利于规范商标注册行为、秩序。又如,有学者评述"康王案"[1],认为涉案两公司有过商标纠纷,为同行业企业,诉争商标申请人在明知引证商标具有巨大商誉和市场影响力,诉争商标确有可能造成消费者的混淆误认的情况下,仍执意申请的行为难称善意正当,以经营扩张为由并无法改变其攀附引证商标声誉的意图。[2]

---

[1] 北京市高级人民法院(2014)高行(知)终字第 3266 号行政判决书。
[2] 高天乐:《再议"商标延续注册"的规则适用——第 5940022 号顺峰康王商标异议复审案评析》,《中华商标》2015 年第 3 期。

其次,诉争商标的核准注册应当不会使相关公众产生混淆误认。这实质上是基础商标与引证商标所盛载的商誉的博弈,如基础商标经过持续使用已经积累了较高的知名度,相关公众能够将诉争商标与基础商标联系在一起,并认为使用两商标的商品均来自同一商标注册人或与其存在特定联系,则诉争商标可基于基础商标延伸获得注册,而最高人民法院在"花图形案"中也早就确定了这一标准,认为:博内特里塞文奥勒有限公司(简称博内特里公司)的基础注册商标是1994年申请的"花图形"商标,该基础商标早在引证商标注册前就已在中国大陆得到广泛的商业使用,并在服饰领域拥有较高的知名度,相关公众已经将"花图形"等标识与博内特里公司之间建立了特定的联系。反之,如果在基础商标申请后,诉争商标注册前,引证商标权利人对引证商标进行了持续的宣传和使用,使得引证商标具有稳定的知名度和显著性,则会使相关公众更容易将诉争商标与引证商标相混淆,阻碍基础商标权利人主张基础商标延伸注册。引证商标对于诉争商标与基础商标之间特定联系的阻断,应当综合考虑引证商标本身的合法性,引证商标与在后商标的近似度是否高于基础商标与诉争商标的近似度,以及引证商标持续使用和商誉情况等各种因素。[①] 如在"蜘蛛王案"中,诉争商标申请人并未提供任何证据证明其注册的基础商标通过使用已经积累的一定的商誉,且诉争商标与基础商标的相似度也不及诉争商标与引证商标的相似度,其关于"基础商标延伸注册"的主张自然得不到支持。

最后,正如最高人民法院在"徽皖酒王案"判决书中的论述:现行商标法的法条及理论均没有"基础商标"的概念。所谓的"基础商标延伸理论"不能取代"整体判断商标标识、审查混淆可能性"这一近似性判断的基本原则。[②] 同样,如"泸州老窖案"中,诉争商标为"申请人的驰名基础商标+与引证商标相同的商标",法院在判定诉争商标与引证商标是否构成近似商标时,并未由于诉争商标包含了驰名基础商标就草率地适用基础商标延伸注册,而是从商标的构成、显著识别部分、整体结构及视觉效果上进行综合判断,得出诉争商标使相关公众对商品来源产生混淆误认的结论。此外,"泸州老窖案"亦明确了知名品牌商誉的延续,应保留在为之付出市场努力的知名品牌原有市场范围内,如果轻易

---

[①] 冯晓青:《商标延伸注册法律问题探究——以"稻香村"商标行政纠纷案为例》,载中国知识产权司法保护网,http://www.chinaiprlaw.cn/index.php?id=4751,2017年5月2日。
[②] 最高人民法院(2016)最高法行再38号行政判决书。

适用基础商标延伸注册,使得"申请人的驰名基础商标＋与引证商标相同的商标"这样的诉争商标获得注册,将容易使经营实力较弱的初创品牌被不正当地排挤出市场,这并非商誉延续的初衷所在,亦有悖公平竞争的市场规则。[1]

基础商标延伸注册的背后是企业实施品牌延伸策略的需要,基于商誉延续的正当性,基础商标延伸注册有其存在的合理性。司法实践中应当坚持商标近似性判断的基本原则——"整体判断商标标识、审查混淆可能性",防止基础商标延伸注册适用的泛化。适用商标延伸注册,需要证明基础商标已投入使用并由于持续使用积累商誉,具有知名度和影响力,而商誉延续的条件是诉争商标和基础商标相同或近似且使用在相同或类似商品上,在此基础上结合诉争商标申请人与引证商标注册人的相互关系,判断诉争商标申请人的主观意图,以及诉争商标核准注册是否足以避免相关公众对商品的来源产生混淆误认。

---

[1] 史兆欢:《商标标志结构对近似性及商誉延续判断的影响——评泸州老窖公司诉商标评审委员会驳回复审案》,《中华商标》2017年第2期。

# "虚拟偶像"初音未来版权问题初探

张一超[①]

初音未来是日本 Crypton Future Media 公司(简称 C 社)以雅马哈公司的 VOCALOID 语音合成技术为基础开发的一款专业音乐软件,诞生于 2007 年。由于清亮的歌声和出色的人物设定,成为著名的人格化歌手和"虚拟偶像"。其不仅诞生了许多知名的原创歌曲,还参与各类商业活动,代言汽车、手机、洗发水广告,担任日本首位 Google Chrome 浏览器形象代言人,甚至在世界各地开演唱会。据日本野村综合研究所公开的数据,与初音未来相关的消费金额早在 2012 年就突破了 100 亿日元(约合 5 亿元人民币),并且处于逐年增加的趋势。初音未来在 2014 年底进入了中国,版权总代理是上海新创华文化发展有限公司(SCLA)(简称新创华),初音未来的中文版也于 2017 年发布。随着初音未来这一虚拟偶像的大热,相关的著作权问题也在国内外开始受到一定的关注,初音未来的著作权相关的讨论主要包括两个部分:音乐以及形象。本文将主要在中国法律体系下对该问题进行初步探讨。

初音未来本质上是一款专业音乐软件的"拟人化",其核心价值不是一个"看起来很萌的虚拟歌手",而是"让业余创作者也能方便创作出更完整音乐的工具"。讨论其著作权问题首先需要了解其软件的原理,初音未来软件的开发包括两个部分:声库采样制作和封面人物形象设计。在声库采样制作过程中,C 社在筛选近 500 份声音样本后,选择声优藤田咲作为音源提供者,让她按照要求在录音棚中唱出大量无特别意义的日文假名,然后通过雅马哈公司的 VOCALOID 语音合成技术对声音片段进行处理,制作成可以唱出人声的计算

---

[①] 张一超,上海融力天闻律师事务所合伙人、专利代理师。业务专长:民商事、知识产权,包括互联网、技术研发、游戏动漫、数字化及乡村振兴等领域的法律服务。

机软件,歌曲的最适节奏在 70BPM—150BPM 之间,最适音域在 A3—E5 之间。对于封面的人物形象设计,C 社邀请画师 KEI 创作初音未来形象的插画,将软件"拟人化"。初音未来最初的形象绘制在 VOCALOID2 版本的封面上:一名设定为 16 岁的少女,蓝绿色双马尾和领带,红黑的发圈和耳机,衣服袖套上形似录音器的键盘,左臂皮肤上红色 01 字样,整体充满音乐属性和科技感。可以看出,初音未来本质上是一款电子乐器属性的计算机软件,探讨其著作权问题,需要结合音乐的制作和人物形象的相关创作进行分析。

## 一、使用初音未来制作音乐的著作权问题

用初音未来制作的一首原创歌曲,词曲的著作权人当然属于词曲作者。主要争议集中在邻接权,包括:如果存在表演者权,那么,表演者权的权利主体是谁、谁有权行使相关的权利、录音录像制品制作发行中的相关著作权归属等问题。

(一)使用初音未来制作的歌曲的表演权归属

使用 Vocaloid 软件制作并发布歌曲的人被称为"P 主"(Producer),P 主利用初音未来制作一首原创歌曲的过程大致如下:创作完成词曲后,在初音未来软件中各音调区域输入歌词,对每个单词发音的音速、动态、明亮度、透明感、开口度等十二大参数进行调节来完成单独的人声部分(可以把初音未来理解为一个歌手,让她来唱出这首歌的清唱),此外还要进行编曲、配上伴奏等步骤,最终合成一首完整的歌曲。以往录制歌曲,需要邀请歌手演唱、配器、MIDI、录音、混音等过程,还需要录音棚等环境,随着电子音乐的发展,许多步骤都可以依靠电脑完成,降低了音乐创作的难度,而初音未来的诞生更是让"邀请歌手演唱"这一重要环节也可以用电脑制作完成,对业余音乐制作人也非常友好,这是音乐创作中的一个革命性的突破,但这种情况同时也在《著作权法》上产生了一些疑问。

1. 一种观点认为,制作歌曲的表演者权应当直接归属于初音未来

这种观点认为初音未来是一个已经被人格化的"歌手",应当与普通歌手一样是一个"表演者",对其演唱的歌曲拥有表演者权,甚至当初音未来演唱的歌曲被制作成录音录像制品时应当向其支付报酬。笔者认为,虽然日新月异的科技发展确实对传统法律产生着一定的冲击,但目前这种观点在国内外现有法律

环境下都难以被认可。《世界知识产权组织表演和录音制品条约》(WPPT)规定,"表演者"指演员、歌唱家、音乐家、舞蹈家,以及表演、歌唱、演说、朗诵、演奏、表现,或以其他方式表演文学或艺术作品或民间文学艺术作品的其他人员。[①] 我国《著作权法实施条例》第5条规定:"表演者,是指演员、演出单位或者其他表演文学、艺术作品的人。"而《著作权法(修订草案送审稿)》则限定了表演者只能为自然人。可以看出,无论是国际条约还是我国著作权法体系,均没有认可这样的"虚拟歌手"可以成为表演者、获得表演者权。表演者权这一重要的邻接权制度的形成和发展历史表明,邻接权客体的形成由各种复杂的历史文化传统、特定的历史条件等决定,而就目前的技术发展和社会影响而言,暂时也没有必要对此进行超前立法。

2. 另一种观点认为,表演者权应当归属音源提供者藤田咲

该观点认为,用初音未来制作歌曲的歌声本质上是来自声优本人的声音,故她本人拥有表演者权。确实,在初音未来的软件开发制作过程中,声音的素材来源于声优,表面看来所有用初音未来唱的歌都是来自她的声音,但实际上并不能这么理解。《著作权法》中的"表演",是指自然人通过姿态动作、声音表情或乐器道具等,对既有作品进行演绎表达,以供他人欣赏的行为。[②] 由于声优本人只是提供了大量单字的音源素材,而在具体的每一首P主用初音未来制作的歌曲中,并不是声优本人对既有的作品进行演绎和表达,在这些歌曲中她本人并不存在著作权法意义上的表演行为。并且,实际上初音未来软件输出的声音是经过技术处理后的声音,与声优本人原本录入系统的声音已经有了较大的改变。同时,一般推测在软件制作开发过程中她已经授权C社达成了所录制声音的独占性的永久使用的协议,也获得了相应的报酬,虽然这些报酬比起初音未来所产生的行业价值来说微不足道。另一方面,声优本人也只想依靠自己的声音而并不是利用初音未来赚钱。笔者认为,无论声优本人与C社内部的约定如何,除非法律另有规定,否则在具体的每一首歌曲中很难认定声优本人拥有表演者权。

3. 还有一种观点认为,表演者权应当属于P主

利用初音未来创作歌曲的过程包含了大量的智力创造的过程和空间,充

---

① 《WIPO Performances and Phonograms Treaty》,《世界知识产权组织表演和录音制品条约(简称 WPPT)》(1996)第 2 条定义(a)。
② 熊文聪:《论著作权法中的"表演"与"表演者"》,《法商研究》2016 年第 6 期。

满了 P 主的选择、编辑、编排的过程,并不是在软件中直接输入词曲就可以自动生成动听的歌声这种简单的机械映射。在一首初音未来演唱的原创歌曲创作过程中,P 主利用软件对每一个发音的各项参数进行了调整,产生了大量的智力劳动。P 主通过采用初音未来进行音乐创作,可以越过其他歌手的间接演绎,对于歌曲中的每一句"应该"怎么唱,以原创词曲作者 P 主自己的理解通过软件来进行演绎和表达,让初音未来代替不想自己唱歌或者不擅长自己唱歌的 P 主进行演唱,从这种意义上来说,似乎 P 主才是真正的表演者。然而,无论是对原创词曲还是对他人创作的词曲音乐作品用初音未来进行演唱,该过程依旧是对于软件的利用,歌声的形成最终还是依靠软件的运行,这种在软件中进行编辑的智力活动并不是 P 主直接演绎歌曲这一表演行为本身,虽然 P 主融入了感情并通过初音未来表达了自己想要的传达情感,但这个过程却不是一个直接的表达。故虽然 P 主在歌曲创作中起了最大的作用,但表演者权中的相关财产性权利也不应当直接归属于 P 主所有。另外还有非常重要的一点,不能忽略初音未来软件协议中对于使用的限制。

笔者认为,表演者权应当归 P 主和 C 社共有,其中的精神性的权利双方都有权行使。对于财产性的权利,可以由 C 社和 P 主协议约定利益的分配后,统一由 P 主对外行使较为合适。

虽然我国《著作权法》没有对这种特殊软件创作的歌曲的表演者权进行规定,但从《民法》公平和诚实信用的原则出发,对于初音未来演唱的歌曲,至少必须表明"表演者"身份为初音未来,同时也不得歪曲表演形象。对于上述应属我国《著作权法》中的表演者的精神权利应由软件开发者 C 社和 P 主共同行使。C 社不仅对软件进行开发和维护,还负责相关的形象授权和运营;P 主对歌曲投入了大量的智力劳动和充满感情的创作过程。若有他人对这首歌曲的表演者精神权利造成损害,如歪曲表演形象等,至少对双方都会造成一定的间接的损害,故双方都有权维护这些精神权利。而对于应属于表演者的相关财产性的权利,由于会涉及商业使用,需要得到 C 社的许可。这些权利包括表演者权中的:许可他人从现场直播和公开传送其现场表演;许可他人录音录像;许可他人复制、发行录有其表演的录音录像制品、许可他人通过信息网络向公众传播其表演等行为的权利。依据软件 V4 版本的《初音未来终端用户使用许诺契约书》

第 3 条的规定,无论商业还是非商业使用均可以自行生成合成语音,但商业使用必须得到 C 社的追加许诺。[①] 所以,在商业化利用一首 P 主创作的歌曲的时候,首先需要得到 C 社的许可,除了遵守软件协议的约定之外,对于这些可以由表演者权所获得的财产性的权利,相关的使用方如唱片公司,应当与 C 社和 P 主协议约定歌曲的使用方式以及获得报酬的分配方式。同时,C 社和 P 主可以对外约定由 P 主代为行使属于表演者权中的财产权,因为邻接权产生的初衷是为了保护在作品传播过程中传播者的投入,邻接权是作品的传播者在传播作品的过程中对其创造性劳动成果享有的权利,P 主投入的情感和智力劳动才使初音未来演绎出这首音乐作品,P 主在整个过程中起到的作用是最大的,所以在满足了 C 社对于软件的利益、签订内部协议的情况下,由 P 主对外代为行使相关财产性的权利,似乎在现有法律框架和利益平衡的考虑之下是一个比较可行的方案。

（二）初音未来唱片发行时的录音制作者权归属

初音未来原创歌曲唱片的制作过程一般如下:P 主原创歌曲的第一次发布一般是在网络,唱片公司对其中受欢迎的原创歌曲会联系 C 社和作者,邀请合作发行唱片,首先向词曲作者 P 主取得许可,支付使用词曲的报酬,然后由 C 社对唱片公司的商业使用行为进行授权,之后的制作过程可能包括了 P 主在唱片公司的协助下对歌曲重新进行的编曲、伴奏等步骤,以及在唱片公司和 C 社的协助下对软件输出人声的调整和优化。制作过程中属于表演者可以获得的报酬由唱片公司按照约定的比例支付给 C 社和 P 主,这样制作的 CD,录音制作者权利人为唱片公司。在市场发行时,该录音制品的署名按照日本唱片公司一般的做法,在 CD 上还会标注"歌曲名 P 主 feat. 初音未来"。例如,知名 P 主 Supercell 创作的热门歌曲"メルト"在专辑中会标注"メルト supercell feat. 初音未来"。"feat."是 featuring 的缩写,可以理解为一种合作演绎,而"feat."前面的部分是歌曲的主角,意思是这首歌曲是 P 主和初音未来共同演绎的曲目,P 主对这首歌起的是更重要的作用。这样实际上在 CD 发行的时候录音制作者就认可了 P 主对外行使表演者权中的财产权利,同时也在一定程度上回避了演唱者是虚拟歌手所产生的邻接权问题,初步解决了歌曲在录音制品制作、授权

---

[①] 《初音ミク V4X エンドユーザー使用許諾契約書(初音未来 V4X 终端用户使用许可协议)》,载 crypton 官方网站,https://ec.crypton.co.jp/download/pdf/eula_MIKUV4X.pdf,2018 年 5 月 31 日。

转让等过程中可能遇到的民事主体问题导致的障碍。也在某种程度上印证了笔者关于 C 社和 P 主协议约定由 P 主对外代为行使属于歌曲表演者权中的财产权的观点。

## 二、初音未来人物形象的著作权问题

讨论初音未来的著作权不能离开其形象,初音未来的大热不仅是 VOCALOID 语音合成技术的功劳,同时也是由于其成功的"歌手"人物形象设定所造就的。

(一)初音未来官方形象的来源

初音未来的原始插画形象在版本 VOCALOID2 系列中公布,由画师 KEI 创作,苍绿色的双马尾、具有科技感的服装,作为一副绘画美术作品具有很强的独创性。之后官方开发的 V3、V4 等版本软件封面形象的基础设定相同,衣服装饰等风格有所改变。官方为了不妨碍创作者的二次创作,对初音未来的形象仅做了最小限度的设定。除了这些官方发布的软件封面的人物设定外,C 社还借助于最新的 3D 全息影像技术,将初音未来的平面形象改编为 3D 形象,将初音未来在大型舞台中央成像,配合舞蹈动作等,达到如同真人登台的效果,并在世界各地举办演唱会,逐渐展示出初音未来等 VOCALOID 系列歌手的魅力和影响力。此外,官方还授权发行了多种初音未来形象的模型手办,并授权他人将相关形象改编成游戏等。

(二)日本版权方对于初音未来形象二次创作的授权方式

为规范二次创作的著作权问题和征集优秀作品,C 社在 2007 年建立了用户原创内容(UGC)网站"PIAPRO",创作者们除了上传音乐作品,还上传了大量的文字、绘画作品,以及利用 3D 软件制作的 3D 建模等作品。该网站的重要作用是规范创作环境并解决创作热潮带来的大量版权问题。网站公布的"Piapro Character License"(简称 PCL 协议)[①],以及"角色使用准则"[②],针对初音未来

---

[①] Piapro Character Licenseピアプロ・キャラクター・ライセンス(Piapro 角色许可),载 Piapro 官方网站,http://piapro.jp/license/pcl,2009 年 6 月 4 日。
[②] キャラクター利用のガイドライン(角色利用指南),载 Piapro 官方网站,http://piapro.jp/license/character_guideline,2017 年 12 月 1 日。

等6个C社拥有的VOCALOID形象的创作进行了界定,表达了官方对于二次创作的开放态度:个人以非营利性质对作品进行翻译、编曲、改变形式、改成脚本、改编为电影等创作的著作物(日本《著作权法》称为"二次著作物"),官方给予创作者复制、上演、上映、公众传播、展示的"非独占性质的许诺",可以理解为一种对民间创作批量的非独占授权。通过公开授权的方式,用户之间能知晓如何在符合版权协议下使用作品,同时也促进了爱好者之间分享素材、交流合作。这些原因共同掀起了VOCALOID系列二次创作的风潮。

(三)中国版权方对于初音未来形象的二次创作的授权方式

初音未来进入中国后,版权总代理新创华沿用了日本的模式,建立了与PIAPRO同样性质的网站POPPRO,该网站是中国官方对外征集大众素材的渠道,创作者们除了可以上传分享VOCALOID软件制作的音乐,同样能上传文字、绘画、3D建模等有关6个C社拥有的VOCALOID形象改编的作品。同时,二次创作协议的条款也同时进行了本土化的修改,《POPPRO初音未来形象二次创作协议》明确:改编作品、二次创作作品的著作权归改编作品、二次创作作品的作者、版权总代理新创华及版权方C社共有,任一方在对上述作品进行任何发布或用于其他商业化用途时,需取得其他方的书面同意。[①] 给予使用者以下行为的普通许可:以复制、表演、上映、信息网络传播、展示等方式对外公布本作品或自行创作的改变作品(未产生新作品的改编)、改编作品、二次创作作品。

(四)二次创作对初音未来人物形象的影响

由于官方对个人非营利的使用持开放态度和对于初音未来形象所设定的固定背景较少,创作者们不仅可以利用初音未来的声音进行音乐创作,也可以利用其人物形象充分地进行二次创作活动,激发了各类作者的热情,产生了大量的二次创作作品,不仅在电子音乐的制作圈,还在民间绘画、动画制作圈中都得到了极大的反响。大量的官方活动与民间作品的诞生,不断丰富着初音未来在公众心目中的印象,正可谓是官方与大众共同在为初音未来"填补灵魂",逐渐赋予了初音未来"人格化",让她仿佛成了真实存在的偶像一般。

---

[①] POPPRO初音未来形象二次创作协议,载POPPRO官方网站,http://poppro.cn/html/newslist.html?hId=NA=,2017年7月28日。

初音未来是凝聚了官方和民间大量创作者们的心血所共同塑造的虚拟偶像。随着科技的进步，其演唱技巧会越来越好，也会有更多的表演方式，生命周期将相当长。在进入中国后，大陆版权方除了延续初音未来的商业推广与合作，也在中国法律体系下进一步规范音乐创作和形象的二次创作，将优质的作品更好地传播，保持商业与民间人气的良性循环。初音未来与二次创作是相互成就，在日本有很多词曲作者通过初音未来歌曲的创作而逐渐进入主流商业音乐圈。例如，知名 P 主 Supercell 在 2008 年被 SONY MUSIC 签下。P 主捧红了初音未来，初音未来在某种程度上也捧红了这些 P 主。随着初音未来中文版的发布，越来越多的优质中文原创歌曲逐渐诞生，也期待这一革命性的音乐软件能为中国音乐圈发掘出更多优秀的人才，让他们从民间逐渐走向更广阔的舞台。同时，在进入中国后，初音未来也将面临各种类型的法律问题，不仅需要版权方的努力，也需要知识产权相关法律的不断进步，共同维护这位"世界第一公主殿下"的合法权益。

# 关于著作权法语境中"独家""独占""排他"用语的讨论

孙黎卿

在著作权许可合同中,经常包含一些用语,比如,"独家""独占""排他"。这些用语在《著作权法》上并没有规定,若在合同中也并未对这些用语进行明确的定义与解释,往往会产生争议。比如,有观点认为,可以从以下几个方面厘清这些用语的内涵。

**审查原告主体资格和权利类型**

审查权利主体,应当审查原告对其主张保护的内容是否享有相应权利,包括完全权利、不完全权利(独占许可、排他许可、普通许可)。

**独家使用权的含义及解释**

应当根据按照合同所使用的词句、合同的有关条款、合同的目的、交易习惯以及诚实信用原则,综合考虑在案证据,确定"独家使用权""专有使用权"的真实含义。

合同约定授予"独家使用权""专有使用权"的,如无相反证据,视为被许可使用人有权禁止著作权人使用作品。

除非有证据证明著作权人已经另行起诉,排他许可的被许可使用人可以针对侵权行为直接自行起诉。

**专有使用权的起诉主体**

著作权人将作品独占使用权授予他人,仅是许可他人独占地以特定方式使用其作品,著作权人仍有权禁止其他人以许可的方式使用该作品,有权禁止独占使用权人许可第三人行使同一权利。他人未经许可以该方式使用作品的,仍然构成对著作权的侵权,著作权人有权就此提起诉讼,要求停止侵害并赔偿诉讼合理支出。

对于发生在独占使用权范围内的侵权行为，独占使用权人可以与著作权人作为原告共同起诉，也可以单独起诉。但是，独占使用权人有权要求赔偿经济损失，著作权人无权要求赔偿经济损失。

**独占使用权即专有使用权**

笔者认为，从整体上看，以上观点内部存在不统一。一方面，关于"审查原告主体资格和权利类型"的内容将不完全权利列举为独占、排他、普通三种。而另一方面却又出现独家使用权、专有使用权，前后统摄存在着冲突。最后一段的内容也仅针对专有使用权，并没有把独家、独占、排他几个似是而非的概念解释清楚。

我们再具体看看这几个词语在《著作权法》及相邻其他知识产权法上的规定。《商标法》上虽然对"独占""排他""普通"有着比较明确的规定，但《著作权法》上从未有相关规定。《著作权法》使用的一个类似的概念是"专有使用权"。关于这个概念，《著作权法实施条例》第 24 条进行了进一步的阐释："《著作权法》第 24 条规定的专有使用权的内容由合同约定，合同没有约定或者约定不明的，视为被许可人有权排除包括著作权人在内的任何人以同样的方式使用作品。"上述观点又再一次强调了这个问题，但这个前提的具体表达变了，从"合同没有约定或者约定不明的"变成了"如无相反证据"，这两种表达内涵是否完全一致呢？我觉得还是需要明确下的。

同样地，"排他许可"也是一个法律已有概念。如果前述观点所说的"排他许可"采用的是《商标法》上的定义，那么，在"排他许可"被许可人诉权的问题上是否也与《商标法》司法解释的规定保持一致？若一致，前述观点中规定的被许可人参与诉讼的前提"除非有证据证明著作权人已经另行起诉"与《商标法》司法解释中相关的表达"共同起诉或原权利人不起诉的情况下"这两种表达是否能够严丝合缝地对应上呢？若不一致，排他使用权人是否可以共同起诉或在原权利人起诉后追加？这些都值得思考。

笔者建议若要在著作权中引用"独家""独占""排他""普通"几个概念，应进一步明确这几个词的意思，且应具体到原著作权人是否可以使用，原著作权人是否可以转授权，被许可人是否可以转授权，被许可人是否有维权权利，原著作权人是否可以维权等五个维度。

再比如，其中"独家许可"这个概念，并非一个法定概念，笔者希望"独家许可"被许可人当然要享有转授权和维权的权利。因为根据业界的现状,一个权利一旦被"独家"地卖出去了,被许可人常常不是唯一的权利实施人,多半是要做分销的,被许可人需要通过向第三方授权,才能真正的获得收益。而在"独家许可"的情况下,原著作权人已经将权利完全地让渡出去了,相当于他已经退出了分销市场,进一步地扩大权利使用主体的范围并不会对著作权人构成损害,也有利于作品传播。所以说从许可人、被许可人以及社会公众的角度来说,这么规定都是有利的,至少是无害的。

总而言之笔者认为,这几个概念都可以通过合同来约定清楚,但是如果要出现在司法解释、审理指南中的话,还是希望将其内涵外延规定清楚,以免产生不必要的纷争。

# 体育赛事节目是否构成作品之实务研究

邱政谈

在"体育赛事节目是否构成作品"这一问题上,王迁老师的观点似乎"一统法律江湖"。基于法律人真我、无所畏惧的精神,笔者试图挑战王迁老师的"江湖权威",同时希望能重新开启对于"体育赛事节目是否构成作品"这一问题的讨论与定位。让法律圈开放、自由的精神能够运用到具体的司法审判或法律实践中,而不将某一特定的司法观点、学术观点奉为圭臬,让个案的个性化与观点的多元化成为司法实践鲜活的表现。

近几年来,"体育赛事现场直播画面是否构成作品"在司法理论界及实务界成为一个争议巨大的话题。仅在笔者及笔者所在律师团队所代理的"奥运会""世界杯"等体育赛事节目版权侵权案件中,各地法院对这一问题的认识与判定彼此之间大相径庭。[1] 更不用说在整个司法实务界与学术界范围内,各家之间的意见观点亦存在严重分歧。

本来各地法院及名家学者间,对同一问题持不同观点,实属正常,法律的生命力就是在实践与争议中焕新。但一起案件的判决和一篇文章的发表,将这一法律问题的争议推向了高潮,引起了社会各界广泛关注与讨论。

此案件即是"北京市朝阳区人民法院 2015 年 8 月判决的新浪诉凤凰网的中超赛事盗播案"(简称凤凰案);而这篇文章便是王迁老师发表于《法律科学》2016 年第 1 期的《体育赛事现场直播画面的著作权保护》。该案判决说理与王迁老师的学术观点相去甚远,这一鲜明的矛盾冲突在 2016 年初王迁老师发表文章伊始便爆发出了无数智慧的火花。无数评论和学术探讨文章如雨后春笋

---

[1] 北京朝阳区人民法院(2014)朝民(知)初字第 40334 号民事判决书、北条石景山区人民法院(2015)石民(知)初字第 752 号民事判决书。

般涌现,经过了较长时间的"江湖纷争",在"体育赛事节目是否构成作品"这一问题上,王迁老师文章中的观点似乎"一统法律江湖"。而笔者作为一个同样热爱版权法律、热爱版权实务的实务工作者,数次欲发声而止,一方面自忖学术不足而慷慨有余,另一方面则"一人入江湖,缥缈如青烟"。

朝阳区法院林子英法官在该判决中的观点与王迁老师在其文中的观点截然相反,前者认为体育赛事现场直播画面达到作品独创性要求构成类电影作品,后者认为其独创性有限,不构成作品。林法官在判决书中的论述作为判决说理部分,较为简单扼要,清晰地阐述了体育赛事现场直播画面达到作品的"独创性"要求,构成类电影作品;而王迁老师的观点较为复杂深奥,内含大量学术理论与学术逻辑,从三个角度对"凤凰网赛事转播案"进行了法理评析。笔者按王迁老师文中的逻辑层次,逐一进行观点阐述。

# 一、现场直播画面的权利来源问题

(一)赛事组织者的单方权利声明不能成为体育赛事画面的权利来源

王迁老师指出,在"凤凰案"中,"原告所证明的授权链的起点,并非赛事组织者自行或者委托他人拍摄赛事实况而对由此而形成的连续画面原始产生的著作权,或者通过合同而受让他人的著作权,而是赛事组织者自行声称享有对赛事进行商业利用的一切权利,法院认定这一权利来源是值得商榷的"。笔者对此深表赞同,笔者亦认为赛事组织者的单方权利声明不能成为体育赛事画面的权利来源。

那么,赛事组织者对赛事画面的著作权利(且论赛事画面为作品)应当是如何产生获得的呢?正如王迁老师所言,要么是委托他人拍摄并约定拍摄结果归赛事组织者享有而产生,要么是自行拍摄根据法律规定著作权自作品诞生而获得。这两种情形在行业中都非常普遍,比如中超、奥运会、世界杯等。

但无论是以哪种方式产生获得对赛事画面的著作权,都与赛事组织者在自己的章程中对外公开宣示这种权利归属安排不相矛盾。

(二)诉讼实务中的处理与著作权法定之权利来源存在表象差异

"凤凰案"中,法院认为:依据足球协会的声明,足球协会当然享有各项足球赛事的多媒体版权,又经过一系列授权,原告取得了上述权利。诚然,著作权的产生不能因自身之声明,而需法定产生。但应当明确的是,该案对于著作权利的认定方式并非与权利法定的认定方式相悖,而只是在民事诉讼过程中对于证据规则的运用与事实认定的实务处理导致表象的差异。

几乎所有的著作权案件中,主张著作权的原告都会举证自己在某种载体上的版权标注或版权声明,以证明自己是适格的权利人,但这并不意味着他们主张的著作权是产生于这些版权标注或声明。著作权当然产生于创作或者继受、约定,但无论是由创作、继受还是约定获得的著作权,都可以甚至必须通过某种权利标注或声明加以显示和证明(据此方可以形成民事诉讼过程中的具有一定物理形态的证据)。

赛事组织者在章程中的著作权归属声明,只是一种权利证明,由于其公开对外,一直可以被大众查阅和了解。如果有相关方,譬如受某项赛事组织者委托的摄制团队,认为赛事组织者的章程是在撒谎,欺骗大众,他们与赛事组织者之间的权利约定是著作权都属于拍摄团队,没赛事组织者什么事,那他们尽可以站出来澄清相关事实,甚至起诉赛事组织者。但事实是,这么多年以来,笔者并未听过任何这类新闻,更没有看到有类似的诉讼发生。赛事组织者章程中的权利著作权归属声明是依据真实的权利归属情况而发表的声明,可以作为权利证据的一种,来证明原告权利链的起点。而且,如果被告对此有异议,他还有权利举出反证加以反驳。在无相反证明的情况下,对于那些具有较高知名度和悠久历史的体育赛事,其经过长期对外公示的赛事组织者章程,作为原告的一种权利证据(并非一定须直接指向著作权诞生之初),达到民事证据规则中的"高度盖然性"标准,获得法官自由心证的认可,据此得到法院的支持和采信,也符合我国民事诉讼法律的规则。

## 二、体育赛事现场直播画面的独创性问题

(一) 体育赛事现场直播画面具有独创性

在文中第二段"现场直播画面的独创性"中,王迁老师的观点是现场直播画面具有一定的独创性,但该独创性没有达到我国《著作权法》要求的高度。在转述了"凤凰案"判决书中关于导播现场做出的镜头选择编排构成充分的独创性的观点后,王迁老师转而举"口述"作品的认定作为旁例来说明,不是所有的选

择、编排都构成充分的独创性,只有"经过一定程度准备和思考的,且具有一定长度"的口头表达,才能构成口述作品。

我们不妨来看一下《著作权法实施条例》第 4 条第 11 项对类电影作品是如何规定的:"电影作品和以类似摄制电影的方法创作的作品,是指摄制在一定介质上,由一系列有伴音或者无伴音的画面组成,并且借助适当装置放映或者以其他方式传播的作品。"据此,赛事直播画面应符合类电作品的所有法定构成要件,同时体育赛事现场直播画面又具有一定的独创性。那么问题就只剩下,论证赛事直播画面是否达到《著作权法》上的独创性要求了。

(二)体育赛事现场直播画面存在达到著作权法独创性要求的情形

1. 从《伯尔尼公约》的演变看对待独创性认定问题之态度

高水平体育赛事现场直播前需通过思考与设计进行充分、周密的准备,体现了其非常高的独创性。观众看到的是导播瞬间做出决定,选择、编排、播出了赛事画面,但这一瞬间,其实是构建在事前大量的准备、思考,甚至排练的基础之上的,并非随意和即兴的发挥。所有机位预先摆放的位置角度和密度,每个镜头的焦距、拍摄对象、景深、景宽、背景、持续时长,所有播放镜头的选择、顺序、编排等,都是经过事先的周密思考与精心设计,然后在直播时瞬间做出决定。

这一过程倒是和口述作品非常像:一篇授课、演讲,其中话语词汇的选择、编排和表达是一句跟一句瞬间完成的,但演讲者在事前其实是做了相当多的准备的。所以瞬间完成,并不是否定赛事直播画面独创性高度的充分理由。而且,正如王迁老师在其文中所言,连事前无准备的即兴演讲都有可能达到独创性要求从而构成作品受到《著作权法》的保护,何论事前具有大量准备和设计的高水平体育赛事现场直播。

当然,王迁老师在文中引述《伯尔尼公约》对口述作品的定义,是为了说明任何一种作品都对独创性有一定的要求。笔者在研究多版《伯尔尼公约》对类电影作品的定义后可以非常清晰地看出,《伯尔尼公约》是在不断扩大电影作品的保护范畴。所谓"事前需要有一个剧本,要有演员表演,才能构成一部电影或类电作品。凡是没有事先的人为编排和创作而进行的现场拍摄,都无法构成类电作品"的观点,已是 20 世纪早期的国际共识。

而《伯尔尼公约》对类电影作品定义的变化,恰恰是随着电影产业本身的丰富与发展,以及电视产业的兴起而产生的。从这一变化轨迹我们可以看出著作权国际公约着重应对解决产业实际问题的根本精神,这种精神恰恰是我们在研究处理各种著作权问题时所应该秉承与追求的精神理念。所以,认定体育赛事现场直播画面是否达到独创性要求不应当仅局限于大陆法系法律架构角度(王迁老师在其文中说理明晰地论证了制度体系问题),而需更多地考虑著作权法律实践影响和著作权法律价值考量。

2. 区别看待赛事直播画面及法律定性

赛事直播画面,并非一个法定概念,并没有明确的内涵与外延,只是日常生活中的一类事物,它既可以是运用了多机位、复杂镜头和事先充分设计准备的顶级赛事的直播画面,也可以是用一台摄像机从固定角度一录到底的中学校运动会的直播画面。若仅为构建一种鲜明的学术观点,便将千差万别的赛事直播节目统一对待,全局性地否认其作品属性,从而在法理和法律体系上"褫夺"法官对个案具体案情的自由裁量之信念,笔者认为这一做法并不妥当。在现行法律对类电影作品独创性要求无明确规定的情形下,我们应当赋予法律其该有的生命力,此之生命力是较之立法生命力更为重要的实践之生命力。

笔者所在律师团队,在 2005 年前后代理过全国第一批卡拉 OK 版权侵权案件。在那个时期(信息渠道闭塞,然而法律实践不为信息左右),那批案件中的卡拉 OK 画面,大部分因镜头语言丰富(独创性高)而被认定为构成作品,也有少部分因镜头语言简单(独创性低未达到《著作权法》意义上的独创性要求)而被认定构成录像制品。法官在法律实践中积极发挥自由裁量,区别性地看待不同的拍摄画面,从独创性的角度深入分析以论证其是否达到《著作权法》的独创性标准,据此个案判定。

3. 创作作品的表达对象不应当限制创作作品的独创性

王迁老师在文中指出,无论镜头语言如何丰富,赛事直播画面的拍摄者都无法控制体育赛事进程,拍摄的画面都是为了观众能更清楚地看清比赛进程(观众在特定时刻对于看到何种角度拍摄的画面通常有较为稳定的预期)和还原客观事实,拍摄者的选择性(独创性)空间不大,所以不具备一定的独创性高度。笔者无法认同这一观点。

回到体育赛事本身,其当然不属于作品的范畴。但并不意味着拍摄体育赛事而形成的影像亦不属于作品,拍摄体育赛事为反映客观真实,符合观众预期和直播常规通常需要更加稳定的工作方式,因而远不如"电影作品"那么丰富、全面、天马行空,但并不能因此认定体育赛事的影像不及"独创性"的标准。赛事直播节目的拍摄,是为了让观众更清楚地观看真实的比赛进程,但并非所有为了更清楚呈现事实、工作方式受限而拍摄的影像,就当然不具备独创性。《著作权法》中的独创性劳动,并不等同于天马行空行为。文学艺术作品,其实都是以某种形式反映客观世界,真实客观并非创作的天敌,天马行空及创作不受限并非《著作权法》保护的必要条件。

笔者认为,《著作权法》中的独创性,并非体现在对被反映对象的虚构或写实上,而是体现在反映客观事实的方式上。虚构被反映对象,也是对客观事实的一种反映方式,只不过是一种修饰和曲折的方式。直接写实地反映客观事实,也是一种反映方式,与间接反映方式相比,并无高低贵贱之分。所谓"虚构"的反映方式,哪怕反映得再简单、粗陋,只要是虚构的,独创性就高,其就能构成作品;而客观记录的写实反映方式,哪怕反映得再复杂、高级,也不具备独创性,不能构成作品,这种观点显然是不正确的。

4. 创作作品方式受限不当然限制作品的独创性

如上文所述,王迁老师在文章中认为体育赛事拍摄的画面都是为了观众能更清楚地看清比赛进程,从而认为其独创性有限,无法达到作品的高度。

但是,具体到一场足球赛事而言,能放摄像机的位置太多了,在哪里架设摄像机、架设多少台摄像机,都存在大量的个性化选择。拍摄时,一些顶级的足球赛事,往往会有数十台摄像机(坐落在赛场的许多不同的角落)同时进行拍摄,摄制的画面总时长高达近百小时,但观众看到的只有九十分钟,这其中也蕴含着大量的个性化。即使体育赛事是为了符合观众的预期(进球瞬间必须给射门者、守门员、门框线等特写)和参照体育赛事摄制惯例(场地跟拍移动摄制、空中航拍俯摄等),但在这些限制创作空间的条件下,也存在大量的独创性空间(如多角度回放进球瞬间时对角度的选择、球员犯规时裁判或球员的神态拍摄、不同观众对于进球或失球的神态动作等)。统一无视具有复杂的创造性工作和大量的选择,仅仅因为拍摄的画面是符合观众预期且遵循摄制惯例的,就认为不具备足够的独创性,笔者认为这一观点过于笼而统之,既不符合人们的常识认知,更不符合《著作权法》的价值和立法本意。

如我们大都经历过的高考,语文作文一般都会对考生的创作方式进行限定

(如以"中国梦"为主题,议论文文体,800字以上),同时为了迎合阅卷老师的预期,考生在创作作文时一般都会选择乐观、积极向上的主题,这当然属于一种典型的限制作者创作的方式,但并不能因此而否定高考作文的作品属性。创作方式和创作目的的受限不必然导致作品不具有独创性,应当具体地分析创作受限的程度及其对于独创性的影响。

对于高考作文而言,我们当然会认为中国文化博大精深,语言文字的不同组合不因这简单的"作文要求"而受限,独创性高度可以得到肯定。然而,如果在法律实践中深入了解赛事直播行业,也能够得到相似的结论——体育赛事直播画面摄制也具有相当高的独创性。

按照王迁老师的观点,赛事直播画面的拍摄者无法控制体育赛事进程,拍摄的画面都是为了观众能更清楚地看清比赛进程且需要按照一定的摄制惯例,故而独创性空间不大,独创性程度不高。那么,一些水平极差(对于观众观看体验而言)的赛事直播画面,为体现其"独创性",一反常态(不迎合观众预期、不按照摄制惯例)全程大部分时间播放赛场外的画面(一堆观众在窃窃私语、一个年轻的观众在用手机打王者荣耀等),关键时刻不播进球画面,甚至黑屏,以体现自己独特个性。此类赛事直播画面达到了"独创性"的要求,应当受到《著作权法》的保护吗?

基于对体育赛事画面摄制行业的了解,笔者一直为其在司法实践中作品的认定问题奔走呼号且内心坚定。恰恰是因为笔者明白"符合观众预期"和"遵循摄制惯例"并未限制体育赛事画面摄制的独创性,画面摄制者仍存在着大量的选择性空间和创造性空间。法律实践的态度应当是对于每一个案件都用审慎的态度、深入行业的剖析、切合立法精神与价值的理念,进行相应的法律适用。

笔者认为,将部分包含足够丰富、复杂的镜头语言的顶级赛事节目,认定为类电影作品,不会对我国的著作权法体系构成任何负面的影响,反而能更好地诠释著作权法本身完整的价值体系。如果将所有赛事直播节目,尤其是那些只有一个固定机位、一个镜头到底的赛事直播节目,也纳入作品的范畴,的确会对我国著作权法体系产生一些影响。但是,在具体的司法实践中,对赛事直播画面进行区分,只将一些摄制过程复杂、机位众多、镜头语言丰富的赛事直播节目定性为类电影作品,则会非常清晰有力地体现出我国著作权法对制品和作品的不同要求和分类原则。

## 三、现场直播的著作权保护与广播组织权保护冲突问题

王迁老师在其文中指出：① 如果将赛事直播画面认定为作品来保护，就会减弱甚至架空广播组织权；② 在大陆法系国家，设置领接权的意义在于使得某些不构成作品的成果也能受到《著作权法》的保护；③ 既有领接权（此处特指广播组织权）进行保护的情况下，无需认定其为"作品"进行保护；④ 立法扩大广播组织权的内涵以保护赛事直播画面。

（一）认定现场直播画面为作品不会减弱广播组织权的意义

按照国际上通行的理解，广播组织权利来源并不是基于制作（创作）行为，而是基于广播行为，所以我国《著作权法》修改后也将这一条款更新为"广播组织对其广播的节目享有如下权利"。也就是说，节目的制作者对节目本身享有著作权（权利客体为节目本身），广播组织则因播出这个节目的行为而享有广播组织权（权利客体为播出的节目信号/数据），两者的权利在同一个节目表象上叠加，互不冲突。

就赛事直播画面而言，首先有拍摄团队拍摄相关画面形成一定的节目表象，然后通过广播组织将此节目（表象）广播出去。这里存在两个互相独立的过程与权利种类，完全不存在减弱或架空的问题。但由于大型热门赛事直播画面被拍摄下来后就实时广播出去了，很容易使人将拍摄（制作）和广播两个过程混为一谈，但实际上这确实是两个过程，并不一定永远同时存在。

如果一场比赛，由于知名度不高，没有广播组织要求直播，赛事组织者自己将比赛过程录下来，此时如若他人通过非正常手段盗取并在网络上进行传播，其既不可通过"作品相对应的信息网络传播权"进行保护，又不可通过"广播信号相对的广播组织权"进行保护，那么，相关的"权利人"又该如何保护自身的合法权益呢？

正因为著作权与广播组织权保护的权利客体存在差异，但同时权利客体的外部表征又存在容易混淆的情况（作品本身和广播组织播出作品的信号），所以更应该厘清著作权与广播组织权的关系。在整个商业过程中，二者不是非此即彼的关系，而是可以同时存在于同一商业过程，从不同方向针对不同的权利给

不同的权利人以法律保护。

(二)立法对广播组织权的完善不可解决赛事直播的保护问题

首先应当明确的是,广播组织权的权利主体是广播组织,这就大大限制了赛事直播权利主体的范围。通俗来说,如果该画面遭盗播,则只有电视台(广播组织)能去维权,赛事组织者(权利约定获得者)或赛事摄制者(创作者)反倒无法去保护自身权利。

更深一层,如果盗播者先将赛事画面从电视机上拍摄下来,然后再进行利用,此时无论从广播组织权角度或是从著作权角度都难以发挥保护作用。故而,无论立法如何对广播组织权进行完善(扩大广播组织权的内涵),本质上都存在因主体限缩而导致权利无法有效保护的问题。

(三)理性认定部分赛事直播画面为作品可进行有效保护

将部分独创性高的赛事直播画面定义为作品,部分独创性低的赛事直播画面定义为录像制品,赛事组织者或拍摄团队对这些作品或制品享有相应的权利,经赛事组织者授权播出这些画面的电视台则享有广播组织权,才是一套正常、完整的权利保护体系。

如果盗播者直接盗播画面而没有转播任何电视台的信号,那么,其只侵犯了赛事组织者的原始权利,如果其是通过截取转播某电视台的信号的方式盗播赛事直播画面,那么,便既侵犯了赛事组织者(或摄制者)的原始权利,也侵犯了特定电视台的广播组织权。

# 商标描述性合理使用问题之法理探析

李淑娟　马云涛

近年来,作为商标侵权的抗辩事由,商标合理使用主张越发成为当事人摆脱商标侵权的救命稻草。商标合理使用,是指商标权人以外的人在生产经营活动中以描述、指示的方式善意使用商标权人的商标而不构成侵犯商标专用权的行为。在学界中,学者通常将商标合理使用分为"描述性合理使用""指示性合理使用"。又有学者称"商标的合理使用"为"商标的正当使用",[1]对于两种称谓的合理与否,非本文探讨重点。商标合理使用法律依据来源于我国《商标法》第59条之规定,其立法目的在于防止商标权人无限制地扩张商标权利,圈占公共资源。根据商标的显著性理论,仅为商标的通用名称、图形、型号或仅表示商品的质量、主要原料、功能等特点是无法获得商标注册的,但由于商标第二含义的获得,使得这些不能获得商标注册的元素成为可能。为平衡商标权人的商标权与公共资源之间的关系,商标合理使用制度应运而生。

描述性商标是用来描述商品的用途、大小、提供者、性质、使用者类别的商标,因为描述商品的商标不具有内在的显著性,一般难以获得商标注册或保护。对特定的商品或服务来说,描述性词汇是有限的,如果将有限的词汇注册成为商标,一旦成为垄断资源,这就在无形中增加了竞争者的成本。为避免描述性商标落入少数人手中,国外已经探索出界定描述性商标的判断标准。美国法院认为:"如果一个词汇或词组直接传递了产品或服务的质量、特征、效果、用途或者成分,将被认定为描述性词汇,并因此而不得作为排他性商标。"从美国的司法实践来看,判断是否构成描述性商标的关键因素在于相关公众心目中该词汇与特定商品之间的关系,这里的相关公众,既包括了以消费者和潜在消费者为

---

[1] 张玉敏:《商标法上正当使用抗辩研究》,《法律适用》2012年第10期。

主体的一般公众,也包括同行业的竞争对手,竞争对手对该词汇的使用需求。欧盟也是从相关公众的理解和竞争对手的使用两个方面来判断特定词汇是否构成描述性词汇,如果相关公众对该标识的理解作为特定商品品质的描述,则该商标就是描述性词汇。

我国司法实践中商标描述性使用的构成要件可以归纳为:① 非商标性使用;② 描述自己的产品;③ 善意的、合理的使用。然而在司法实践中对描述性使用常常存在误解,在此需要对上述三个方面进行辨析。

在商标侵权认定中,判断是否为描述性使用还是非商标性使用对案件的定性至关重要。非商标性使用与描述性合理使用都是商标侵权的抗辩事由,但在司法实践中容易将两者混淆误用。非商标性使用与描述性合理使用的共同之处在于都没有发挥商标区分商品或服务来源的功能,都不具有识别性。非商标性使用虽没有指示商品或服务来源,没有侵犯商标专用权人的商标专用权,但不排除其构成不正当竞争或其他侵权的可能性;而描述性合理使用是完全合法的,是对商标第一含义的使用,属于利用公共资源的范畴。

"普拉达有限公司(简称普拉达公司)诉陕西东方源投资发展有限公司(简称东方源公司)侵害商标权案"中,东方源公司在2012年8月29日的《华商报》上刊登有关东方国际中心房地产项目和推销店铺招租广告中,包含"PRADA"文字和图案商标、企业字号,宣称"全球顶级奢侈品牌进驻,引领国际奢侈生活潮流"等广告标语,普拉达公司认为东方源公司使用其注册商标和字号进行广告宣传,侵犯其注册商标专用权,同时认为广告宣告有攀附普拉达公司商誉的目的,属不正当竞争。而本案最终认为,东方源公司的行为非未起到识别东方源公司投资的东方国际中心房产项目和推销店铺来源于普拉达公司的作用,不会对商品来源产生混淆和误认,属非商标性使用,不构成商标侵权,但构成不正当竞争行为。[①] 显而易见,描述性合理使用与非商标性使用显然不能画等号,在描述性合理使用构成要件中,用"第一含义的使用"取代"非商标性使用"更为合理。

用他人注册的商标词语描述自己的商品有一个边界问题,一旦突破合理使用的边界范围,则构成商标侵权。因此,并非所有的表示商品的质量、主要原

---

① 西安市中级人民法院(2013)西民四初字第00227号民事判决书。

料、功能、用途、重量、数量等描述性语汇用在自己的产品或服务上都构成描述性合理使用,而是需要从实际使用的角度来分析其是否突破了合理使用的界线。

"北京中科希望软件股份有限公司(简称中科希望公司)与优视公司案"中,中科希望公司与优视公司享有各自类别的 UC 商标专用权。一审法院认为中科希望公司使用 UC 字样或将 UC 与浏览器等中文结合使用,属对自身业务或商品描述性使用,属于合理使用的范围。[①] 而在欧盟法院审理的"Engineer 案"中,法院以被告在广告宣传册中以大写字母突出使用了"METALOCK"字符,认定其不构成合理使用。从上述两个截然不同的案例中可以看出,描述性合理使用必须是以使用商标的第一含义为出发点,一旦有任何形式的意图靠近商标第二含义的行为,就突破了合理使用的界线,而意图靠近第二含义的商标使用行为则需要相对客观、直接的依据来加以佐证。

善意的、合理的使用与恶意的、企图混淆商品或服务来源之间有着千丝万缕的联系,根据商标侵权理论,"混淆可能性"是判断是否构成商标侵权的重要条件,是商标保护的核心问题。我国司法实践中对"混淆"作如下认定:"在功能、用途、生产部门、销售渠道、消费对象等方面相同,或相关公众一般认为其存在特定联系、容易造成混淆。"我国司法实践中将"混淆可能性"理论作为商标侵权的关键性准则,而在描述性合理使用状态下,消费者对商标"第一含义"与"第二含义"的混淆肯定是存在的,而"可能性"一词显然降低了侵权的门槛,因为"混淆可能"是以通常情形下不特定相关公众的一般判断为前提。也就是说,如果个别消费者在个别情形下发生了混淆,那么描述性的使用他人商标就构成了侵权。这显然不符合合理使用的初衷。所以,此处的混淆可能性应当是一个混淆程度的问题。也就是说,描述性合理使用是允许存在一定程度的混淆,而这个程度如何把握,则属于法官自由裁量的范畴。

---

① 北京市海淀区人民法院(2012)海民初字第 11831 号民事判决书。

## 图书在版编目(CIP)数据

知识产权案例解读与实务指导 / 翁才林，孙黎卿，李淑娟主编 .— 上海：上海社会科学院出版社，2023
 ISBN 978 - 7 - 5520 - 3973 - 3

Ⅰ.①知… Ⅱ.①翁… ②孙… ③李… Ⅲ.①知识产权法—案例—中国 Ⅳ.①D923.405

中国版本图书馆 CIP 数据核字(2022)第 186042 号

### 知识产权案例解读与实务指导

主　　编：翁才林　孙黎卿　李淑娟
责任编辑：周　萌
封面设计：梁业礼
出版发行：上海社会科学院出版社
　　　　　上海顺昌路 622 号　邮编 200025
　　　　　电话总机 021 - 63315947　销售热线 021 - 53063735
　　　　　http://www.sassp.cn　E-mail:sassp@sassp.cn
排　　版：南京展望文化发展有限公司
印　　刷：上海景条印刷有限公司
开　　本：710 毫米×1010 毫米　1/16
印　　张：27.75
字　　数：451 千
版　　次：2023 年 2 月第 1 版　2023 年 2 月第 1 次印刷

ISBN 978 - 7 - 5520 - 3973 - 3/D · 663　　　　　定价：88.00 元

版权所有　翻印必究